| 제3판 |

학교폭력예방 및 학생의 이해

김규태 방경곤 이병환 윤혜영
우원재 김태연 이용진 엄재춘 공저

Bullying Prevention

양성원

머리말

최근 들어 학교폭력이 심각한 사회문제로까지 대두되고 있다. 학생들이 학교폭력을 견디다 못해 자살하는 안타까운 일들이 언론을 통해 자주 오르내리고 있다. 과거에는 학교폭력 문제를 청소년들의 성장과정 중의 일시적인 현상으로 치부하는 경향이 강했다. 또 폭력에 관대했던 우리 사회의 저급한 문화도 학교폭력에 대해 관대한 대처에 머무르게 하는 원인이 되기도 하였다. 그러나 오늘날 학교폭력은 과거에 비해 흉포화·집단화 경향이 강하게 나타나고 있으며, 피해학생의 입장에서는 목숨을 끊을 정도로 심각한 정서적 충격을 가져다준다. 하지만 가해청소년들이 대부분 죄의식을 갖고 있지 않는 데 그 문제의 심각성이 크다.

이제 학교폭력 문제에 대해서 우리 사회의 구성원 모두가 나서야 한다. 단순히 학교의 문제로만 돌려서도 안 될 것이며 피해학생 개인의 나약함이나 가해학생의 불우한 환경 탓으로만 돌려서도 안 된다. 이런 관점에서 이 책에서는 학교폭력의 예방과 대책을 생태학적 시각에서 조망한다. 생태학적 접근(ecological approach)은 인간의 발달과정을 개인과 환경과의 상호 작용 속에서 이해하고자 하는 접근방식이다. 개인과 환경 둘 다 인간발달에 영향을 미친다는 입장으로 기존의 생물학적 모델과 심리역동적 모델이 비정상적인 발달의 주요 원인을 신체적인 문제, 개인의 심리적인 문제로 가정하는 것과는 대조적인 입장이다. 학교폭력의 문제에 대해서 생태학적 접근방식을 취한다는 의미는 한 개인을 둘러싸고 있는 주요 환경적 변수들을 거시적 차원에서 이해하여야 한다는 절박함이 내포되어 있다.

최근에는 학교폭력에 대한 교원들의 사전 이해가 요구된다는 현실적인 필요에 의해 교육대학과 사범대학 및 교직과정의 교직 소양 과목으로 「학교폭력의 예방 및 대책」이라는 강좌가 개설되도록 관련 법령을 개정하였다. 이제 전국의 모든 예비교사들이 「학교폭력의 예방 및 대책」이라는 강좌를 수강하게 되었다.

이 책에서는 무엇보다 학교폭력의 예방을 강조한다. 엎질러진 물을 닦는 것보다는 물이 엎질러지지 않도록 주의하는 것이 더 중요하다. 학교폭력의 예방에 대한 이해를 토대로 다양한 대처방안을 제시하였다.

학교폭력의 예방과 대책은 심오한 교육학 관련 이론을 탐색하는 과목이라기보다는 예비교사가 갖추어야 할 학교폭력의 예방과 대처기술을 습득하는 과목이라는 점을 집필 내내 염두에 두었다. 따라서 초·중등 교사를 꿈꾸는 예비교사들에게 학교폭력의 임상적 이해가 배가되도록 학교 현장의 실천사례를 중심으로 편성되었다. 이런 관점에서 본다면 학교 현장에서 직접 학생들을 지도하고 있는 현직 교원들의 학교폭력 대처능력 향상에 더 적합한 책이라는 생각이 탈고한 후에 들기도 한다. 그래서 이 책은 초·중등교원양성기관 교육과정 운영의 일환으로 채택됨은 물론 현직 교원들의 연수교재로 많이 읽히기를 기대한다.

이 책은 제4부로 구성되어 있다.

제1부는 학교폭력의 개념과 유형, 학교폭력의 현황과 실태 등을 다루었다.

제2부는 학교폭력 원인의 진단에 필요한 분석 관점, 학교폭력을 일으키는 청소년의 심리적·발달적 이해, 학교폭력 가해자·피해자·방관자에 대한 특성, 학교와 가정 및 지역사회 등 생태학적 환경과 학교폭력의 관계 등을 다루었다.

제3부는 단위학교에서의 학교폭력 예방, 학교폭력 관련 법 및 정책, 학교폭력 예방기관과 프로그램 등을 다루었다.

제4부는 학교 현장에서 일어난 학교폭력의 실제 사례를 토대로 사안별 대처 방법을 다루었다.

이 책은 특히 다음과 같은 몇 가지 측면에서 많은 노력을 기울였다.

첫째, 교직 수행에 실제 필요한 내용으로 구성하였으며 특히 각종 법규와 제도가 자주 바뀌는 환경적 특성을 감안하여 가급적 최신 자료를 제시하도록 노력하였다.

둘째, 교직을 수행하는 데 요구되는 학교폭력에 대한 임상적 경험을 실제적으로 이해하고 이를 수행할 수 있도록 현장 업무 매뉴얼이나 장학자료를 활용하였다.

셋째, 이 책에서는 학교폭력의 이론보다는 사례를 다양하게 제시하여 실제 학교 현장의 다양한 학교폭력 상황에 능동적이고 적절하게 대처하는 능력을 함양하도록 사례 중심으로 구성하였다.

집필을 막상 마치고 보니 좀 더 다양한 내용을 담아서 더 알차게 구성될 수 있는 부분이 보이기도 한다. 또한 여러 가지 미진한 점도 많이 있을 것으로 생각이 든다. 이는 향후 계속 수정·보완해 나갈 것을 여러분에게 약속을 드리며 아낌없는 조언과 지적을 부탁드린다.

이 책이 출판되기까지 여러 가지 바쁜 일정 속에서도 원고 집필에 힘써 주신 공동 집필진들과 기꺼이 출판을 맡아 주신 양성원 강철원 대표님과 직원들의 노고에 감사를 드리는 바이다.

계사 성하

저자 일동

차 례

Part 01 학교폭력에 대한 개념과 실태

Part 01

학교폭력에 대한 개념과 실태

1. 학교폭력의 개념과 유형
2. 학교폭력의 현황과 실태

Part 01

학교폭력에 대한 개념과 실태

Chapter 1

학교폭력의 개념과 유형

이 장에서는 학교폭력의 개념과 유형을 살펴보고 학교폭력 유형별 사례를 제시한다.

1. 학교폭력의 개념

학교폭력에 대한 정의는 학교폭력 예방 및 대책에 관한 법률 제2조(법률 제11388호)에서 구체적으로 규정하고 있다. 이 조항에서 학교폭력이란 "학교 내외에서 학생을 대상으로 발생한 상해, 폭행, 감금, 협박, 약취 · 유인, 명예훼손 · 모욕, 공갈, 강요 · 강제적인 심부름 및 성폭력, 따돌림, 사이버 따돌림, 정보통신망을 이용한 음란 · 폭력 정보 등에 의하여 신체 · 정신 또는 재산상의 피해를 수반하는 행위를 말한다"라고 제시되어 있다. 이 실정법상의 학교폭력에 대한 정의에는 학생 상호 간에 힘의 불균형이 존재하는 상황에서 신체적 · 환경적 욕구를 충족하기 위한 의도적인 목적으로 대인과 대물에 관계없이 교내 · 외 또는 사이버 환경에서 발생하는 언어적 · 심리적 · 물리적 · 관계적 폭력을 의미한다. 학교폭력은 다음과 같은 행위들을 특징으로 한다.

① 타인의 괴롭히려는 의도를 가지고 신체적 구타를 하거나 힘껏 밀어붙이는 행위
② 흉기 등을 이용해 신체적인 상해를 가하는 행위
③ 의도적으로 집단활동에서 따돌리거나 제외시키는 행위
④ 주변의 다른 친구들의 접근과 도움을 제한하는 행위
⑤ 부적절한 언어로 별명이나 호칭을 부르며 놀리는 행위
⑥ 악의적으로 소문을 퍼트리는 행위
⑦ 돈이나 물건을 강제로 빼앗는 행위
⑧ 원하지 않는 부당한 행위를 강요하는 행위
⑨ 신체적인 위협을 가하거나 협박하는 행위
⑩ 욕설이나 저급한 언어를 사용해서 빈정거리거나 조롱하는 행위
⑪ 휴대전화나 이메일을 통해 협박, 비난, 위협하는 행위
⑫ 원하지 않는 성적, 신체적 접촉을 강요하는 행위

학교폭력은 일반폭력과 다르다(법무부 · 교육과학기술부, 2012). 우선, 일반폭력은 모르는 사람 사이에서 주로 발생하며, 특정한 장소가 정해져 있지 않으나, 학교폭력은 같은 학교 · 학급이라는 같은 공간 내에 있는 학생들 사이에 발생하므로 사건 발생 이후에도 일정 기간 가해자, 피해자가 마주치게 된다는 점에서 다르다. 둘째, 일반폭력은 폭력의 당사자 외에는 제3자가 알기 어려우나, 학교폭력은 당사자 외에도 같은 학교 · 학급에 있는 다른 친구들에게 쉽게 알려지게 되므로 추가적인 정신적 고통을 받는 경우가 많다. 셋째, 일반폭력은 연속성이 없으나, 학교폭력은 학교 내에서 끊임없이 특정 학생에 대해 행해지고, 문제의식 없이

표 1-1 일반폭력과 학교폭력의 차이

구분	일반폭력	학교폭력
장소	특정 장소가 정해지지 않음	학교 · 학급 공간
주체/대상	모르는 사람	학교 또는 학급 친구
사실 인지	어려움	용이함
지속성	일회성	지속성

학생들 사이에 학교 내 하나의 잘못된 문화처럼 형성될 수 있다.

최근 일어나는 학교폭력은 과거의 학교폭력과 비교할 때 다소 차이를 보이고 있다(법무부 · 교육과학기술부, 2012). 표 1-2 는 과거의 학교폭력과 최근의 학교폭력의 경향을 비교하고 있다. 먼저 과거의 학교폭력의 주요 특징을 보면, ① 폭력서클이 조직적 · 집단적으로 저지르는 폭력이 주류를 이루었다. ② 폭행, 금품갈취 등 물리적 폭력의 경향이 높았다. ③ 1회성 단기적 성격을 띤 경우가 많았다. ④ 연령이 상대적으로 많은 학생들에 의해 저질러졌다. ⑤ 주로 다른 학교 학생들에 대해 폭력을 행사했다(자기 학교 학생은 오히려 보호했다) 등에 해당된다.

반면 최근에 이루어지는 학교폭력은 ① 일부 학생에게만 국한된 것이 아니라 상당수 혹은 소그룹이 따돌림 등 집단으로 행하고 있는 경향이 높다. ② 강제적인 심부름(빵셔틀, 와이파이셔틀 등), 협박, 집단따돌림, 놀림 등 정신적 폭력의 형태로 이루어지고 있으며, 인터넷과 스마트폰, SNS 등을 활용하여 교묘한 방식으로 괴롭히고, 집단적으로 즐기는 사례가 증가하고 있다. ③ 특정 상대방을 대상으로 계속적 · 집중적으로 행사하는 경향이 높다. ④ 주로 중학생들 사이에서 가장 많이 발생하나 초등학생에 의한 학교폭력이 증가하는 등 저연령화 현상이 일어나고 있다. ⑤ 학교 현장 내에서 많이 발생하고 있다.

다시 말해 과거의 학교폭력은 소수의 문제학생에 의해 학교 밖에서 물리적 · 일회적 폭력의 특징을 보였다면, 최근에는 다수의 학생들에 의해 학교 안에서 반복적 · 정서적 폭력의 특징을 보인다는 점이다.

| 표 1-2 | 학교폭력의 변화 양상

구분	과거	최근
특징	① 폭력서클에 의한 조직적 · 집단적 폭력 ② 폭행, 금품갈취 등 물리적 폭력 ③ 1회성 단기적 성격 ④ 연령이 많은 고학년 위주 ⑤ 주로 다른 학교 학생들 대상	① 상당수 혹은 소그룹에 의한 폭력 ② 정신적 폭력 ③ 인터넷과 스마트폰, SNS 등에 의한 폭력 ④ 계속적 · 집중적 성격 ⑤ 저연령화 현상 ⑥ 학교 현장에서 많이 발생

자료: 법무부 · 교육과학기술부(2012).

2. 학교폭력의 유형

학교폭력의 유형은 표 1-3 과 같이 신체폭력, 언어폭력, 금품갈취, 집단따돌림, 사이버따돌림, 성폭력, 사이버폭력 등으로 분류될 수 있다.

우선, 신체폭력은 학교 내외에서 다른 학생에 대하여 직접 또는 간접적인 힘을 이용하여 난폭한 행동을 행사하거나 다른 학생의 몸에 상처를 내어 해를 끼치는 것으로 때리기(머리, 뺨 등), 발 걸기, 밀치기, 도구나 흉기로 때리기, 장난을 가장한 때리기, 가혹행위, 감금 등이 해당된다. 이러한 신체폭력은 폭력을 받은 학생에게 수면장애, 신경쇠약, 불안, 식욕 감퇴, 좌절감 등 심리적 문제를 야기하는 원인이 되기도 한다.

둘째, 언어폭력은 학교 내외에서 선후배나 동료들을 상대로 놀림이나 조롱, 심한 욕설, 비난, 헐뜯기 등의 행위로서 타인에게 욕설을 한다거나, 상대가 갖고 있는 신체상의 특징이나 약점을 확대·과장·선전하거나 행동성격상의 약점을 이용하여 별명을 부르거나 놀리고 조롱함으로써 피해학생의 자존심을 상하게 하여 정신적 피해를 주는 행위를 말한다.

셋째, 금품갈취는 학생에게 공갈 협박하여 돈이나 물품을 빼앗거나 불법한 이익을 취득하는 행동으로 빼앗기, 일부러 망가뜨리기, 억지로 빌리기, 학교 내외에서 물건이나 돈 뺏기 등을 말한다.

넷째, 따돌림(일명 왕따)은 학교 내외에서 2명 이상의 학생들이 특정인이나 특정 집단의 학생들을 대상으로 지속적이거나 반복적으로 신체적 또는 심리적 공격을 가하여 상대방이 고통을 느끼도록 하는 일체의 행위를 말한다. 따돌림은 지배형, 공격형, 조롱형, 소외형, 장난형으로 구분될 수 있다(박상진, 2008). 지배형은 상대방을 지배하에 두려는 유형으로 억지로 하기 싫은 일 시키기 등으로, 공격형은 상대방을 물리적·언어적으로 공격하거나 위협하는 유형으로 때리거나 차기, 시비 걸기 등으로, 조롱형은 상대방의 신체적 결함을 흉보거나 놀리는 행위로 별명부르기 등으로, 소외형은 집단으로부터 친구를 배제하는 행위로

| 표 1-3 | 학교폭력의 유형

유형	특징	예시
신체 폭력	감금, 상해, 폭행, 약취 · 유인	• 일정한 장소에서 쉽게 나오지 못하도록 하는 행위(감금) • 신체를 손, 발로 때리는 등 고통을 가하는 행위(상해, 폭행) • 강제(폭행, 협박)로 일정한 장소로 데리고 가는 행위(약취) • 상대방을 속이거나 유혹해서 일정한 장소로 데리고 가는 행위(유인) * 장난을 빙자해서 꼬집기, 때리기, 힘껏 밀치는 행동 등도 상대 학생이 폭력행위로 인식한다면 학교폭력에 해당
언어 폭력	명예훼손, 모욕, 협박	• 여러 사람 앞에서 상대방의 명예를 훼손하는 구체적인 말(성격, 능력, 배경 등)을 하거나 그런 내용의 글을 인터넷, SNS 등으로 퍼뜨리는 행위(명예훼손) • 여러 사람 앞에서 모욕적인 언어(생김새에 대한 놀림, 병신, 바보 등 상대방을 비하하는 내용)를 지속적으로 말하거나 그런 내용의 글을 인터넷, SNS로 퍼뜨리는 행위(모욕) • 신체 등에 해를 끼칠 듯한 언행(죽을래 등)과 문자메시지로 겁을 주는 행위(협박)
금품 갈취	공갈	• 돌려줄 생각이 없으면서 돈을 요구하기 • 옷, 문구류 등을 빌린다며 되돌려주지 않기 • 일부러 물품을 망가뜨리기 • 돈을 걷어 오라고 하기
강요	강제적 심부름, 강요	• 속칭 빵셔틀, 와이파이셔틀 • 의사에 반하는 행동을 강요하는 행위(과제 대행, 게임 대행, 심부름 강요) • 폭행 또는 협박으로 상대방의 권리행사를 방해하거나 의무 없는 일을 하게 하는 행위(강요) * 속칭 바바리맨을 하도록 강요하는 경우, 스스로 자해하거나 신체에 고통을 주게 하는 경우 등이 강요죄에 해당됨
따돌림	따돌림	• 집단적으로 상대방을 의도적, 반복적으로 피하는 행위 • 싫어하는 말로 바보 취급 등 놀리기, 빈정거림, 면박주기, 겁주는 행동, 골탕 먹이기, 비웃기 • 다른 학생들과 어울리지 못하도록 막기
성폭력	성폭력	• 폭행, 협박을 하여 성행위를 강제하거나, 유사 성행위, 성기에 이물질을 삽입하는 행위 • 상대방에게 폭행과 협박을 하면서 성적 모멸감을 느끼도록 신체적 접촉을 하는 행위 • 성적인 말과 행동을 함으로써 상대방이 성적 굴욕감, 수치감을 느끼도록 하는 행위
사이버 폭력	사이버따돌림, 정보통신망을 이용한 음란 · 폭력정보 등에 의해 신체 · 정신 또는 재산상의 피해를 수반하는 행위	• 특정인에 대해 모욕적 언사나 욕설 등을 인터넷 게시판, 채팅, 카페 등에 올리는 행위 • 특정인에 대한 허위 글이나 개인의 사생활에 관한 사실을 인터넷, SNS, 카카오톡 등을 통해 불특정 다수에 공개하는 행위 • 성적 수치심을 주거나, 위협하는 내용, 조롱하는 글, 그림, 동영상 등을 정보통신망을 통해 유포하는 행위 • 공포심이나 불안감을 유발하는 문자, 음향, 영상을 휴대전화와 정보통신망을 통해 반복적으로 보내는 행위

자료: 법무부 · 교육과학기술부(2012).

놀아주지 않기, 친하게 지내는 친구 따돌리기 등으로, 장난형은 일종의 놀이 형태로써 돈을 감춘다거나 일 못하게 방해하기 등으로 구분될 수 있다.

다섯째, 사이버폭력은 인터넷, 휴대전화 등 정보통신기기를 이용하여 학생들이 특정 학생들을 대상으로 지속적・반복적으로 심리적 공격을 가하거나, 특정 학생과 관련된 개인정보 또는 허위사실을 유포하여 상대방이 고통을 느끼도록 하는 일체의 행위를 말한다. 구체적으로 말하면, 인터넷, 휴대전화로 협박, 비난, 위협, 훔치기(사이버 머니, 아이템), 헛소문 퍼뜨리기, 악성 댓글 달기, 원하지 않는 사진이나 동영상을 찍거나 유포시키기 등이 해당된다.

여섯째, 성폭력은 상대방 의사에 반하여 가하는 성적 행위, 신체적・언어적・정신적 폭력을 포함하는 광범위한 개념(강간, 성추행, 성희롱 등), 언어적 희롱, 음란전화, 성기노출 등을 말한다.

3. 학교폭력의 유형별 사례

1) 신체폭력 사례

●●● 사례 1

초등학교 5학년 K군은 2005년부터 3년간 학교폭력에 시달렸다. 처음에는 같은 반 학생 4, 5명이 특별한 이유도 없이 소심하고 조용했던 K군을 끌고다니며 때렸다. 교사와 상담했지만 징계를 받은 뒤 가해학생들이 저녁마다 집 앞에 진을 쳤다. "또 학교에 알리면 죽이겠다"며 때려 2주간 병원에 입원했다.

●●● 사례 2

고등학교에 재학 중인 ○○군(17세)과 ○○군은 모 초등학교 급식소 인근에서 중학교 후배인 C군(15세)에 대해 훈계하려 했으나 다른 선배에게 이 사실을 알렸다는 이유로 예의가 없다며 가슴과 머리 등을 주먹으로 폭행해 숨지게 하였다.

2) 언어폭력 사례

●●● **사례 1**

2010년 8월 30일 경기도 안양에서는 최○○(13세, 남, ○○중학교)이 같은 ○○중학교 박○○(13, 남)을 뒤에서 수시로 자신을 욕했다는 이유로 수차례 폭행하여 숨지게 한 사건이 발생, 학교는 학부모, 경찰, 교사로 구성된 자치위원회를 열어 최○○군에 대해 권고전학을 결정하고, 경찰이 최군을 검거하였다.

●●● **사례 2**

2012년 4월 26일 서울의 한 외고 학부모들과 학교 관계자의 말을 종합하면, 이 학교는 4월 12일 학교폭력대책자치위원회를 열고 지난 1년 동안 같은 반 학생들에게 언어폭력 등을 행사한 것으로 드러난 유학반 학생 12명 가운데 4명에게 '출석정지'와 '3주 내 강제전학' 조처를 결정했다. 피해학생과 목격자들의 진술서를 보면, 한 피해학생은 "수업시간에 ○○○으로부터 '애미가 창녀인 새끼가…'라는 욕설을 교실에서 들었다. 또 전 시간에는 ◇◇◇으로부터 '애는 완전 정신병자잖아', '너 정신병자 맞잖아?'라는 소리를 들었다"고 진술했다. 이 학생은 "그들은 저를 가지고 또 다시 '찌질이'라 놀리며 등 뒤에서 들어올려서 공중에서 흔들었다"며 "그것이 싫다고 분명히 거부했으나 낄낄대며 계속했고 머리와 다리, 어깨를 치고 찌르며 웃어, 너무 창피하고 모욕감이 들었고 아팠으며 참담했다"고 적었다. 이 학생은 급식실 등에서도 공개 망신을 당하자 점심을 굶기 시작했고, 스트레스로 통학버스에 타면 배가 아파오는 과민성 대장염에 시달리기도 했다. 올해 초에는 가해학생들이 한 여학생에게 학교 버스에서 "여기에 너 좋아하는 애 아무도 없으니까 내려, 나가"라고 공개적으로 조롱했다는 증언도 나왔다. 이를 목격한 한 학생은 진술서에서 "같은 반 성실한 학우들에게는 언어적, 정신적 피해를 주는 것이 그 무리들의 일상"이라고 밝혔다. 페이스북 등을 이용한 사이버폭력도 있었다.

한 피해 여학생의 친구는 진술서에서 "페이스북에 '죽여버리겠다. 몸을 찢어버리겠다. 모든 유학반 남자아이들이 너 싫어한다'는 글을 올려 피해자가 피해망상, 우울증을 겪고 있다"고 말했다. 또 이 학생은 "△△△는 심한 성적인 욕설 등이 난무하는 글을 모두가 볼 수 있는 자신의 페이스북에 게시했다"며 "(또 다른 피해 여학생 한 명은) 남자아이들의 욕설과 비난으로 괴로움을 겪다 결국 자퇴했다"고 덧붙였다.

3) 금품갈취 사례

●●● 사례 1

2010년 2월 서울 영등포구에서 유○○(17세, 남, ○○고등학교)과 공모하여 피의자의 생일잔치의 비용을 자신들이 다녔던 중학교의 후배들에게 갈취하여 사용키로 공모를 하여 유○○가 피해자 신○○ 외 7명을 상대로 돈을 걷어 오지 않으면 해악을 할 것 같이 하여 피해자 신○○ 외 7명으로부터 30,000원씩 총 240,000원을 걷어 피의자 전○○에게 전달하는 방법으로 이를 갈취한 것을 경찰이 검거하였다.

●●● 사례 2

중학교 3학년에 재학 중인 강○○군은 학교에서 같은 반으로 전학 온 동급생 한○○군에게 갖은 심부름을 시키고 수업시간에도 남들이 보지 않게 심심하면 때렸다. 또 10여 차례에 걸쳐 60여만 원의 돈을 빼앗고 금품을 요구하면서 돈을 구해오지 않으면 안경을 벗겨 얼굴을 폭행하였다. 학교체육대회에 담임선생님의 심부름이라고 거짓말하여 학교에서 절단기를 빌려 오게 하고 방과 후에 그 절단기를 이용, 오토바이 절도에 사용하려고 들고 가다가 순찰 중인 경찰차에 발견되어 조사 후 훈방조치되기도 했다. 피해학생 한○○군을 발로 차는 방법으로 배를 폭행하고 화장실로 데려가 다시 폭행하고 흉기로 위협하면서 담뱃불로 피해학생의 팔을 지지기도 하였다. 온몸에 타박상을 입어 만신창이가 되어서 집에 들어가기를 두려워하여 공원에서 머물던 한○○군이 행인에 의해 경찰에 신고되었다.

4) 강도, 살인 사례

●●● 사례 1

2010년 8월 20일경 서울 동대문구 답십리동 홍○○(16세, 남) 등 3명은 ○○중학교 동창인 피해자 김○○에게 빌려간 돈 35,000원을 갚지 않는다는 이유로 주먹과 발로 폭행하고 "이자까지 합쳐서 300만 원을 갚아라 그렇지 않으면 망치로 때려서 하반신을 마비시키겠다"며 휴대전화로 폭행 당하는 소리를 피해자에게 들려주어 겁을 먹은 피해자로부터 3회에 걸쳐 400만 원 상당을 강취한 것을 경찰이 검거하였다.

●●● 사례 2

서울 구로경찰서에 따르면 A군은 초·중학교 동창인 B군에게 10만 원을 빌리고 이후 이를 갚으라고 요구하는 B군에게 부담을 느껴 살의를 갖게 됐다. A군은 목을 조를 끈을 준비한 뒤 2012년 1월 27일 B군에게 전화로 "10만 원권 수표 2장이 있는데 하나는 갚을 거고 하나는 현금으로 바꾸려고 하니 현금을 좀 갖고 나오라"고 해 서울 구로구 온수동에서 B군을 만났다. 기회를 보던 A군은 공원 내 화장실에서 B군이 소변을 보는 틈을 타 그를 목 졸라 살해했다. 범행 뒤 A군은 B군이 갖고 나온 현금 10만 원을 챙긴 뒤 인근 PC방 등을 전전하며 생활하다 지난 3일 경찰에 체포됐다. A군은 체포된 뒤 "B군이 지속적으로 돈을 갚으라고 요구하며 채무 사실을 자신의 어머니에게까지 알리려 해 우발적으로 친구를 숨지게 했다"고 주장했다. 그러나 경찰이 끈을 미리 갖고 있던 점이나 주변 사람에게 "죽여버릴 사람이 있다"고 말해 왔던 점을 토대로 A군을 추궁한 결과 범행 일체를 자백받았다.

5) 사이버폭력 사례

●●● 사례 1

2010년 2월 중순경 신○○(14세, 남, ○○중학교)이 서울 관악구 ○○동 ○○중학교 내외에서 PC방비 등 유흥비를 마련하고자 학교 후배들에게 현금 1천 원~1만 원씩을 수회 상납토록 협박성 문자를 보내 지시하여 약 50만 원 가량 갈취하고, 이를 어길 경우에는 학교 부근 놀이터 및 아파트 지하주차장 등에서 집단 폭행을 한 것을 경찰이 검거하였다.

●●● 사례 2

○○시의 중학교 1학년생인 ○○군은 서울에서 초등학교 다닐 때부터 집단따돌림을 당했다. 약한 몸 때문에 담임교사의 특별한 관심으로 아이들이 ○○군을 때리지 않았지만 대신 폭언과 사이버폭력에 시달려야 했다. 아이들은 교실에서는 "~도 못하는 놈", "더러운 자식" 등 폭언을 수시로 했으며, 수업이 끝난 뒤에는 "선생님이 챙긴다고 까불지 마라", "엄마한테 말하면 가만 놔두지 않겠다"는 내용의 문자 메시지를 보내왔다. ○○군이 인터넷으로 메신저에 접속을 하면 친구들은 "니가 감히 어디서 접속을 하느냐"며 욕설을 퍼붓는 등 수시로 괴롭혔다. 이 사실을 알게 된 ○○군의 부모는 지방으로 이사하여 학교를 옮겼으나 가해학생들은 전학간 학교의 인터넷 커뮤니티에 악의적인 비방글 들을 올렸다. ○○군은 학교를 그만두고 검정고시를 준비를 할까 고민 중이다.

6) 성범죄 사례

●●● 사례 1

2010년 2월경 서울시 구로구에서 정○○(14세, 남) 등 4명은 ○○중학교 재학 중인 임○○(14세, 여, ○○중학교)를 구로구 ○○동 ○○모텔 203호실로 유인, 미리 준비한 소주와 맥주를 마시게 하여 술에 취한 피해자의 반항을 억압한 후 강간한 다음 모텔 내 앞 방인 208호실에 미리 들어와 있던 같은 학교 동급생에게 전달하여 순서대로 윤간한 것을 경찰에 신고하여 검거되었다.

●●● 사례 2

2011년 10월 서울 관악구 한 고등학교에서 이 학교 남학생 A군이 같은 학교 여학생의 몸을 더듬고 강제로 입을 맞추는 사건이 발생했다. A군은 학교로부터 일정 기간 출석정지 명령을 받았다. 2011년 4월 관악구의 한 중학교에선 2학년 남학생이 같은 학교 여학생의 특정 신체부위를 폭행해 전학 조치됐다. 지난해 9월엔 영등포구 한 초등학교의 당직기사가 3학년 여아를 성폭행해 해고됐다. 7월엔 동대문구의 한 초등학교 통학버스 기사가 2학년 남아를 성추행한 사실이 적발돼 역시 해고됐다. 6월엔 양천구 한 중학교에서 이 학교 배움터지킴이가 여학생 3명을 성추행해 직이 취소됐다. 모두 학교 안에서 발생한 성범죄다. 서울시내 초·중·고교에서 배움터지킴이와 학교보안관 제도에도 불구하고 범죄가 끊이지 않고 있지만 학교 측은 사건을 감추는 데 급급하다. 처벌은 여전히 솜방망이 수준이다. 강력한 사후조치와 학교 보안시스템 확충이 시급하다. 서울시의회 김○○ 의원이 22일 서울시교육청에서 받은 자료에 따르면 서울시내 초·중·고교에서 2010년 9건(초등학교 2건, 중학교 7건), 올 들어 2011년 11월까지 9건(초·중·고 각 3건)의 교내 성범죄가 발생했다.

7) 불량서클 사례

●●● 사례 1

2009년 12월경부터 제주시 ○○중학교 송○○(14세, 남) 등 10명이 "○○패밀리"라는 불량서클을 만들어 제주시 일대를 집단적으로 몰려다니면서 주위 사람들에게 불안감을 조성하고 있다는 첩보를 입수, 서클 해체 및 10명 검거 전원 우범소년으로 가정법원 소년부에 송치하였다.

●●● 사례 2

2010년 12월경 서울 동대문구 곽○○(14세, 남, ○○중학교) 등 15명은 ○○중학교 학생으로 2010년 3월경~11월 30일 사이 폭력서클인 "성일일진"을 결성하고 "선배 말에 복종한다, 인사를 잘한다, 시키는 건 무조건 듣는다" 등 내부 규율을 정해놓고 집단으로 몰려다니며 위력을 과시하고 하급 학생들을 협박하여 1만 원에서 5만 원씩 수십 회에 걸쳐 약 50만 원 상당을 갈취하고 돈을 주지 않는 학생들에게 집단으로 폭력을 행사하다 경찰에 검거되었다.

8) 따돌림 사례

●●● 사례 1

중학교 2학년생인 피해학생 류○○양은 학교 미술시간에 책상을 앞으로 당기라며 시비를 거는 여자 동급생 B로부터 "○○년", "재수 없다"는 등 욕설을 들었고 그 다음날부터 같은 반 친구들의 수군거림과 욕설을 받기 시작했다. B가 주도하는 집단따돌림이 시작되면서 체육시간에는 항상 혼자였고 피구라도 하는 날이면 제일 먼저 공격당하고 점심시간에는 항상 혼자서 밥을 먹었다. 교실에서 자리를 뜨면 아이들은 뒤에서 욕을 하였다. "○○년, 어디 가냐?", "밥맛없어! 쟤 보면 올라올 것 같아", "찌질이 같지 않냐?" 등등 화장실조차 맘대로 갈 수 없는 상태로 학교에서는 선생님의 수업이 귀에 들어오지 않았고 성적도 뚝뚝 떨어졌다. 5월, 6월… 달이 지나갈수록 심해지는 친구들의 따돌림에 할퀴고 멍든 상처 속에서 고통스럽게 지내야만 했다.

●●● 사례 2

친구들에게 집단따돌림(왕따)을 당해온 한 초등학생이 학교 교실에 불을 질렀다. 그는 "교실에 불을 지르면 친구들한테 놀림을 받지 않을 것 같았다"고 말했다. 부모가 이혼해 할머니에게 맡겨진 그는 "엄마와 살고 싶다"고 했다. 2012년 6월 8일 오전 7시 20분쯤 ○○군(11)은 인천 남구 학익동 ○○초등학교 5학년 교실에 들어섰다. 평소보다 1시간가량 이른 등교였다. ○○군은 평소 자신이 공부하던 교실 한쪽에 앉아 길에서 주운 라이터를 꺼내 종이 박스에 불을 붙였다. 신고를 받고 출동한 소방관들이 불을 껐지만 교실에 보관 중인 각종 학습교재와 신발이 모두 불탔다. ○○군은 교실에 불을 지른 뒤 다시 학교를 빠져나간 뒤 범행에 사용한 라이터를 골목길에 버렸다. ○○군은 이후 등교시간에 맞춰 친구들과 등교했다. 경찰은 학교에 설치된 폐쇄회로(CC) TV를 통해 ○○군을 유력한 용의자로 지목했다. ○○군은 그러나 "학교에 일찍 갔다. 아무도 없어 그냥

왔다. 불은 지르지 않았다"며 혐의를 부인했다. 그는 그러나 경찰이 학교에 설치된 CCTV를 보여주며 추궁하자 "길에서 주운 라이터로 불을 냈다"고 털어놨다. ○○군은 경찰 조사에서 "학교 친구들이 '돼지야.' '더럽다'고 놀려 화가 났다"고 털어놨다. 그는 "내가 공부하던 교실에 불을 지르면 친구에게 놀림도 안 받고 학교도 안 가고, 공부도 안 할 수 있을 것 같았다"며 "잘못했다"고 고개를 떨궜다.

9) 여학생 학교폭력 사례

●●● 사례 1

대전 대덕구의 ○○중학교에서 경찰의 학교폭력 예방 교육 직후 여학생들의 집단 구타 사건이 발생. 2012년 3월 12일 오후 5시 30분쯤 ○○중학교 2학년 A(15)양 등 9명은 B(14)양 등 신입생 7명을 학교 인근 공터로 데리고 갔다. B양 등은 선배들에게 둘러싸인 채 A양 등 2명으로부터 얼굴과 머리를 손바닥으로 폭행당했다. 피해를 당한 학생 대부분은 반나절 넘게 얼굴에 손자국이 그대로 남아 있을 정도로 얻어맞은 것으로 알려졌다. A양은 "신입생이 우리를 기분 나쁘게 쳐다봐 그랬다"고 말한 것으로 전해졌다. 학교에 입학한 지 2주일도 채 지나지 않아 폭행을 당한 B양 등은 3일째 등교를 하지 못하고 있다고 학부모 측은 밝혔다. 정신적인 고통도 심해 '전학을 보내달라'고 호소하는 학생도 있는 것으로 알려졌다.

●●● 사례 2

2011년 12월 27일 인천시교육청에 따르면, 인천시 부평구 ○○중학교 2학년 ○○양은 지난 12일 같은 반 학생 등 10여 명의 또래들에게 학교 인근 놀이터로 끌려가 집단구타를 당했다. 가해학생들은 ○○양이 인터넷에 이른바 이 학교 '일진'의 사진을 허락 없이 올렸다는 이유로 ○○양을 엎드리게 한 뒤 각목으로 내려치고 얼굴과 배를 사정없이 걷어찼다. 일부 학생은 ○○양의 교복 치마를 찢고 이 장면을 휴대전화로 찍었다. 게다가 담뱃불로 다리와 손 등을 지지는 폭행까지 저지른 것으로 알려졌다. ○○양은 학교의 진상조사에서 입학 직후부터 가해학생들에게 돈을 뺏기고, 쉬는 시간에 학교 밖으로 나가 떡볶이 심부름을 하는 등 지속적인 괴롭힘을 당했다고 털어놓은 것으로 전해졌다. ○○양은 전치 6주 진단을 받고 정신과 치료도 함께 받고 있다.

Chapter 2

학교폭력의 현황과 실태

이 장에서 제시하는 학교폭력 현황과 실태는 교육과학기술부 및 여성가족부 등 정부기관에서 발표한 자료를 요약 재구성한 것이다.

첫 번째로 활용한 자료는 정부합동으로 발표한 「학교폭력근절종합대책」(2012. 2. 6)이다. 이 자료에서는 학교폭력의 최근 동향과 원인 및 대책을 담고 있으며 이 장에서는 학교폭력의 최근 동향에 대해서 제시한다.

두 번째로 활용한 자료는 교육과학기술부가 2012년 1월 18일부터 2월 20일까지 전국의 초등학교 4학년 학생부터 고등학교 3학년까지의 학생 558만 명을 대상으로 전수조사한 결과이다. 이 조사에 응답한 학생은 전국의 초 · 중 · 고 학생 558만 명 중 25.0%인 139만 명이었다. 학교폭력 실태 전수조사의 설문 문항은 최근 1년간 학생들이 경험한 학교폭력 피해 유형 및 학교폭력 발생 장소, 학교별 일진 유무에 대한 선택형 문항(3문항)과 학교폭력 피해 경험 및 목격 사실, 학교폭력을 줄이거나 방지할 수 있는 방법을 기술할 수 있는 문항(2문항)으로 구성되었다.

세 번째로 활용한 자료는 여성가족부가 전국 중 · 고등학생 15,954명(남 51.4%, 여 48.6%)을 대상으로 2011년 9월부터 11월까지 유해 매체물 및 약물 이용실태, 학교 폭력 및 가출 등에 대하여 조사한 「2011 청소년 유해환경접촉 종합실태조사」 결과(2012. 2. 23 발표)이다.

1. 학교폭력 동향

정부가 발표한 학교폭력근절종합대책에서 제시하고 있는 학교폭력 동향은 우선, 학교폭력 최초 발생 연령이 낮아지고 있는 추세를 주목할 필요가 있다. 학교폭력 피해학생 중 53.6%가 초등학교 때(초4~6학년: 36.0%, 초1~3학년: 17.6%) 최초로 학교폭력 피해 경험이 있다고 한다. 그리고 가해학생 중 58.0%(초4~6학년: 43.1%, 초1~3학년: 14.9%)가 초등학교 때 최초로 학교폭력을 한 경험이 있다.

둘째, 중학생의 학교폭력 발생 비율이 가장 높은 상황이라는 점이다. 학교폭력대책자치위원회 총 심의건수 중 중학교가 차지하는 비율이 전체의 69% 수준(최근 3년간 동일)이라고 한다. 2010년 심의건수는 총 7,823건으로 이 중 초등학교 231건(3%), 중학교 5,376건(69%), 고등학교 2,216건(28%)에 달하고 있다. 이와 함께 국민신문고에 신고된 학교폭력 관련 민원(2009년 2,017건, 2010년 3,237건, 2011년 4,269건)도 지속적으로 증가하고 있으며 중학교의 증가율이 초등학교의 7배, 고등학교의 2배 수준(2010년 대비 2011년 증가율: 초 5.1%, 중 35.6%, 고 19.6%)에 달하고 있다.

셋째, 학교폭력에서 가해자와 피해자 구별이 불분명하여 피해와 가해의 악순환이 지속되고 있다는 점이다. 피해와 가해를 모두 경험한 학생의 비율은 10.3%이다. 학교폭력은 가해자와 피해자 구별이 불분명하고, 학교폭력 피해 경험이 있는 학생은 다시 폭력을 당하지 않기 위하여 다른 학생에게 폭력을 행사하는 악순환이 발생하고 있다.

넷째, 학교폭력은 정서적 폭력의 증가와 폭력의 지속성이 확대되고 있다는 점이다. 단순한 신체적 폭력이 아닌 강제적 심부름(금품갈취 포함) 46%, 사이버폭력 34.9%, 성적 모독 20.7% 등 언어적·정신적 폭력이 증가하고 있다. 특히, 언어적·정신적 폭력의 경우 휴대전화 문자와 SNS 등을 통해 손쉽게 반복적으로 이루어지고 있다. 최근 학교폭력 피해 유형을 보면, '맞았다'(1위), '욕설이나 모욕적인 말을 들었다'(2위), '말로 협박이나 위협을 당했다'(3위), '집단적으로 따돌림을 당했다'(5위) 등으로 나타났다. 그리고 처음 피해를 준 학생이 보복 폭행을 하거나(44.0%), 처음 피해를 준 학생이 친한 주위 학생과 함께(33.4%) 폭력을 행사하고 있다. 학교폭력 가해 경험이 있는 학생 중 2회 이상의 비율이 61.1%인 것으로 나타났다.

다섯째, 학교폭력이 집단화되고 있고 '일진' 등 학교 내 영향력이 증가하고 있다. 학교폭력 피해학생 중 66.2%가 2명 이상의 가해자에게 폭력을 당하고, 가해학생의 수가 '6명 이상'인 경우가 16.3%에 이르고 있다. 학생들이 피해를 입지 않기 위해 일진 등 조직에 가입하고, 학교별 일진이 정보를 공유하여 피해자를 지속적으로 괴롭히는 문제가 발생하고 있다.

여섯째, 학교폭력에 대한 인식과 대응 수준은 매우 낮은 편이다. 학교폭력을 사소한 장난으로 인식하거나 위장하고, 학교폭력을 목격하는 경우에도 방관하는 경향을 보이고 있다. 학교폭력에 대한 온정주의적 시각으로 인해 처벌보다는 교육적 차원의 계도 조치에 치우치는 경향이 있다.

| 표 2-1 | 학교폭력에 대한 인식 및 대응 수준

구분	내용
학생	• (피해자) 신고를 해도 문제해결이 되지 않고, 보복을 우려 – 피해학생의 57.5%가 도움을 요청하지 않는 이유 : 일이 커질 것 같아서(1위), 이야기해도 소용없을 것 같아서(2위), 보복당할 것 같아서(3위) • (가해자) 학교폭력을 단순한 '장난'으로 인식하거나 위장 – 가해행동 이유 : 장난(1위), 상대 학생이 잘못해서(2위), 오해와 갈등(3위) – 가해 후 상황 : 아무 일도 일어나지 않음(1위), 피해학생과 화해(2위) • (목격자) 학교폭력을 목격해도 보복이 두려워 방관하는 경우가 다수 – 목격자의 62.0%가 방관하는 이유 : 같이 피해를 당할까 봐(1위), 관심이 없어서(2위), 어떻게 해야 할지 몰라서(3위)
학부모	• (학교폭력에 관대) 아이들은 싸우면서 자라는 것이 당연하다는 인식 • (학교폭력 정당화) 학교폭력의 원인을 피해학생으로 돌리려는 경향
교원	• (온정주의적 시각) 처벌보다는 교육적 차원의 계도에 치우쳐 조치 • (학교폭력 은폐 경향) 학교의 부정적 이미지 유발, 신상의 불이익 등을 우려

자료: 관계부처합동(2012. 2. 6). 학교폭력근절종합대책.

2. 학교폭력 현황 및 실태

1) 피해 현황

학교폭력 피해 현황을 살펴보면 전체 응답자 139만 명 중 12.3%인 17만 명이 최근 1년간 학교폭력 피해를 경험한 적이 있다고 응답하였다. 이를 학교급별로 보면 초등학교 15.2%, 중학교 13.4%. 고등학교 5.7%로 학교급이 높아질수록 피해 경험이 낮은 것으로 나타났다.

| 표 2-2 | 학교급별 학교폭력 피해 응답률

구분	학생 수	피해 응답 수	피해 응답률 (%)
총계	1,396,566	171,637	12.3
초등학교	607,552	92,212	15.2
중학교	422,494	56,568	13.4
고등학교	342,443	19,697	5.7

자료: 교육과학기술부 학교폭력 전수조사 결과(2012).

2) 피해 경험 및 연령

학교폭력 피해 경험률은 6.7%로 2010년에 비해 0.4% 감소하였으며, 피해 횟수는 '일 년에 1~2회'(4.0%), '한 달에 1~2회'(1.2%) 등으로 나타났다. 최초 폭력 피해 연령으로는 11.4세로 전년 대비 1.5세 감소하였으며, 최근 3년 동안 감소하는 추세에 있다.

3) 유형별 피해 현황

피해유형별 학교폭력 현황을 보면, 학교폭력의 피해유형 가운데 협박이나 욕설, 정보통신망을 이용한 욕설과 비방 등 언어폭력(51.2%)과 집단따돌림(13.3%)이 전체 응답 유형 가운데 64.5%를 차지하였다. 이러한 점에서 언어적 폭력, 정보통신망을 이용한 폭력, 집단따돌림에 대한 보다 적극적인 학교폭력 예방 관리가

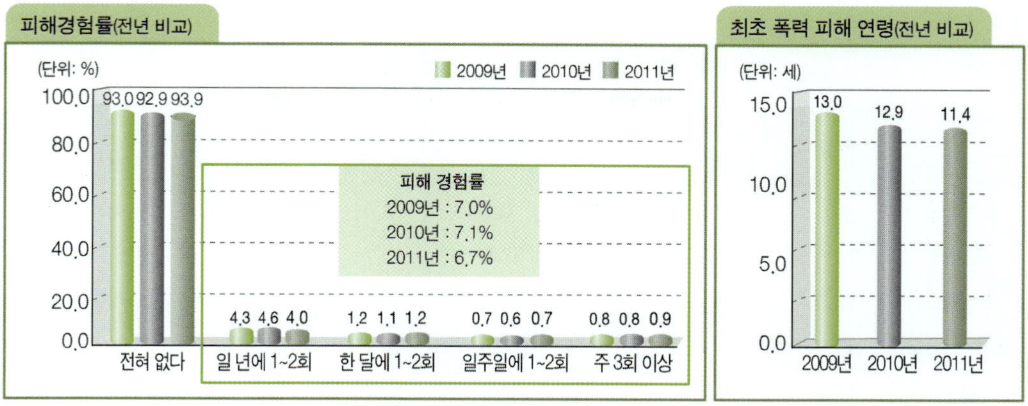

자료: 여성가족부(2012). 『2011 청소년 유해환경접촉 종합실태조사』 결과.

| 그림 2-1 | 학교 폭력 피해 경험

필요한 것으로 나타났다. 학교급별 피해유형을 살펴보면, 중학교 단계에서는 '돈 또는 물건을 빼앗김'과 같은 물리적 폭력의 빈도가 상대적으로 높고, 고등학교 단계에서는 '성적인 부끄러움을 갖게 하는 말과 행동 또는 강제로 몸을 만지는 행위'에 대한 응답률이 상대적으로 높게 나타났다.

| 표 2-3 | 학교폭력 피해유형별 응답 현황 (복수응답 가능, 발생빈도 순)

구분		학교폭력 당한 적 있음							당한 적 없음	모름/무응답
		말로 하는 협박이나 욕설	인터넷 채팅, 이메일, 휴대전화로 하는 욕설과 비방	집단 따돌림	돈 또는 물건을 빼앗김	손, 발 또는 도구로 맞거나 특정한 장소 안에 갇힘	강제 심부름과 같은 괴롭힘	성적인 부끄러움을 갖게 하는 말과 행동 또는 강제로 몸을 만지는 행위		
응답자 전체 대비[1]	건수(건)	111,725	39,104	39,104	37,707	30,724	20,948	15,362	1080,942	143,846
	비율(%)	8.0	2.8	2.8	2.7	2.2	1.5	1.1	77.4	10.3
학교폭력 피해 응답건수 대비[2]	비율(%)	37.9	13.3	13.3	12.8	10.4	7.1	5.2	–	–

※ 산출방식 1) 피해유형별 해당 피해학생 수 / 총 응답 학생 수×100
2) 피해유형별 해당 피해학생 수 / 총 피해 응답 건수×100

자료: 교육과학기술부 학교폭력 전수조사 결과(2012).

❙ 표 2-4 ❙ 학교급별 피해유형 (단위: %)

구분	말로 하는 협박이나 욕설	인터넷 채팅, 이메일, 휴대전화로 하는 욕설과 비방	집단 따돌림	돈 또는 물건을 빼앗김	손, 발 또는 도구로 맞거나 특정한 장소 안에 갇힘	강제 심부름과 같은 괴롭힘	성적인 부끄러움을 갖게 하는 말과 행동 또는 강제로 몸을 만지는 행위
초등학교	40	15.4	14.7	10.3	10.4	5.1	4.1
중학교	34.8	11.0	11.5	17.5	10.7	8.8	5.7
고등학교	37.5	11.7	11.1	10.7	10.1	10.0	8.9
모름/무응답	33.8	11.8	13.2	13.9	11.2	9.2	6.9
평균	37.9	13.3	13.3	12.8	10.4	7.1	5.2

※ 산출방식: 피해유형별 해당 피해학생 수 / 총 피해 응답 건수×100
자료: 교육과학기술부 학교폭력 전수조사 결과(2012).

4) 폭력 피해 이유

학교폭력 피해를 받은 이유에 대해서 '특별한 이유가 없다'(42.5%)가 가장 많았으며, 다음으로 '몸이 작거나 힘이 약해서'(14.2%), '기타'(13.2%), '성격 때문에'(10.5%) 등의 순으로 나타났다. 성별로 살펴보면, 여성은 남성에 비해 '특별한 이유가 없다'(각각 48.0%, 40.4%)의 응답 비율이 상대적으로 높았으며, 반면 남성은 '몸이 작거나 힘이 약해서'(17.2%), '외모나 장애 때문에'(4.3%) 등 신체적인 이유로 폭력 피해를 더 당한 것으로 나타났다.

❙ 표 2-5 ❙ 학교폭력 피해 이유 (단위: %)

구분		사례수 (명)	특별한 이유가 없음	몸이 작거나 힘이 약해서	내가 잘못했기 때문에	외모나 장애 때문에	성격 때문에	금품을 요구했을 때 주지 않아서	기타
전체		(1,534)	42.5	14.2	9.6	3.7	10.5	6.2	13.2
성별	남성	(1,101)	40.4	17.2	9.3	4.3	9.9	5.8	13.1
	여성	(433)	48.0	6.7	10.4	2.2	12.0	7.3	13.4

자료: 교육과학기술부 학교폭력 전수조사 결과(2012).

5) 폭력 가해 이유

폭력 가해 이유로 '상대가 잘못했기 때문에' 다음으로 '특별한 이유 없이'(31.2%), '기타'(10.5%) 등의 순서로 나타났다. 폭력 가해 이유를 성별로 보면, 남성은 여성에 비해 '특별한 이유 없이'(남 35.9%, 여 19.4%), '부추기는 분위기에 우발적'(남 4.1%, 여 2.1%) 가해한 응답 비율이 상대적으로 높아 충동적이고 우발적인 것으로 나타났다. 한편, 폭력 가해 경험률에서 '심한 욕설/협박'(10.8%), '폭행'(6.8%), '돈이나 물건 뺏음'(4.6%), '집단따돌림(왕따)'(3.8%), 기타(1.9%)로 나타났으며, 폭력을 가한 가장 큰 이유는 '상대가 잘못했기 때문에'(47.1%), 다음으로 '특별한 이유 없음'(31.2%), '기타'(10.5%) 등의 순서로 나타났다.

| 표 2-6 | 학교폭력 가해 이유 (단위: %)

구분		사례수(명)	특별한 이유 없이	상대가 잘못했기 때문에	내 힘이 강하다 걸 보여 주기 위해서	용돈이 부족해서 돈을 얻기 위해	부추기는 분위기에 휩싸여서 우발적으로	다른 사람이 시켜서	기타	무응답
2009년		(1,310)	27.7	47.1	3.3	4.3	5.5	1.5	12.6	0.0
2010년		(848)	17.9	32.7	2.9	2.9	3.7	1.3	8.8	29.8
2011년		(493)	31.2	47.1	1.9	4.0	3.5	1.8	10.5	0.0
성별	남성	(362)	35.9	45.3	1.3	2.8	4.1	1.9	8.8	0.0
	여성	(131)	19.4	51.5	3.4	7.1	2.1	1.6	15.0	0.0

자료: 여성가족부(2012). 『2011청소년 유해환경접촉 종합실태조사』 결과.

6) 폭력 가해자 특성

폭력 가해자는 '학교 동료 또는 선후배'(42.2%), '다른 학교 동료 또는 선후배'(6.1%) 등으로 나타났다. 주 폭력 가해자는 '학교 동료 또는 선후배'(42.2%)였으나 2010년에 비해 약 31% 감소하였으며, 대신 '모르겠다'(42.6%)가 2010년에 비해 약 36% 증가하였다.

| 표 2-7 | 주 폭력 가해자 (단위: %)

구분		사례수 (명)	주 폭력 가해자					
			학교동료 또는 선후배	다른 학교 동료/선후배	전혀 모르는 같은 또래	모르겠다	기타	무응답
2009년		(1,502)	55.9	9.5	3.9	22.7	8.0	0.0
2010년		(1,175)	73.5	9.6	7.6	6.0	3.1	0.2
2011년		(2,013)	42.2	6.1	2.9	42.6	6.2	0.0
성별	남성	(1,445)	39.4	5.7	3.6	45.5	5.8	0.0
	여성	(568)	49.1	7.3	0.9	35.2	7.4	0.0

자료: 여성가족부(2012). 『2011 청소년 유해환경접촉 종합실태조사』 결과.

7) 폭력 발생장소

학교폭력 발생장소에 대한 결과를 보면, 최근 1년간 학교폭력이 많이 발생한 장소는 교실(25.0%), 화장실 또는 복도(9.6%), 온라인과 휴대전화(7.7%) 순으로 나타났다.

| 표 2-8 | 학교폭력 발생장소 응답 현황(복수응답 가능, 발생빈도 순)

구분		학교폭력 발생장소 응답										무응답
		교실	화장실 복도	온라인 휴대 전화	그 외 학교내 장소	운동장	등하굣길	학원 및 그 주변	공터 빈 건물 주차장	오락실 PC방 노래방	기타 장소	
응답자 전체 대비[1)]	건수	89,483	34,485	27,678	26,603	21,139	21,783	12,464	10,927	10,455	102,444	1,147,764
	비율 (%)	6.4	2.4	2.0	1.9	1.5	1.5	0.9	0.8	0.7	7.4	82.2
학교폭력 피해응답 건수 대비[2)]	비율 (%)	25.0	9.6	7.7	7.5	5.9	6.1	3.5	3.1	2.9	28.7	-

※ 산출방식 1) 장소별 응답건수 / 총 응답 학생수×100
2) 장소별 응답건수 / 총 응답건수×100

자료: 교육과학기술부 학교폭력 전수조사 결과(2012).

8) 일진 폭력서클 현황

일진·폭력서클 유무 현황에 대해서 보면, “학교 내 일진 또는 폭력서클이 있거나, 있다고 생각한다”고 응답한 비율은 23.6%로 나타났다. 학교급별로 보면, 초등학교(23.7%), 중학교(33.3%), 고등학교(11.6%)의 응답률을 보이고 있어, 중학교에서 일진 등 폭력서클에 대한 우려가 큰 것으로 나타났다.

| 표 2-9 | 학교급별 응답 현황 (단위: %)

구분	있음	없음	모름/무응답
총계	23.6	72.6	3.8
초등학교	23.7	73.0	3.3
중학교	33.3	62.9	3.8
고등학교	11.6	83.9	4.6
모름/무응답	22.5	68.8	8.7

자료: 교육과학기술부 학교폭력 전수조사 결과(2012).

9) 피해에 대한 대응

학교폭력 피해 후 ‘아무에게도 알리지 않음’(32.5%) 응답이 가장 많았으며, ‘친구에게 알림’(26.1%), ‘가족에게 알림’(21.1%), ‘선생님께 알림’(19.3%) 등의 순이다.

| 표 2-10 | 폭력 피해 후 행동(중복) (단위: %)

구분		아무에게도 알리지 않음	가족에게 알림	선생님께 알림	친구에게 알림	상담실 전문기관에 알림	경찰에 신고	기타	무응답
2009년		33.2	23.1	15.7	27.0	3.9	4.7	11.6	0.0
2010년		30.5	32.2	24.4	34.2	3.6	2.2	3.3	1.1
2011년		32.5	21.1	19.3	26.1	3.7	2.6	13.5	0.0
성별	남성	38.4	18.5	17.9	18.1	2.6	2.8	14.0	0.0
	여성	18.2	27.2	22.7	45.5	6.5	1.9	12.1	0.0

자료: 여성가족부(2012). 「2011 청소년 유해환경접촉 종합실태조사」 결과.

2010년에 비해 폭력 피해 후 '가족에게 알림'(11.1%), '선생님께 알림'(5.1%), '친구에게 알림'(8.1%)은 감소한 반면, '아무에게도 알리지 않음'(2.0%), '경찰에 신고'(0.4%), '기타'(10.2%)는 증가한 것으로 나타났다.

10) 폭력 사실 미공개 이유

학교폭력을 당한 후 알리지 않은 이유로 '알려봐야 소용이 없으니까'가 52.1%로 가장 높게 나타났다. 그 다음으로 '알린 후 보복을 당할까 두려워서'(20.0%), '별로 심각한 일이 아니라고 생각해서'(14.2%), '어떻게 해야 될지 몰라서'(7.1%) 등으로 나타났다.

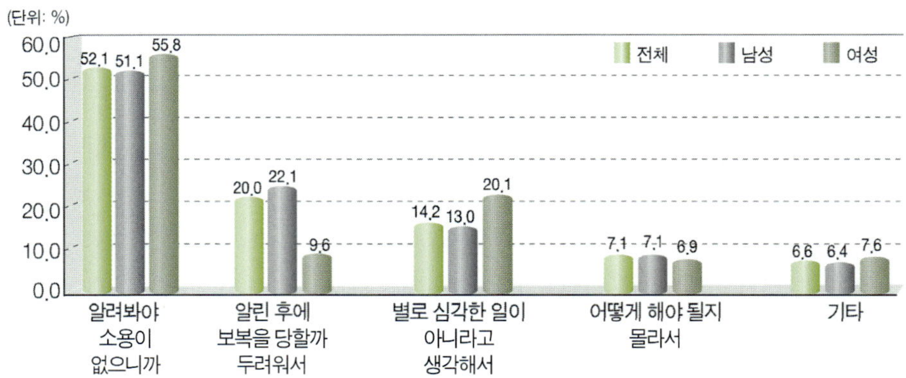

자료: 여성가족부(2012). 『2011 청소년 유해환경접촉 종합실태조사』 결과.

| 그림 2-2 | 폭력 피해 알리지 않은 이유

Part 02

학교폭력 원인

3. 학교폭력에 대한 분석
4. 청소년의 이해
5. 학교폭력의 가해자, 피해자, 방관자
6. 학교 현장에서의 학교폭력
7. 교육환경과 학교폭력

Part 02

학교폭력 원인

Chapter 3

학교폭력에 대한 분석

이 장은 학교폭력이 왜 사회적인 이슈가 되며 그 문제 규명을 위한 분석 관점들을 살펴본다.

1. 사회문제로서의 학교폭력

학교폭력이 왜 사회적으로 이슈가 되는 교육문제인가를 살펴보려면 먼저 문제의 의미가 무엇인가를 살펴볼 필요가 있다. 문제는 영어로 problem이라고 하는데, 사전적 의미는 탐구상의 목적상 제기된 질문(A question raised for inquiry, consideration, solution), 해결을 필요로 하는 미해결 일(An intricate unsettled questions), 상당한 곤란, 곤혹, 걱정의 근원(A source of perplexity), 학구적인 논의를 위해 제안된 물음에 기초한 공공의 형식적인 논쟁(Formal public disputation) 등을 뜻한다. 이렇게 볼 때 문제는 미해결된 상태로 남아 있는 곤란한 일들에 대해 공공의 논란이 되는 것으로 볼 수 있다.

이제 학자들이 정의한 사회문제에 대한 개념을 살펴보자. Williams 등은 사회문제를 많은 사람들이 바람직하지 못하다고 느끼고, 많은 사람들에게 영향을 미치며,

많은 사람들이 집단적인 사회적 행동의 필요를 느끼는 상태로 보았다. Merton와 Nisbet은 사회질서의 많은 부분이 일반적으로 받아들이고 있는 하나 또는 그 이상의 규범을 위배하고 있다고 간주되는 행동양식으로 보았다. Pery는 사회의 대다수 사람이 가치와 윤리기준에 따라 사회질서를 위협한다고 판단한 사회적 행동으로, 그 개선이 가능하다고 생각되는 사회현상으로 보았다. Shepard와 Voss는 한 사회의 영향력 있는 다수의 사람이 바람직하지 못한 것이라고 생각하고 그러한 상태가 변화되기를 요구하는 사회적 상황으로 보았다.

이들 학자들이 제시한 개념들 속에서 내재된 사회문제의 특성들은 다음과 같이 제시될 수 있다. ① 사회적 규범에서 벗어난 것이다. ② 많은 사람에게 부정적 영향을 미친다. ③ 사회적으로 확산되고 파급된다. ④ 영향력이 있는 사람(예: 장관, 교육감)이 그 문제를 규정한다. ⑤ 다수의 사람이 관심을 가진다. ⑥ 사회적 차원의 개입을 필요로 한 것이다.

이렇게 볼 때 사회문제가 성립되려면 문제 발생의 원인과 특성이 사회적이어야 하며, 한 사회의 지배적인 규범에 어긋나는 행동이어야 하며, 모든 구성원이 사회에 바람직하지 못한 결과를 가져오는 것이라고 동의해야 하며, 해결이나 완화를 위해서 사회적 차원의 개입을 필요로 하는 경우를 말한다.

따라서 사회문제는 "많은 사람에게" 영향을 미쳐서 많은 사람들이 "바람직하지 못한 상태"로 인식하고 이에 대한 "적극적인 해결책"을 요구하는 것이라고 하겠다. 이 정의에서 말하는 "많은 사람"에게 영향을 미친다는 점은 유의한 수의 사람, 일정 비율의 인구 등에게 직접적 또는 간접적으로 영향을 미치거나 소수의 사람에게 영향을 미치는 문제가 다수의 사람에게 간접적 역효과를 미치는 것을 의미한다. 또한 "바람직하지 못한 상태"는 유의한 부분의 인구들의 가치와 조화를 이루지 못하는 상태, 일정 비율의 인구 규모에 의해 영향을 미치는 상태, 보편적으로 공인되고 수용된 규범을 위반함으로써 사회질서를 위협하는 상태 등을 말한다. 그리고 "적극적 해결책"을 요구한다는 점은 대다수 사람들이 문제해결을 위한 적극적이고 공공적인 개입이 필요하다는 점을 강조한다.

이러한 점에서 학교폭력이 학생 개인 또는 집단에 의해 이루어지고 있지만 그 영향력은 다수의 학생과 학부모에게 영향을 미치고 학생들의 심성과 신체에 손상을 미칠 뿐만 아니라 정상적인 학교생활에 위협을 주며 사회적 또는 교육적으로 적극적인 개입을 필요로 하는 사안이 되기 때문에 사회문제라고 보아야 할 것이다.

2. 학교폭력의 근원: 개인 vs. 제도

사회문제의 근원에 대해서는 개인적 결함에 원인을 두는 접근(person-blame approach)과 사회제도 결함에 원인을 두는 접근(system-blame approach)이 있다. 우선, 개인적 결함에 원인을 두는 접근은 사회문제의 원인을 사회제도보다 개인에게서 도출하려는 경향이 있다. 대부분의 사람은 기존의 사회제도를 당연한 것으로 받아들이며, 그것과 관련된 전통과 규범 및 기준에서 벗어난 행동을 사회문제로 인식하는 경향이 많다. 이러한 관점에서 본다면 사회일탈이 사회문제의 근원이 되므로, 사람들이 왜 규범에서 이탈하는가에 관심을 갖게 되는 것이다. 일반적으로 사람들은 사회적으로 법을 어기는 사람은 비일상적 행태, 즉 사고, 질병, 성격 결함, 부적응 등과 같은 이유로 일탈하는 것이라고 여긴다. 그러나 이러한 개인적 접근은 정부정책, 경제구조, 사회계층, 사법제도, 교육제도 등의 제도적 결함을 떠나 개인을 직접적으로 비난하거나, 문제를 지닌 개인을 사회에서 격리시킬 수 있는 근거를 제공할 수 있다는 한계를 지니고 있다.

반면, 제도적 접근은 사회문제가 사회제도의 결함이나 사회구조의 변화로 인해 발생한다고 본다. 예를 들면, 도시문제는 도시화에 따른 불이익이나 도시생활의 양식이 파괴되어 발생한다고 설명한다. 또한 제도적 접근은 사회문제의 당사자를 문제의 희생자로 간주한다. 예를 들면, 청년실업은 경기 불황에 따른 취업 기회가 부족하고 산업 현장의 필요에 맞도록 대학교육이 맞춤형 교육을 제공하지 못한 데서 찾는다. 또 학생의 비행은 교사와 학생 간의 상호작용을 저해하는 과밀학급, 경쟁위주평가, 인성교육 부재에서 찾는다. 이러한 제도적 접근이 필요한 이유는 사회문제가 개인적 시각에서 접근하려는 경향이 강하므로 사회구조에 대한 비판적 분석이 요구되거나 사회구조의 해체에 의해 발생하는 분석이 요구되기 때문이다.

이러한 점에서 사회문제는 개인적 접근과 제도적 접근을 동시에 고려하는 통합적 접근(combinative approach)을 취할 필요가 있다. 즉, 사회문제는 개인 행동의 결함과 사회구조와 제도의 불합리성과 결함을 종합적으로 고려하여 분석되어야 하는 대상이다.

3. 학교폭력에 대한 분석 관점

사회문제로서의 학교폭력에 대한 분석 관점은 사회병리학적 관점, 사회해체적 관점, 일탈행위적 관점, 낙인론적 관점 등으로 구분될 수 있다.

우선, 사회병리적 관점(social pathological approach)은 학교폭력이 사회적으로 만연된 제반 사회문제의 근거를 다양한 병리현상에 있다고 본다. 이 접근방법은 사회문제로서의 학교폭력이 정신적 결함에서 발생하는 정신질환, 불충분한 교육, 불완전한 사회화 등에 의해 나타나는 것으로 보고, 비정상적이고 환경부적응적인 사람이나 상황에 초점을 둔다. 이러한 사회적 방해나 장애요인은 일종의 질병 혹은 병리 상태로 취급한다. 그러나 사회 현상 속에서 발생하는 사회문제를 사회병리적 시각으로만 접근하는 데는 한계가 있다.

둘째, 사회해체적 관점(social disorganizational approach)은 사회병리적 관점에 대한 대안으로, 사회구조가 잘못되어 나타난 사회문제에 근거를 두고 있다. 사회해체는 사회 각 부분의 상호 적응의 결여와 부적응된 상태를 말한다. 다시 말해, 사회해체적 관점은 사회체계가 부분들의 집합이며, 부분들은 사회규칙을 바탕으로

균형, 질서, 상호작용, 통합을 지향하는데 사회체계의 한 부분의 변화에 다른 부분들이 부적응하거나 결함이 생길 때 사회문제가 발생한다고 본다. 그래서 사회해체적 관점은 학교폭력이 도시화, 산업화로 인해 발생한 개인주의, 가족해체, 빈민, 비행, 범죄 등으로 인해 발생한 것으로 본다.

셋째, 일탈행위적 접근(deviation behavioral approach)은 부적절한 사회화 과정으로서, 사회문제의 근거를 개인의 탈선에 두고 있다. 이 접근방법은 낙인론적 시각으로서, 일탈자를 어떤 방식으로 규정할 것인가에 초점을 맞추고 있다. 사회문제로서의 일탈은 규칙이나 기대에 위반되는 행위에 대하여 나타나는 사회적 반응에 따라 규정된다고 본다. 일탈행동의 시각에 따르면, 사회문제로서의 학교폭력은 사회성원들이 사회화를 통해 도덕규범을 적절히 내면화하지 못할 때 사회문제가 발생한다. 따라서 학교폭력은 청소년들이 적절한 규범을 내면화하지 못하고 오히려 비행에 우호적인 정의나 비행을 합리화할 수 있는 기술을 배워 사회화될 때 발생한다고 본다.

넷째, 낙인론적(labeling) 관점은 사회학이론에서 상징적 상호작용론의 등장으로 비롯되었다. 이 관점은 일탈행동의 시각이 사회문제나 일탈을 설명하는 데 한계가 있다는 자각으로 인해 시작되었다. 낙인론적 관점은 사람들이 어떤 방식으로 여러 상황들과 인간, 과정 또는 사건들을 문제가 되는 것으로 규정하는가에 초점을 두며, 사회 구성원들은 상대적인 인식과 상황에 의해 각자의 이해관계와 가치를 기준으로 사회문제를 판단한다고 본다. 이 관점은 사회문제로서의 학교폭력이 대부분 주류집단 또는 또래집단의 문화 관점에서 비주류 사람 또는 집단으로 낙인된 경우 발생한다고 본다. 이렇게 낙인론적 관점은 사회문제로서의 학교폭력이 주관적으로 정의된다고 생각하고, 사회문제가 주관적으로 정의되는 과정에 관심을 집중한다.

| 표 3-1 | 낙인론적 관점에서의 학교폭력 사례

사례
[사례 1] ㄱ군(17)은 지난 18일 오후 10시 14분 카카오톡 그룹채팅방에 친구 20명을 초대했다. 그리고 "아아. 다들 들림? 그동안 고마웠고 미안했심. ㅂ2염(안녕)"(사진)이라는 메시지를 보냈다. 약 8분 뒤인 10시 22분 ㄱ군은 충남 공주의 자신의 집 아파트 화단에서 숨진 채 발견됐다. 아파트 23층에서 투신한 것이다. ㄱ군이 친구들에게 보낸 메시지는 죽기 전 마지막 인사였다. 장독이 깨지는 소리에 놀라 밖으로 나온 ㄱ군의 어머니는 쓰러져 있는 아들을 향해 달려갔다. 어머니는 119구조대가 올 때까지 숨을 거둔 아들을 부여안고 울었다. "이 녀석이 한 말이 그 뜻이었다니…." 어머니는 말을 잇지 못했다. ㄱ군은 이날 오후 거실에 있던 어머니에게 다가와 "엄마 사랑해"라며 안마를 했다. 초등학생 여동생에게는 자신의 지갑에 있던 7,000원을 주며 "사고 싶은 것 있으면 사"라고 말했다. 이후 ㄱ군은 자신의 방에 들어가 유서를 썼다. 유서에는 휴대전화가 있는 위치와 비밀번호 등이 적혀 있었다. 휴대전화에는 자신을 괴롭힌 친구들과 나눈 대화 내용과 집단폭행을 당해 생긴 상처를 찍은 사진, 목숨을 끊기 직전 친구들과 나눈 카카오톡 메시지 등이 고스란히 담겨 있었다. 가족들은 ㄱ군이 친구들로부터 지속적인 괴롭힘을 당해오다 지난 17일 집단폭력을 당하면서 죽음을 결심한 것이라고 말했다. 중학교 때 집단따돌림을 당했던 ㄱ군은 고등학교에 입학하면서 이 사실을 숨겨왔다. 그러나 같은 중학교 출신 친구가 ㄱ군이 따돌림 당한 사실을 알리면서 아이들의 폭력이 시작됐다. 중학교 때 '왕따'를 당했으니 고등학교에서도 '왕따'를 당해야 한다는 것이었다. 아이들은 ㄱ군이 책상에 앉을 때 의자빼기를 했고 샤프펜슬에 접착제를 붙였다. 가만히 있는 ㄱ군의 머리에 공과 종이뭉치를 던지기도 했다. 키가 175㎝로 또래 친구들보다 크고 활발한 성격이었던 ㄱ군은 친구들로부터 집단따돌림을 당하기 시작하면서 내성적인 성격으로 바뀌었다. 아이들은 지난 17일에도 면학수업을 받기 위해 학교에 나온 ㄱ군을 화장실로 끌고가 가슴과 다리를 10여 차례 폭행했다고 가족들은 밝혔다. 이날 밤 ㄱ군은 폭행당해 자신의 몸에 난 상처를 사진으로 찍어 친구들에게 카카오톡 메시지로 보내기도 했다. ㄱ군의 삼촌은 ○○신문과의 통화에서 "가해학생들을 만났더니 '엄마가 병원에 입원해서 속상한 참에 ㄱ군을 때렸다', '친구가 때리니까 나도 때렸다'라고 말했다"며 "기막힐 노릇"이라고 했다.
[사례 2] 중학교 2학년생인 이○○(14)은 카톡 왕따를 경험한 적이 있다. 이양은 지난 4월 친구의 친구의 초대를 받아 한 카톡방에 들어갔다. 그곳에는 이미 10여 명의 아이들이 1명에게 욕설을 퍼붓고 있는 중이었다. 아이들은 한 아이에게 "네 애미 애비는 너를 어떻게 낳았길래 니가 이렇냐""니 애미 애비가 이렇게 키웠냐"는 수치심이 느껴질 욕설들을 거침없이 쏟아냈다. 이양은 "카톡 알림음을 '무음' 상태로 만들고 잠시 다른 일을 하다가 휴대전화를 켰더니 불과 몇 분 사이에 욕설이 몇 천 개 올라와 있었다"고 말했다. 아이들은 피해학생이 아무 말 없이 있으면 "왜 답을 안 하냐. 나 지금 너한테 전화한다. 대답해라,"" '읽음' 표시 돼 있는데 왜 답 안 하냐"며 협박했다. 남녀공학 고등학교에 다니는 오○○(17)은 "남자아이들 5~6명이 그룹 대화창을 만들어 놓고 여자애 1명을 불러 성적인 농담을 하는 경우도 있다"고 말했다. 여학생 1명을 카톡방에 초대한 뒤 "너는 가슴이 작다." "가슴이 아예 없는 거다" 등의 성적 수치심을 유발하는 말을 한 뒤 나가버리는 방식으로 장난을 친다는 것이다. 오양은 "카톡이 생긴 뒤로 친구를 괴롭히는 방법이 수월해진 것 같다"고 말했다. 아이들이 카톡을 이용해 특정 학생을 괴롭히는 방식은 크게 네 가지다.

사례

첫 번째는 피해학생을 카톡방으로 초대한 뒤 여러 사람이 무조건 무시하는 방식이다. 피해학생이 건네는 말에는 아무도 대답하지 않다가 다른 학생이 말을 걸면 열광하듯 대답을 해줌으로써 '너는 왕따다'라고 각인시키는 것이다. 두 번째는 피해학생을 카톡방으로 초대해 단체로 욕설을 퍼붓거나 굴욕적인 사진을 공개하는 것으로, 가장 전형적인 방식이다. 세 번째는 피해학생을 카톡방으로 초대한 뒤 한꺼번에 나가버려 피해학생만 카톡방에 남게 하는 방식이다. 반대로 피해학생이 카톡방에서 빠져나갈 수 없도록 계속해서 '초대하기'를 해 괴롭히는 방법도 많이 이용된다. 일명 '카톡감옥'을 만들어 괴롭히는 것이다. 네 번째는 80~100여 명의 학생이 카톡방에 있다가 한 학생을 방으로 초대한 뒤 의미 없는 말을 던지며 휴대전화를 마비시키는 방식이다.

4. 학교폭력에 대한 체계적 분석

사회문제는 종합적이고 체계적으로 분석되어야 한다. 왜냐하면 전술한 바와 같이 사회문제가 "많은 사람"이 "바람직하지 못한 상태"로 인식하는 "적극적인 해결책"을 필요로 하는 것이기 때문이다. 그러나 우리는 많은 사람은 어떤 입장과 이해관계를 지닌 사람인가? 그들이 보는 바람직하지 못한 상태가 진정으로 합리적이고 타당한 것인가? 또한 누구의 입장이 반영된 해결책이며 그것들이 모든 사람들을 충족하기에 최적의 대안인가? 등의 반성적 질문을 해 볼 필요가 있다. 왜냐하면 사회문제에 대한 규정과 해결방식이 특정 집단이나 가치를 반영할 수 있기 때문이다. 예를 들면, 학교폭력이 바람직하지 못한 문제이므로 근절되어야 한다는 점에서는 동의하지만 그 해결방식에 있어서는 개인 또는 집단이 추구하는 입장과 방향에 따라 달리하는데, 최근 정부가 학교폭력 문제에 대한 해결한 근절방안으로 "학교폭력 가해 사실에 대한 학교생활기록부 기재"에 대한 입장은 소위 학생 인권을 강조하는 진보 입장을 지닌 개인이나 단체에 의해 재검토되거나 거부되고 있는 것에서 찾아볼 수 있다. 따라서 사회문제는 다음의 질문들을 참고로 하여 종합적이고 체계적인 분석이 필요하다고 할 것이다.

| 표 3-2 | 학교폭력에 대한 체제적 분석

1) 무엇이 문제인가?
2) 왜 문제인가?
3) 문제의 심각성은 어느 정도인가?
4) 누가 이 문제를 문제로 보며, 그 입장과 주장은 어떠한가?
5) 그 문제는 공정하게 모든 입장을 반영하고 있는가?
6) 그 문제는 개인과 제도 중 어느 쪽의 탓을 돌려야 하는가?
7) 문제에 대한 집단 간 차이는 무엇인가?
8) 문제해결을 위한 처방은 무엇인가?
9) 그 처방에 대한 집단 간 차이는 무엇인가?
10) 누구의 입장을 대변하는 처방인가?
11) 누가 이익을 얻고 피해를 받는가?
12) 가장 만족되는 효율적인 방안은 무엇인가?

5. 학교폭력에 대한 분석 범위: 생태학적 접근

1) Bronfenbrenner의 생태학적 접근

학교폭력은 전 세계적인 이슈거리가 되고 있다. Akiba(2002)는 37개국을 대상으로 학생폭력 범죄와 비행의 현황과 각국의 학교체제가 학교폭력에 미친 영향 등을 조사한 결과, 국가의 경제와 사회통합 수준 정도와 관계없이 학교폭력은 전 세계적으로 보편화된 현상임을 주장했다. 우리나라도 학교폭력이 가장 뜨거운 사회문제가 되고 있다. 학교폭력은 피해학생이든 가해학생이든 지적·정서적·신체적·사회적 발달과 성장에 치명적인 영향을 미치며, 또한 학교폭력을 다루고 예방해야 하는 학부모와 교사들도 상당한 스트레스에 직면하고 있다.

학교폭력에 대한 분석은 일차적으로 가해 및 피해 직접 당사자인 학생의 특성에 초점을 두어왔다. 또한 학교폭력은 학업성적 차이, 가정의 사회경제적 지위, 성별, 학교급별, 연령별, 학교유형별, 학교의 분위기와 풍토, 교원 근무환경, 지역별 특성과도 밀접한 관련을 맺고 있으므로 이들 요인들에 대한 분석도 필요하다. Meyer, Astor와 Behre(2002)은 폭력 가해 및 피해학생의 성별 차이에 초점을 두었고, Akiba(2002)은 학업성적 차이에, Furlong와 Morrison(2000)은 성별, 학생

연령, 학생의 경험, 학교가 소재한 위치, 학생 개인의 특성과 태도 등에, Khoury-Kassabri, Benbenishty, Asor와 Zeira(2004)는 성, 연령, 학생 가정의 사회경제적 지위, 학교급, 학교 형태와 분위기 등에 초점을 두어 학교폭력을 분석하였다. 이러한 점에서 학교폭력의 진단과 예방에 대한 분석은 학생 개인에 대한 발달 특성과 학생 개인이 상호작용하는 제반 환경 요소들과의 상호작용 요소와 그 효과를 고려할 필요가 있다.

학교폭력 분석은 학생이 개인의 특성과 학교의 조직적 환경과 학생과 관련된 사회적 환경들인 가정과 지역사회 측면들과 심지어 학생의 폭력적 행위에 영향을 미치는 정책 환경과 상황까지 포함시켜야 할 것이다. Chitiyo와 Wheeler(2009)는 학교폭력 등 학생 비행은 학생과 학생의 가족, 친구, 이웃, 학교를 포함한 다양한 환경 변인들과의 상호작용을 통해 분석할 필요가 있다고 보았다.

이러한 점에서 학교폭력의 분석은 교육 구성원인 학생, 학부모, 교사 등을 대상으로 학생이 개인의 특성과 학교의 조직적 환경과 학생과 관련된 사회적 환경들인 가정과 지역사회 측면들과 심지어 학생의 폭력적 행위에 영향을 미치는 정책 환경과 상황까지 고려할 필요가 있다. 이러한 주장은 개인의 행위가 개인적 특성과 생태적 환경에 대한 접근을 주장한 Bronfenbrenner(1979)의 인간발달 생태학과 밀접한 관련이 있다. Bronfenbrenner는 생태학적 체계를 개인(individual)과 개인을 둘러싼 환경들인 미시체계(microsystem), 중간체계(mesosystem), 외체계(exo-system), 거시체계(macrosystem) 등으로 제시했다.

Bronfenbrenner(1979)의 이러한 생태학적 관점을 바탕으로 학교폭력에 대한 종합적이고 체계적인 분석을 시도한 국내 연구들을 살펴보자. 이창훈과 송주영(2009)은 집단괴롭힘에 영향을 주는 요인들을 내생변수로는 관계적, 언어적, 육체적의 세 가지 집단괴롭힘을 측정하고, 외생변수는 개인 특성, 미시체계, 중간체계, 외체계, 거시체계로 나누어 측정하고 그 인과관계를 제시하였다. 이들 연구는 집단괴롭힘의 피해 경험과 개인적인 성향이 집단괴롭힘에 지대한 영향을 미치는 것으로 나타났고, 가정 내에서의 경험, 긍정적인 학교 분위기뿐만 아니라, 사회환경도 집단괴롭힘에 영향을 미치며 집단괴롭힘의 피해경험도 영향을 미치는 것으로 보고하였다.

| 표 3-3 | Bronfenbrenner의 생태학적 관점에서의 학교폭력 원인 분석

체계(system) 이름	내용과 예시
개인 (individual)	학생 개인이 지니고 있는 심리적, 사회적 특성들(예: 학생의 공격성, 자부심 등)
미시체계 (microsystem)	학생 개인이 갖는 친구, 교사, 학부모와의 직접적 경험(예: 교실 내의 교우관계, 가정의 심리적 · 사회적 환경 등)
중간체계 (mesosystem)	학생 개인의 행동에 영향을 미치는 미시체계의 두 집단 이상의 관계와 영향(예: 학부모와 교사와의 관계, 학부모의 교우관계 인지, 교내외 비행학생과의 관계 등)
외체계 (exosystem)	학생 개인과는 관계되지 않지만 학생 개인 행동에 상당한 영향력을 갖는 교육환경 또는 제도(예: 전문상담교사, 학교폭력 신고전화 등)
거시체계 (macrosystem)	학생 개인 및 다른 체계에 간접적으로 관련이 있는 보다 넓은 의미의 사회적 문화와 환경(예: 전통적 윤리관의 붕괴, 폭력적 대중문화 등)

또한 황혜원, 신정이, 박현순(2006)은 초기 청소년의 학교폭력에 대한 생태체계적 요인들 간의 경로분석을 실시하였고, 청소년의 학교폭력에 개인변인과 또래변인이 가장 큰 영향을 미쳤고, 가족변인과 학교변인은 개인변인과 또래변인에 비해 낮은 직접적 영향을 갖는다고 주장했다.

Bronfenbrenner의 학문적 영향은 학교폭력과 학생 비행 등이 또래집단, 가정, 학교조직, 제도와 지역사회에 의한 요인들이 어떻게 관련을 맺고 있고 어느 정도 영향을 미치고 있는가에 대한 연구의 활성화를 가져온 것에 있다(Espelage & Swearer, 2003; Riner & Saywell, 2002; Welsh, 2001; Welsh, Greene, & Jenkins, 1999; Hyman & Perone, 1998b; Anderson, 1998; 김범수, 2009; 이창훈, 송주영, 2009; 황혜원, 신정이, 박현순, 2006; 김광웅, 문수경, 2005; 정수경, 2000).

Bronfenbrenner의 생태학적 관점은 학교폭력과 학생 비행 등이 개인으로부터 시작하여 또래집단, 가정, 학교조직, 제도와 지역사회에 의한 요인들과 어떻게 관련을 맺고 있고 어느 정도 영향을 미치고 있는가에 주목한다. Bronfenbrenner의 생태학적 관점은 두 가지 측면에서 학교폭력 분석에 유용하다. 첫째는 생태시스템 이론이 다양한 요인들을 개인적 특성, 대인 상호관계, 가정환경, 학교환경, 지역사회환경, 사회문화적 환경 등과 같이 여러 단계로서 구분하여 분석할 수 있다는 점이다. 둘째는 학생과 상호 연관되어 영향을 받고 있는 환경에 미치는 영향 분석뿐만 아니라 사회적 환경과의 상호작용 효과를 분석할 수 있다는 점이다(김범수, 2009).

2) 생태학적 관점에서의 학교폭력 원인

Bronfenbrenner의 생태학적 관점에서 학교폭력 원인을 분석한 연구들을 종합해 보면 표 3-4 와 같이 정리할 수 있다.

| 표 3-4 | 학교폭력 원인에 대한 생태학적 분석

구분	특징
개인 체계	• 학교폭력 관련 학생은 열등감과 우울 성향이 높다. (열등감과 우울 성향) • 학교폭력 관련 학생은 신체나 힘에 있어서 강하고 우월하다고 생각한다. (우월의식) • 학교폭력 관련 학생은 작은 일에도 화를 잘 낸다. (화를 잘 내는 성향) • 학교폭력 관련 학생은 주로 잘난 척하는 학생이다. (잘난 척하는 성향) • 학교폭력 관련 학생은 공부를 잘 못하는 편이다. (공부를 못하는 경향)
미시 체계	• 가해학생의 부모는 자녀에 대해 무관심한 경향이 높다. (자녀에 대한 무관심) • 피해학생들은 급우들과 사이가 좋지 못하며 싫어한다. (급우관계) • 피해학생은 어려움에 처하게 되었을 때 도와줄 친구가 별로 없다. (피해학생의 교우관계) • 피해 또는 가해학생의 부모는 서로 자주 싸우는 편이다. (부부싸움) • 한부모가정, 조손가정 학생은 학교폭력과 관련되는 경향이 높다. (한부모가정)
중간 체계	• 가해학생은 일진회 등의 폭력서클에 가입되어 있다. (가해학생의 폭력서클 가입) • 일진 친구들과 어울리지 못해 학교폭력 피해를 받는 경향이 있다. (일진과의 친밀성) • 학교폭력 관련 부모는 자녀의 급우관계에 대해 모르는 경향이 높다. (자녀 급우관계) • 학교폭력 관련 부모는 교사와의 대화가 부족한 경향이 있다. (부모와 교사의 관계) • 교사의 처벌과 개입이 부족해서 학교폭력이 발생한다. (교사의 처벌권 약화)
외체계	• 열악한 학군에서 학교폭력이 일어나는 경향이 높다. (열악한 학군) • 피해/가해학생 가정은 비교적 사회경제적 수준이 낮은 편이다. (낮은 사회경제적 지위) • 학교폭력 예방 프로그램이 제공되지 않아서 학교폭력이 발생한다. (폭력 예방 프로그램) • 전문상담교사가 없거나 부족한 것이 학교폭력의 원인이다. (전문상담교사) • 입시 위주의 교육은 학교폭력을 더욱 심각하게 하는 경향이 많다. (입시 위주 교육)
거시 체계	• 학교폭력의 대상이 되는 학생들은 폭력대중매체의 영향을 받는다. (대중매체의 영향) • 전통적인 윤리관의 붕괴는 학교폭력을 야기하는 주요 요인이다. (전통적 윤리관 붕괴) • 핵가족화, 맞벌이부부 등 가정요인은 학교폭력을 야기하는 주요 요인이다. (가족요인) • 학교폭력이 심각해진 것은 사회 전체의 무관심 때문이다. (사회의 무관심) • 퇴폐적 향락문화와 인터넷폭력 게임은 학교폭력을 야기하는 주요 원인이다. (폭력적 문화) • 아이들은 싸우면서 큰다는 어른들의 생각은 학교폭력에 영향을 준다. (학교폭력에 대한 성인 관점) • 언론의 폭력 및 자살 보도 등은 학교폭력을 간접적으로 부추긴다. (언론의 보도 영향)

(1) 개인

학생은 자신을 중심으로 세상을 바라보고, 그들의 생태학적 환경과 상호작용한다고 한다. 이는 학생 개인 수준에서의 학교폭력 원인을 제시해 보면 다음과 같다.

- 학교폭력 관련 학생은 자존감이 낮으며, 자아개념이 부정적인 경향이 높으며, 열등감과 우울성향이 강한 경향이 있다.
- 학교폭력 관련 학생은 신체나 힘에 있어서 강하고 우월하다고 생각하며, 공격적 성향이 강한 경향이 있다.
- 학교폭력 관련 학생은 타인에 대한 공감력이 낮으며, 상황통제력 및 자기통제력이 미약하며, 작은 일에도 화를 잘 내는 경향이 있다.
- 학교폭력 관련 학생은 학문적 자아개념이 낮으며 학업적 흥미가 부족한 경향이 있다.

(2) 미시체계

미시체계는 학생 개인이 자기 생활공간 속에서 갖는 친구, 교사, 학부모와의 직접적 경험과 환경 등을 말하는 것으로 교실 내의 교우관계, 부모의 양육태도, 부모와의 상호작용, 가정의 심리적·사회적 환경 등을 말한다. 미시체계 관점에서의 학교폭력 원인들을 살펴보면 다음과 같다.

- 학교폭력과 관련된 학생들의 학부모 및 가정은 일관성 없는 자녀의 양육방식을 보인다거나 한부모가정, 조손가정 등 결손가정 등을 갖는 경향이 있다.
- 피해/가해학생 가정은 사회경제적 수준이 낮은 편이다.
- 학교폭력 피해학생들은 급우들과 사이가 좋지 못하며, 어려움에 처하게 되었을 때 도와줄 친구가 그다지 많지 않은 경향이 있다.
- 학교폭력 관련 학생은 가정폭력 및 비합리적 체벌에 노출된 경험으로 인해 폭력적인 성향을 갖는 경향이 있다.

(3) 중간체계

중간체계는 학생 개인과 관련된 미시체계의 두 집단 이상의 관계와 영향을 말하는 것으로 학부모와 교사와의 관계, 학부모의 교우관계 인지 정도, 교내·외 비행학생과의 관계 등을 말한다. 중간체계 관점에서의 학교폭력 원인을 살펴보면 다음과 같다.

- 학교폭력 관련 학생은 술, 담배, 오토바이 등 비행 관련 행동을 보이며, 일진회 등의 폭력서클에 가입되어 있으며, 일진 친구들과 어울리지 못하면 학교폭력 피해를 받는 경향이 있다.
- 학교폭력 관련 학생의 학부모는 자녀의 교우관계와 학교생활에 대해서 잘 모르며, 교사와의 대화와 소통이 부족한 경향이 있다.
- 학교폭력은 교사의 처벌권과 개입이 약하거나 교사의 학생과의 개인적 관계 및 의사소통이 부족한 경우에 발생하는 경향이 있다.

(4) 외체계

외체계는 학생 개인과는 관계되지 않지만 학생의 행동에 영향력을 미치는 교육환경 또는 제도와 관련되는 것으로 정책적으로 시행되고 있는 전문상담교사, 학교폭력 신고전화, 학교생활기록부 기재 등을 예로 들 수 있다. 외체계 관점에서의 학교폭력 원인을 살펴보면 다음과 같다.

- 교내 교육환경이 학교폭력으로부터 안전하지 못하며, 학교 주변의 환경이 학교폭력과 관련한 퇴폐업소와 환경으로 둘러싸여 있거나, 지역사회 및 학군이 비교적 열악한 조건일 경우 학교폭력이 일어나는 경향이 있다.
- 학교폭력은 폭력 예방 프로그램, 인성교육 부재, 입시 위주 교육, 전문상담교사의 부재, 학교폭력 감시활동의 부족 등의 교육 및 사회적 제도에 의해 학교폭력이 일어나는 경향이 있다.

(5) 거시체계

거시체계는 학생 개인 및 다른 체계에 간접적으로 관련이 있는 보다 넓은 의미의 사회문화적 환경과 조건을 말하는 것으로 전통적 윤리관의 붕괴, 폭력적 대중문화 등을 예로 들 수 있다. 거시체계에 관한 학교폭력 원인을 살펴보면 다음과 같다.

- 학교폭력은 전통적인 윤리관의 붕괴로 인해 발생하고 있다.
- 학교폭력은 사회 전체의 무관심 또는 학생폭력에 대한 사회적 인식(애들은 싸우면서 큰다)과 관련이 있다.
- 학교폭력은 퇴폐적 향락문화와 인터넷폭력 게임, 폭력대중매체의 영향에 의해 발생하는 경향이 있다.
- 학교폭력은 핵가족화, 맞벌이부부, 소외계층 증가 등 가정 및 사회구조의 변화와 관련이 있다.

Chapter 4

청소년의 이해

발달심리학적 측면에서, 아동기와 성인기 사이에 존재하는 청소년기(adolescence period)를 독립적 기간으로 볼 수 있는지에 대해서는 오랜 논쟁이 존재하였다. 그러나 오늘날 대부분의 발달이론에서 청소년기는 그 이전 단계와 그 이후 단계와 구별되는 뚜렷한 발달의 단계로 간주되고 있다. 청소년기는 성적 성숙의 시작(약 11~14세)과 함께 시작해서 성인기의 시작(약 18~21세)까지 지속되는 발달의 기간이다. 어떤 점에서 청소년은 서로 다른 두 세계-아이와 성인의 세계-의 간격 속에 살도록 강요받은 사람이며 청소년들이 경험하는 질풍노도의 감정적 변화는 이러한 딜레마의 결과로 이해될 수 있다.

이 장에서는 가장 미시적 측면에서 청소년의 발달심리학적 특징을 이해하고, 이 시기 청소년들에게 중요한 타인으로 기능하는 친구와 부모관계의 측면에서 나타나는 주요 변화를 알아보고자 한다. 이에 덧붙여 학교폭력과 밀접하게 관련된 청소년기 공격행동의 발달과 특성에 대해서도 함께 살펴보고자 한다. 또한 동기에 따른 공격행동과 행동특성에 따른 공격행동을 분류하고, 학교폭력과 어떻게 연결될 수 있는지 살펴보고자 한다.

1. 청소년의 발달적 특징

1) 청소년기에 대한 발달이론

대부분의 연구자들에 따르면 청소년기는 아동이 사회에 진입해서, 사회 구성원으로서 기여하기 위한 기초를 확립하기 시작하는 시기로 개념화된다. 특히 Erikson(1950)은 이 시기의 특징을 '정체성 vs. 역할혼미(ego-identity vs. role confusion)'의 단계로 정의하였다. 이보다 앞선 학령기 아동에게 가장 중요한 적응적 개념은 '근면성 vs. 열등감(industry vs. inferiority)'이다. 즉, 학령기 단계에서는 학교라는 사회적 관계의 확장 속에서 스스로 유능감을 획득하는 것이 중요한 발달과제로, 공교육이라는 울타리 내에서 아이들은 학업적·사회적 능력의 향상을 기반으로 자신감의 기초를 성취하게 된다. 따라서 학교나 또래집단 사이에서 성취에 실패하는 것은, 유능감을 위한 추진력을 형성하지 못하고 열등감을 갖게 만든다. 이 시기가 지나간 후 찾아오는 청소년 시기에는 자기정체감을 형성하는 것이 중요하다. 주관적인 인지적 해석과 공고화 능력을 통해 각 개인은 의미있는 과거를 바탕으로 미래에 대한 지향을 제공하는 자아상을 형성하게 된다.

신프로이드 학파인 Sullivan(1953)과 Horney(1950)의 경우에는, 사회에 속하는 것(being in the society)이 청소년 발달에서 핵심적인 사안이라고 주장하였다. 이 시기에 속하는 청소년들은 또래관계 내에서 '교섭'과 '협상'을 통해 사회적 맥락을 학습하는 것이 매우 중요하며, 이전까지는 가족 내 관계에만 의존하던 개인적 기능이 사회적·경제적·정치적 맥락을 포함하여 확장될 수 있다고 설명하였다. 따라서 이 시기를 안정적으로 보낼 수 있다면, 이전에 경험했던 부정적인 가족의 영향력 역시 "수정"될 수 있다고 믿었으며, 자신을 둘러싼 건강한 사회집단과의 동일시를 통해 적절한 자아정체감을 형성할 수 있다고 믿었다.

특히 Sullivan(1953)의 경우 인간발달에 있어서 대인관계와 의사소통을 매우 중요시하였는데, 동성의 또래와 친근한 관계를 형성하고 원가족으로부터 독립하여 사회의 성원으로 책임감을 발휘할 준비를 하게 된다는 측면에서 청소년 시기를 매우 강조하였다. 그 이전까지는 가족 내에서의 대인관계를 통해 자아상을 형성해 왔다면, 청소년기에 접어들면서 인생에서 처음 나타나는 상호적 사랑과 우정을 통해 자아상을 형성하게 된다. 청소년 시기가 타인의 안전과 만족을 자신의 안전과 만족처럼 중요하게 생각하는 첫 번째 단계라는 측면에서, 청소년들도 평등하고 상호적인 대인관계를 발달시킬 수 있게 되며, 친밀감과 애정의 욕구를 성숙하게 발달시킬 수 있게 된다.

2) 신체적 · 성적 변화

청소년기에는 성장의 변화가 두드러진다. 11세가 되면 소녀는 소년보다 크고 몸무게도 더 나가게 되는데, 이는 소년들보다 소녀들의 성장 발달이 대략 2년가량 빨리 나타나기 때문이다. 그러나 14세 정도가 되면 소녀들은 성장이 느려지거나 정지하고 소년들의 키와 몸무게는 급격하게 증가하게 된다. 이러한 2차 성징은 사춘기의 시작을 가져오게 되는데, 이 시기에는 성적 성숙과 관련된 신체 변화뿐만 아니라 그 외의 다양한 영역에서 질적인 변화가 발생한다(Lloyd, 1985).

사춘기에는 1차 성징과 2차 성징이 나타난다. 1차 성징이란, 소년들에게 사정 능력이 생기고 소녀들에게 초경이 발생하는 것으로, 생식과 직접 관련된 변화를 의미하며, 2차 성징은 생식과 직접 관련은 없지만 청소년 시기에 소년 · 소녀들에게 나타나는 특징적인 신체적 변화를 의미한다. 소년들에게 콧수염이 나거나 소녀들의 유방이 커지는 것, 남녀 모두 목소리가 깊어지고(낮아지고) 음모와 겨드랑이 털이 나타나게 되는 것이 이에 해당한다. 이러한 사춘기의 신체적 변화는 성호르몬의 증가로 나타나게 되는데, 소녀의 경우에는 에스트로겐, 소년의 경우에는 테스토스테론이 증가하게 되는 것이 이에 해당한다. 이 시기에는 성적인 호기심과 관심이 증가하게 되지만, 성적 관심이 자동적으로 성적인 활동으로 표현되지는 않는다. 언제 그리고 어떻게 성적 관심이 행동으로 표현될 것인지를 결정하는 데 있어서 종교적 전통과 사회적 규범이 주도적인 역할을 하게 되며, 주변의 또래관계나 가족문화의 영향을 많이 받게 된다(Tanner, 1978).

청소년기 동안 신체가 변화하면서 뇌(brain) 또한 변화한다. 예를 들어, 사춘기 직전에 뇌의 다른 영역들을 연결하는 세포조직의 성장속도가 현저하게 증가한다. 1970년대에는 청소년기 이전에 대부분의 대뇌발달이 이루어질 것으로 생각하였다. 2세 6개월 무렵에는 성인 뇌 무게의 75%가, 10세 이전에는 95%가 형성된다고 여겨졌다. 실제로 6~13세 사이에 언어를 주관하는 측두엽, 공간 이해에 전문화된 두정엽 사이의 연결이 빠르게 증가하다가 언어학습의 결정적 시기가 끝나는 시점에 멈추게 된다(Tanner, 1970).

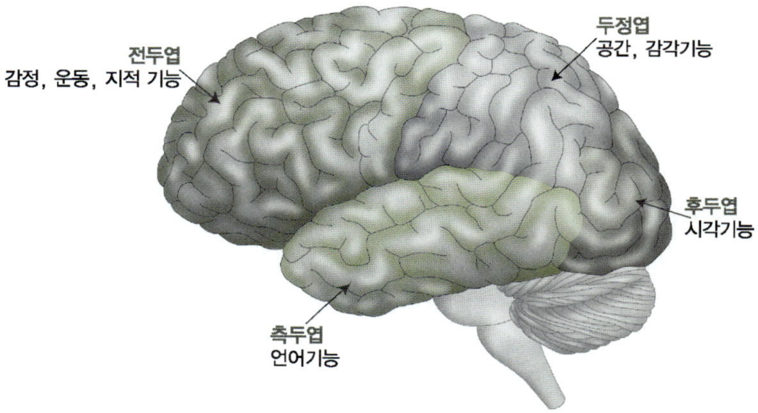

| 그림 4-1 | 대뇌피질의 개괄적인 구조[1]

그러나 보다 최근의 뇌영상 연구에 따르면 청소년 시기에 매우 활발한 대뇌의 변화가 발생하고 있다. 청소년 시기에 일어나는 뇌의 가장 흥미로운 변화는 전두엽에서 발생한다. 갓태어난 신생아의 경우 성인의 2배에 해당할 정도로 실생활에 필요한 것보다 훨씬 더 많은 시냅스를 형성하게 되는데, 이후의 두뇌 발달 과정에서는 초기 시냅스 증식 이후에 자주 사용되지 않는 시냅스 간의 불필요한

1) 전두엽 : 언어, 사고, 감정, 동작의 제어, 고차적이고 통합적인 사고를 관장
측두엽 : 청각, 후각, 기억의 제어 및 언어 정보 해석 및 산출
두정엽 : 촉각, 온도, 고통과 같은 감각 경험 및 해석
후두엽 : 시각 및 공간 정보 처리

연결들이 제거된다.[2] 이는 인생을 살아가면서 자신의 환경에 가장 적합한 시냅스 연결이 선택되는 과정이라 볼 수 있다. 이전의 과학자들은 이러한 시냅스 제거가 생의 초기에 끝난다고 생각했으나, 최근 연구에 따르면(Giedd et al., 1999) 청소년 시기 직전에 2차 시냅스 증식이 발생하고, 청소년기가 진행되는 동안 다시 한 번 불필요한 시냅스가 제거되는 현상이 발생한다는 것을 발견하였다. 이는 자신의 정체감을 형성해 나가는 동안 두뇌 내부에서도 새로운 정리가 일어나고 있다는 것을 시사하며, 이러한 변화를 기반으로 추상적, 고차적, 개념적 사고능력이 향상되게 된다.

3) 인지적 변화

청소년기의 인지적 변화에서 가장 중요한 특징은 추상적 사고능력의 발달과 자기 중심성이며, 많은 연구자들은 이러한 인지적 변화를 전두엽의 발달로 야기된 결과라고 설명하고 있다. 청소년기는 Piaget의 인지발달 4단계에서 형식적 조작기에 해당하므로, 추상적 개념에 대해 체계적으로 생각할 수 있는 시기이다. 예를 들어, 이 시기의 청소년들은 과학 실험 과제로 진자(pendulum)를 만든다고 가정했을 때, 끈의 길이와 진자의 무게가 중요함을 직관적으로 파악할 수 있게 된다. 무게와 끈의 길이라는 두 요소 중 하나를 통제하고 다른 하나를 변화시키면서 각 요소의 역할을 파악하는 등, 실험의 본질을 이해할 수 있는 나이가 된다는 것이다. 물론 개인차가 존재하긴 하지만, 청소년기가 되면 과학적이고 추상적으로 사고하는 인지 기능이 갖추어지게 된다.

청소년들은 추상적 사고 덕분에 좀 더 어려운 개념화를 시작하게 된다. 인생은 무엇이고 정의가 무엇인지 생각하며, 정치, 대수, 기하 등을 이해하고자 애쓰기 시작한다. 이러한 개념화와 더불어 현실에 대해 무엇이 이상적인 기준인지

2) 시냅스 제거(synapse elimination) : 정상적인 뇌 발달과정에서 과잉형성되어 더 이상 사용하지 않은 시냅스는 제거되고, 경험을 통해 자극을 받아 필요성을 인정받은 시냅스는 살아남아 각기 독특한 뇌 네트워크를 형성하는 현상

설정하고 그에 어긋나는 모순 때문에 혼란스러워지고 좌절하며, 기존의 권위에 대해 분노를 느끼기도 한다.

청소년에게 인지가 발달하면 다른 관점을 잘 취할 수 있게 되므로 다른 사람이 보는 내 모습을 생각할 수 있게 된다. 이는 지금까지의 협소한 세계관을 확장시켜 주기도 하지만, 형식적 사고능력의 확장이 또 다른 자기 중심성을 가져올 수 있다. 타인이 자신을 어떻게 보는지에 대한 개념화 능력이 왜곡된 측면으로 상상적 청중(imaginary audience)과 개인적 우화(personal fable) 현상을 들 수 있다(Elkind, 1967, 1978). 상상적 청중은 청소년이 자신을 배우라고 생각하고(다른 사람들의 관심 대상이고) 다른 사람들은 자신을 보는 청중이라고 느끼는 현상이다. 이런 믿음을 갖게 되면 청소년들은 모든 사람들이 자신을 관찰한다고 생각하여, 스스로의 외모나 행동에 매우 신경쓰게 되고 별것 아닌 실수나 행동에도 쉽게 당황하는 모습을 보이기도 한다. 이성과의 데이트에 앞서 오랜 시간 동안 자신을 단장했던 소년 소녀들의 경우, 실제로 서로 만났을 때 상대방을 관찰하기보다 자신이 어떻게 보이는지에 보다 더 관심을 갖는다. 청소년들의 모임에서 각 청년들은 스스로 주인공이면서 동시에 다른 사람에게는 관중이 된다(Elkind, 1978).

이뿐 아니라, 청소년들은 개인적 우화를 가지고 있는 경우가 많은데, 이는 자신이 스타로서 비상한 능력과 특권을 가지고 있거나 자신만의 독특한 경험이 있다고 믿는 경향을 의미한다. 예를 들어, 자신은 충분히 감당할 자신이 있다면서 무모하게 차를 몰아댄다든가, 첫사랑에 실패한 소년이 자신과 같은 슬픈 사연을 가진 사람은 이 지구상에 없다고 생각하는 것이다. 이러한 개인적 우화 때문에 무모하고 무책임한 행동을 쉽사리 시도하기도 하고 엄격한 사회적 규칙이나 규범을 쉽사리 어기기도 한다(Elkind, 1967). 상상적 청중이나 개인적 우화현상 때문에 청소년들은 무모하거나 무책임한 행동을 하거나 허세에 가득찬 말들을 내뱉게 된다.

4) 사회성 및 정서발달

흔히 청소년기를 질풍노도의 시기라고 하는 것은 사회성과 정서가 발달하면서 뜻대로 되지 않는 경우나 스트레스로 과격한 감정과 행동 및 반항기를 거치게 된다는 것을 의미한다. 하지만 연구결과는 반드시 청소년기를 질풍노도의 시기라고 규정할 수 없다는 것을 시사한다. 오히려 대부분의 청소년들은 사춘기에 특별한 문제를 경험하지 않고 지나가며, 부모들도 사춘기의 자녀들과 대화하는 데 별다른 문제가 없는 경우가 더 많기도 하다(Granic, Holenstein, & Dishion, 2003). 물론 자신의 정체성을 찾는 과정에서 논쟁과 불평이 아동기보다 증가하고 무모하고 무책임한 행동이 증가하는 것도 사실이지만, 청소년기 중반부터는 그런 현상이 점차 안정되어 간다. 이러한 사회성 및 정서발달에 대한 이론들 중 앞서 간략하게 살펴보았던 Erikson의 심리사회적 발달이론과 Kohlberg의 도덕성 발달이론이 중요하게 다루어지고 있다.

(1) Erikson의 심리사회적 발달이론

Erikson(1950)은 Freud가 제시한 심리성적(psycho sexual) 발달과정을 좀 더 확대하여 심리적이고 사회적인 과정을 중시하는 발달이론을 제시하였다. 그는 성격발달이 아동기 초기에 영향된 무의식이나 갈등, 고착으로 결정되는 것이 아니라, 사회에 적응하고 기여하는 능력과 기술을 배우는 것이라고 보았기 때문에, 일생을 통해 발달하는 과정을 표 4-1 과 같이 8단계로 나누었다. 첫 다섯 단계는 Freud의 심리성적 발달과 같은 시기이고, 후반의 세 단계를 청소년기를 지나 성인발달의 초기, 중기, 후기로 나누어 보았다.

표 4-1 에서 볼 때 5단계의 정체성과 역할혼미는 연령으로 보아 청소년 시기에 해당한다. 개인은 이 단계에서 자신의 정체성을 파악하려고 애쓰게 되는데, 자신이 누구인지, 강점은 무엇인지, 앞으로 무슨 역할을 하면서 살아갈지 등에 대한 생각을 확립하려고 한다. 이러한 정체성의 확립이 잘 안 되면, 자신의 역할이 무엇이어야 하는지 혼미스럽게 되고, 수용하기 어려운 태도를 보일 수 있다.

Erikson은 개인이 자신의 정체감을 형성하고 받아들이는 것을 매우 어렵고 불안한 과업이라고 생각했다. 청소년들은 자신에게 가장 적합한 것을 결정하기 위해서 여러 가지 다른 역할이나 이데올로기를 시험할 수 있는 충분한 유예기간이 필요하며, 이 과정 속에서 자신의 역할과 자아상을 공고하게 형성할 수 있다고 보았다. 그러나 이러한 유예기간 동안 정체감을 성취하는 데 실패하고 정체감의 위기를 경험하게 될 경우, 스스로 자신이 누구이며 어디에 속하는지, 어떤 삶을 지향해야 하는지 모르게 되며, 결국 정상적인 삶의 과정에서 낙오하게 될 것이라고 지적하였다. 이 단계에서 자신의 정체감이나 역할을 제대로 확립하지 못하게 된다면, 사회적 일탈행동을 보이는 이단아가 되거나 나중에 타인과 친밀한 관계를 유지하는 데 어려움을 경험하게 될 수도 있다. 그만큼 청소년 시기의 정체감 확립은 매우 중요한 사안이라 할 수 있다.

| 표 4-1 | Erikson의 심리사회적 발달

단계		연령대	긍정적 측면	부정적 측면
1	신뢰 vs. 불신	신생아기~1.5세	환경의 지지로부터 신뢰감 형성	타인에 대한 두려움과 우려
2	자율 vs. 의혹	1.5~3세	주변 환경 탐색을 통해 고무되는 자기 충족감	자신에 대한 의혹, 독립성 결여
3	주도 vs. 죄책감	유아기	자신의 활동 주도	죄책감과 부족감
4	근면 vs. 열등감	아동기	유능감의 발달	잘 안 될 경우 열등감
5	정체성 vs. 역할혼미	청소년기	자기 정체성 확립	자신의 역할에 대한 혼미
6	친밀 vs. 고립	성인 초기	친구관계 및 애정관계 발달	타인과의 관계에 대한 두려움
7	생산 vs. 침체	성인 중기	자녀양육, 사회봉사	생산성 발휘 못함, 자신에게만 몰입
8	자아통합 vs. 절망	성인 후기	자신의 생을 수용하고 의미 부여	생에 대한 무의미감, 낙담

(2) Kohlberg의 도덕성 발달이론

Kohlberg(1973, 1976, 1979)는 Piaget의 도덕발달이론을 확대하여 청소년들이 도덕 판단을 어떻게 하는지 알아보기 위한 일련의 도덕적 갈등 이야기를 개발하였다. 그 이야기에서는 규칙이나 법에 따르거나 그에 반하는 행동을 하는 선택이 필요하다. Kohlberg가 개발한 이야기는 다음과 같다.

> 한 남자가 있었는데, 어느 날 그의 부인이 희귀한 암으로 죽을 것임을 알게 되었다. 최근 그 부인을 살릴 수 있는 약을 어떤 의학 연구자가 개발하였다. 그러나 개발에 비용이 많이 들었기 때문에 그 연구자는 남편에게 원가의 10배인 500만 원은 내야 살 수 있다고 하였다. 그래서 남편은 돈을 꾸려고 여기저기 알아보아서 250만 원을 구할 수 있었다. 그래서 남편은 연구자에게 집사람이 죽어가고 있으니 약값을 내리든가, 일단 250만 원만 가져가고 나머지는 나중에 지불할 수 없는지 물었다. 연구자는 "안돼요. 내가 그 약을 개발했고 난 그걸로 돈을 벌어야 해요"라고 대답하였다. 낙담한 남편은 부인을 위해 약을 훔칠 생각을 하고 있다. 자, 당신이라면 남편에게 어떻게 하라고 말하겠는가?

위와 같은 이야기가 주어졌을 때, 응답자의 반응이 도덕발달의 수준을 나타낸다는 것이 Kohlberg의 이론이다. Piaget의 이론에서 자율적 단계가 시작되는 아동기 말에는 인지능력의 제한 때문에 도덕성 발달이 완성되기 어렵고, 청년기와 초기 성인기를 거치면서 도덕성이 발달하게 된다. 도덕성의 판단은 관점의 변화이기 때문에 인지발달과 함께 성숙하기 때문이다. 예를 들면 아동기에는 비교적 일정하지만 상황에 따라 융통성 없는 규칙을 따르므로 "훔치는 것은 항상 나쁘다", "훔치면 벌을 받을 것이다"의 수준에서 반응하게 된다. 그러나 사춘기가 되면서 좀 더 추상적 수준으로 사고하게 되어 Piaget가 말하는 형식적 조작을 하게 되고, 많은 도덕적 원칙들을 폭넓게 이해할 수 있게 된다. 그 결과 도덕이란 항상 흑백과 같이 이분법적으로 볼 수 있는 것이 아니고 두 가지 사회적 표준(훔치면 안 된다 vs. 부인을 죽게 하면 안 된다) 사이에 갈등이 있다는 것을 알게 되어, 갈등을 경험하게 된다.

Kohlberg는 인지발달과 함께 진행되는 세 가지 도덕 수준을 제시하였다. 전인습적 수준, 인습적 수준, 후인습적 수준이 그것이다. 전인습적 수준의 경우, 아동에게 아직 규칙이 내면화되지 않은 단계로 처벌은 피하고 보상을 받기 위해 외부에서 주어진 규칙을 따르게 된다. 그러나 인습적 수준에서는 자신이 사회 구성원이라는 관점에서 접근한다. 따라서 선량한 구성원으로 인정받고자 사회적 규범을 따르려고 노력한다. 끝으로 후인습적 수준에서는 옳고 그름을 정의 원리에 따라 판단하려고 한다. 인습적 수준에서는 선량한 시민정신이나 사회질서의 유지 지향이 강조된다면 후인습적 수준에서는 법도 일종의 사회적 계약이므로 인간의 권리나 존엄성을 위협하는 법은 부당하다고 생각하거나 나아가서 보편적인 정의나 원리에 따라 자신의 판단기준을 설정하게 된다.

| 표 4-2 | Kohlberg의 도덕발달수준

도덕적 발달단계			도덕적 판단		도덕적 행동의 원인에 대한 생각
			남편 행동이 옳다	남편 행동이 그르다	
전 인습적 수준	1단계	벌, 복종 지향의 도덕	부인이 죽으면 고통스러워지니까 약을 훔쳐야 한다.	약을 훔치다가 잡히면 감옥에 가야 하니까 훔치지 말아야 한다.	벌과 고통을 피하기 위해서 도덕적 행위를 하는 단계
	2단계	목적과 상호교환 지향의 도덕	부인의 생명을 구하기 위해서 약을 훔치는 것은 괜찮다.	연구자는 돈을 벌기 위해서 약을 만들었으니까 약을 훔쳐서는 안 된다.	욕구충족의 수단으로 도덕성을 발달시키는 단계
인습적 수준	3단계	착한 아이 지향의 도덕	아내를 사랑하니까 약을 훔쳐야 한다.	절도는 가족과 자신에게 불명예스러운 일이므로 훔치지 말하야 한다.	대인관계의 조화, 안정적인 상호관계를 위해서 도덕성을 발달시키는 단계
	4단계	법과 질서 지향의 도덕	연구자에게 나중에 돈을 지불한다면 훔쳐도 괜찮다.	하인츠가 부인의 목숨을 구하려는 건 당연한 일이지만, 훔치는 행동은 어쨌든 나쁜 행동이다.	법과 질서의 권위준수를 절대 의무로 받아들이는 단계
후 인습적 수준	5단계	사회계약 지향의 도덕	단지 법률에 따라 이런 상황을 해결할 수 없다. 이 상황에서 약을 훔친 것은 옳지 않지만 정상을 참작해야 한다.	피치못할 상황이라고 해서 누구나 다 훔치지 않는다. 목적이 선하더라도 수단을 정당화할 수 없다.	법의 절대성에서 벗어나 사회적 유용성을 고려하는 단계
	6단계	보편원리 지향의 도덕	약을 훔쳐야 한다. 생명은 존중받아야 하기 때문이다.	약을 훔쳤기 때문에 타인으로부터 비난을 받을 것이다. 그러나 훔치지 않았다면 자책하게 될 것이다.	사회의 법과 질서를 준수할 뿐만 아니라 스스로 선택한 양심의 결정을 도덕의 판단 기준으로 삼는 단계

Kohlberg는 사람들이 '전인습-인습-후인습 수준'이라는 고정된 순서에 따라 도덕성을 발달시킨다고 보았으나, 모든 사람이 후인습적 수준에 도달하는 것은 아니라고 하였다. 즉, 성인 중에서도 상대적으로 적은 비율만 이 수준에 도달할 수 있다. 청소년기에 안정적인 정체감을 형성하고 사회와의 조화를 추구할 수 있게 되면, 의무, 존중, 법과 질서라는 사회적 가치를 보다 포괄적으로 받아들여 사회적 시스템에 기반한 도덕적 판단을 내리는 경향이 높아지게 된다.

(3) 소녀와 여성의 도덕발달에 대한 Gilligan의 연구

Kohlberg의 도덕성 발달의 경우, 지나치게 전통적인 남성적, 수리 논리학적 체계 내에서 도덕성의 위계를 강조한다는 한계가 존재한다(Gilligan, 1982a, 1982b). 즉, Kohlberg의 이론은 남녀의 상이한 사회화 과정 속에서 '도덕적 행동'에 대한 발달수준에 차이가 있다는 것을 간과하였으며, 후인습적 단계라고 지적한 수준은 남성들이 보이는 도덕적 견해의 발달이 중심이 된다는 것이다. 성장과정에서 소년들이 자연스럽게 학습하는 독립심이나 자기 주장 훈련과정에서 정의나 공정성 같은 사회적 관점의 도덕성이 발달되므로, 소녀들에 비해 더 높은 수준의 도덕성 발달에 도달한 것처럼 보일 수 있다는 것이다.

반면 관계의 중요성을 강조하는 소녀들의 경우에는, 대화와 대인관계적 활동 내에서 해결책을 발전시켜 나가기 때문에 주로 5단계에 머무르는 도덕발달을 보일 수밖에 없다. 애정이나 공감적 측면을 강조하는 사회화 과정을 교육받는 소녀들의 경우, 이타적 관심이나 보살핌을 중시하는 타인배려적 관점의 도덕성을 갖게 되는데, 이러한 도덕성 발달을 낮은 수준으로 매도할 수 없다는 것이다.

Stilwell과 Galvin, Kopta(1997)의 인터뷰 연구에서도 Kohlberg가 제기한 딜레마에 대한 소년과 소년들의 반응이 대체로 달랐다. 소년들은 그 딜레마를 어떻게 해결할지에 대한 질문에 대해 '절도에 대한 법적 문제'와 '가치있는 생명에 대한 고등 법안'에 가중치를 두어 반응하는 데 비하여, 소녀들은 '당사자들끼리 서로 대화를 나누어야 할 필요'를 가장 중요한 문제로 설명하였으며, 그 남자가 어떻게 되어야 할지에 대해서는 구체적인 의견을 내지 않는 경향을 보였다. 이는 소녀들의 도덕성이 제대로 발달되지 않았거나 사회적으로 미성숙한 것이 아니라, 소녀들이 그런 갈등 상황에서 해결에 도달하기 위해서 중재가 필요하다고 느꼈음을 시사하며, 도덕 판단의 상황에서 사회적 경험의 다른 측면에 가치를 두고 있는 것으로 해석해야 한다는 것을 의미한다. 이처럼 청소년기 소년과 소녀들은 중요하게 생각하는 도덕적 가치가 다르며, 문제나 갈등을 해결하는 과정에서 각기 다른 판단준거를 사용하여 다른 방식으로 그 문제를 해결하려 하는 경향이 있다.

2. 청소년과 또래

아동기의 경우에는 부모-자녀관계가 질적으로 매우 중요하게 다루어지지만, 자기 분화와 개별화 과정이 중요한 쟁점이 되는 청소년기에 들어서면서 중요한 의존 대상이 점점 변화하게 된다. 아동기 후반 및 청소년기 초반에는 동성 친구에 대한 의존이 높아지며 다음으로는 이성 친구에게 의존하게 된다(Grotevant & Cooper, 1986). 또래집단은 청소년의 발달단계에서 가장 촉진적인 요소 중 하나가 될 수도 혹은 매우 억제적인 요소가 될 수도 있다. 급격한 신체 변화, 성적 성숙과 정서적 변화가 한꺼번에 일어나는 청소년 시기에 또래란 매우 중요한 존재이다. 청소년들에게 친구란 애정과 동정, 이해의 근원이며, 실험의 장이며, 부모로부터 자율성과 독립을 얻기 위한 후원의 장이다.

청소년들이 사회적 자기(social self)를 발달시키는 과제에서 가정이나 가족에만 의존하던 이전 단계에서 점점 사회적 외연을 또래관계로 확장시키게 된다. 자신과 자신의 세계에 대한 아동의 관점은 부모의 관점과 거의 유사하지만, 사춘기가 되면서 청소년들은 훨씬 또래 지향적으로 변화하게 되고, 부모와의 유대보다 또래와의 유대관계에 기반하여 자아개념을 형성하게 된다. 즉, 아동은 거의 전적으로 부모형제와의 관계에 의해서 자신을 정의하지만, 청소년기는 가족관계로부터 친구관계로 중요한 관계의 전환을 경험하게 된다.

우정에 기반한 상호적 관계형성이 더욱 공고해져서 또래들에게 자신만의 매력을 인정받는 것이 청소년기의 사회적 자기 발달에 영향을 주는 주요한 요소가 되며, 이를 통해 청소년들은 유능감과 소속감을 획득하게 된다. 우정은 인생 그 어느 시기보다 청소년기에 강렬하게 경험되며, 가까운 또래와 안정적인 우정의 감정을 경험하는 것이 이 시기 청소년의 중요한 발달과업이 된다.

1) 청소년기 우정의 발달

Grunebaum와 Solomon(1980)의 또래 발달단계에 따르면, 학령 전기 아동은 일방향적으로 관계를 맺는 특징이 있다. '일방적인 상대와 일방적인 도움'의 형태로 또래관계를 형성하다가 아동 중기에 들어서면서 비로소 양방향적 관계가 가능해진다. 이 시기에는 전 학년에 걸쳐 동성 또래가 중요하며, 학년이 높아질수록 그 중요성이 증가하게 된다. 특히 소녀들은 소년들에 비해 일찍 또래와의 친밀감을 나타내는 경향이 있는데, 이는 소녀들이 좀 더 친밀감에 가치를 두는 것을 반영하는 결과이다. 친구들과 함께 어떤 활동에 참여하고 자신의 생각과 견해를 교환함으로써 안정된 또래집단을 형성·유지하고 상호 유사성을 증진시킬 수 있게 된다. 청소년 전기에는 특히 동성 친구와의 친밀한 우정이 중요하며, 성장하면서 이러한 우정이 이성에 대한 우정과 낭만적 애정으로 변화하게 된다. 이 시기 소년과 소녀 모두에게 우정은 중요한 생애사건이지만, 소년과 소녀의 우정은 그 의미가 조금씩 다르다. 여성은 정서적 친밀감과 신뢰감을 중요시하며(Furman & Buhrmester, 1987; Bukowski & Kramer, 1986), 자신의 감정을 이야기하고 서로 공감받으면서 친밀감을 형성하게 된다. 소녀들의 경우 강렬한 소속감과 친밀감을 강조하고 더 작은 규모의 배타적인 우정망을 형성하기 때문에, 친구관계에서 긴장이나 질투, 갈등을 경험하게 되는 경우가 많으며, 이 때문에 친구로부터의 거부와 배신에 대한 두려움을 크게 느끼게 된다(Hartup & Overhauser, 1991; Miller, 1990).

소년들의 경우에는 운동경기를 함께 하거나 좋아하는 운동을 함께 관람함으로써 친밀감을 형성하는 경향이 있다. 소녀보다는 자신의 감정이나 생각에 대한 노출이 적고, 이를 나누는 경험도 덜한 편이다(Camerena, Sarigiani, & Petersen, 1990). 게다가 어린 시절부터 자신의 감정을 노출하는 것이 남자답지 못한 행동이라고 배워왔기 때문에(Maccoby, 1959), 동성 친구와의 교우관계에서 끈끈한 친밀감을 형성하는 경우는 드문 편이다. 따라서 이 시기 소년들의 우정은 친밀감이나 안정성보다는 유사한 활동에 대한 선호도와 가용성(내가 원할 때 옆에 존재하는가), 물리적 접근성이 중요하게 고려된다고 볼 수 있다. 그러나 소녀들에 비해 끈끈한 친밀감이 부족할 뿐 소년들에게도 여전히 우정은 매우 중요한 가치이다. 함께 어울릴 수 있는 무리가 존재하지 않는다는 것은 소속감 형성에 지장을 주고, 궁극적으로 쉽게 폭력에 노출될 수 있게 만든다. 표 4-3 에는 소년과 소녀의 우정을 비교하였다.

| 표 4-3 | 소년과 소녀의 우정

소년		소녀
또래와의 우정과 소속감의 중요성이 좀 더 나중에 나타남	시기	또래와의 우정과 소속감의 중요성이 좀 더 빨리 나타남
운동경기나 취미와 같은 활동에 대한 선호도와 가용성을 통해 소속감 형성	의미	감정이나 생각을 공유함으로서 정서적 친밀감과 소속감 형성
소속된 집단의 규모에 큰 관심이 없음	규모	소규모의 배타적 우정망 형성
집단 자체에 소속되지 못하는 것에 대한 두려움	두려움	소속된 집단에서 거부당하거나 배신당하는 것에 대한 두려움

3. 청소년과 부모

1970년대 중반까지 청소년기는 가치, 규준, 행동에 대한 세대간 갈등의 결과로, 또래집단의 영향에 의해 부모의 영향력이 점차 사라지는 시기로 받아들여졌다(Coleman & Hendry, 1990). 특히 Anna Freud(1958)와 같은 정신분석학자들은 사춘기와 관련된 생물학적 변화가 정서적 스트레스를 일으키고, 이것이 다시 두 번째 오이디푸스 콤플렉스의 맥락에서 반항과 가족 갈등을 초래한다고 믿었다. 즉,

청소년 시기에 청소년과 부모 사이의 정서적 분리는 정상적인 과정이며, 이를 통해서 성인으로 전환하게 되는 것이다. 실제로 Anna Frued는 부모와 지나치게 밀접한 관계를 가진 청소년들이 이후의 정신병리에서 더 큰 위기를 경험할 것이라고 믿었다(Steinberg, 1990).

그러나 이후의 조사연구에 따르면, 대다수의 청소년들은 이 시기에 부모로부터 심리적으로 독립한다기보다 조언과 지원, 정서적 친밀성을 위해 부모에게 지속적으로 의존하고 있다는 사실이 밝혀졌다(Maccoby & Martin, 1983; McGrellis, Henderson, Holland, Sharpe, & Thompson, 2000). 이는 부모-청소년 관계가 분리와 갈등의 증가라기보다는 독립성과 상호성을 특징으로 한다는 것을 시사한다.

이 시기의 청소년들은 부모로부터 점점 정서적으로 독립하게 되며, 자기 주장, 갈등, 심리적 거리두기가 점점 증가하게 된다. 많은 청소년들이 부모로부터 독립을 원하는 동시에 여전히 부모와 애착관계를 유지하기를 원한다. 이 시기에 청소년과 부모의 갈등의 근원을 청소년기 자녀의 발달상의 변화 때문이라고 생각해 왔으나, 최근에는 부모의 요인도 이 시기에 중요하게 작용한다고 지적하고 있다. 십대 자녀의 부모인 동시에 그들 스스로 중년기의 위기라는 힘든 시기를 함께 보내고 있기 때문에 자녀의 비판이나 의문 제기에 대해 보다 효율적으로 대하기 어려워지고, 자녀와의 갈등이 증폭될 수 있다는 것이다.

1) 청소년과 부모의 갈등

일반적으로 부모와 청소년 사이의 갈등은 사춘기의 시작과 더불어 증가하며, 청년 중기에 안정되다가 청년 후기가 되면 감소하는 것으로 알려져 있다(Allison, 2000). 부모와 십대 자녀의 갈등은 주로 학교 성적, 친구문제, 귀가시간, 용돈 사용, 부모에 대한 불복종, 형제와의 갈등, 청결, 정리정돈, 자질구레한 집안일과 같은 일상적인 일이다. 이러한 갈등들은 자녀가 독립하고자 하는 욕구의 반영일 수도 있고, 부모의 입장에서 보면 사회규범을 가르치려는 부모의 노력을 반영하는 것일 수도 있다. Montemayor(1983)는 이와 같은 사회화 과업이 어느 정도의 긴장을 초래하는 것은 불가피한 일이라고 설명한다.

그러나 부모와 청소년의 갈등은 감소할 수 있는 것이다. 갈등이 발생하면 많은 부모들은 힘을 행사함으로써 갈등을 해결하려고 하지만, 대개의 경우 이 접근법은 역효과를 가져온다. 갈등을 해결하는 보다 효율적인 접근법은 가족의 중요한 의사결정에 청소년을 참여시키고 그들의 의견을 존중해 주고, 합리적이고 일관성 있는 규율을 적용하며, 십대가 하는 일에 관심을 보이고 지원해 주는 일이다.

문화체육부(1997)에서는 한국, 중국, 일본 등 동양 세 나라의 청소년들을 대상으로 그들이 부모와 어느 정도의 갈등을 경험하는지 조사하였다. 이 연구에서 부모의 간섭 정도, 부모에 대한 반항, 가출 충동, 체벌 경험에 대한 문항을 구성하여 청소년과 부모의 갈등 정도를 조사하였다. 연구결과 "부모로부터 간섭을 많이 받고 있다고 느끼는가"라는 질문에 대해 한국 청소년들의 경우, 전체 응답자의 64.4%가 그렇다고 응답하여, 일본(50.2%), 중국(27.5%)에 비해 월등히 높은 것으로 나타났다.

2) 건강한 적응과 가족관계

가족의 기능적 요인과 청소년의 적응 및 비행에 관한 연구를 보면, 모든 자녀의 발달에 가장 적합한 작용을 하는 단일의 자녀양육방식이나 관계의 유형은 없지만, 보다 좋은 부모-자녀 간의 의사소통, 평온한 가정의 분위기, 권위있는 자녀 양육방식 등의 형태가 아동 및 청소년들의 건강한 적응과 발달을 가져오는 것으로 보는 견해가 지배적이다(Klein, Forehand, Armistead, & Long, 1997; Sokol-Katz, Dunham, & Zimmerman, 1997). 반면에, 비행과 같은 문제행동을 일으키는 자녀의 부모들은 일반적으로 보다 더 낮은 교육적 성취를 보이고, 자녀양육에서 더 강압적이며, 화를 더 많이 낸다. 또한 체벌을 더 많이 사용하고, 일관성이 떨어지는 훈련방식을 사용하는 경향을 보인다(Sansbury & Wahler, 1992).

특히 개인들의 발달사를 조사한 연구들에 따르면, 문제행동에 대한 부모 영향의 기원은 아동기 초기부터 시작되는 것으로 보는 견해가 많다. 즉, 반사회적인 행동을 보이는 아동 및 청소년들의 발달사를 보면, 아동기 초기부터 부적절하며, 일관성 없는 자녀양육을 받은 경우가 많다(Jacobvitz & Bush, 1996; Seydlitz, 1991). 구체적으로 강압적이거나 폭력적이며, 부모 간의 심한 갈등과 같은 혼란스러운 가족환경에서 자란 경우가 많으며, 이러한 환경을 통해 친사회적인 기술이나 능력을 배우기보다, 불쾌하고 공격적인 행동방식을 배우게 되고, 나아가 이러한 특징들로 인하여 또래들과의 원만한 관계를 형성하지 못하고 친구에게 거부당하는 결과를 초래할 가능성이 높다. 그 결과 이러한 청소년들은 타인에 대한 적개심과 의심하는 경향이 증가하는 것으로 보인다(Cohen & Strayer, 1996; Garnefski & Okma, 1996).

한편 이러한 부적절한 가족환경에서 자라는 아동 및 청소년들은 자신들이 부모로부터 적절한 주의와 이해를 받지 못하며 거부당하고 있다고 느끼며, 낮은 자아개념을 보이는 경우가 많다. 이들 가운데 다수는 장래에 대한 포부수준이 낮고, 학교 생활에 잘 적응하지 못하며, 중퇴로 이어지는 경우도 많다. 나아가 열악한 가족생활로부터 도피하는 행동을 하거나 자신을 수용하고 인정해 주는 사람(흔히 비행 친구)과 동료관계를 맺거나 돈, 약물 등을 얻기 위해 자신의 몸을 이용한 문란한 행위를 하는 등 비행에 빠질 가능성이 높다. 이처럼 문제 있는 부모의 자녀가 문제를 보임에 따라 부모는 더욱 강요적이고 강압적인 방식으로 자녀를 통제하고, 반대로 자녀는 더욱 반항적이고 일탈적인 반응을 보이는 악순환으로 이어진다(DeBaryshe, Patterson, & Capaldi, 1993).

청소년의 적응 및 문제행동을 가족의 구조 및 기능적인 특징과 관련하여 이루어진 연구들을 종합해 볼 때, 양부모의 존재 여부 및 친부모(혹은 의붓부모)인지의 여부를 포함하는 구조적 특징과 가족 내부의 관계 및 분위기, 양육방식 등을 포함하는 기능성이 모두 청소년들의 적응과 발달에 중요한 요인으로 작용하는 것으로 볼 수 있다. 그러나 구조적 특징이 청소년 적응에 중요한 역할을 하는 것이 확실하긴 하지만 가족의 구조 및 형태 그 자체가 자녀의 적응에 결정적인 영향을 미친다고 보기는 어렵다(Sokol-Katz, Dunham, & Zimmerman, 1997; Shucksmith, Glendinning, & Hendry, 1997). 그보다는 부모의 결손에 따라 가족 내부의 기능이 저하되고, 이러한 상황이 청소년들에게 큰 스트레스와 불안정 요인으로 작용하여, 결국 부적응을 초래하게 되는 것으로 해석된다.

또한 부모가 경제적인 어려움을 포함하는 스트레스를 받는 경우에는 부모를 부도덕하게 만들거나 자녀양육행동 및 자녀와의 의사소통을 방해하고, 그 결과 청소년 자녀의 적응에 부정적 영향을 미칠 가능성이 높다(Conger, Conger, Elder, Lorenz, Simons, & Whitbeck, 1992, 1993). 이와 관련하여 구조적인 결손이 있는 가정의 일반적인 상황을 고려한다면, 정상적인 가정의 부모에 비해 편부모는 경제적인 어려움 등을 포함하는 스트레스를 받을 가능성이 더욱 많으며, 이에 따라 자녀양육행동 및 자녀와의 의사소통을 포함한 부모역할을 제대로 수행하지 못할 가능성이 증가되고, 그 결과 청소년 자녀의 부적응을 초래할 가능성을 증가시키는 발달경로를 상정할 수 있다.

한편, 자녀의 양육과 관련하여 자녀를 돌보고 훈련시키는 역할은 어머니의 책임이 크다고 생각하기 쉬우며, 이에 따라 자녀의 문제행동들에 대해 어머니가 책임 추궁을 당하는 경우가 많다. 그러나 정서적으로 건강한 아버지를 둔 청소년들에 비해 알코올중독이나 우울증이 있는 아버지를 둔 자녀들에게서 행동상의 문제가 더 많은 것으로 나타나고 있으며, 이러한 결과는 자녀의 적응 및 행동상의 문제와 관련하여 아버지의 영향도 적지 않음을 시사한다(Phares & Compas, 1992).

4. 청소년과 공격성

1) 공격성과 성차

횡단적 연구나 종단적 연구 모두에서, 학령 전기 아동의 물리적인 공격행동은 매우 일반적이지만, 학교 생활이 시작되면서 이러한 물리적 공격행동은 점차 감소하는 것으로 나타났다. Tremblay, Masse, Vitaro와 Dobkin(1995)의 연구에 따르면, 공격행동에서 성차가 매우 큰 것으로 나타났다. '싸움을 거는 행동'과 관련해서 소녀들이 6% 가량 이런 행동을 보이는 데 비해서 소년들의 12%가 이러한 문제를 보이는 것으로 나타났다. 그러나 '괴롭히고, 협박하고, 위협하는 행동'의 경우에는 성별에 따른 차이가 크지 않았다(소년 13%, 소녀 10%). 이러한 결과들에 따르면 소년들에게는 명시적인 공격행동의 발현이 두드러지게 나타날 수 있지만, 언어적 수준의 학교폭력에서는 명확한 성차가 존재하지 않음을 시사한다. 지속적인 신체적 공격을 보이는 소녀들이 10%나 된다는 연구결과도 있었으나, 전반적인 심각도는 소년들보다 낮은 것으로 나타났다. 따라서 학교폭력의 양상을 설명하기 위해서는 소년과 소녀들이 공격행동을 보이는 동기나 그런 행동이 드러나는 양상에 대해 보다 면밀하게 고려할 필요가 있다.

2) 동기에 따른 공격행동 분류

청소년의 공격적인 행동은 주로 어떤 동기를 가졌는가 하는 여부로 분류된다. 외부에 존재하는 위협이나 괴로움을 물리치기 위해 공격적으로 행동하는 경우와 원하는 것을 얻기 위해 공격적 행동을 실행하는 경우로 크게 구별될 수 있다. 첫 번째 공격행동은 주로 감정적이며, 좌절된, 충동적인, 방어적인 공격성으로 정의하고, 두 번째 공격행동은 계획적이고 도구적인 공격으로 정의할 수 있다.

(1) 충동적, 방어적 공격행동

감정적이거나 충동적인 공격은 충동 통제에 실패한 반응이며, 특히 타인의 행동에 대해 그것을 유해한 것 혹은 자신을 해칠 잠재적인 의도를 가지고 있다고 생각하면서 발생한다. 대부분의 경우 그 '도발'은 아이들이 침착하게 다룰 수 있는 정도의 강도이지만, 많은 사람들에게 불쾌한 것으로 경험된다. 사실 공격행동의 촉발요인은 친구가 인사를 받아주지 않는 것과 같이 별로 대단한 것이 아닌 경우가 많다. 부모가 시키는 것을 그대로 따라야 하는 경우나, 공부를 해야 하기 때문에 게임이나 TV 보는 것을 그만둬야 할 경우에 갑작스럽게 극단적인 분노나 공격행동을 보이는 경우가 많다. 자신의 손으로 물건을 때리거나, 뭔가를 부수기도 하고, 자해와 같은 행동을 하기도 한다. 소리를 지르거나 욕설이나 위협적인 말을 하는 등 언어적인 공격행동도 나타날 수 있다.

학교에서 나타나는 이런 행동들은 주로 반사적이고 거의 즉각적이기 때문에, 계획되지 않은 채 충동적으로 수행된다. 감정 조절을 잘 하지 못한 채 벽이나 유리에 주먹질을 하거나, 자신의 중요한 소유물을 부수거나 하는 것과 같이 자신을 더욱 곤경에 내몰 수 있는 행동을 하기도 한다. 학교에서 사소한 일로 쉽게 흥분하고 충동적으로 폭력을 행사하게 될 경우, 아이들을 달랬을 때 평정을 찾고 일상생활로 복귀하는 경우가 그다지 많지 않다. 한 번 크게 공격행동을 하고 나면 평정을 되찾기 전에 학교를 뛰쳐나가는 경우가 흔하다. 이러한 어려움의 발발은 초기 아동기에 가장 흔하며, 특히 소년들에게 많이 나타난다. 충동적·방어적 공격행동을 하는 청소년의 경우, 성인기까지 위험요인이 이어질 가능성이 크다.

(2) 계획적, 도구적 공격행동

외적 자극에 반응하여 충동적으로 폭력을 행하는 것과는 달리, 물질이나 사회적 지위를 얻기 위해 도구를 사용하여 계획적으로 공격행동을 하는 경우도 있다. 매우 드문 경우이긴 하지만 최근에는 이러한 경향이 점점 증가하고 있는 추세이다. 이러한 공격행동에는 의도적인 물품 파괴나 강도, 성폭행과 같은 폭력행동이 포함되며, 자신의 공격행동을 위해 계획을 세우거나 사전에 모의하는 경우가 많다. 학교에서는 이러한 공격행동이 극단적으로 나타날 가능성이 있는데, 공격행동의 성공 가능성을 더 높일 수 있는 희생자를 계획적으로 찾게 될 가능성이 높기 때문이다.

3) 행동 특성에 따른 공격행동 분류

(1) 직접적이고 명시적인 공격행동

Frick와 LaHey(1993)는 반사회적 행동이 외부에 명시적으로 드러나는 경우를 직접적 공격행동이라 설명하였다. 금품갈취나 대물파손, 협박이나 위협과 같은 행위들이 직접적인 공격행동으로 분류될 수 있다. 최근에는 학교 내의 폭력서클이 점차 집단화, 조직화되어 더욱 무서운 결과를 초래하기도 한다.

(2) 간접적이고 은밀한 공격행동

직접적인 공격행동과 달리 관계나 타인의 사회적 위신을 해치려고 하는 간접적 방식의 공격행동이 존재할 수 있다. 이것은 소위 말하는 "관계적" 폭력으로 소녀들에게서 흔히 나타나는 왕따나 소문 퍼뜨리기와 같은 것이다. 이 외에도 다른 사람들의 눈에 띄지 않는 절도나 은밀한 따돌림도 간접적이고 은밀한 공격행동으로 분류할 수 있다.

이러한 공격행동의 분류는 학교폭력의 괴롭힘 유형과도 연결될 수 있는데, Olweus(1993)는 괴롭힘을 직접적 괴롭힘(direct bullying)과 간접적 괴롭힘(indirect bullying)으로 구분하였다. 직접적 괴롭힘이란 피해 대상에 대해 외부적으로 공격을 가하는 것을 말하고, 간접적 괴롭힘이란 사회적 고립 및 집단에서 의도적으로 배제하는 것을 의미한다. Crick과 Bigbee(1998) 역시 직접적 괴롭힘(overt form of peer victimization)과 관계적 괴롭힘(relational form of peer victimization)으로 괴롭힘의 유형을 분류하였다. 직접적 괴롭힘이란 직접적으로 때리거나 밀치는 것과 같은 신체적인 공격과 욕을 하거나 상대가 듣기 싫어하는 별명을 부르며 조롱하는 등의 언어적 공격을 하는 것이고, 관계적 괴롭힘이란 생일파티나 학급활동에서 제외시키고 나쁜 소문을 퍼뜨려 친구가 없도록 고립되게 하는 등 관계 내에서 발생하는 심리적인 괴롭힘이라 할 수 있다. 청소년 시기에 발달하는 공격성의 패턴과 유형, 특성에 대해 명확하게 이해할 수 있어야 보다 명확한 치료적 개입이 가능할 것이다.

Chapter 5

학교폭력의 가해자, 피해자, 방관자

교육과학기술부에서 발간한 「학교폭력 예방 및 대책에 관한 법률(이하 학교폭력예방법)」에 따르면 "학교폭력"은 학교 내외에서 학생 간 발생한 상해, 폭행, 감금, 협박, 약취·유인, 명예훼손, 모욕, 공갈 강요, 강제적인 심부름 및 성폭력, 따돌림, 정보통신망을 이용한 음란·폭력정보 등에 의하여 신체·정신 또는 재산상의 피해를 수반하는 행위를 의미한다(교육과학기술부, 2012). 그러나 학교폭력을 사소한 장난으로 인식하거나 또래 간에 흔히 벌어질 수 있는 장난으로 위장하는 경향이 많으며, 실제로 학교폭력을 목격했어도 방관하는 경우가 많아서 학교폭력에 대한 인식과 대응 수준은 매우 낮은 편이다. 최근 교육과학기술부에서는 '학교폭력 = 범죄'라는 인식하에, 가해학생에 대해서는 보다 직접적인 조치를, 피해학생에 대해서는 즉각적인 보상체계를 마련하기 위해 구체적인 법령이 제정되었다. 특히 사소한 괴롭힘이 곧바로 범죄가 될 수 있다는 것을 단계적으로 교육하고, 건전한 학교문화 형성을 위한 또래활동을 지원하는 등의 예방적 개입도 시도되고 있다.

그러나 학교폭력은 가해자와 피해자의 구별이 불분명하고, 그 원인이 복합적인 경우가 많아서, 가해자와 피해자의 특성을 단순화시켜 파악하기 매우 어렵다. 뿐만 아니라, 실제 조사에서 피해와 가해를 모두 경험한 학생의 비율이

10%에 달하는 등, 학교폭력의 피해 경험이 있는 학생은 다시 폭력을 당하지 않기 위해서 다른 학생에게 폭력을 행사하는 악순환이 발생되는 경향이 많다(곽금주, 2000).

이 장에서는 학교폭력에서 가해자와 피해자의 심리적 특성을 개괄하고, 이에 덧붙여 최근에 역할이 강조되고 있는 방관자의 특성에 대해서도 함께 살펴볼 것이다. 이 세 가지 역할에 대해서 제대로 이해하게 된다면, 그들의 행동을 더 건강하고 대안적인 행동으로 변화시키는 데 도움을 줄 수 있을 것이다. 가해자들의 통제적이고 지배적인 행동 특성이 리더십의 형태로 긍정적으로 변화할 수 있을 것이며, 비폭력적인 피해자들의 행동이 그들의 강점으로 인지될 수 있을 것이다. 또한 단순한 방관자의 역할에서 벗어나 적극적인 목격자의 역할을 하도록 도움으로써, 부당한 행위에 맞서 자신의 목소리를 낼 수 있게 될 것이다.

1. 가해자

1) 학교폭력 가해행동의 정의

Olweus(1994)에 따르면, 또래괴롭힘은 힘의 불균형으로 인해 발생하는 공격적인 행동의 범주로서, 한 학생이 반복적·지속적으로 한 명 이상의 학생들로부터 부정적 행동을 당하는 것으로 정의된다. 가해행동은 공격성이 강화되고 극단화된 행동의 형태라 할 수 있으며, 이러한 공격성이 학교 내외라는 특정한 장소에서 학생들 사이에 발생하는 문제로 한정된다. 집단따돌림, 또래괴롭힘, 학교폭력, 이지메 등이 동일한 개념으로 간주되며, 이러한 행동을 주도적으로 행하거나, 암묵적으로 이런 행동에 동조하며 적극적으로 이 행동에 협조한 학생들을 가해자로 정의하게 된다. Stephenson과 Smith(1989)의 경우, 가해자를 일반적인 가해자와 불안한 가해자로 구분하였다. 일반적인 가해자는 강하고, 단호하며, 쉽게 흥분하고, 공격을 즐기며 공격행동을 하는 데 비하여, 불안한 가해자는 불안정하며 학업성적이 낮고 인기도 낮은 집단이다.

학교폭력에는 다양한 유형이 있다. Olweus(1999)의 경우, 집단따돌림의 유형을 크게 '직접적인 따돌림'과 '간접적인 따돌림'으로 분류하였다. 직접적인 따돌림이란 피해 대상에 대해 외부적으로 공격행동을 가하는 것이고, 간접적인 따돌림은 집단으로부터 사회적 소외, 내적인 배제를 가하는 것으로, 이것은 외형적으로 구타나 폭행을 하는 공격행동이 외부에 크게 드러나지는 않으나, 어느 한 집단에서 소외를 시키거나 심리적 갈등 혹은 부적응을 갖도록 괴롭히는 것을 포함한다. 아래에서는 이 두 가지 형태의 학교폭력에 공통적으로 적용할 수 있는 특성을 기술한다.

2) 학교폭력 가해행동의 종류

일반적으로 가해학생의 특성을 구분한다는 것은 매우 어려운 일이다. 1970년대 말까지 이루어진 연구에 따르면, 가해행동을 하는 이유는 물리적 이득을 얻기 위한 목적이 주가 되었으나, 요즘에는 또래 간의 우월성을 드러내 보이고, 또래 지지를 통해 다른 아이에 대한 지배력을 강화·유지하기 위한 수단으로 가해행동을 하는 것으로 나타났다. 이러한 가해자들은 주로 도발적 공격자(proactive aggressor)로 설명될 수 있으며, 이들이 공격적인 행동을 할 경우 또래로부터 배척되거나 소외되기보다는 오히려 일반 학생들 이상의 큰 영향력을 갖거나 심지어 인기를 끄는 경우도 있다.

우리나라의 연구결과에서도 가해 주동 집단의 경우, 다른 사회관계보다도 친구와의 관계가 비교적 만족스럽고 정상 집단 아동과 비슷한 정도의 인기를 지닌다는 연구결과가 존재한다(이춘재, 곽금주, 2000). 최근에는 학교 수행평가 점수가 학교 성적에 반영되는 비율이 높아짐에 따라 자신의 숙제를 대신 시키는 가해행동이 확산되고 있으며, 이 때문에 얼핏 보아서는 성적이 좋거나 학업상 큰 문제를 보이지 않는 학생도 존재한다. 따라서 가해학생에 대해 이해하기 위해서는 그들이 어떻게 보이는지에 주목하기보다는, 그들이 어떻게 행동하는지에 초점을 맞추는 것이 중요하다. 가해행동이 의도적이든, 갑작스럽게 나타난 것이든 혹은 그 행동이 은밀하게 이루어지든 아니면 공공연하게 이루어지든, 한 명이 가해행동을 하는 것이든 집단으로 그 행동을 하는 것이든, 학교폭력은 세 가지 기본적인 특성을 가지고 있다(Coloroso, 2003).

- **힘의 불균형** : 가해자들은 피해자에 비해 나이가 더 많거나, 키가 더 크거나, 힘이 더 세거나, 언어적으로 더 능숙하거나, 사회적 지위가 더 높거나, 인종이 다르다. 가해자로 함께 묶일 수 있는 집단의 숫자가 이러한 힘의 불균형을 만들어 내기도 한다.
- **의도적인 상처 주기** : 가해자들은 정서적·신체적으로 고통을 주려는 의도를 가지고, 상대방에게 상처를 줄 수 있는 행동을 하며, 상대가 고통받는 것을 보면서 즐거움을 느낀다.
- **앞으로의 공격에 대한 위협** : 가해자와 피해자 모두, 이런 폭력행동이 한 번에 그치지 않고 다시 발생할 수 있음을 알고 있다.

학교폭력이 더욱 심해질 경우, 네 번째 특성이 추가될 수 있다.

- **극심한 두려움** : 학교폭력은 자신의 우월함을 유지하기 위해 상대를 위협하는 체계화된 폭력이다. 피해학생에게 극심한 두려움이 마음속에 자리잡는다는 것은, 단순히 목적을 위한 수단이 될 뿐만 아니라, 목적 그 자체이기도 하다.

일단 가해자와 피해자의 관계에서 극심한 두려움이 발생하게 되면, 가해자들은 상대가 되받아치거나 앙갚음을 할 것이라는 두려움 없이 가해행동을 계속하게 되며, 피해자들은 너무나 무기력한 상태가 되어 맞서 싸우거나 자신의 억울함을 다른 사람에게 털어놓겠다는 생각을 못하게 된다. 가해학생들은 방관자로 있는 주변 아이들에게 학교폭력에 참여하거나 적어도 그 행동을 지지하게 될 것이라고 기대하게 되며, 결국 그 행동을 멈출 수 없게 된다. 폭력의 악순환이 시작되는 것이다.

이러한 학교폭력은 크게 언어·심리적 유형, 신체·물리적 유형, 관계적 폭력 유형으로 구분될 수 있다(Prinsloo & Neser, 2007). 세 가지 폭력은 하나만으로도 충분히 파괴적이지만, 언어적 폭력에서 시작해서 신체적 폭력으로 변화해 가거나 또래를 은밀하게 괴롭히는 관계적 폭력이 함께 나타날 수 있다는 점에서 그 심각성이 크다 할 수 있다. 대체로 나이가 어릴수록 때리고 욕하고 힘겨루기를 하는 등 물리적인 방법과 같이 단순한 방식으로 괴롭히지만, 고학년이 될수록 언어적·정신적인 유형이 나타나서 또래를 따돌리는 등 관계적으로 괴롭히는 경향이 나타난다. 각 유형에 속하는 가해행위는 다음과 같다.

• 언어·심리적 유형
  - 언어적 모욕(누군가를 모욕하도록 다른 사람을 설득하는 것을 포함)
  - 별명 부르기
  - 험담하기
  - 빈정거리거나 조롱하기
  - 나쁜 소문 퍼트리기
  - 위협적인 행동(여러 학생이 한 명의 학생을 향해 반복적으로 윙크하는 것을 포함)
  - 음란한 눈빛이나 몸짓
  - 행동을 사진이나 동영상으로 찍어 수치심을 느끼게 하기
  - 인터넷 카페나 학교 게시판에 협박하는 글 올리기
  - 메일이나 스마트폰을 통한 반복적인 협박이나 비난

• 신체·물리적 유형
  - 고의적으로 건드리거나 치는 등 시비걸기
  - 때리기 및 폭행(다른 사람에게 누군가를 때리게 하는 것을 포함)
  - 장난을 빙자해서 때리거나 힘껏 밀치기
  - 하고 싶지 않은 일을 강요하기
  - 물건, 흉기 등을 이용해서 상해 입히기
  - 돌 던지기
  - 침 뱉기
  - 돈이나 물건 등을 감추거나 빼앗기

• 관계적 폭력 유형
  – 고의적인 따돌림
  – 친구를 도우려는 행위를 막는 것
  – 소지품을 버리거나 감추기
  – 책상을 숨기는 것

3) 학교폭력 가해학생의 특성

1970년대 말까지 이루어진 연구에 따르면, 가해행동을 하는 대부분의 이유는 물리적 이득을 얻기 위한 것이었으나, 최근에는 또래 간의 우월성을 드러내 보이고 또래 지지를 통해 또래에 대한 지배력을 강화·유지하기 위한 수단으로 가해행동을 하는 경향이 관찰되고 있다(곽금주, 2006). 아래에서는 전형적으로 드러나는 가해학생의 징후와 잠재적인 가해학생의 징후를 구분하여 살펴보았다.

(1) 전형적인 학교폭력 가해학생의 징후

• 신체적으로 다른 학생보다 우월하다.
• 폭력을 통해 자신의 위상을 높이려는 과시욕을 가지고 있으며, 다른 학생들에게 자신의 영향력을 발휘하고 억압하려 하며, 힘과 협박을 통해 자신을 증명하고 원하는 것을 얻으려 한다.
• 쉽게 잘 흥분하고 규칙을 지키려 하지 않으며 저항과 분노를 품고 있다.
• 자신이 처한 어려운 상황과 관련하여 또래뿐만 아니라 성인에게도 자신의 분노를 표현하고 의심이 많으며 공격적이다.
• 고집이 세고, 집요하며 전혀 동정심을 보이지 않는다. 자신의 공격적, 폭력적 행동으로 피해를 입은 학생에 대해 죄의식을 갖지 않으며, 감정이입이 잘 일어나지 않는다.
• 자아상이 지나치게 긍정적이다.
• 사회적으로 도둑질, 물건 파손 등의 위반된 행동을 할 수 있다. 심각한 경우

약물복용이나 흡연, 유흥업소 출입, 마약, 폭력과 같은 비행행동에 연루되는 경우가 많다.

- 매사에 민감하고 학교에 대한 불평불만이 많다.

(2) 잠재적인 학교폭력 가해학생의 징후

- 어떤 특정한 집단에 소속되어 있을 수 있다.
- 폭력적으로 자신의 문제를 해결하고자 하는 경향을 띠고 있다.
- 눈에 띄게 잘 흥분하고 지나치게 활발하다.
- 음주나 흡연, 약물과 같은 기타 문제행동과 관련되어 있을 가능성이 높다
- 주위 사람들이 자신을 부당하게 취급하고 있다고 생각한다.
- 자신의 행동반경이나 규칙들이 자신을 억압하고 있다고 느낀다.
- 비판에 관해 매우 민감하다.
- 반사회적, 비사회적, 정신병리적 문제가 있는 경우가 있다.

(3) 학교폭력 가해행동으로 인한 결과

반복적인 학교폭력에 노출될 경우 가해학생들은 폭력으로 모든 것을 해결할 수 있다는 왜곡된 가치관을 형성할 수 있으며, 법을 위반하는 행동이 강화되고 다른 비행행동들이 수반되는 등, 반사회적인 규범이 학습된다는 측면에서 개인에게 좋지 못한 영향을 미치게 된다. 학교 상황에서 학업능력의 저하와 사회적응 실패를 경험할 가능성이 높으며, 자아실현의 기회가 상실될 수도 있다.

뿐만 아니라 불안이나 분노, 공격적 충동을 조절하지 못하는 심리적 장애를 가지게 되며, 사회적으로 고립감을 느끼고 현실을 부정하여 반사회적 인격장애로 발전하는 경우도 있다. 잦은 전학으로 인하여 학교생활에 적응하지 못할 뿐만 아니라 교사 및 주변 학생들과의 관계도 악화되며 진솔한 감정이 소통되지 않은 채 피상적인 관계만 주고받는 단절된 대인관계로 인하여 성인이 된 이후에도 반사회적 행동이 지속될 수 있다. 가정이나 학교에서 인정받지 못하는 부분을 왜곡된 방식으로 인정받으려는 욕구 때문에 결국 자신의 행동을 책임지지 못

하는 사회인으로 성장하게 될 수도 있다.

Olweus(1994)의 연구에 따르면, 청소년기 폭력 가해자들의 1/3 이상이 성인기의 범죄자로 낙인찍힌 삶을 살아가게 된다고 한다. 스웨덴에서 이루어진 이 종단연구에 따르면 초등학교 6학년에서 중학교 3학년 때 가해자였던 남학생들의 약 60%가 24세 때 최소한 한 가지 이상의 범죄를 저지른 것으로 보고되었다. 특히 가해학생 중 35~40%에 이르는 학생들이 이후 세 개 이상의 범죄를 저질렀다는 결과를 고려했을 때, 가해자인 아동들이 상대적으로 더 상습적이고 심각한 범죄에 개입된다는 사실을 알 수 있다.

4) 가해행동의 원인

가해행동의 원인에 대한 다양한 연구는 대부분 가해행동을 보인 청소년들의 심리적 특성을 연구하는 횡단적 연구(cross-sectional study)이거나, 가해학생들의 어린 시절을 회고적으로 회상하여 보고하는 회상적 연구(retrospect study)가 많은 편이다. 따라서 아래에 제시된 개인심리적 요인, 가족적 요인, 또래관계적 요인의 경우, 이런 특성이 존재한다고 해서 모든 학생을 가해행동의 잠재적 성향이 있다고 생각하는 것은 옳지 않다.

(1) 개인심리적 요인

가해자들의 가해행동을 이해하기 위해서는 다소 충동적이고 폭력적인 행동을 하도록 유발하는 스트레스 상황이 있는지를 확인해 볼 필요가 있다. 관계에 대한 실망, 채워지지 않는 기대, 혼자만의 고민, 교우관계와 같은 것들이 폭력행동을 유발하는 촉발요인이 될 수 있다. 두려움이나 자신감 저하, 고립, 불안감, 이루어지기 힘든 희망과 그에 대한 욕구와 같은 개인적 갈등이 공격적 성향으로 전이되어 가해행동으로 나타나기도 한다.

몇몇 가해자들에게는 인지적 왜곡이 나타나기도 한다. 자신의 행동이 피해자에게 고통을 줌에도 불구하고, 폭력에 대한 인지적 왜곡을 통해 자신의 가해행동을 지속시키거나 정당화시킨다(Becker & Kaplan, 1988). 피해자들이 왕따를 당할 만한 속성이 있다고 생각하거나, 그 상황에서는 자신의 가해행동이 최선의 선택이었다고 여기는 등, 인지적 왜곡을 통해서 자신의 행동에 대한 책임을 피해자나 상황에 전가시킨다.

(2) 가족적 요인

가해자들의 경우, 가장 가까운 사람에 대해서 느끼는 강한 정서적 유대인 애착관계를 형성하는 데 실패했다는 연구들이 존재한다. 애착은 타인과의 관계에서 정서적 따뜻함, 친밀감 및 상호 의존을 표현하는 중요한 역할을 한다(Ward, Hudson, & Marshall, 1996). 주 양육자와의 역기능적 관계로 인하여 성장과정에서 애착형성에 실패한 경우, 친밀감이나 공감능력이 잘 형성되지 않게 된다. 부모와의 안정된 애착 경험이 없는 청소년들의 경우 또래관계에서 경직되고 적대적인 양상을 보이는 경우가 많다(Zimmerman, 2004).

학교폭력 가해자들의 경우, 정서적 고독감과 외로움을 느낄 뿐만 아니라, 이를 해결하기 위한 수단으로 폭력을 사용하는 경우가 많다. 가정 내 부모의 이혼이나 불화, 별거, 가정폭력, 경제적 빈곤 등이 청소년의 인성발달에 부정적인 영향을 줄 가능성이 있으며, 특히 가정 내에서 문제해결의 수단으로 종종 폭력을 사용하는 것을 목격한 청소년의 경우 문제해결의 수단으로 폭력을 학습하게 되고 자신의 부정적 감정을 폭력적 행동으로 해결하려는 경향을 보이기 쉽다.

(3) 또래관계적 요인

사춘기에 접어들면서 또래관계의 영향력이 점점 증가하게 된다. 또래관계 밀착도가 높아질수록 그 영향력이 점점 증가하며, 대부분의 여가생활 역시 부모보다는 또래와 나누려 하는 경향이 늘어나게 된다. 공격적이거나 거친 행동이 또래 내에서 인정받게 되면, 이것이 강화요인으로 작용하여 가해행동이 지속되게 된다. 특히 집단이 지속적으로 동조하여 폭력을 가하는 경우, 서로가 비행행동을 부추기게 되며, 문제행동의 한 패턴으로 정착하게 된다.

가족 내에서 적절한 소속감이나 인정을 경험하지 못한 청소년의 경우, 부족한 친밀감이나 인정 욕구를 또래 내에서 충족시키려 하는 경향이 강해지고, 그 관계에 과도하게 의지하게 된다. 이 때문에 유사한 문제행동을 함께 하는 또래집단에 소속되어 있을 경우, 자신의 문제행동이 다른 사람에게 피해를 주고 있다는 것을 알고 있어도, 혹은 가해행동이 범죄라는 사실을 알고 있음에도, 또래집단에서 소외되지 않기 위해서 오히려 적극적으로 가해행동에 가담하게 되거나, 적극적인 방관자로 남게 되는 경우가 많아지게 된다.

2. 피해자

1) 학교폭력 피해학생의 정의

또래괴롭힘 경험이 청소년들에게 부정적인 영향을 미친다는 연구들이 지속적으로 보고되고 있으며, 학교폭력에 대한 최초의 개입 역시 피해자들을 중심으로 다루어지고 있다. 가장 먼저 학교폭력과 또래괴롭힘에 대해 정의했던 Olweus(1978)에 따르면, 한 학생이 반복적이고 지속적으로 한 명 또는 그 이상의 다른 학생들로부터 부정적인 행동을 당하는 것을 학교폭력 피해자로 정의하고 있다. 이 개념은 이후 점점 확장되어 피해자와 가해자 간의 힘의 불균형 상태(Olweus, 1994)를 포함하게 되었으며, 언어적 · 물리적 · 관계적 측면에서 괴롭힘의 주요한 타깃이 되는 학생을 의미한다.

2) 학교폭력 피해학생의 특성

또래괴롭힘에 지속적으로 노출된 청소년의 경우 다른 또래에 비해 더욱 우울하고, 낮은 자존감을 나타내며, 외로움을 많이 느끼는 등, 심리적 적응에 광범위한 어려움을 경험한다.

(1) 피해학생의 유형

Olweus(1994)와 Salmivalli(1999, 2001)는 학교폭력의 피해자를 수동적 피해자(passive victim)와 도발적 피해자(provocative victim)로 구분하였다. 수동적 피해자는 부모의 지나친 보호를 받으며 자신의 의견보다는 어른들의 생각을 중요시하는 특성을 갖는다. 자신의 감정을 편안하게 드러내지 못하고 지나치게 자기 규제를 하는 경우, 또래들에게서 사회적인 배척을 당하게 되는데(Staub, Peck, Gallucci, & Schwartz, 2000) 이로 인하여 정상적인 정서적·신체적 발달을 하지 못하게 된다고 하였다. 반면 도발적 피해자의 경우는 다른 아이들의 괴롭힘 때문에 또다시 공격적 행동을 하게 되는 등, 반항적이고 산만하며 화를 잘 내는 특성을 갖는다. 또래들은 이런 아동들을 일부러 따돌리고 외면하는 경향이 있으며, 이런 상황에서 도발적 피해자들은 언제 폭발할지 모르는 통제 불가능한 분노를 경험하게 된다(Dodge, Coie, Pettit, & Price, 1990; Schwartz, Dodge, & Goie, 1993).

한국에서도 학교폭력의 피해유형을 크게 두 부류로 나누어서 설명하고 있다. 유약하고 수동적인 태도를 보이는 학생과 잘난 척하고 타인을 무시하는 학생(곽금주, 2006), 자신의 상황에 대한 부정적 인식과 낮은 자존감으로 인해 무기력하고 복종적인 반응을 보이는 학생들은 강한 아이들의 공격 표적이 되고, 이에 적절히 대처하지 못함으로써 폭력의 사이클에서 지속적으로 피해자로 살아가게 된다. 반면 잘난 척하고 타인을 무시하는 태도를 보이는 피해자들은 타인에 대한 배려심이 부족하고 이기적이며, 자신의 일방적인 태도로 인해 주위와 어울리지 못하고 충돌함으로써 다수에게 외면당하고 있다는 사실을 인식하지 못하는 경우가 많다. 그들이 보이는 경쟁적이고 공격적인 대인관계 패턴이 주변을 자극하여 대결 국면을 형성하게 되며, 피해 상황에서 불안반응과 공격반응을 함께 보이게 된다. 실제 이 피해자들은 피해를 당하면서도 피해 상황에서 빠져나오기 위해서 다른 학생들에게 가해를 하는 가해자이면서 피해자인 집단이 되는 경우가 많다.

(2) 피해유형

피해학생의 유형뿐만 아니라 피해학생들이 지각하는 학교폭력의 유형을 확인하는 것도 중요하다. 황성숙(1998)은 집단따돌림의 유형을 소외형, 협박형, 놀림/조롱형, 심한 장난형, 강제형으로 구분하였으며, 각 피해유형의 특성을 다음과 같이 정의하였다.

| 표 5-1 | 학교폭력 피해유형

유형	내용
소외형 왕따	• 인사를 해도 노골적으로 무시당함 • 노는 데 끼워주지 않음 • 질문을 할 경우 의도적으로 무시당함 • 점심을 같이 먹자고 해도 무시당함 • 다른 친구들과 놀지 못함 • 뒤에서 손가락질을 당함
욕, 협박형 왕따	• 재수없다는 말을 들음 • X년 등의 심한 욕을 함 • 꺼져버리라는 말을 들음 • 협박을 당함
조롱형 왕따	• 신체적 장애, 체형과 관련된 심한 놀림을 당함 • 공부 못한다고 놀림을 당함 • 소심한 성격을 놀림을 당함 • 집안형편으로 놀림을 당함
장난형 왕따	• 체육복, 신발 등을 훼손당함 • 목조르기, 옷벗기기, 툭툭 치기, 발로 차기, 꼬집기 등을 당함
강제형 왕따	• 숙제를 강제로 해 준 적이 있음 • 가방을 들어준 적이 있음 • 시험볼 때 답안지를 강제로 보여 준 적이 있음 • 준비물, 도시락을 빼앗김

자료: 황성숙(1998).

(3) 학교폭력 피해행동으로 인한 결과

학교폭력은 피해자에게 심리적, 발달적, 사회적, 환경적 영향을 미친다. 폭력에 노출된 후 피해자들이 경험했던 불안과 두려움, 심리적 위축, 대인기피 등을 적절한 시기에 치료하지 않는다면 적응장애나 우울장애, 외상 후 스트레스 장애와 같은 심리적 장애를 초래할 수 있다(임재연, 2006). 우울이나 불안과 같은 심각한 정서적 어려움과 낮은 자아존중감, 반복적인 외로움과 고독감은 궁극적으로 부정적 사건에 대한 자기 비난 경향성을 심화시키게 되며 자신과 관련된 상황을 자기 자신이 통제할 수 없다는 학습된 무기력감마저 경험하게 만든다. 어떤 학생들은 자신을 공격했던 또래나 상황에 대한 반발심으로 야기된 폭력적·공격적 행동 경향성을 보이게 될 수도 있으며, 또래괴롭힘의 악순환으로 인해 또다시 괴롭힘의 표적이 되기도 한다.

폭력의 형태가 심각할수록 그 파생효과도 클 수밖에 없다. Parker와 Asher(1987)의 연구에 따르면, 학교에서 친밀한 친구관계를 형성하지 못한 채 또래로부터 지속적으로 배척당하는 학창시절을 보낼 경우 이후 성인기에 정신장애를 경험할 수 있다. Gilmartin(1987)의 회고적 연구에서도 대인관계 특히 이성과의 관계를 어려워하는 이성애자들의 경우 80%가 학교에서 따돌림이나 희롱을 경험했던 적이 있었다고 보고하였다.

3. 가해자이면서 피해자

1994년 미국 콜럼바인 고등학교에서 충격적인 총기 난사 사건이 발생했었다. 2명의 고등학생이 학교를 돌면서 총기를 난사하여 15명의 학생과 교직원들이 목숨을 잃었고 23명이 부상당했던 사건이다. 언론에서는 범인들을 과격한 음악을 듣는 인종차별주의자로 묘사했지만, 범행 이후 자살을 택했던 가해자들 역시 학교에서 지속적으로 따돌림을 당했다고 한다.

이와 마찬가지로, 최근 한국 상황에서의 왕따 연구에서도 왕따 피해를 많이 경험한 청소년들일수록 왕따 가해 또한 많이 경험한다는 결과가 보고되고 있다(이은희, 강은희, 2003; 최윤자, 김아영, 2003). 이는 Loeber와 Dishion(1987)이 지적한 바와 같이, 학대받은 경험이 있는 피해학생들이 공격에 대해 사회적으로 학습한 결과, 일반 학생에 비해 더욱 공격적이며 폭력적인 행동을 하게 됨을 시사한다.

또한 이러한 현상을 왕따행동이 하나의 공격 모델로 작용하는 동시에 피해에 따른 분노와 좌절감을 다른 학생에 대한 가해행동을 통해 표출하는 악순환이 일어나는 것이라고 볼 수도 있다(곽금주, 2006). Stephenson과 Smith(1989)의 분류에서 가장 중요하게 다루어지는 유형이 가해-피해집단인데, 이들은 강하고 단호하며 일반적으로 학급에서 가장 인기가 없으며 타인들을 가해하면서 동시에 자신이 피해당하는 것을 불평하는 집단으로 알려져 있다.

피해자이면서 가해자인 학생들의 경우, 자신의 열등감이나 피해의식에서 오는 좌절감을 약한 상대방에게 폭력을 행사함으로써 이를 상쇄하려는 심리상태를 가지고 있는 경우가 많다. 약한 자신이 폭력을 당한 것이 당연한 것처럼, 다른 약한 친구를 괴롭히는 자신의 행동을 당연하게 여기게 되는 것이다.

곽금주(2006)에 따르면, 이들은 단순 피해자 집단이나 가해자 집단에 비해 심리적 위험성이 가장 높다. 주관적인 심리적 불편감이 크고, 스스로에 대한 문제의식도 강한 편으로, 학교 장면뿐만 아니라 가족 내에서도 적응상의 어려움을 겪는 것으로 알려져 있다. 부모나 교사 모두 이들에 대해 비행, 공격성, 외현화 문제가 다른 집단에 비해 높다고 보고하였으며, 학교 장면뿐만 아니라 가정환경 내에서도 적응상의 어려움을 경험하고 있는 것으로 여겨진다.

피해자이면서 가해자인 집단은 피해만을 경험하는 집단에 비해 자기효능감이 부족하고(이귀숙, 정현희, 2005), 자기개념 역시 부정적이다(이은주, 2004). 특히 이들이 어려움을 호소하는 영역은 대인관계 상황이다. 다른 사람들을 잘 믿지 못하고 의심하며 타인을 조종하려는 경향이 나타나게 되며(강은희, 이은희, 임은정, 2002), 솔직하게 자신의 속내를 털어놓고 친구를 사귀거나 관계를 유지하는 데 어려움을 보인다(이귀숙, 정현희, 2005). 정신건강적 측면에서도 위축감의 수준이 더 높으며, 신체화 증상, 우울/불안 등과 같은 심리적 부적응 증상(이귀숙, 정현희, 2005), 행동에 대한 통제력 부족이 보고되고 있다(강은희, 이은희, 임은정, 2002).

4. 방관자

또래괴롭힘이나 학교폭력 문제가 점점 심각해지면서, 이를 해결하기 위해서 주로 가해자나 피해자에 초점을 맞춘 연구가 많이 이루어졌다. 그러나 Oliver(1994)의 연구에 따르면, 피해자나 가해자에 초점을 맞춘 다양한 프로그램이 시행되고 있음에도 또래괴롭힘이나 학교폭력의 문제는 줄어들지 않는다는 사실에 주목하면서, 방관자에 대한 개입이 필요하다는 사실이 강조된 바 있다. 학교폭력이나 또래괴롭힘은 단순히 가해자와 피해자를 중심으로 발생하는 것이 아니라 주변 또래들의 동조에 의해 강화되고 유지되는 경향이 있기 때문에, 학교폭력에 대한 예방과 중재에 있어서 피해자나 가해자 개인에게 초점을 맞춘 개인적 차원의 접근만으로는 한계가 존재한다. 따라서 학교폭력이 발생하는 맥락에 존재하는 주요한 구성원 중 하나인 방관자의 구체적인 특성에 대해서도 보다 명확하게 알아야 할 필요가 제기되고 있다.

1) 방관적 태도의 정의

방관자 집단은 단순히 방관행동만 보이는 단일 집단이 아니라 다양한 행동과 태도를 보이며 괴롭힘을 유지한다는 측면에서 중요한 의미를 지니는 집단이다. 이는 학교폭력이 발생하는 갈등 상황에서 방관자들이 가만히 서서 상황을 지켜보는 수동적 존재가 아니라는 것을 의미한다. Felson(1982)에 따르면 상호 간의 분쟁이 발생했을 때 제3자가 존재한다는 사실 자체로, 단순한 언어적 분쟁으로 끝날 일이 실질적인 싸움으로 발전될 수 있다고 하였다. 이처럼 갈등 상황에서 제3자는 개입을 통해 갈등을 해소할 수도 있지만 갈등을 더 야기시키는 선동자가 될 수 있으며 폭력을 인정하고 정당화해 주는 선동적인 청중이 될 수도 있다.

2) 방관자의 분류

왕따에 참여하는 집단 구성원들은 집단 내부에서 형성된 사회적 기대에 따라 다양한 역할을 하게 된다. Salmivalli 등(1996)의 연구에 따르면, 왕따 참여자들은 가해 조력자(assistants of the bully), 가해 강화자(reinforcers of the bully), 순수한 방관자(bystander), 피해 방어자(defenders of victims)로 나뉠 수 있다. 가해 조력자란 누군가 왕따를 시작하면, 그 상황에 열심히 참여하고 가해자를 도와주는 역할을 하는 사람이다. 가해 강화자는 적극적으로 피해자를 공격하지는 않지만 주위에 서서 지켜본다거나 웃어 주는 등의 행위를 통해 가해자에게 긍정적인 피드백을 제공한다. 이 두 집단은 가해자들의 행동을 지지하고 동조하는 집단이라 할 수 있다. 그리고 대다수의 학생들은 상황에서 떨어져 거리를 유지하고 어느 편에도 가담하지 않으려 하는데, 이들 집단을 외부인이라 할 수 있다. 그들의 의도와는 상관없이 이러한 침묵은 암묵적으로 왕따를 승인함으로써 왕따가 계속 유지되는 데 기여한다. 이들은 순수한 방관자 집단으로 분류된다. 마지막으로 피해 방어자는 피해자 편에 서서

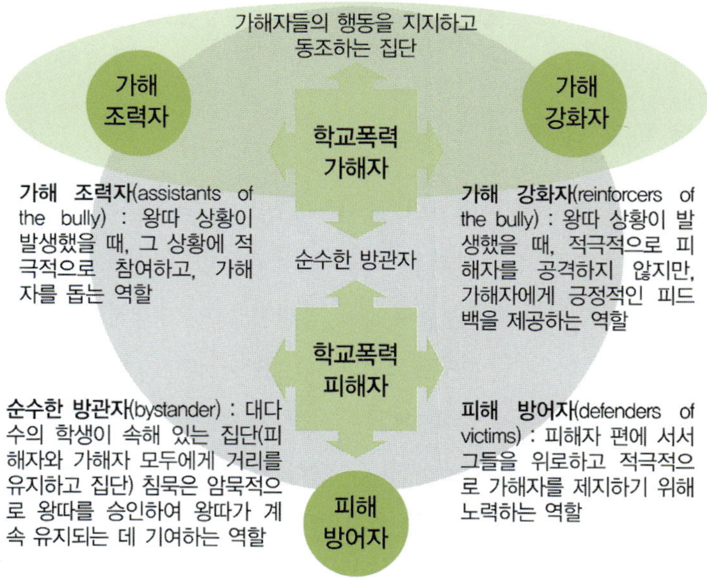

그림 5-1 방관자 집단의 분류

그들을 위로해 주고 또래들이 가해하지 못하도록 제지하는 집단이다. 이렇듯 가해자나 피해자의 중간에 위치한 다른 구성원들은 왕따 상황에서 어떠한 태도와 반응을 보이느냐에 따라 피해자와 가해자의 상황이 달라질 수 있다.

한국 학생을 대상으로 Kwak 등(2006)의 연구가 진행되었는데, 이 연구에서는 방관자 집단을 가해 지지자(pro-bully; reinforcer + assistants), 방관자(outsider), 방어자(defenders)의 세 가지 유형으로 분류하였다. 이 연구결과에 따르면, 한국 상황에서는 왕따가 발생할 경우 모른 척하거나 피해자를 지지해 주는 학생이 가장 많은 것으로 확인되었다.

3) 방관적 태도에 영향을 미치는 요인

(1) 가족관계

가해자를 지지하는 집단의 경우, 부모도식이 가장 부정적인 것으로 나타났으며, 반대로 피해자를 지지하는 집단의 경우에는 가장 긍정적인 부모도식을 가지고 있는 것으로 나타났다. 부모도식이란 청소년이 자신의 부모에 대해 가지고 있는 핵심적 신념으로, 자신의 부모가 신뢰롭고 자상하며 공정하다 혹은 부모를 존경할 만하다거나 사랑한다고 믿을수록 긍정적 부모도식이 형성되어 있다고 볼 수 있다.

가해자를 지지하는 방관자 집단의 경우, 가족 내에서 충분히 수용받고 인정받지 못한 경험이 관심에 대한 욕구좌절을 유발하게 되고, 이것이 타인에 대한 공격적 태도로 나타나게 되었다고 볼 수 있다. 뿐만 아니라 부모의 지나친 과잉보호로 인한 독립심 및 사회성 부족이 괴롭힘 당하는 또래에게 무관심한 태도로 드러날 수 있다(Olweus, 1993).

(2) 동조

가해자를 지지하는 집단의 경우, 왕따를 앞장서서 주도하기보다 누군가가 왕따를 시작했을 때 이에 동조·지지하는 경향이 가장 강한 것으로 나타났다. 이들은 다른 집단에 비해 또래 압력을 더욱 크게 느끼고 동조하는 경향이 높다.

(3) 자기 방어

방관적 태도를 지니는 학생들은 피해자와 어울리게 됨으로써 자신의 지위를 상실하게 될까 봐 혹은 자신도 피해를 당하게 될까 봐 방관하거나 암묵적으로 묵인하는 태도를 보인다(Batsche & Knoff, 1994). 자신의 주변에서 벌어지는 괴롭힘에 대해 갈등과 불만이 있다 하여도 주동자가 가지는 권력의 영향력으로 인해 자발적으로 복종하고 피해자를 외면하고 소외시키는 작업에 동참함으로써 가해 행위를 하기도 한다(김현주, 2003). 방관적 태도가 가해자의 보복에 대한 두려움이나 불안 같은 비합리적인 신념과 관련이 있기 때문에 방관자들은 피해자를 도와주면 자신도 이상한 아이로 낙인찍히거나 피해당할 것이라는 두려움과 불안 때문에 그 상황을 회피하고 침묵하는 행동을 보이게 된다.

(4) 무관심

무관심이란 괴롭힘 상황 자체에 대해 관심을 보이지 않거나 자신과 상관 없는 일이라 생각하고 모르는 척하는 것이다. 김현주(2003)는 이러한 태도를 청소년들의 이기적인 자기 중심화 경향으로 설명하고 있다. 핵가족화 이후 부모의 과잉보호와 학교교육의 과도한 경쟁주의와 입시 위주의 교육 부담 속에서 형성된 자기 이익 추구, 친구관계의 질적 저하 등과 같은 청소년들의 심리적 특성이 방관자적 태도를 보이게 만들었다고 볼 수 있다(구본용, 1997; 김용태, 박한샘, 1997; 김현주, 2003). 유국화(2011)의 연구에 따르면 이러한 무관심이 방관적 태도를 지니는 학생들의 대표적인 경향이라 설명하고 있으며, 친구들을 수용하는 능력이 약화되어 친구의 고통에 둔감해지는 경향을 시사한다.

(5) 기타 요인

방관적 태도에는 갈등을 스스로 해결할 수 없다는 비합리적 신념(김소영, 1999)이나 낮은 자아존중감(김현주, 2003; 손갑주, 2005), 이기적인 자기 중심화 경향(구본용, 1997; 김용태, 박한샘, 1997; 김현주, 2003)이 영향을 미친다. 뿐만 아니라 반사회적 행동(곽금주, 2008), 또래와의 낮은 협력성(Rigby, Cox, & Black, 1997), 타인수용능력

결여(구본용, 1997) 및 공감능력 부족(김용태, 박한샘, 1997) 등이 방관적 태도를 촉진하는 것으로 알려져 있다.

4) 방관자 개입의 중요성

폭력에 직접적으로 관련되는 가해-피해학생만 심리적·사회적 위협에 노출되어 있는 것이 아니다. 폭력을 목격한 학생은 폭력행동을 대리학습할 수 있으며, 대인관계에 대해 왜곡된 인식을 가질 수 있다(Eron, 1997). 또한 또래 압력에 의해 자신의 신념과 배치되는 행동을 지속적으로 경험했을 경우, 만성화된 무력감으로 자존감이나 자기효능감이 저하될 수 있다. 그리고 힘있고 공격적인 모델을 통해 폭력과 긍정적 결과를 연합시킬 경우 그런 행동을 정당화해도 된다는 신념을 발달시키기도 한다(Perry, Perry, & Rasmussen, 1986). 즉, 또래에 대한 폭력을 목격하며 생활하게 되는 방관자 집단은 직접 왕따 행위에 적극적으로 가담하지 않더라도 이후 정상적인 발달을 위협할 수 있는 심각한 위험요인을 갖게 된다.

우리나라에서는 그동안 이들 집단을 일반집단 혹은 폭력 무경험집단으로 분류하고 가해집단이나 피해집단에 비해 비교적 심리적 요인이나 환경적 문제가 적은 것으로 설명하였다. 그러나 이들 집단 역시 넓은 스펙트럼을 가지고 있으며, 왕따와 같이 또래집단의 역동이 중요한 영향을 차지하는 경우에는, 다수를 차지하는 방관자 학생들의 태도와 행동이 폭력 발생에 핵심적인 역할을 하게 된다. 특히 왕따 문제의 경우, 가해자와 피해자뿐만 아니라 이를 지켜보는 나머지 학생들 역시 문제를 안고 있으며, 가담자로서 일정한 역할을 하게 된다. 그러나 방관자가 피해자 편에 서게 된다면 왕따 현상을 감소시키는 강력한 집단이 될 수 있기 때문에, 왕따에 대한 예방 및 중재에 있어서는 특히 이들에 대한 접근이 중요하다 할 수 있다.

Chapter 6

학교 현장에서의 학교폭력

1. 학교폭력의 개인적 · 심리적 요인

폭력행위를 하는 학생들에게 가장 잘 나타나는 개인적 · 심리적 특성은 공격적 성격장애이다. 공격적 성격장애를 가진 학생은 결국에는 공격행동과 폭력행동으로 이어진다. 사람은 누구나 폭력 경향성을 가지고 있다. 그러나 정상적인 사람들은 양심과 도덕의 기준이 자기 통제력을 강하게 작용시켜 폭력행위를 하지 않는 반면, 폭력적인 성향과 반사회적인 행동 특성을 가진 사람들은 반사회적 행동을 하고도 반성하거나 고민하지 않는다. 이러한 학생들은 부정적인 자아개념이 형성되어 자기 자신이 필요 없는 존재이며 무능하고 약한 존재라고 규정하며 그러한 방향으로 자신의 삶을 이끌어간다. 이들은 아주 작은 문제도 해결하고자 하는 노력은 시도하지 않고 폭력을 통해서만이 자신의 존재를 타인에게 확인시킬 수 있다는 생각을 하게 되며, 이러한 의식은 결국 공격행동과 폭력행동에 무감각하게 만든다.

학생들이 폭력의 피해를 당하게 되는 이유는 매우 다양하고 때로는 아무런 이유 없이 폭행을 당하기도 한다. 그렇기 때문에 학교폭력의 경우는 특히 누구든지 그 피해 대상이 될 수 있다는 공포심이 생길 수 있고 학교라는 환경 자체를 신뢰하지 못하게 만들기도 한다. 피해를 당한 학생들이 겪는 고통과 충격을 올바로 극복하지 못하고 분노와 적개심을 마음속에 묻어 두게 될 경우, 또 다른 가해자를 양산하게 되거나 학교에 부적응하게 되어 인생 전체에 부정적인 영향을 끼칠 수 있다(이은희 외, 2004).

우리 사회는 청소년들에게 폭력을 부추기고 심지어 미화하는 갖가지 형태를 의식적이든 무의식적이든 자행하고 있는 경우가 많다. 수단과 방법을 가리지 않고 남들보다 앞서야 하고 빨리 도달해야 하며, 강력한 힘과 권력을 발휘해야 한다는 생각이 사회 전반에 팽배하고 있어 성장기의 학생들도 죄책감과 죄의식을 전혀 갖지 않고 무의식적으로 폭력에 빠져들어가고 있다는 지적이 있다.

청소년 폭력은 어떤 형태의 것이든 그리고 어떻게 개념을 규정하든 폭력은 다른 학생들의 인격이나 존엄성을 짓밟고 인간의 가치를 파괴하며 생명의 소중함을 무시하는 반인륜적이고 파렴치한 행위라는 사실을 청소년들에게 주지시킬 필요가 있다. 자기의 입장에서 볼 때 하찮은 놀림이나 대수롭지 않은 행동일지라도 그것을 당하는 사람이 그로 인해 심리적 상처를 입게 된다면 그것 역시 엄연한 폭력행위가 된다. 그러나 대다수 학생들은 특별한 잘못도 이유도 모르는 상태에서 이러한 폭력행위를 반복적으로 당하여 개인적으로 저항하기 어렵게 되고 결국 정신적 충격과 학교 공포심, 대인기피증, 우울증, 자살 및 보복 폭력으로 연결되는 악순환이 거듭되고 있다(김범수, 2009).

2. 학교문화의 측면

학교폭력을 유발하는 학교문화는 매우 다양한 양상으로 나타나고 있다. 학교 교사와 학생 간의 유대는 약화되고 있고, 심지어 일부 학생들은 교사들을 적대시하는 경향까지 보이고 있다. 이 외에도 학교폭력은 입시 위주의 학교교육 풍토, 시험 스트레스, 진로에 대한 불명확한 자아 상태 등을 둘러싼 병리적인 현상과 종합적으로 결부되어 있다.

대부분의 학교에서 건전한 학교문화 형성을 위해 노력하고 있지만 학생들이 체감하는 건전하고 안정적인 학교문화 정착은 요원한 실정이다.

학교폭력을 예방하는 장기적이고 근본적인 대안은 학생과 주위 환경 사이의 유대감을 강화하는 것이다. 여기서 말하는 유대감 강화란 학생 개인과 주위 환경과의 관련성 및 공동체 의식을 높이는 것을 의미한다. 보다 구체적으로 말하자면 청소년들의 가정, 학교, 또래집단, 지역사회와의 연계성을 높여서 공동체로부터의 이탈 가능성을 줄이도록 유도하는 것이다.

학교폭력은 학생들의 욕구를 수용할 수 없는 학교문화에 기인한다. 학교의 위압적인 조직 구조, 권위주의적 교수방법, 교육적 불평등 등이 구조적으로 그리고 서서히 개선되어야 한다. 이는 공정한 게임의 규칙이 준수되고 개인의 노력에 따라 보상이 이루어지는 풍토와도 통한다. 전반적으로 학교의 조직과 운영, 교사와 학생의 관계, 학생의 징계절차나 징계제도, 교사와 학생의 대화방식 등이 더욱 민주화되는 것이 개선의 핵심이 될 수 있다. 학교문화의 차원에서 학교폭력의 원인을 살펴보면 다음과 같다.

첫째, 입시 위주의 학교 운영과 열악한 학교환경이 학생들을 학교에서 멀어지게 한다. 과밀학급, 입시나 성적 위주의 교육으로 인해 학교 내의 소외 현상이 두드러진다고 할 수 있는데, 이러한 상황에서 자아실현과 사회화를 원만히 수행하기 어렵다. 많은 학생들이 입시부담을 적절히 해소시키지 못하여 학습장애나 부적응 증세를 보이며 등교를 거부하거나 비행행동을 하게 되는 것이다.

둘째, 학교 안에서의 인간관계에서 오는 갈등이 학생들을 학교에서 멀어지게 하고 있다. 현재의 과다 경쟁체제는 학생의 인권과 인간성이 말살되는 상황까지도 초래하고 있다. 예를 들어, 학생생활기록부의 내신성적을 잘 얻기 위하여 옆에 있는 친구와도 적이 되고 경쟁에서 뒤지면 인생에서 낙오자로 전락하는 상황에서 학생들은 모든 욕망을 억누르고 살아가거나 저항아가 될 수밖에 없다. 특히 성적을 두고 친구와 경쟁을 해야 하는 현실 때문에 인간관계의 단절로 괴로워하고 있는 것이다. 입시 위주의 경쟁체제에서 아무리 친한 친구라도 잠재적인 경쟁자가 되기 때문에 진정한 의미의 친구관계를 수립하는 것이 어렵다. 또 학생을 판단하는 일차적인 기준이 성적이기 때문에 성적이 낮은 학생은 학교생활이나 친구관계에서 따돌림을 받게 되고 이렇게 소외된 학생들은 홀로 방황하거나 비슷한 처지의 소외그룹과 집단을 형성하게 되므로 자연스럽게 집단적 비행에 빠질 확률이 높아진다. 학생들의 불만의 핵심은 교사들이 성적이 좋은 학생들과 나쁜 학생들을 차별한다는 것인데, 사춘기의 청소년들은 특히 교사들이 특정 학생을 편애하는 경우 불만과 반발심이 높다. 최근 학교에서 소외당하고 따돌림 당한 집단이 보여 주는 병리적 대응방식에서도 이러한 현상을 쉽게 발견하게 된다. 특히 학교폭력에 가담하는 학생들이 주로 학교생활에 적응하지 못하고 인정받지 못하는 학생들인 경우가 허다하다.

셋째, 학생들이 학교폭력에 가담하는 이유 가운데 하나가 문화활동이나 특별활동이 너무 적다는 점이 종종 지적되고 있다. 청소년기는 자율적인 활동에 대한 욕구가 강하고, 스스로 무엇인가를 조직해서 자아를 실현하려는 욕구가 강하다. 그런 점에서 학교에서 지식교육 이외의 여러 가지 활동들은 청소년기 발달의 측면에서 매우 중요한 의미를 가지는데 현재의 학교는 이러한 욕구를 충족시키지 못하고 있다.

많은 연구들은 학생들이 바람직한 인간관계를 맺지 못하는 것이 바로 유대감의 약화라고 주장하고 있다. 학교에서의 유대감 약화나 적응 실패는 결국 무규범 상태로 이어지기 쉽다. 학생들에게 중요한 것은 소속감과 유대의식인데, 이러한 규범이 약화되면 학생들의 자기 통제력이 약화되고 이러한 현상은 학교폭력과 밀접하게 관련된다.

학교들 간의 유대감은 물론 성인인 교사와 원활히 소통할 수 있는 학교문화의 형성은 학교폭력을 억제하는 데 긍정적인 기여를 할 것이다. 학교에서 유대감을 강화할 수 있는 논리를 제안하면 다음과 같다.

첫째, 학생으로 하여금 학교와 지역사회의 활동에 적극적으로 참가하게끔 돕는 것이 유대의식 강화에 필수적이다. 예를 들어, 학교는 학생들에게 실질적인 도움을 주면서 학생 스스로가 진정한 의미를 가지는 학교 활동이나 지역사회 봉사활동에 참가시킬 수 있을 것이다.

둘째, 또래집단이나 성인들과의 긍정적인 사회적 통합이 중요하다. 이것은 학생들에게 소집단 학습활동을 제공하거나 비공식적으로 모일 수 있는 장소를 제공함으로써 가능하다.

셋째, 학생과의 관계가 지나치게 감정적이거나 과장되어서는 안 된다. 오히려 신뢰와 상호 존경에 바탕을 두어야 한다(손승영 외, 2003).

3. 또래문화

또래(peer)란 놀이 친구나 비슷한 연령층의 집단을 말한다. 사회화는 가족에서 시작되지만, 어린이들이 성장함에 따라 또래나 또래집단이 그들의 행동에 영향을 미치게 된다. 어린이들은 가족 구성원이 아닌 동년배 사이에서 여러 가지의 사회생활을 배우게 된다.

또래집단은 사회화 과정에서 중요한 역할을 한다. 어린이들은 다양한 연령층으로 이루어진 가족의 위계적인 관계 속에서 살다가, 같은 연령층의 또래집단과 어울리는 시간이 많아지면서 그 중요성을 알게 된다. 또래집단은 구성원이나 하위집단을 보호하는 규범체계와 전형적인 소규모 집단의 특징을 갖는다. 또래는 보통 친구라는 말과 동의어로 쓰이기도 한다.

1) 친구의 유형

사회학자 Riseman은 친구관계를 그 기능에 따라 다음과 같이 구분하고 있다.

① **연합적 친구관계** : 공간적 근접성, 학령의 유사성 등에 의해서 맺어지는 친구관계이다. 이러한 관계에는 정서적 유대나 깊은 관여가 부족하다. 따라서 이사를 가거나 학교를 졸업하는 경우와 같은 환경이 변화하게 되면 친구관계는 종결된다.

② **수혜적 친구관계** : 한 사람이 상대방에게 주로 베푸는 역할을 하는 친구관계이다. 이러한 친구관계는 흔히 두 사람 사이에 사회적 지위나 역할에 있어서 차이가 있는 경우가 많다. 청소년들 사이에 널리 받아들여지고 있는 '짱'의 문화는 일면 수혜적 친구관계의 한 형태라 볼 수 있다.

③ **상호적 친구관계** : 동등한 위치에서 서로에 대한 이해와 신뢰에 근거한 친구관계이다. 이러한 우정은 관중과 포숙아의 우정(관포지교 : 管鮑之交), 요나단과 다윗의 우정에 비유되기도 한다.

2) 친구집단 형성의 요소

Coleman은 청소년들을 대상으로 한 연구를 통해 청소년집단에서 지도자의 측(짱)에 끼려면 남자의 경우 제일 크게 갖추어야 할 요소가 체육 특기, 즉 운동 소질이고, 그 다음으로는 반반한 외모, 이어서 괜찮은 성격이고, 공부 잘하는 것은 가장 낮게 요구되는 요소임을 밝혀내었다. 여자의 경우에도 반반한 외모 다음으로 괜찮은 성격, 체육 특기, 높은 학업성적 순으로 나타나고 있음을 보고하였다.

결국 청소년들은 성인들의 중핵문화를 구성하는 건전한 가치판단 기준이나 미래에 대한 비전 등에 대해서는 부정적인 견해를 갖고 있으며, 오히려 다양한 주변문화의 영향을 받아 중핵문화에 대해 대항적 양상을 나타내고 있음을 알 수 있다.

3) 친구집단의 종류

청소년들의 친구집단은 그 구성원들이 만들어 내는 집단의 구조와 특성에 따라 또래집단(peer group), 동료집단(clique), 패거리집단(crowd)으로 구분할 수 있다.

동료(짝패)집단은 2~12명 사이, 보통은 5~6명으로 구성되는 친구집단을 말한다. 이들 청소년집단은 보통은 같은 취미와 비슷한 활동에 관심을 나타내는 남자들이나 여자들끼리만 유지된다. 짝패집단은 구성원들 서로가 깊은 얘기를 나누며, 매일 점심도 한 자리에서 먹고, 같은 학원에 다니며 공부도 같이 하고, 경우에 따라 같은 취미를 갖고 음악과 연극에 같이 몰입하기도 한다. 결국 짝패집단은 그 구성원들이 서로가 서로를 잡아당겨서 집단에 머무르게 하는 사회적 환경을 제공해 주는 친구관계를 말한다. 짝패집단 구성원들끼리는 서로 비밀이 없으며, 그로써 서로 안식처가 되기도 하고 편안한 감을 주기도 한다.

패거리집단은 비슷한 성격과 특성을 지닌 청소년들이 비조직화되어 모인 집합을 말한다. 이들은 서로가 의도적으로 모이거나 의견을 같이 나누면서 상호작용을 유지하고 있지도 않다. 그리고 비록 물리적으로 가깝게 모여 있지만 조직화되어 있지도 않다. 이들은 서로의 존재를 의식하며 또한 서로가 서로에 의해 영향을 받는다. 이들은 보통 얼뜨기(jocks), 범생이(nerds), 책벌레(brains), 인기짱(populars) 등의 집단으로 구분되어 유지된다. 보통은 몇 개의 짝패집단 문화가 함께 어우러져 일정한 패거리집단 문화를 만들어 낸다는 이론도 있다.

4) 청소년 왕따

최근 들어 우리 사회에서 청소년 '집단따돌림' 현상이 심각한 사회문제의 하나로 대두되고 있다. '복수 또는 개인이 약자를 대상으로 지속적·반복적으로 행하는 신체적·정신적 공격'으로 정의되는 집단따돌림 현상은 1980년대까지만 하더라도 이웃 일본 혹은 유럽의 선진국에서나 찾아볼 수 있는 외국의 문화 풍토병이었다. 하지만 1990년대 들어와서는 우리나라에서도 집단따돌림에 관한 논의가 언론을 통해 있었고, 1990년대 후반에는 이에 대한 학문적 논의도 비교적 활발하게 일어났다.

집단따돌림 현상은 언젠가부터 우스갯소리로 '아주 큰 것', '으뜸', '우두머리'의 뜻을 갖는 접두어 '왕'이라는 말과 어우러져 '왕 따돌림' 혹은 '왕따'라는, 약간은 희화화한 말로 변했다. 이 말은 '크게 따돌림을 당하는 사람', '가장 많이 따돌림을 당하는 집단성원' 혹은 '따돌림 현상 그 자체'를 지칭하고 있다.

왕따가 널리 사용됨에 따라 '왕따'로부터 더 많은 은어들이 파생되었다. 예를 들면 '집중 따돌림'을 의미하는 '집따', 은밀한 따돌림을 의미하는 '은따', '전체

따돌림'을 의미하는 '전따', 개인적으로 따돌림을 나타내는 '개따', '평생 따돌림'을 나타내는 '평따' 등의 용어가 사용되고 있다. 이러한 '왕따' 현상은 학생들 집단뿐만 아니라 이제는 성인 집단, 예컨대 직장이나 사회단체에서도 나타나게 되었다(전희일, 2011).

5) 청소년의 언어생활

(1) 청소년 언어의 특징

장소를 막론하고 청소년들이 나누는 얘기를 들어보면 그들이 사용하는 언어와 말하는 태도에는 다음과 같은 특징이 있음을 쉽게 발견할 수 있다.

① **집단적 소란 현상** : 청소년들이 모인 곳이면 거기가 교실이든 공연장이든 버스 안이든 어디든지 시끄럽다. 통제되지 않는 장소에서 청소년들이 소집단으로 놀이나 대화를 하는 경우에 필요 이상으로 떠들어 주위를 소란스럽게 한다.

② **경음화와 고성화 현상** : 청소년들의 대화가 집단적 소란 현상을 띠게 되므로 그 언어는 자연히 경음화되고 고성화되고 있다. 예를 들면, '작다-짝다', '장-짱', '과방-꽈방', '간다-깐다', '잡세-짭세' 등에서 볼 수 있는 것처럼 원래 말이 갖는 부드럽고 온화한 느낌은 줄어들고 날카롭고 건조한 어감만이 증폭되고 있다. 또한 대화가 진행될수록 옥타브가 올라가고 고성으로 변하는 것을 쉽게 볼 수 있다.

③ **은어, 속어, 욕설의 증가** : 은어와 속어는 청소년들의 독특한 삶을 이루는 한 요소가 되고 있다. 청소년들의 일상생활에서 욕설이 증가하고 있는 것도 또 하나의 특징으로 지적될 수 있다. 청소년들은 일상생활에서 부딪히는 불유쾌하고 파괴적인 언어를 강하게 내뱉고자 할 때 주로 욕설을 사용한다. 욕설은 인간의 내면에서 끓어오르는 강력한 정서를 언어로 방출하여 정서적 긴장감을 해소해 주기도 하기 때문이다. 그런데 일부 청소년들 가운

데는 가벼운 욕설이 일종의 친밀성과 놀이로 받아들여져 또래 세계에 합류하는 도구로 인정되는 경우가 많다.

(2) 청소년의 은어와 속어

은어는 특수한 집단이나 계층 또는 사회에서 남이 모르게 자기들끼리 비밀스럽게 사용하는 언어로 정의할 수 있다. 따라서 은어는 주위 환경과의 대립과 갈등이 많은 범법자나 감옥 등의 사회에서 생성되어 사용되었다.

은어가 비밀 유지를 목적으로 주로 사용하는 말이라면 속어는 반드시 비밀 유지를 필요로 하는 것은 아니다. 속어는 장난기 어린 표현이나 사람들의 주목을 끌기 위한 수단으로 사용되며, 대화에서 신선한 느낌을 주기 위한 말놀이라고 할 수 있다. 속어는 통속적으로 쓰이는 말 또는 낮은 말을 지칭한다. 속어는 은어와 달리 유행어처럼 그 표현이 해학적이고 신선하며 야유적 · 냉소적인 면을 많이 갖고 있다. 욕설도 넓게는 속어의 범주에 속한다.

청소년들 사이에 은어와 속어는 중요한 의사소통 수단이다. 만일 은어나 속어를 잘 못 알아들으면 그들의 보편적인 문화에 편입되지 못한다. TV나 뮤직비디오 등 감각적이고 빠른 변화를 특징으로 하는 영상언어에 익숙한 오늘의 청소년들 중 일부는 보다 새롭고 자극적인 말을 만들어 내고, 이것을 친구들 사이에서 퍼뜨리는 것을 자랑으로 삼고 있다. 그런가 하면 다수의 학생들은 또래집단에서 소외되거나 뒤쳐졌다는 느낌을 갖지 않기 위해 다투어 이런 새로운 은어를 따라한다. 청소년들은 입시경쟁과 과다한 수업에 쫓기는 강박관념 등의 스트레스를 해소하기 위해 불평, 불만이 담긴 '교도관(교사)', '교도소(학교)', '노가다(학교에 가다)', '담탱이 뒷당을 깟다(담임을 뒤에서 욕했다)' 등의 반항적인 은어를 만들어 사용하고 있다(전희일, 2011).

4. 교실 내 학생 간 상호작용

지금까지 괴롭힘 현상을 파악할 때 가해학생 및 피해학생의 개인 내적 특성에 주목해 왔다. 예를 들어, 가해학생은 폭력적이고 피해학생의 아픔에 무관심하기 때문에 이들의 공격성향을 줄이고 공감능력을 향상시키는 전략을 시도함으로써 괴롭힘을 줄이고자 노력했다. 반면 피해학생은 친구를 사귀는 능력이 떨어지고 자신감이 낮기 때문에 사회적 기술을 향상시키는 훈련과 자아존중감을 높여 주는 활동을 실시하여 피해를 줄이고자 노력했다.

그러나 이러한 노력에도 불구하고 괴롭힘이 줄어들지 않는 것은 가해학생과 피해학생의 개인 내적 특성을 넘어서는 집단의 역동이 존재하기 때문이다. 이 역동의 가장 큰 특징은 힘의 불균형인데 가해학생은 피해학생에 비해 자신이 지니고 있는 힘의 우월성을 이용해 상대를 괴롭힌다는 점이다.

예를 들어, 가해학생들은 일반적으로 피해학생에 비해 덩치가 크고 힘이 세며(신체적 힘), 친구들 사이에서 피해학생보다 인기가 높으며(사회적 힘), 피해학생보다 자신감이 우월하고(정의적 힘), 상대를 괴롭히는 전략을 매우 빠르고 다양하게 만들어 낸다(인지적 힘). 이러한 힘의 우위와 더불어 절반 이상의 괴롭힘 상황이 두 명 이상의 가해학생에 의해 집단괴롭힘의 형태로 발생하기 때문에 피해학생이 이러한 힘의 역동을 역전시키는 것은 매우 어렵다. 나아가 괴롭힘 상황에는 괴롭힘을 목격하는 다수의 주변인이 존재하는데 괴롭힘이 발생하는 순간 다수의 주변인은 가해학생 편을 들거나 방관하기 때문에 이러한 힘의 불균형은 더욱 심화된다. 힘이 대등한 상황에서 발생하는 "싸움"과 달리 이러한 힘의 불균형에 기초한 괴롭힘은 힘의 역동이 바뀌지 않는 한 개선되기 어려운 구조를 지니고 있다.

이와 같은 집단역동에 기초한 괴롭힘 문제의 해법 중 하나는 힘의 불균형을 역전시키는 것인데 피해학생의 역량을 강화시켜 힘의 불균형을 역전시키는 것은 매우 어려운 것이 현실이다. 이미 우월한 힘을 지니고 있는 가해학생, 그리고 그러한 가해행동이 집단으로 이뤄지는 상황에서 피해학생 혼자의 역량만으로 집단의 역동을 바꾸는 것은 역부족이다.

반면에 이러한 괴롭힘의 역동을 변화시킬 수 있는 열쇠는 이를 지켜보는 주변인이 지니고 있음을 기억해야 한다. 괴롭힘을 목격하는 주변인은 크게 네 가지 유형으로 구분된다.

첫 번째 유형은 괴롭힘 행동을 보는 순간 가해자로 돌변하는 괴롭힘 동조학생(assistant, 약 8%)이다. 이 학생들은 괴롭힘을 주도하지는 않았지만 괴롭힘의 가해자로 변하기 때문에 가해학생들과 공격 성향 면에서 큰 차이를 보이지 않는다.

두 번째 유형은 괴롭힘을 보면서 괴롭힘 가해학생을 부추기는 행동을 하는 괴롭힘 강화학생(reinforcer, 약 15~20%)이다. 이들은 괴롭힘을 보며 환호성을 지르거나 낄낄거리며 웃는 등 가해학생의 괴롭힘을 부추기는 다양한 행동을 한다.

세 번째 유형은 가장 다수를 차지하는 방관학생(outsider, 약 23~32%)으로 괴롭힘을 모른 척하거나 괴롭힘 상황에서 벗어나려는 학생이다. 마지막 유형은 피해학생을 보호하는 방어학생(defender, 약 17~20%)으로 피해학생을 위로하거나 괴롭힘을 교사에게 보고하는 학생들이다.

이러한 네 가지 주변인의 유형 중에서 괴롭힘 동조학생이나 강화학생은 쉽게 역할이 변화되지 않지만 가장 많은 비율을 차지하는 방관학생들은 상대적으로 쉽게 방어학생의 역할로 변화시킬 수 있다. 따라서 방관자에 초점을 맞추어 이들의 역할을 변화시키면 괴롭힘의 역동은 상대적으로 쉽게 변화될 수 있다.

방관자의 대부분은 평소에 괴롭힘에 강하게 반대하지만 괴롭힘을 목격했을 때에는 괴롭힘을 인정하는 듯한 행동을 보이는 이중성을 나타낸다. 이러한 방관자의 행동 이면에는 다양한 심리가 작용하는데 괴롭힘을 줄이기 위해서는 이러한 심리를 파악하여 이들의 역량을 강화시키는 전략을 실시하는 것이 필요하다.

이들이 방관하는 이유는 보복의 두려움, 전략의 부재, 무관심 및 괴롭힘의 인정 등으로 구분될 수 있다. 먼저 보복의 두려움을 줄이기 위해서는 괴롭힘을 목격한 후 이를 안전하게 신고하는 시스템을 마련해야 한다. 피해학생을 돕기 위한 신고행동을 가해학생들이 알고 보복할 것을 두려워하기 때문에 신고 시 신분이 노출되지 않은 채 안전하게 괴롭힘을 보고할 수 있는 체제가 마련되면 방관자에서 방어자로 역할을 쉽게 전환할 수 있다.

괴롭힘 행동을 보고 어떻게 행동해야 할지 모르는 학생의 경우에는 목격했을 때 취할 수 있는 구체적인 행동 전략을 직접 가르치는 것이 필요하다. 전략을 가르칠 때에는 지식으로써 전달하는 것이 아니라 역할극과 같은 행동적 교수법을 사용하여 실제 상황에서의 대처능력을 향상시키는 것이 효과적이다. 반면 무관심하거나 괴롭힘을 인정하는 학생들의 경우에는 피해학생의 입장이 되어 보는 역할극이나 공감능력을 증진시키는 훈련이 효과적이다. 이와 같은 맞춤형 교수 전략을 통해 방관학생이 피해학생을 도와주는 방어학생으로 변화될 때 힘의 균형이 역전되어 가해학생의 상대적 힘이 줄어들게 됨으로써 괴롭힘 현상도 자연스럽게 줄어들게 된다. 괴롭히고자 마음을 먹어도 괴롭힘에 반대하는 다수의 힘에 밀려 괴롭히려는 의도와 행동이 줄어드는 것이다(오인수, 2012).

Chapter 7

교육환경과 학교폭력

1. 가정환경과 학교폭력

많은 선행연구들에서 학교폭력의 원인은 보는 사람의 관점에 따라서 다르게 분석할 수 있겠으나, 무엇보다 가정적인 원인이 가장 크게 작용한다고 보고하고 있다. 그 이유는 학생들이 자라서 사회생활을 하기 전 성격형성에 가장 큰 영향을 미치는 곳이 가정이기 때문이다. 따라서 어떠한 부모 밑에서 자랐으며 어떠한 가정에서 사회화 과정을 밟았느냐에 따라 청소년의 폭력요인이 크게 좌우된다고 한다.

폭력에 영향을 미치는 가정요인으로는 가정의 빈곤, 부모의 이혼 등으로 인하여 생겨나는 구조적인 가정환경, 부모와의 불화, 부모와 자식 간의 갈등과 유대약화, 부모의 자식에 대한 감독 부족, 잘못된 훈육방법과 같은 가정기능적 요인이 주요 요인으로 언급되어 왔다. 그중에서도 가정의 기능적 요인은 청소년 범죄를 설명함에 있어 보다 중요한 요인이 된다는 것이 그동안의 연구에서 밝혀지고 있다.

부모의 애정 부족 속에 자라거나 부모와 갈등관계에 있는 청소년들은 가정에 대해 불만을 갖고 가출 등으로 인하여 범죄에 쉽게 노출될 수 있다. 부모의 자식에 대한 감독 소홀은 부모의 애정 결핍과 함께 같은 이유로 청소년범죄의 주요 설명 요인으로 다루어져 왔다. 또한 부모가 자녀의 훈육과정에서 지나치게 강압적이거나 가혹한 체벌과 폭력을 행사하는 것도 청소년들로 하여금 범죄에 노출될 수 있도록 하는 원인이 되고 있다(이은희 외, 2004).

요컨대, 가정의 부정적인 환경요인은 청소년들의 불만과 긴장을 야기하고, 청소년들의 정서적·인지적 발달을 저해할 뿐 아니라 또한 청소년들의 학교에서의 학업 실패를 야기하고, 비행 또래와 사귀게끔 하는 근본적인 요인으로 작용한다고 할 수 있다.

과거에는 대가족 생활을 통해 자녀들의 교육, 생산, 여가, 양육, 이성, 인간관계 등의 모든 기능 수행이 가족 구성원 사이에서 이루어졌으나 현대산업사회로 오면서 가정 기능의 축소와 함께 그 영역이 줄어들게 되었고, 가정의 교육적 기능에도 이상이 있어 정서적으로 불안한 가정이 늘어나고 있다. 주부 취업의 증가, 이혼의 증가, 주말부부의 증가, 자녀 수 감소, 주거생활 변화 등 산업화 이후 핵가족에 따른 문제가정이 많이 생겨나고, 그 속에서 가출 및 비행청소년 등 각종 문제를 가진 청소년을 배출할 가능성이 높아지게 되었다(정진성, 2009).

많은 선행연구들은 부모의 양육태도에 따라 자녀의 성격, 인성 등이 형성된다고 지적하고 있다. 폭력이나 공격성은 부모 중심적이거나 지나치게 엄격한 가정에서 자란 학생들에게 쉽게 유발된다. 또한 부모의 체벌, 폭력이 자녀의 폭력 그리고 학교폭력과 사회폭력으로 이어진다.

부모의 양육방식은 심리적 변화의 하나로써 부모가 자녀를 어떠한 방식으로 양육하는가가 자녀의 비행, 즉 청소년 비행에 많은 영향을 주는 것으로 알려져 있다. 부모의 지나친 폐쇄성, 방임성, 통제성, 보호성 등의 심리적 특성으로 자녀를 양육하는 가정은 청소년 비행의 주요 원인이 된다. 이러한 사실은 부모의 양육태도가 청소년의 공격성향이나 기질과 매우 밀접하게 관련되어 있다는 사실을 보여 준다. 부모의 경제적 빈곤은 자녀들에게 물리적·심리적 좌절과 열등의식을 심어 줄 수도 있으며 폭력행위를 가중시키는 요인이 될 수도 있다.

그러나 최근의 비행경향은 빈곤을 원인으로 보기 어려운 면도 있다. 오히려

중류층 가정 또는 상류층 가정의 자녀들 중에서 비행청소년의 수가 증가하고 있는 추세에 있어 심각성을 더해주고 있다. 보통 중·상류층의 경우 본인의 능력과 부모의 기대 사이에 격차가 클 경우 비뚤어 나가기 쉽다.

폭력을 행사하는 학생들은 유소년기에 가정의 보살핌을 받지 못했거나, 부모로부터 폭행당한 경험이 많기 때문에 대인관계가 부족하고, 가정에서의 가정폭력 등을 통해 폭력을 학습하게 된다. 저학년에서 폭력을 당하는 학생이 고학년이 되면서 가해자로 변하는 경우가 많은 것도 이러한 경향이 크게 작용하기 때문이다(김준호, 1997). 결국 폭력은 학습되는 것으로 인식되며 가정의 사회화 과정에서 폭행이나 학대를 경험한 학생들은 다른 학생들에 비해 공감능력이 부족하고, 충동적으로 행동하거나 비합리적인 신념과 반사회적인 행위로 표출하는 경향이 많다고 할 수 있다.

2. 사회적 환경과 학교폭력

학교폭력을 유발하는 원인 중에서도 가장 심각하고 폭넓게 영향을 미치는 것은 불건전한 사회환경이다. 우리 사회에 만연되어 있는 폭력문화는 학교폭력을 양산하는 사회적 요인이다.

학교폭력의 사회적 요인은 단기간에 통제할 수 있는 성질의 것들이 아니다. 학교폭력에 영향을 미칠 수 있는 요인으로 대중매체의 영향 또한 간과할 수 없다. 학교폭력에 미치는 대중매체의 폭력성과 선정성의 영향에 대해서는 아직까지도 그 영향의 심각성을 인식하지 못하고 있는 동안 청소년들은 사회에 만연된 저속한 문화와 폭력불감증에 빠지면서 쉽게 폭력을 행하게 된다는 것이다. 사실 대중매체에서 보여 주는 폭력성은 학교폭력뿐만 아니라 폭력문제를 다루는 거의 모든 연구에서 언급되는 주요한 요인으로 이에 관한 많은 연구들은 폭력적인 내용의 TV, 비디오, 컴퓨터 게임, 사이버상의 폭력 등의 공격행동과 반사회적 행동을 부추긴다.

대표적으로 현실과 가상의 구분력을 약화시키고, 갈등상황에서 쉽게 문제를 해결하도록 가르치며, 폭력에 대한 미화와 심지어는 폭력에 대한 보상을 줌으로써, 특히 성인보다는 청소년에게 미치는 부정적인 영향은 매우 크다고 하겠다.

특히 주목할 만한 조사결과는 폭력적이고 범죄적인 내용에 많이 접촉하는 청소년일수록 비행을 많이 일으키고 있다는 사실이다(박기민, 2000). 또한 학교 주변 유해환경의 문제이다. 학교보건법상 정화구역(200m) 내의 유해환경업소의 유혹이 결국 불량학생으로 전락시키는 요인이 되고 있다.

청소년 범죄의 원인에 있어서 최근 지역사회의 중요성은 매우 강조되고 있다. 즉, 청소년들의 문제는 개인 성향, 가정, 학교의 적응 문제, 비행친구와의 접촉 이외에도 그들이 몸담고 있는 거주지역, 동네의 특성과도 밀접한 연관이 있다고 본다. 이러한 주장은 Shaw와 Mckay가 제시했던 사회해체이론이 최근 큰 지지를 받으면서 크게 부각되기 시작했다. 해체된 지역은 전체적으로 범죄가 많이 발생하기 때문에 청소년들에게 하위문화적 환경을 제공한다는 점에서 청소년들에게 유해한 지역이 된다(Espelage & Swearer, 2003). 지역사회의 유해환경도 청소년들의 범죄를 야기할 수 있는 주요 원인 중 하나가 된다(김범수, 2009).

또 다른 문제는 학교폭력의 피해학생이나 학부모의 신고정신 부재가 문제를 더욱 심각하게 만든다. 학교폭력을 행사하는 가해자들의 대부분은 부모나 교사의 기대만큼 공부를 잘하지 못하는 학생들로서 가정과 학교생활에 잘 적응하지 못하여 소외당하게 되고 따라서 미래에 대한 희망이 좌절된 상태에서 자기 통제력을 잃고 폭력을 행사하는 경우가 많다(정진성, 2009).

이렇듯 학교폭력이 발생하는 배경에는 개인심리적 요인, 가정환경적 요인, 사회환경적 요인이 있을 수 있으며 이 모든 요인이 동시에 영향을 미칠 수 있다. 따라서 학교폭력을 미연에 방지하기 위해서는 가정, 학교, 사회의 다각적인 접근이 필요하고 기성세대의 폭력문화에 대한 반성이 이루어져야 할 것이다.

3. 입시 위주의 교육

대부분의 사회에서 학교는 사회의 진보와 번영에 크게 기여하는 기관으로 여기고 학생들의 장래에 큰 영향을 미치는 요인으로 기대하고 있다. 그러나 개인의 행복과 사회의 발전을 가져다줄 것이라는 장밋빛 기대는 최근에 많이 퇴색하고 있다. 특히 뚜렷한 목표의식 없이 단지 학력을 높이기 위한 수단으로 전락한 학교로 인해 오늘날 교육문제는 점점 심각해지고 있다.

이러한 우리 교육 문제의 핵심이 되는 요인은 입시 위주의 교육에 따른 학교교육의 방향성 상실이다. 입시 위주의 교육이란 학교교육이 본질적으로 추구해야 하는 교육적 가치의 실현보다는 상급학교 진학을 위한 교육을 함으로써 학생들의 지나친 교육경쟁을 부추기는 교육이라고 할 수 있다. 이런 상황에서 교육의 방향이 인간성이나 전인교육이 아니라 시험 위주의 교과공부로 나아가는 것은 당연하다. 그러므로 많은 학생들은 사람을 평가할 때에 그 사람이 가지고 있는 능력보다는 어떤 간판을 가지고 있느냐가 더 중요한 기준이 된다.

입시 위주 교육의 특징은 학교교육에 그대로 침투된다. 우리의 학교교육이 얼마나 비인간적이며 비교육적인가는 많은 글과 언론을 통해서 지적되고 있다. 오죽하면 다른 나라의 '믿거나 말거나' 프로그램에서 우리 학교교육의 모습을 보여주겠는가. 우리의 입시제도는 세계적으로 유래를 찾아보기 힘들며 이로 인해 파생되는 문제는 헤아릴 수가 없다. 그중에서도 두드러지는 교육의 문제점들을 구체적으로 살펴보면 다음과 같다.

첫째, 교육의 획일주의가 팽배해졌다. 국정·검인정 교과서 제도와 교과서 내 출제 원칙을 따르는 독점적인 대학수학능력고사 제도, 그리고 획일적인 상대평가에 의해서 학교의 교육내용은 똑같거나 거의 유사한 교과서의 내용으로 한정된다. 중등학교 수업에서는 교과서 이외에 참고서, 문제집, 교사제작 유인물 등도 사용되지만 이는 모두 교과서를 토대로 제작된 것이다. 이러한 획일성 속에서 살아가는 학생들은 자신도 모르게 획일주의적인 인간으로 성장하게 된다. 이는 획일적인 주위 환경과 학생들이 능력이나 취향의 차이가 무시되고 선택의 여지가 주어지는 일이 거의 없는 생활 속에서 학생들의 개성이나 창의성 또는 자기와는 다른 생각을 가졌거나 다르게 행동하는 사람을 수용할 수 있는 능력이 상실될 수밖에 없기 때문이다.

둘째, 권위주의와 위계질서에 대한 순종을 강요한다. 우리나라의 교사와 학생들은 강한 위계관계의 고리 속에서 살고 있으며 이것은 결정권의 상부독점을 의미한다. 즉, 대다수의 교사들과 학생들은 능력 발휘의 기회나 필요가 별로 없는 삶을 살게 되며, 이런 풍토 속에서는 개혁을 위한 노력이나 시키지 않는 일을 하는 창의성보다는 시키는 일만 잘 하는 것이 환영받는다는 것을 배우게 된다.

셋째, 형식주의와 결과우선주의의 사회가 된다. 학생들은 이중적인 사고를 한다. 즉, 실제 생활에서는 협동보다 경쟁에서 이기는 것이 중요하지만, 말로는(특히 시험답안에는) 협동을 중시한다고 기록한다. 또한 학생들이 얼마나 열심히 학교생활을 했는가보다는 시험성적 등 눈에 보이는 결과에 의해서 평가받는다는 사실을 학교생활 속에서 반복해서 학습하게 된다. 이러한 현상은 현재 기성사회에서 나타나고 있는 문제인 상급자가 볼 때에만 일하는 척하거나 남들에게 실제 이상으로 바쁜 척하는 현상, 그리고 어떤 일의 내용보다는 얼마나 형식에 맞추어 깨끗하게 기간 내에 제출했는가가 중시되는 현상으로 전이되어 나타난다.

넷째, 비교우위주의와 경쟁적 동료관계의 확산이다. 학교교육의 위계성과 획일성은 대학입시에 있어서의 치열한 경쟁이라는 현상과 결합하여 시험이 학교생활의 일상적인 현상이 된다. 모든 학생이 시험을 자주 보면 볼수록 열심히 공부를 하게 될 것이라는 교장과 교감 또는 학부모의 믿음은 일사불란한 학교 지위체계를 통해 학교시험 횟수의 경쟁적 증가라는 현상을 발생시킨다. 이러한 상황에서 학생들은 자신의 점수가 얼마나 높아졌는가가 문제가 아니라 다른 학생들의 점수에 비해서 자신의 점수가 어떤 위치에 있는가가 핵심문제이다. 또한 자신의 점수가 아무리 낮다고 해도 다른 학생들이 더 낮은 점수를 받았다면 문제가 되지 않는다(이병환, 김영순, 2008).

우리나라에서 대학입시는 엄청난 국가적 행사이며 중대한 사건이다. 흔히 대학입시는 본인의 일생과 가족의 명예와 직결되어 있으며 평생을 따라 다니는 신분증이라는 사회적 인식을 가지고 있다. 이런 사고방식과 사회적 인식이 존재하는 한, 현재의 입시제도를 철폐했다고 해도 입시경쟁이 사라지는 것이 아니다. 이러한 잘못된 틀 안에서 학생들은 성적이라는 부담에 종일 매달려야 하고, 학부모는 학생들의 뒷바라지를 위해 온 신경을 곤두세워야 하며, 교사는 매년 바뀌는 입시와 평가기준 때문에 힘들어하는 현상이 되풀이된다.

4. 학교 스트레스

청소년기는 심신의 변화가 매우 큰 시기이다. 더구나 지금과 같이 가치관이 급변하고 지식이 폭발하며 학업에 대한 긴장감이 클 때에는 학생들이 더 심하게 압박을 느낄 수 있다. 이것을 스트레스라고 할 수 있다. 스트레스의 원인이 초기에는 물리적인 요인들에 의한 것이라고 생각했으나 점차로 스트레스를 일으키는 심리적인 요인에 주목하고 있다. 즉, 학업이나 성적과 관련된 결핍, 좌절, 압박감, 불만족, 기대 등에서 스트레스가 생기게 된다.

현재 우리 사회는 고도의 학습사회로서 학령기 인구의 전부가 초·중·고교를 졸업한다. 12년이란 긴 시간을 학교에 다니다 보면 자연스럽게 학교형 인간이 된다. 즉, 학교에 길들여져서 학교 밖의 삶에 적응하기 힘든 인간, 매사를 학교의 방식으로 이해하고 처리하는 인간을 비하하여 일컫는 말이다. 이러한 관점에서 학생의 존재양상을 살펴보면 다음과 같다.

첫째, 학생은 선발의 압력 속에서 선택의 자유를 빼앗긴 존재이다. 오늘날 우리나라 학생들은 자신의 학교생활과 학업에 있어서 스스로 선택할 수 있는 것이 거의 없다. 학교는 학군에 따라서 무선배정을 받고, 교사는 국가와 학교가 배당하며, 학급 편성에도 학생이 선택할 수 있는 여지는 없다. 또한 교육과정도 국가가 선정하고 그 내용을 국정 또는 검인정 교과서에 한정하며, 교과과정이 전국적으로 획일화되어 있어서 교사와 학생이 교육 현장에서 가질 수 있는 융통성의 범위가 지극히 제한되어 있다. 그리고 입시에 의한 학생 선발은 일자리를 배분하는 사회 선발의 연장선상에서 이루어지면서 학교교육을 도구화하고 학생들의 자유를 실질적으로 박탈하고 있다.

둘째, 학생은 최대한 개성을 누르고 집단적 기준을 따라야 하는 수동적 존재이다. 학교생활에서 학생다움을 요구하는 각종 규제들이 존재하고 입시문화가 지배하는 교실에서 학생들은 교사의 평가에 민감하기 때문에 교사의 요구에 순종할 수밖에 없다. 이때 교사의 요구는 주로 학생 개개인의 개성보다는 학급, 학교, 또는 사회의 집단적 기준에 의거한 것이 많다. 그러므로 집단의 기준을 거부하고 자신의 개성을 지나치게 드러내는 학생은 문제학생으로 낙인찍히게 된다. 따라서 성적 중시, 과밀학급, 입시문화 등의 요인 속에서 학생 각자의 개성이 존중되는 교육은 거의 불가능하다.

셋째, 학생은 미래를 위해 현재를 희생하는 존재이다. 현재에 별로 매력을 느끼지 못하는 지식이지만 미래에 도움을 줄 것이라는 희망하에 '죽어라'고 공부를 하거나 혹은 현재의 관심과 쾌락을 찾아서 학교의 울타리를 벗어나려고 애를 쓴다. 그러나 현재에 불행한 사람이 미래에 행복할 수는 없다. 행복을 접해 본 사람, 흥미와 욕구를 가진 사람들이 미래에도 자신의 일에 적극적이고 갈등 상황이 닥쳐도 포기하지 않고 해결하려는 의지가 강하다.

이러한 수동적이고 소극적인 학교생활은 학생들을 집단적 기준에 순응하는 소극적 존재로 만들며 학교를 무용지물의 단체로 전락시키게 된다. 학생들은 미래를 위해서 현재를 희생하는 자기 부정적 존재가 되며, 선발의 압력 속에서 선택의 자유를 제한당하는 비주체적인 존재가 된다. 학생들이 수업에서 앎의 쾌감을 느끼지 못하고 교수와 학습의 불균형 상태가 지속됨으로써 학생들의 스트레스는 더욱더 증가해 간다.

이처럼 학교에 대해 학생들이 느끼는 스트레스의 양상은 다양하다. 학생들이 겪는 스트레스의 종류를 살펴보면 다음과 같다.

첫째, 끊임없는 학교생활에 대한 스트레스이다. 우리나라 일반계 고교생의 하루 일과는 새벽 5~6시에 일어나 6~7시까지 등교하고, 정규 수업 시작 이전에 '0교시 수업'이라는 이름으로 보충수업이나 자율학습을 한다. 학교의 정규 수업이 다 끝난 후에는 오후 10~11시까지 내내 보충수업이나 야간자율학습을 한다. 그 후에 학생들은 개별적으로 독서실에 가서 공부를 하다가 밤 11~12시경에 귀가를 하거나 학원에 가서 부족한 부분을 공부하기도 한다. 학생들에게는 소설을 읽는다든가 운동을 할 여가가 없으며, 주말이나 방학마저도 공부에 시간을 빼앗기는 잔인한 교육풍토가 우리의 교육 현실이다. 이러한 현상은 고등학교뿐만 아니라 그 여파가 중학교·초등학교에까지 이어져 한국의 교육병을 야기하고 있다.

둘째, 시험과 성적에 대한 스트레스이다. 본래 시험은 한 학기에 한두 번, 한두 시간 보는 것이 정상인데, 한 시간 공부하고 아홉 시간 시험문제 풀이를 하고 있는 셈이다. 이는 시험을 많이 보고 시험문제 풀이 연습을 지겹도록 시킨다는 뜻이다. 이것 또한 고등학교에서만이 아니라 중학교·초등학교에서도 마찬가지이다. 자주 시험을 보고 성적을 공개하고 창피주고 벌주고 핀잔주어 실패감에 앞길을 막막하게 하는 스트레스는 정신건강이나 성격형성에 깊이 고려해 보아야 할 문제이다.

셋째, 학교 불만족에 대한 스트레스이다. 학교는 학생들의 교육적 필요를 만족시켜 주는 곳이어야 함에도 불구하고 그 기능을 수행하지 못하므로 학생들이 학교 밖에서 공부할 곳, 과외할 곳, 학원 등으로 새어나가고 있다. 따라서 학생들에게는 교과서보다 참고서가 더 중요하고, 학교 교사보다는 과외 교사나 학원 교사가 더 긴요해지고 있다. 결국 학교의 사회적 위상과 학교 교사의 사회적 위치가 위협당하면서 학교교육이 무력해지고, 학생들의 정서교육, 윤리교육, 시민교육, 인격교육은 더 이상 기대할 수 없게 되면서 교육의 누수 현상이 나타나고 있다.

넷째, 교사 불만족에 대한 스트레스이다. 교사의 차별대우, 교사의 무관심이 많은 부분을 차지한다. 특히 학생들은 수업시간에 행해지는 교사의 꾸중, 숙제, 체벌 등에 스트레스를 많이 받는다. 이것은 곧 교사가 학생에게 주는 심리적 인식이 학교 스트레스가 됨을 알 수 있다. 이러한 물리적·심리적 교육환경에서 학생들의 자유나 권한은 최대한 억제되고 책임과 공부만 강요됨으로써 정서적인 이상증세를 일으키며 결국 등교 거부, 퇴학, 비행, 자살 등의 사회적인 문제를 일으키게 된다(김경식 외, 2011).

5. 사회문화적 배경

학교폭력이 증가하는 현상에는 폭력에 관대한 사회문화적 배경에도 그 원인이 있다. 학교폭력을 유발하는 사회문화적 배경을 정리하면 다음과 같다.

첫째, 학교폭력을 미화하는 대중매체의 영향이다. 최근에는 폭력을 미화하는 영화가 급증하고 있으며 심지어는 공중파 TV에서도 폭력을 정당화시키는 장면을 여과 없이 방영하는 경우가 많다. 이 중에서도 인터넷 게임의 폭력성이 가장 심각하여 가상적 상황과 현실 상황에 대한 구분을 모호하게 만든다. 이러한 사회문화적 상황은 가치 판단력이 부족한 학생들로 하여금 긍정적으로 폭력을 수용하게 만드는 원인이 되고 있다. 실제 학교폭력 가해자들의 공통된 특성에서 인터넷 게임 중독이 차지하는 비중이 매우 크게 나타나고 있다.

둘째, 학교폭력을 조장하는 학교 주변 유해환경이다. 학교 주변에 유해업소를 규정하는 법규를 비웃기라도 하듯이 여전히 학교는 온통 유해업소로 가득 차 있다. 결국 학생들은 이런 학교 주변의 상황에 영향을 받을 수밖에 없다. PC방, 주점, 당구장, 숙박업소는 대표적인 학교 주변 유해업소들이다.

셋째, 폭력에 무감각하거나 관대한 성인들의 불감증이다. 학교 주변에서 학교폭력이 일어나도 심각하게 반응하지 않으며, 청소년 성장의 자연스러운 과정으로 보는 시각이 많다. 최근의 학교폭력은 폭력의 정도가 대단히 높고 지속적이며 매우 조직적으로 발생하고 있음에도 교원들을 비롯한 대부분의 성인들은 단순한 다툼 정도로 인식하고 심각하게 받아들이지 않는다.

넷째, 학교폭력은 학교 밖의 폭력조직과 연계된 학생들에 의하여 발생할 가능성이 많다. 학교폭력의 연령이 갈수록 낮아지고 있으며 그 정도가 흉포화되고 있는 데에는 학교 밖에 존재하는 폭력조직의 영향을 받거나 직접 지시를 받고 있다고 볼 수 있다.

다섯째, 학교폭력은 가정의 경제적 배경도 영향을 미친다. 결손가정의 학생들과 빈곤가정의 학생들은 학교폭력에 노출될 가능성이 상대적으로 더 많다. 경제적으로 빈곤하다 보니 생계에 치중할 수밖에 없고 이로 인해 미처 자녀들의 생활에 관심을 기울이지 못한다. 그러나 결손가정이나 빈곤한 집안의 학생들이 주로 학교폭력을 유발한다고 볼 수만은 없다. 최근 학교폭력의 몇몇 사례들은 학교폭력의 가해자가 학교에서는 모범생으로 인식되고 있거나 안정적인 가정적 배경을 가지고 있는 학생들도 예외가 없음을 보여 주고 있다. 최근 충남의 한 지역에서는 학급 반장이라는 지도적 권위를 기반으로 지속적으로 동료 학생들에게 폭력을 행사하다가 퇴학을 당한 사례도 있다.

이와 같이 학교폭력은 다양한 사회문화적 배경이 동시에 영향을 주고 있기 때문에 학교만의 문제로 국한하지 않고 총체적인 사회안전망을 거시적으로 고려하여야 한다.

Part 03

학교폭력 예방과 대책

Part 03

학교폭력 예방과 대책

Chapter 8

단위학교에서의 학교폭력 예방

1. 학생 차원의 학교폭력 예방

1) 학생 개인 차원

Max Weber는 권력이란 다른 사람들의 동의가 없을 때에도 그들의 행동을 통제할 수 있는 능력이라고 규정하였다. 즉, 권력은 어떤 의사결정과정에 효과적으로 참여할 수 있는 능력을 의미하는 것으로서, 의사결정과정에 영향을 미치지 못한다면 권력이 없다고 말할 수 있는 것이다. 그런데 이러한 권력은 합법적인 것이 될 수도 있고 비합법적인 것이 될 수도 있다. 여기서 중요한 것은 합법적이냐 비합법적이냐의 구분은 권력을 행사하는 사람들이 그렇게 할 수 있는 권리를 갖고 있다고 생각하는가의 여부에 따라 결정된다는 것이다. Weber는 합법적인 권력을 권위, 비합법적인 권력을 강압이라고 불렀다.

이러한 관점에서 학교 현장에 대해 생각해 보면, 학기 초 25~40명으로 이루어진 학급에 소속된 학생들은 누구와 같은 학급에 소속될 것일지에 대해서는 아무런 영향을 미치지 못한 채 자의든 타의든 같은 반 급우들과 상호작용을 시작하게 된다. 이 과정에서 권력을 갖게 되는 가장 기본적인 요건은 개개인이 가지고 있는 특성, 학업능력, 외모, 집안의 경제력, 신체적 능력 등에 대한 타인의 인정 여부가 될 것이다. 즉, 학업능력이 뛰어나 성적이 좋은 학생들은 교사의 인정과 더불어 소위 잘 나가는 학생으로 자리매김하게 된다. 이 학생들은 교사는 물론 친구들로부터 인정을 받게 되고 교실 안에서 굳이 폭력을 행사하지 않아도 큰 어려움 없이 학교생활을 영위할 수 있다.

반면 물리적인 힘의 우위를 통해 권력을 얻고자 하는 경우도 있다. 이 경우 교사로부터는 인정을 받지 못하지만 급우들로부터는 인정을 받을 수 있으며, 이렇게 습득된 권력은 그 행사 방식이 폭력적인 성향을 띨 가능성이 매우 높고 권력의 유지도 직접적인 폭력 행사나 혹은 폭력에 대한 두려움에 근거한 복종에 기반을 두게 된다. 이러한 권력관계는 교실 안에서 점차 공고히 자리 잡게 되며, 많은 경우 학교 전반에 걸쳐 서열이 나타나게 되어 소위 일진이라는 것이 생겨나게 된다.

이러한 상황에서 교사나 동료들로부터 인정을 받지도 못하고 권력을 갖지도 못한 학생들은 결국 학교폭력의 피해자가 될 가능성이 매우 높아진다. 즉, 권력 사슬의 상층부에 있는 학생들은 자신이 원하는 것을 얻기 위해 혹은 자신의 권력을 과시하기 위해 자기 아래에 위치한 학생들에게 자신이 원하는 것을 구해오도록 요구하게 되고, 이에 저항하게 되면 폭력을 행사하게 되는 것으로 볼 수 있다.

이러한 관점에서 보면 빵셔틀이나 와이파이셔틀이 성행하는 이유를 이해하는 것은 그리 어렵지 않다. 이러한 서열관계 속에서 가해자보다 낮은 단계에 있는 학생이 학교폭력의 피해자를 도와주는 것은 이 서열 구조에 대한 도발로 간주될 수 있으며, 스스로 폭력을 자초하는 결과를 가져올 수 있기 때문에 학생들이 자발적으로 학교폭력에 개입하여 해결하는 것은 매우 어려운 일이 아닐 수 없다.

여기서 한 가지 흥미로운 것은 학교폭력의 피해자들로 권력 서열의 하층부에 놓여 있는 학생들도 나름대로 생존방식을 추구하는 경우가 생겨난다는 것이다. 일부 학생들은 권력을 갖고 있는 학생들의 빵셔틀을 스스로 자처함으로써 다른 학생들의 폭력으로부터 보호받는 경우도 발생하고 있다. 이는 권력 서열관계의 특성에 대한 이해를 바탕으로 그 서열관계를 타파하거나 뒤집을 수 있는 능력이 없는 상황에서 그 관계 속에서 적극적으로 대처하는 방법이 될 수도 있다. 이러한 적응방식은 마치 일부 유흥업소에서 지역의 폭력 조직에 정기적으로 상납하고, 그 대가로 다른 폭력배들의 횡포로부터 보호를 받는 것과 매우 유사한 것이다.

학교폭력을 권력관계의 맥락에서 바라보게 되면 학교폭력에 대한 대처방법도 이러한 권력관계에 초점을 두는 것이 효과적인 방법이 될 수 있다. 그런 의미에서 어느 고등학교 교사가 학교폭력에 대한 예방은 학기 초에 학생들 간의 관계에서 폭력이 개입할 여지를 남겨두지 않도록 하지 않으면 거의 불가능에 가깝다고 말한 것은 시사하는 바가 크다(유성렬, 2012).

피해학생은 학교폭력 피해를 당했을 시에도 다시 자신감과 적극적인 의지를 가지고 노력하면 해결될 수 있을 것이라는 긍정적인 마음을 가져야 한다. 그리고, 학생들은 평소 친구관계에서 심한 갈등과 폭력 피해의 위험에 놓이기 전에 사소한 오해와 감정의 불만을 대화로써 해결하려고 노력해야 한다.

지속적인 친구관계 갈등이나 심각한 폭력의 위험에 놓여 있으나 혼자 힘으로는 더 이상 해결할 수 없을 때 1차적으로 주위의 믿을 만한 친구나 어른과 상의하거나 지역 청소년상담실이나 전문 상담실을 찾아 도움을 받아야 한다. 혹은 폭력 피해를 주는 상대 가해자와 자발적인 해결이 어렵거나 집단폭행 및 따돌림 등 지속적인 심각한 피해 위험에 있을 때는 자신이 겪은 구체적인 피해 사실과 문제가 되는 고통을 침착하게 잘 정리하여 다음과 같이 부모와 교사에게 알리고 적절한 조치가 취해지도록 한다.

- 담임선생님, 상담선생님, 학교폭력 업무를 담당하는 선생님, 내가 좋아하는 선생님에게 말해요.
- 신고함에 신고서를 넣어요.
- 이메일을 보내요(담임선생님, 학교폭력 업무를 담당하는 선생님).
- 학교 홈페이지 비밀 게시판에 신고글을 올려요.
- 핸드폰 문자, 음성녹음, 통화로 신고해요(담임선생님, 학교폭력업무를 담당하는 선생님, 학교 공동 휴대폰).
- 학교폭력 상담기관에 전화해 보세요(학교폭력SOS지원단 1588-9128).

즉, 모든 학생들은 '폭력은 예방하는 것이 최우선'이라는 생각을 기본으로 평소 좋은 친구관계를 맺고 실제 '신체 폭행'이나 '심각한 학교폭력' 위협이 있을 때에는 직접 폭력으로 맞서려 하지 말고 폭력 피해가 감지되는 때나 장소는 피해야 할 것이다.

학생들이 스스로 학교폭력을 극복하기 위해서 노력해야 하지만 교실문화가 학생들의 고충을 충분히 공감하고 적극 대처하려는 노력과 의지를 보여 주어야 한다. 학생들이 스스로 우정의 가치를 이해하고 서로를 배려하며 사랑으로 충만한 교실분위기를 만들어야 한다. 학생들이 자존감을 가지고 각종 학교활동에 적극적으로 참여할 수 있는 학교풍토 또한 중요하다. 학생들이 스스로 학교생활이 즐겁다고 느껴질 때 학교폭력이 나타날 여지는 줄어들 것이다.

무엇보다 교사들의 우호적인 관심과 조력이 중요하다. 지속적인 학교폭력의 고통으로 인해 자살을 선택한 어느 중학생의 담임교사의 뒤늦은 후회는 교사들의 적극적인 관심과 조력의 중요성을 새삼 강조하고 있다.

2) 학생자치활동 차원

학교가 가지고 있는 본래의 교육적 기능을 회복하기 위해서는 여러 제도적·문화적 부문에 대한 보완과 정비가 시급하겠지만 학교폭력을 방지하기 위한 내용 차원의 모색 가운데 하나로 학생자치활동의 활성화 방안을 살펴보기로 한다.

학생자치활동은 말 그대로 학교에서 학생 스스로가 자율과 참여를 통하여 학교조직을 구성하여 주도적인 활동을 전개하며, 이를 통하여 학생의 권리를 옹호하고 민주시민으로 성장하기 위한 자질을 키워 나가서 건강한 성원으로 성장해 나가는 활동 전체를 말한다. 또한 여러 가지 의사기구나 표현을 통하여 학교 운영에 참여하고 학교 현장의 상황에 대한 의견을 피력하는 활동도 넓은 의미의 학생자치활동이라고 할 수 있다.

학생자치활동은 학생들이 주체가 되어 운영되는 집단활동으로 민주시민의 기본 자질과 태도를 향상해 나가는 활동이다. 학생자치활동의 내용은 학년에 따라 차이는 있으나 교사의 지도를 최소화하는 가운데 학생들이 자주적 · 자율적으로 참여하고 운영해 나가는 활동이다. 다시 말해, 학생자치활동은 학생들이 단순히 교사의 지시에 따라 수동적으로 움직이는 것이 아니라 학생 주도로 교사들과 의사결정을 공유하는 단계의 참여를 이뤄 낼 수 있는 통로다. 학교에서의 학생자치활동은 주로 학생회활동과 동아리활동으로 이루어지지만 2009 개정교육과정에서는 창의적 체험활동의 자율활동, 봉사활동, 동아리활동, 진로활동의 영역 속에서 구체적으로 운영될 수 있다.

이 중에서 학생회활동은 학생들의 다양한 삶이 펼쳐지는 기본 공간으로 그 중요성이 크다. 학생회활동의 토대는 학급회의를 비롯한 여러 형태의 학급 내 자치활동이라고 할 수 있다. 학생들은 학급에서의 다양한 자치활동을 바탕으로 해서 자신의 경험 영역을 학생회활동으로 확대해 나가게 되는 것이다.

초 · 중등교육법 제17조(학생자치활동)에는 "학생의 자치활동은 권장 · 보호되며, 그 조직 및 운영에 관한 기본적인 사항은 학칙으로 정한다"라고 명시하고 있다. 또 초 · 중등교육법 시행령 제30조(학생자치활동의 보장)에도 "학교의 장은 법 제17조의 규정에 의한 학생의 자치활동을 권장 · 보호하기 위하여 필요한 사항을 지원하여야 한다"라고 정하고 있다. 학생자치활동에 대한 위의 규정에 의하면 학생자치활동 운영방법에 대한 구체적인 규정이 없이 학교장에게 학생자치활동 지원에 대한 전권이 위임되어 있음을 알 수 있다.

이와 같은 법 규정에 대한 미비뿐만 아니라 학교 현장에서는 학생자치활동의 기회가 제대로 제공되지 못하고 있으며 학급회의가 열리고 학생회가 조직되어 활동하고 있는 경우에도 학생자치활동에 학생들의 의견 반영 정도가 미미하고 이로 인해 학생들의 참여와 관심이 낮은 편이다. 학생들이 더 이상 통제와 막연한 보호의 대상이 아니라 학교 운영의 자율적 참여를 통해 시민으로서 권리를 갖는 존재인 것처럼 학교에서의 학생자치활동을 통해 그들의 권리를 신장시켜 나가고 학교의 주체로서 학교 학사행정에 주체로 참여할 수 있는 존재로 인식되어져야 한다.

학생자치활동은 학생 스스로 주인이 되어 참여하고 만들어 가는 활동이다.

특히 학생회는 학생들의 목소리를 대변하고 펼쳐나가는 자치조직으로 학생들의 참여를 통해 민주주의를 실현해 나가는 활동을 하게 된다. 학생의 권리는 학생들 스스로 자신들의 기본적 권리에 대한 자각과 권리 찾기로부터 출발하여야 한다.

학생자치활동의 교육적 의의는 현대사회를 유지·발달시키는 데 필요한 공동체 의식과 협동능력을 향상시켜 주고 사회 속에서 각자의 개성과 능력에 맞는 역할을 찾는 안목과 수행능력을 길러준다. 또한 학생자치활동은 학생들의 의사소통 능력과 타인 배려정신을 제고함으로써 민주시민으로서의 자질과 태도를 높여 주며 자신의 역할을 인식하게 함과 아울러 학교생활에 보다 쉽게 적응하는 것을 도와준다.

학생들의 의견이 모아져도 실질적으로 반영되는 바가 없다는 것을 경험적으로 알고 있는 학생들은 자치활동을 통한 학생 권리 실현에 무기력한 모습을 보이는 경우가 많다. 물론 학생들의 자치활동에서의 소외와 그로 인한 무기력은 학생자치활동에 대해 무신경하고 자치활동을 학교의 통제와 관리에서 벗어나는 행위 정도로 여기는 학교 내적 환경에서 비롯되었다고 할 수 있다. 하지만 학생자치활동을 통한 학생권리 실현 방안을 분석해 내기 위해서는 자치활동이 활성화되지 못하는 사회의 구조적 원인과 더불어 학생들의 사회적 태도에 대한 분석이 중요하다고 볼 수 있다.

2. 교사 차원에서의 학교폭력 예방

1) 사전 예방 방안

① 상호 간의 유대 강화

프로그램을 활용한 교사들의 적극적인 개입을 통해 학생들 사이의 유대감을 강화함으로써 학교폭력을 예방할 수 있다. 동아리활동이나 학교 밖에서의 모임을 마련하는 등의 교사들의 개입과 그 안에서 적극적으로 참여시킬 수 있는 방안을 마련함으로써 학생들 사이의 유대감을 증진시킬 수 있으며 이는 곧 폭력의 시발점이라 할 수 있는 서로 간의 갈등을 줄일 수 있다. 구체적인 사례로는 주말을 활용하여서 정기적으로 반별 소풍이나 모임을 가져서 서로에 대해 이해할 수 있는 시간을 가지는 것은 좋은 예가 될 수 있다. 이를 통해서 교사와 학생들 사이에서도 유대감을 가질 수 있다. 서로를 이해하는 과정에 교사가 적극적으로 개입함으로써 중개인 역할을 하고 학생들이 어떠한 생각을 가지고 있는지에 대해서도 파악이 가능하다.

메신저를 통해 지속적인 교류를 하고 개인적으로 상담을 편하게 할 수 있는 환경을 만드는 것도 좋은 방안이 될 수 있다. 이는 학생들이 학교폭력을 경험하게 되었을 경우 상담을 하는 창구로 활용 가능성이 있고 교사들이 학생들을 파악하여 학교폭력을 미연에 방지할 수 있는 기능을 동시에 할 수 있다.

② 학생들과의 커뮤니케이션과 관찰을 통한 학교폭력의 조기발견 및 예방

학교폭력 문제는 시간이 갈수록 해결하기가 어렵고 더 많은 피해자와 깊은 상처를 낳게 된다. 따라서 학교폭력은 조기에 발견해 예방하는 것이 중요하나 학교폭력의 특성상 교사가 모르는 상태에서 진행되는 경우가 많다. 따라서 신고함이나 정기적인 면담과 같은 방법을 통해서 학생들의 상태를 파악하는 것이 예방책으로 좋은 방법이 될 수 있다. 뿐만 아니라 학교폭력 우발지역 등을 수시로 점검하는 것도 학교폭력을 예방하는 좋은 방법이다.

③ 교사-교사, 교사-전문가 간 교류를 통한 정보 공유

현재 교사 1인당 학생 수는 교사가 감당하기 힘들 정도로 많은 것이 사실이다. 따라서 교사는 학생을 일일이 관심을 가지고 관찰하기 힘든 상황이다. 그렇기 때문에 교사 간 교류를 통한 정보 공유는 필수적이다. 교사 본인이 미처 발견하지 못했던 점이나 간과하고 넘어갔던 점을 다른 교과의 교사나 학생부 소속 교사를 통해 발견할 수도 있고 반대로 자신이 알고 있는 학생의 특성이나 형편을 다른 교사들과 공유함으로 인해서 좀 더 효과적이고 일관성 있는 교육이 가능하다.

또한 지도가 필요한 학생이 있을 경우 교사가 너무 과잉반응을 보이거나 혹은 대수롭지 않게 생각해서 기본원칙을 무시하고 경솔하게 대응하는 경우가 종종 있기 때문에 교내 상담교사라든지 청소년 상담 전문가들과의 교류가 학교폭력을 예방하는 데 효과적이다. 학교폭력 예방 및 대책활동은 법률과 제도만으로 해결해 나갈 수 없다.

여러 연구결과에 의하면 학교폭력 예방교육 및 프로그램에 학교 안팎의 전문 상담사(사회복지사 등)가 개입하여 진행하는 것이 효과적인 것으로 나타났다. 전문가들과 교사들이 팀 협력을 이루어 필요한 경우에는 전문 상담기관과의 연계를 통해 전문가로 하여금 폭력을 사용하게 된 개인적 요인에 대한 조사와 분석을 통해 그 원인을 찾아내고 그 요인들을 해소해 주는 동시에 수련활동 프로그램을 통하여 학생 자신의 행동을 반성하게 할 필요가 있다. 이는 긍정적인 학교 환경 형성과 학교폭력 예방을 행하는 데 많은 도움이 될 것이다.

④ 학교폭력 예방 연수 참가 등을 통한 학교폭력 예방에 대한 역량강화

학교폭력 문제해결 및 예방을 위한 주도적인 역할 수행 집단으로 교사의 도움을 필요로 한다. 무엇보다도 학생들은 학생들 사이의 갈등에 있어서 교사의 도움을 필요로 할 것이다. 교사들은 피해학생이 발견되었을 시 도움을 주려고 많은 노력을 하여야 하는데, 주된 정보의 출처가 동료 교사들 간의 의견 교류에 많이 근거할 뿐만 아니라, 폭력서클에 개입해야 하는 경우 개입방법을 알지 못해서 도움을 주고 싶지만 주지 못하는 경우도 있다. 이처럼 현실적인 개입 접근의 부담감과 방법론적인 내용 부재 현실을 발견하게 된다. 따라서 학교폭력 문제를 체계적으로 접근할 수 있는 교사의 학교폭력 예방 연수를 도입하되, 학교폭력 문제해결 과정을 전문가와 함께할 수 있는 훈련이 체계화되어야 할 것이다.

⑤ 교사 스스로 언행과 행동을 조심할 것

학생들은 교사를 통해 배운다. 교사가 학생들을 대할 때 무조건적인 체벌이나 폭력적인 방법으로 대한다면 학생들은 그것을 통해 폭력으로 문제를 해결하는 것이 좋다는 것을 배울 것이고 또 자연스럽게 폭력에 대해서 무감각해질 것이

다. 이러한 것들이 학생들 간에 문제가 발생했을 때 학생 자신도 모르게 폭력으로 문제를 해결해서 학교폭력으로 발전할 수 있다. 또한 "너는 하는 짓마다 말썽이구나. 네가 하는 짓이 그렇지! 지질이 같은 짓만 골라서 한다. 너는 친구들한테 왕따 당하게 생겼다. 네가 그럼 그렇지, 가만히 있으면 중간이나 가지"와 같은 학생을 무시하는 언행은 학생의 자아상을 짓밟고 왕따를 부추길 수 있으므로 항상 주의해야 한다.

2) 사후의 대책 방안

① 폭력사건 발생 시 신속하고 체계적인 조치를 통한 학생 인권과 학습권 보호

사건 발생 즉시 학교장에게 보고하고 가해자나 피해자의 부모에게 알리도록 한다. 진상조사와 해결책을 찾을 때도 가해자나 피해자에 대한 인권을 최대한 존중하고 학습권을 보호하는 방향으로 실시하도록 한다. 필요시에는 학교 담당 경찰관과 협의하며, 사안 해결을 위한 임시 전담팀(task force)을 구성하여 운영하는 것도 효율적이다. 사안에 대해서 투명하게 처리하여 추후에 있을지 모를 오해를 사전에 예방하도록 한다.

또 다른 피해 예방을 위해 가해자나 피해자의 노출을 삼가며 학생과의 대화 시 어느 한쪽에 치우치지 않도록 언행을 조심하도록 유의한다. 조사 및 상담결과는 반드시 기록하며 가해학생이나 피해학생과 상담할 때는 별도로 상담하는 것이 좋다. 가해자나 피해자 학부모에게 학교폭력 예방 및 대책에 관한 법률을 상세히 설명하여 학교폭력자치위원회의 역할이나 피해자가 취할 수 있는 법적 절차 등을 인지할 수 있도록 한다. 단 사건에 대한 조사와 조취를 취할 때 교사는 범인을 수사하는 경찰이 아니라 학생을 선도하는 교육자임을 명심하여야겠다.

② 학교폭력 피해학생의 학교 적응을 위한 교사의 민감성과 올바른 조치

담임교사들은 각 반의 학생들 중에서 학교폭력을 당할 소지가 있는 학생들을 잘 관찰하고, 학생들에게 쪽지조사를 통하여 피해를 당할 우려가 있거나 현재

당하고 있는 학생에 대한 정보를 확보해 놓는 일이 중요하다. 선행연구들의 결과에 의하면 경미한 폭력을 당한 학생은 내재된 불안과 우울 증상을 보이며, 심각한 폭력을 당한 학생은 등교 거부나 갑작스러운 공격행동을 보이는 것으로 나타났다.

이런 문제의 소지가 발생되는 학생의 경우에 '갑자기 아이가 달라졌다'는 식의 학생 개별에게 문제를 소급시키기보다는 그 원인이 무엇인지, 혹시 학교폭력에 노출되어 있는지 관심 있게 살펴보는 민감성이 요구된다. 폭력사건이 발생한 경우 피해자의 치료가 필요하다고 생각될 때는 신속하게 병원으로 이송시키며, 피해자가 결석을 할 때는 위문 등 성의 있는 자세가 필요하겠고 학교장이 피해 사실을 인정했을 때는 법률에 의해 출석으로 인정하는 등 학업적인 손해가 없도록 하여야 하겠다.

특히, 피해학생이 학교에 잘 적응하도록 하기 위해서는 불안한 학생의 마음을 우선 안정시키고, 학생의 신체적 · 정신적 상태를 점검해야 한다. 또한 신변 안전보호와 비밀보장을 약속하여 대화를 유도하며 교사로서 학생의 문제를 끝까지 해결하려는 적극적인 의지를 보여 주어 피해학생이 정서적으로 안정하도록 한다. 교사의 관심과 상담 및 조언이 피해학생에게는 커다란 힘이 될 수 있다는 것을 항상 인식해야 할 것이다.

③ 가해학생에 대한 올바른 지도방안 계획

가해학생의 지도방안에 있어서 단순한 징계가 아닌 치유의 관점으로 교육을 실시하여야 한다. 먼저 학생이 폭력을 행사한 주변 상황과 근본원인을 정확히 파악한 후에 학생의 폭행 원인이 단순히 일회적 성격을 지닌 것인가 아니면 오랜 구조적인 원인이 누적된 것에 의한 것인가를 살펴본다(가정 내 부모 · 형제 간의 문제, 교우관계, 사제관계, 성격장애 등 그동안 간과해 온 구조적인 문제 등). 폭력의 원인이 파악되면 사안별로 지도방법을 결정한다.

가해학생에게 피해학생의 피해 상황과 고통을 객관적으로 알려주고, 피해학생과 입장을 바꾸어 생각해 보도록 하며 이를 통해 폭력의 부당성을 분명하게 이해시킨다. 가해학생이 피해학생에게 정식으로, 진심으로 사과하도록 하는 것이 좋으며, 유사한 사건이 재발될 경우 가중처벌받는다는 것을 주의시킨다. 상대방의 인권을 존중하고 사회규칙을 준수하도록 지도하는 방안도 있을 수 있겠으며, 심한 야단이나 처벌은 보복과 다른 문제를 야기하므로 애정과 사랑, 관심을 가지고 지속적으로 지도한다(배철효, 2012).

3. 학교 차원의 학교폭력 예방

학교폭력에 대처하기 위해서는 교사들의 예방 지도가 중요하다. 교사들은 학생들의 생활을 세심히 관찰하고 학교폭력의 징후가 있을 때에는 적극 개입해야 한다. 최근에 발생한 상당수의 학교폭력 사태에서 교사들의 소극적이고 의례적인 태도가 문제가 되고 있음을 볼 수 있듯이 학교 차원의 생활지도가 강화되어야 한다. 학교폭력에 대처하기 위한 학교 차원의 실천방안을 제시하면 다음과 같다.

첫째, 학생 상담을 강화하고 문제가 발견되면 유관기관의 협조를 통해 학교폭력의 징후를 사전에 차단하여야 한다. 학생 상담은 지속적으로 이루어져야 하며 담임교사 혹은 전문상담교사의 전문적인 상담 지원을 받도록 하여야 한다. 학교폭력의 상당수가 학생들의 우발적이고 즉흥적인 태도에서 비롯되고 있음을 볼 때 학교 상담은 학교폭력의 예방 수단으로 매우 중요함을 알 수 있다. 성인인 교사 중심의 상담보다는 또래 상담이나 동료 멘토링제를 도입하는 시도가 필요하다. 보통 학생들은 자신의 고민을 비슷한 연령대의 동료에게 밝혀서 해결을 구하고자 하는 경우가 많다. 따라서 또래 상담이나 학생들 간의 멘토링제는 현실적으로 도입 가능한 방안이다.

둘째, 학교 내 대안교실을 운영하거나 인성 함양 전문기관에 도움을 의뢰하는 일도 중요하다. 학교폭력의 가해자를 대상으로 하는 학교 내 대안교실은 학생 자신을 성찰하는 계기가 된다. 최근에는 학교폭력 예방 대안교육프로그램이 다양하게 개발되어 있어서 활용이 용이하다. 또한 단위학교에서 학교폭력 관련 학생의 지도가 어렵다고 판단되면 대안교육 위탁기관이나 기타 사회기관의 협조를 얻도록 한다. 이때 학교폭력 가해자와 피해자가 동시에 같은 교육프로그램을 이수하는 일이 없도록 주의를 기울여야 한다. 학교폭력의 피해자를 보호하는 일도 가해자 대상 교육적 대처 못지않게 중요하다.

셋째, 학생들의 학교폭력 정보를 체계적으로 관리하여야 하며 학교폭력 대처 역량을 강화하기 위한 교원 연수도 확대되어야 한다. 학교폭력 가해자의 폭력 행위가 피해학생이나 학교의 소극적인 대처로 인해 학교폭력의 심각성에 대한 인식이 점차 무감각해진다. 따라서 학교폭력 가해학생에 대한 정보를 모든 교원들이 공유하여야 하며, 문제해결 중심 교원연수도 확대되어야 한다.

4. 지역사회 협력을 통한 학교폭력 예방

학교폭력 예방과 대처를 위하여 상호 연계되어야 할 유관기관은 표 8-1 과 같다. 유관기관은 교육기관, 청소년기관, 경찰, 의료기관, 법률기관, 지방자치단체, 국가기관, 시민단체, 대학 및 연구기관 등 9개 유형으로 구분된다. 국가기관이나 공공기관의 경우에는 유형 내에서 상위 수준부터 하위 수준까지 위계화되어 있다.

표 8-1 학교폭력 예방과 대처를 위한 유관기관

유형	기관명	주요 역할
교육기관	• 시 · 도교육청 • 교육지원청 • 초 · 중 · 고등학교 • 대안교실 및 대안학교	• 학교폭력 유관기관 연계 • 학교폭력 예방교육 협의 • 학교폭력사안처리협의 • 유관기관 상호 협력
청소년기관	• 청소년 종합지원센터 • 청소년 상담지원센터 • 청소년 수련관 • 청소년 쉼터 • 기타 청소년 시설	• 학교폭력 피해학생 상담치료 • 학교폭력 가해학생 인성교육 • 학교폭력 예방교육 • 학교폭력 관련 학생 일시보호 • 학교폭력 관련 학부모교육

유형	기관명	주요 역할
경찰	• 경찰서 • 치안센터(지구대)	• 학교 주변 우범지역 순찰 • 학교 주변 유해환경 단속 • 학교폭력 예방 교육(가해학생 처벌을 중심으로) • 학교폭력 사안 처리 자문
의료기관	• ONE-STOP 지원센터 • 보건소 및 정신보건센터 • 지역 병원	• 학교폭력 피해학생 치료 • 학교폭력 예방교육(의료지식과 사례를 중심으로) • 학교폭력 사안처리 의료 자문
법률자문	• 대한법률구조공단 • 법률사무소	• 학교폭력 분쟁 조정 • 학교폭력 사안 처리 법률 자문 • 학교폭력 예방교육(학교폭력 판례를 중심으로)
지방자치단체	• 시청(광역) · 도청 • 시청(기초) · 군청 · 구청 • 읍 · 면 · 동사무소	• 학교폭력 대처를 위한 예산지원 • 극빈가정, 한부모가정, 조부모가정, 생활보호대상 가정 학생의 복지 개선 • 학교 주변 유해환경 단속 및 순찰 • 지역의 인적 · 물적 자원 확보 • 주민 계도 활동
시민단체	• 청소년 희망 재단 • 청소년 폭력 예방 재단 • 학교폭력 대책 국민협의회 • 학교폭력 피해자 가족협의회 • 기타	• 학교폭력 예방교육(교육프로그램, 강사제공자) • 학교폭력 사안처리 조정자 • 학교폭력 관련 법과 제도 개선(압력단체)
국가기관	• 교육과학기술부 • 국가청소년위원회 • 여성가족부 • 경찰청 • 검찰청	• 학교폭력 관련 정책수립 및 시행 • 학교폭력 관련 예산 확보 • 학교폭력 관련 인적자원 확보 • 학교폭력 관련 사업 지원
대학 및 연구기관	• 대학교 • 한국교육개발원 • 한국청소년개발원 • 한국청소년상담원 • 한국형사정책연구원 등	• 학교폭력 정책, 프로그램, 전문가, 평가도구 개발 • 학교폭력 예방 및 사안처리에 관한 자문

유관기관의 유형별로 학교폭력과 관련하여 기대되는 역할은 다음과 같다.

첫째, 유관기관으로서 교육기관은 학교폭력을 예방하거나 대처하는 과정에서 시·도 및 교원지원청 사이에 혹은 지역 내 학교 사이에 연계가 필요한 경우 파트너로서 책임을 맡을 수 있다. 예를 들어 특정 학교에서 학교폭력 예방을 위해 지역 순찰을 계획한다면 인근 학교로부터 협조를 받을 수 있다. 마찬가지로 학교폭력 가해 및 피해학생을 전학시킬 경우 다른 지역의 교육청으로부터 협조를 받을 수 있을 것이다.

둘째, 청소년 기관의 상담가가 학교폭력 예방 교육을 담당할 수 있으며 학교폭력 사안 발생 시 피해학생이나 가해학생을 대상으로 집중적인 상담 및 치료서비스를 제공해 줄 수 있다. 또한 학교폭력 가해 및 피해학생의 일시보호를 위해 쉼터나 청소년 시설을 알선해 줄 수 있다.

셋째, 경찰은 학교 주변 순찰이나 배움터 지킴이, 학교폭력 예방 교육(강연)을 통해 학교폭력 예방활동에 참여한다. 또한 학교폭력 사안이 발생한 경우, 학교폭력대책자치위원회의 위원으로서 가해학생 선도 조치나 피해학생에 대한 배상책임 등에 대하여 자문해 줄 수 있다.

넷째, 의료기관의 중심적인 역할은 학교폭력 피해학생의 치료이다. 의료기관은 피해학생의 신체적 상해뿐 아니라 심리적 고통과 정신적 상처를 치유할 수 있는 전문적인 의료서비스를 제공해야 할 것이다. 또한 의료기관의 의사나 간호사는 의료지식과 의료 사례를 활용하여 학교폭력의 심각성과 위기대처 방법에 관한 예방교육을 실시할 수 있을 것이다.

다섯째, 법률기관은 학교폭력 사건이 법적 소송으로 악화되기 이전에 학교 내에서 해결될 수 있도록 자문과 같은 법률서비스를 제공할 수 있다. 또한 변호사나 법 전문가는 학교폭력 사건의 심각성이나 법적 처리 과정을 중심으로 학교폭력 예방교육을 담당할 수 있다.

여섯째, 지방자치단체는 학교폭력과 관련하여 행정적·재정적 지원을 담당할 수 있다. 현재는 지역사회 자원봉사단체를 활용하여 학교 밖 위험지역이나 취약지구에 대한 환경 정비, 순찰활동을 돕고 있다. 또한 학교폭력 피해 및 가해학생의 가정환경이 어려운 경우, 그들에게 복지서비스를 제공할 수 있다.

일곱째, 시민단체(NGO)는 학교폭력을 예방하고 대처하기 위하여 다양한 인적·물적 자원을 제공해 줄 수 있다. 특히 학교폭력과 관련하여 전문적 성격을 띠고 있는 NGO단체들은 학교폭력 예방을 위한 교육프로그램과 전문 강사 인력풀을 제공해 줄 수 있으며 필요한 경우 학교폭력 현안 대응팀의 학교폭력 조정자 역할을 담당할 수 있다.

여덟째, 국가기관은 학교폭력대책기획위원회에 포함되어 있는 관련 부처로서 교육과학기술부, 보건복지부 등을 일컫는다. 이 부처들은 현재 학교폭력을 예방하고 대처하기 위하여 일정 수준의 예산을 마련하고 있으며 위기 청소년을 위한 CYS-Net, 배움터 지킴이나 ONE-STOP 지원센터 등과 같은 학교폭력 관련 사업을 시행하고 있다.

아홉째, 대학 및 연구기관은 학교폭력에 관한 정책을 개발하고 정책의 효과를 평가할 수 있으며 학교폭력 예방을 위한 교육프로그램 개발과 전문가 양성을 돕는 학술적인 전문 서비스를 제공할 수 있다. 또한 지역사회 학교와 청소년 기관 등의 학교폭력 관련 사업에 대한 전문적인 자문 서비스를 제공할 수 있다(박효정 외, 2006).

Chapter 9

학교폭력 관련 법과 정책

1. 학교폭력 관련 법규

1) 학교폭력 예방 및 대책에 관한 법률[1] 및 시행령[2]

학교폭력 예방 및 대책에 관한 법률은 2003년 6월 23일 현승일 의원의 대표발의(의원 50인 발의, 의안번호 2403)로 제출되어 수정 가결된 학교폭력 예방 및 대책에 관한 법률안에서 시작되었다.

이 법률안의 제안 이유는 "심각한 사회문제로 대두하고 있는 학교폭력문제에 효과적으로 대처하기 위하여 정기적인 학교폭력 예방교육의 실시, 학교폭력의 신고의무화, 학교폭력의 예방 및 대책을 위한 전담기구의 설치와 이를 위한 국가의 재정적 지원을 위한 제도적 틀을 마련하려는 것"[3]이었다.

2004년 1월 29일 법률 제7119호로 제정되어 여러 차례 개정 과정을 거쳐 오늘에 이르고 있다. 현 법률에 나타난 주요 사항을 보면 다음과 같다.

---

1) 학교폭력 예방 및 대책에 관한 법률. [시행 2012.5.1] [법률 제11388호, 2012.3.21, 일부개정]
2) 학교폭력 예방 및 대책에 관한 법률시행령. [시행 2012.5.1] [대통령령 제23689호, 2012.3.30, 전부개정]
3) 학교폭력 예방 및 대책에 관한 법률(안), (현승일의원 대표발의) 2003.6.23, 의안번호 2403.

(1) 학교폭력에 대한 정의

학교폭력이란 학교 내외에서 학생을 대상으로 발생한 상해, 폭행, 감금, 협박, 약취·유인, 명예훼손·모욕, 공갈, 강요·강제적인 심부름 및 성폭력, 따돌림, 사이버 따돌림, 정보통신망을 이용한 음란·폭력정보 등에 의하여 신체·정신 또는 재산상의 피해를 수반하는 행위이다(법 제2조). 여기에서 '따돌림'이란 학교 내외에서 2명 이상의 학생들이 특정인이나 특정 집단의 학생들을 대상으로 지속적이거나 반복적으로 신체적 또는 심리적 공격을 가하여 상대방이 고통을 느끼도록 하는 일체의 행위이며, '사이버 따돌림'이란 인터넷, 휴대전화 등 정보통신기기를 이용하여 학생들이 특정 학생들을 대상으로 지속적·반복적으로 심리적 공격을 가하거나, 특정 학생과 관련된 개인정보 또는 허위사실을 유포하여 상대방이 고통을 느끼도록 하는 일체의 행위를 말한다.

(2) 학교폭력 관련 위원회

학교폭력 관련 위원회로는 정부 차원에서 학교폭력 예방 및 대책에 관한 사항을 심의하기 위하여 국무총리 소속으로 학교폭력대책위원회(법 제7조), 시·도에는 지역의 학교폭력 문제를 해결하기 위하여 학교폭력대책지역위원회(법 제9조), 시·군·구에는 학교폭력 예방 및 대책을 수립하고 기관별 추진계획 및 상호 협력·지원방안 등을 협의하기 위하여 학교폭력대책지역협의회(법 제10조의2), 학교에는 학교폭력 예방 및 대책에 관련된 사항을 심의하기 위하여 학교폭력대책자치위원회(법 제12조)를 둔다.

단위 학교에 설치 중인 학교폭력대책자치위원회(이하 '자치위원회'라 함)는 학교폭력 예방 및 대책수립을 위한 학교 체제 구축, 피해학생의 보호, 가해학생에 대한 선도 및 징계, 피해학생과 가해학생 간의 분쟁 조정, 그 밖에 대통령령으로 정하는 사항에 대해 심의한다. 자치위원회의 위원은 해당 학교의 교감, 해당 학교의 교사 중 학생생활지도 경력이 있는 교사, 선출된 학부모대표, 판사·검사·변호사, 해당 학교를 관할하는 경찰서 소속 경찰공무원, 의사 자격이 있는 사람, 그 밖에 학교폭력 예방 및 청소년보호에 대한 지식과 경험이 풍부한 사람

중에 위원장을 포함하여 5인 이상 10인 이하로 해당 학교의 장이 임명하거나 위촉한다.

위원장은 위원 중에서 호선되며, 유사시에 대비하여 위원장이 미리 위원장 직무 대행자를 지정해야 한다. 위원의 임기는 2년이며 연임 가능하다. 사임 등으로 새로 위촉되는 위원의 임기는 전임위원 임기의 잔여기간으로 한다.

회의는 재적위원 과반수의 출석으로 개의하고, 출석위원 과반수의 찬성으로 의결한다. 위원장은 해당 학교의 교직원에서 자치위원회의 사무를 처리할 간사 1명을 지명한다. 회의출석 위원에게는 예산의 범위에서 수당과 여비를 지급할 수 있으나, 공무원이 위원일 경우에는 그 소관 업무와 직접적으로 관련하여 회의에 출석한 경우로 지급하지 못한다. 위원장은 회의 일시를 정할 때에는 일과 후, 주말 등 위원들이 참석하기 편리한 시간으로 정하여야 한다.

회의는 분기별 1회 이상 개최해야 하는데, 개최 사유는 학교폭력 예방대책 체제 구축에 대해 심의하고자 하는 경우, 위원장이 필요하다고 인정하는 경우, 재적위원 4분의 1 이상이 요청하는 경우, 교장이 요청하는 경우, 피해학생 또는 그 보호자가 요청하는 경우, 학교폭력이 발생한 사실을 신고받거나 보고받은 경우, 가해자 측과 피해자 측 간에 발생한 분쟁을 조정하고자 하는 경우, 가해학생이 협박 또는 보복한 사실을 신고받거나 보고받은 경우, 학교폭력 책임교사나 학생회 대표가 학교폭력 예방 및 대책과 관련한 사항을 건의하는 경우이다.

회의 중에는 피해학생과 가해학생에 대한 조치, 가・피해자 간 분쟁을 조정하는 경우에는 비공개로 한다. 다만, 피해학생・가해학생 또는 그 보호자가 회의록의 열람・복사 등 회의록 공개를 신청한 때에는 학생과 그 가족의 성명, 주민등록번호 및 주소, 위원의 성명 등 개인정보에 관한 사항을 제외하고 공개하여야 한다.

(3) 교원의 의무

교장은 교육감에게 학교폭력 사건 발생 상황, 피해학생과 가해학생에 대한 조치 결과, 분쟁 조정 결과를 보고해야 한다. 그리고 학교폭력을 신고 또는 보고받은 경우와 이 외에 필요하다고 판단될 경우에는 자치위원회 개최를 요청한다. 또한 관계 기관과 협력, 교내 학교폭력 단체 결성 예방 및 해체에 노력해야 한다(법 제19조).

교원은 학교폭력 현장을 보거나 그 사실을 알게 되었을 경우 학교 등 관계 기관에 이를 즉시 신고하여야 하며, 신고접수 기관은 이를 가・피해학생 보호자 또는 소속 학교 장에게 통보해야 한다. 아울러 누구라도 학교폭력의 예비・음모 등을 알게 되었을 경우에는 학교의 장 또는 자치위원회에게 고발할 수 있다. 특히, 교원이 이를 알게 되었을 경우에는 학교의 장에게 보고하고 해당 학부모에게 알려야 한다(법 제20조).

그리고 학교폭력 예방 및 대책과 관련된 업무를 수행하거나 수행하였던 자는 그 직무로 인하여 알게 된 비밀, 학교폭력 신고의무에 따른 신고자・고발자와 관련된 자료를 누설해서는 아니 된다(법 제21조). 누설해서는 아니 될 사항은 학교폭력 가해학생・피해학생 및 그의 가족과 관련된 개인정보(성명, 주민등록번호 및 주소 등)에 관한 사항, 피해학생과 가해학생에 대한 심의・의결과 관련된 개인별 발언 내용, 그 밖에 외부로 누설될 경우 분쟁 당사자 간에 논란을 일으킬 우려가 명백한 사항(시행령 제33조)이며, 위반 시 300만 원 이하의 벌금(법 제22조)에 처한다.

(4) 학교폭력 예방교육

학교의 장은 학생, 교원, 학부모들을 대상으로 학교폭력 예방교육을 실시하여야 한다. 학생의 육체적・정신적 보호와 학교폭력의 예방을 위한 학생들에 대한 교육(학교폭력의 개념・실태 및 대처방안 등)뿐만 아니라 학교폭력의 예방 및 대책 등을 위한 교직원 및 학부모에 대한 교육을 각각 학기별로 1회 이상 실시하되(법 제15조), 시간・강사・방법 등 세부적인 사항은 교장이 정한다(시행령 제17조).

교직원에 대한 학교폭력 예방교육은 학교폭력 관련 법령에 대한 내용, 학교폭력 발생 시 대응요령, 학생 대상 학교폭력 예방 프로그램 운영방법 등을 포함하여야 한다. 학부모에 대한 학교폭력 예방교육은 학교폭력 징후 판별, 학교폭력 발생 시 대응요령, 가정에서의 인성교육에 관한 사항을 포함하여야 한다(시행령 제17조).

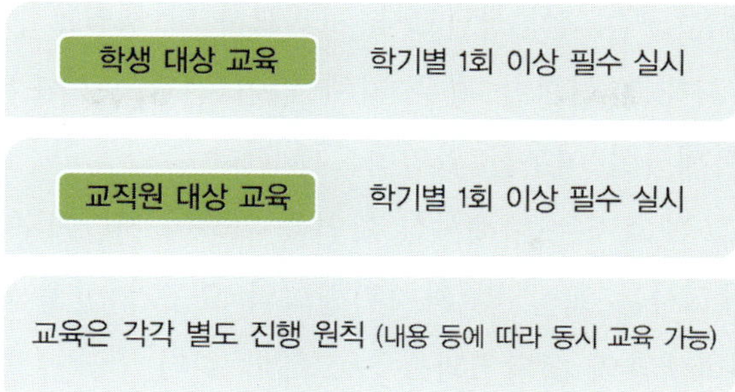

▎그림 9-1▎ 학교폭력 예방교육 실시 원칙

학생에 대한 학교폭력 예방교육은 학급 단위로 실시함을 원칙으로 하되, 학교 여건에 따라 전체 학생을 대상으로 한 장소에서 동시에 실시할 수 있다. 학생과 교직원, 학부모를 따로 교육하는 것을 원칙으로 하되, 내용에 따라 함께 교육할 수 있다. 강의, 토론 및 역할연기 등 다양한 방법으로 하고, 다양한 자료나 프로그램 등을 활용하여야 한다.

(5) 전담기구 구성 및 운영

학교장은 학교폭력에 대한 실태조사와 학교폭력 예방 프로그램을 구성·실시하고 학교의 장 및 자치위원회의 요구가 있는 때에 학교폭력에 관련된 조사결과 등 활동결과를 보고하기 위하여 학교폭력문제를 담당하는 전담기구를 구성할 수 있다.

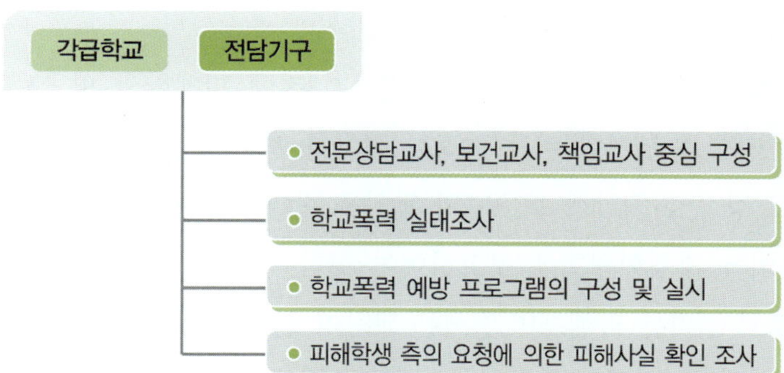

▎그림 9-2▎ 학교폭력 전담기구 구성 및 임무

전담기구의 구성은 교감, 전문상담교사, 보건교사 및 책임교사 등으로 구성하며, 교장은 학교폭력 사태를 인지한 경우 지체 없이 전담기구 또는 소속 교원으로 하여금 가해 및 피해사실 여부를 확인하도록 한다.

피해학생 또는 그 보호자는 피해사실 확인을 위하여 전담기구에 조사를 요구할 수 있다. 전문상담교사는 교장 및 자치위원회의 요구가 있을 시 학교폭력 관련 피해학생 및 가해학생과의 상담결과를 보고해야 한다.

전담기구는 성폭력 등 특수한 학교폭력사건에 대한 실태조사의 전문성을 확보하기 위하여 필요한 경우 전문기관에 그 실태조사를 의뢰할 수 있는데, 이 경우 그 의뢰는 자치위원회 위원장의 심의를 거쳐 교장 명의로 하여야 한다.

국가 및 지방자치단체는 실태조사에 관한 예산을 지원하고, 관계 행정기관은 실태조사에 협조하여야 하며, 학교의 장은 전담기구에 행정적·재정적 지원을 할 수 있다(법 제14조).

(6) 피해학생에 대한 보호 조치

자치위원회는 피해학생의 보호를 위하여 학교장에게 심리상담 및 조언, 일시보호, 치료 및 치료를 위한 요양, 학급 교체, 그 밖의 피해학생의 보호를 위한 필요한 조치를 하나 또는 수 개의 조치를 병과할 것을 요청할 수 있다. 다만 피해학생 보호를 위하여 긴급하다고 인정하거나, 피해학생이 긴급보호의 요청을 하는 경우, 자치위원회 개최 전에 심리상담 및 조언이나 일시보호, 그 밖의 피해학생의 보호를 위한 필요한 조치를 할 수 있다(법 제16조).

자치위원회는 학교장에게 조치를 요청하기 전에 피해학생 및 그 보호자에게 의견진술의 기회를 부여하는 등 적정한 절차를 거쳐야 한다. 자치위원회의 조치 요청 시 학교장은 피해학생 보호자의 동의를 받아 7일 이내에 해당 조치를 취하여야 하고 이를 자치위원회에 보고하여야 한다.

피해자 조치에 따른 피해자의 결석은 교장이 인정하는 경우 출석일수에 산입할 수 있으며, 성적 등을 평가함에 있어서 불이익을 주지 아니하도록 노력해야 한다.

피해학생이 전문단체나 전문가로부터 심리상담 및 조언, 일시보호, 치료 및 치료를 위한 요양에 따른 상담 등을 받는 데 사용되는 비용은 가해학생의 보호자가 부담해야 한다. 다만, 피해학생의 신속한 치료를 위하여 학교의 장 또는 피해학생의 보호자가 원하는 경우에는 학교안전공제회 또는 시·도교육청이 부담하고 이에 대한 구상권을 행사할 수 있다.

또한 학교폭력으로 피해를 입은 장애학생의 보호를 위하여 자치위원회는 장애인전문 상담가의 상담 또는 장애인전문 치료기관의 요양 조치를 학교의 장에게 요청할 수 있으며, 이 경우 학교의 장은 해당 조치를 하여야 한다. 물론 이에 소요되는 비용은 가해자 보호자가 부담하며, 선 조치로써 학교안전공제회 또는 시·도교육청이 부담한 후 구상권을 행사할 수 있다(법 제16조의2).

(7) 가해학생에 대한 조치

자치위원회는 피해학생의 보호와 가해학생의 선도·교육을 위하여 "가해학생에 대하여 서면사과, 피해학생 및 신고·고발학생에 대한 접촉, 협박 및 보복행위의 금지, 학교에서의 봉사, 사회봉사, 학내·외 전문가에 의한 특별 교육이수 또는 심리치료, 출석정지, 학급 교체, 전학, 퇴학 처분" 중에서 하나 또는 수 개의 병과조치를 학교장에게 요청할 수 있다. 다만, 피해학생이나 신고·고발학생에 대한 협박 또는 보복행위일 경우에는 몇 가지 조치를 병과하거나 조치내용을 가중할 수 있다.

자치위원회는 가해자 조치를 요청하기 전에 가해학생 및 보호자에게 의견진술 기회를 부여하는 등 적정한 절차를 거쳐야 하며, 학교장은 자치위원회에서의 조치 요청 시 14일 이내에 해당 조치를 해야 한다. 특히, "피해학생 및 신고·고발학생에 대한 접촉, 협박 및 보복행위의 금지, 학교에서의 봉사, 사회봉사, 출석정지, 학급 교체, 전학"의 조치를 받은 가해학생은 교육감이 정한 기관에서 특별교육을 이수하거나 심리치료를 받아야 하는데, 특별교육 이수기간은 자치위원회에서 정한다.

자치위원회는 가해학생이 특별교육을 이수할 경우 해당 학생의 보호자도 함께 교육을 받게 하여야 하며, 교육 이수 조치를 따르지 아니한 보호자에게는 300만 원 이하의 과태료를 부과한다(법 제22조). 가해학생이 다른 학교로 전학을 간 이후에는 전학 전의 피해학생 소속 학교로 다시 전학을 올 수 없도록 하여야 한다.

학교장은 가해학생에 대한 선도가 긴급하다고 인정할 경우 우선적으로 피해학생에 대한 서면사과, 피해학생 및 신고·고발학생에 대한 접촉 또는 협박이나 보복행위의 금지, 학교에서의 봉사, 학내·외 전문가에 의한 특별교육 이수 또는 심리치료, 출석정지 조치를 할 수 있으며, 이 중 특별교육 이수 또는 심리치료와 출석정지는 두 가지를 병과조치할 수 있다. 긴급조치를 할 경우 자치위원회에 즉시 보고하여 추인을 받아야 한다(법 제17조 4항).

학교의 장이 긴급조치를 한 경우 가해학생과 그 보호자에게 이를 통지해야 하며, 가해학생이 이 조치를 거부하거나 회피하는 때에는 초·중등교육법 제18조[4]에 따라 징계하여야 한다.

가해학생에 대한 조치별 적용기준은 "가해학생이 행사한 학교폭력의 심각성·지속성·고의성, 가해학생의 반성 정도, 해당 조치로 인한 가해학생의 선도 가능성, 가해학생 및 보호자와 피해학생 및 보호자 간의 화해 정도, 피해학생이 장애학생인지 여부"(시행령 제19조)를 고려하여야 한다. 다만 긴급조치의 하나로 가해학생에 대한 출석정지 조치의 고려기준은 "2명 이상의 학생이 고의적·지속적으로 폭력을 행사한 경우, 학교폭력을 행사하여 전치 2주 이상의 상해를 입힌 경우, 학교폭력에 대한 신고, 진술, 자료 제공 등에 대한 보복을 목적으로 폭력을 행사한 경우, 학교의 장이 피해학생을 가해학생으로부터 긴급하게 보호할 필요가 있다고 판단하는 경우"(시행령 제21조)이다.

피해학생에 대한 서면사과 외의 처분을 받은 학생이 해당 조치를 거부하거나 기피하는 경우 자치위원회는 거부한 가해학생에 대한 초·중등교육법 제18조의 조치를 했다 하더라도, 추가로 다른 조치를 할 것을 학교의 장에게 요청할 수 있다(법 제17조1의 11항).

자치위원회에서의 추가조치 요구는 가해학생이 해당 조치를 거부하거나 기피하

---

4) 초·중등교육법 제18조 ① 학교의 장은 교육상 필요한 때는 법령 및 학칙이 정하는 바에 의하여 학생을 징계하거나 기타의 방법으로 지도할 수 있다. 다만, 의무교육과정에 있는 학생을 퇴학시킬 수 없다. ② 학교의 장은 학생을 징계하고자 하는 경우 해당 학생 또는 학부모에게 의견진술의 기회를 부여하는 등 적정한 절차를 거쳐야 한다.

는 사실을 학교장으로부터 통보받은 날부터 7일 이내에 할 수 있다(시행령 제22조).

가해학생이 학교에서의 봉사, 사회봉사, 학내·외 전문가에 의한 특별교육 이수 또는 심리치료 조치를 받은 경우, 이와 관련된 결석은 학교의 장이 인정하는 때에는 이를 출석일수에 산입할 수 있다(법 제17조1의 8항).

자치위원회가 가해학생에 대한 전학 조치를 요청하는 경우, 초·중학교 교장은 교육장에게, 고등학교 교장은 교육감에게 해당 학생이 전학할 학교의 배정을 지체 없이 요청하여야 한다. 요청받은 교육감 또는 교육장은 가해학생이 전학할 학교를 배정할 때 피해학생의 보호에 충분한 거리 등을 고려하여야 하며, 관할구역 외의 학교를 배정하려는 경우에는 해당 교육감 또는 교육장에게 이를 통보하여야 한다.

전학 통보를 받은 교육감 또는 교육장은 해당 가해학생이 전학할 학교를 배정하여야 한다.

교육감 또는 교육장은 학교폭력으로 전학 조치된 가해학생과 피해학생이 상급학교에 진학할 때에는 각각 다른 학교를 배정하여야 하는데, 피해학생이 입학할 학교를 우선적으로 배정한다.

2012년도부터는 학교폭력 가해자에 대한 조치내용을 학교생활기록부[5]에 기재하도록 명시하고 있다.

> **제7조 【학적사항】** ③ '특기사항'란에는 학적변동의 사유를 입력한다. 특기사항 중 학교폭력과 관련된 사항은 「학교폭력 예방 및 대책에 관한 법률」 제17조에 규정된 가해학생에 대한 조치사항을 입력한다.
>
> **제8조 【출결상황】** ④ '특기사항'란에는 결석사유 또는 개근 등 특기사항이 있는 경우 학급 담임교사가 입력한다. 특기사항 중 학교폭력과 관련된 사항은 「학교폭력 예방 및 대책에 관한 법률」 제17조에 규정된 가해학생에 대한 조치사항을 입력한다.
>
> **제16조 【행동특성 및 종합의견】** ② 행동특성 중 학교폭력과 관련된 사항은 「학교폭력 예방 및 대책에 관한 법률」 제17조에 규정된 가해학생에 대한 조치사항을 입력한다.

5) 학교생활기록 작성 및 관리지침[시행 2012.6.29][교육과학기술부훈령 제257호, 2012.06.29, 일부개정]

이에 따라 각급 학교[6]에서는 학교생활기록부 작성 시 학교폭력 관련 내용을 관련 란에 기재하여야 한다. 즉, '피해학생에 대한 서면사과', '피해학생 및 신고·고발학생에 대한 접촉, 협박 및 보복행위의 금지', '학교에서의 봉사', '학급교체' 조치는 학교생활기록부 '행동특성 및 종합의견' 란에, 전학 또는 퇴학처분은 '학적사항 특기사항' 란에, '사회봉사', '학내·외 전문가에 의한 특별교육 이수 또는 심리치료', '출석정지'는 '출결상황 특기사항' 란에 기재하여야 한다.

그러나 조치받은 학생에 대해서는 이후 지속적으로 관찰하여 긍정적인 행동특성의 변화 내용이 있는 경우 변화된 내용 등을 '행동특성 및 종합의견' 란에 입력한다.

(8) 재심

자치위원회 또는 학교의 장이 피해학생에 대한 보호 조치 및 가해학생에 대한 조치에 대하여 이의가 있는 피해학생 또는 그 보호자는 그 조치를 받은 날부터 15일 이내, 그 조치가 있음을 안 날부터 10일 이내에 지역위원회에 재심을 청구할 수 있다(법 제17조2).

피해학생 또는 보호자가 지역위원회에 재심을 청구할 때에는 "청구인의 이름, 주소 및 연락처, 가해학생, 청구의 대상이 되는 조치를 받은 날 및 조치가 있음을 안 날, 청구의 취지 및 이유"를 적어 서면으로 하여야 한다(시행령 제24조).

지역위원회는 재심청구를 받은 경우 30일 이내에 이를 심사·결정하여 청구인에게 통보하여야 한다. 지역위원회의 회의는 비공개를 원칙으로 하며, 지역위원회의 결정에 이의가 있는 청구인은 그 통보를 받은 날부터 60일 이내에 행정심판을 제기할 수 있다.

자치위원회가 내린 가해자 조치로서 전학조치 또는 퇴학조치에 대하여 이의가 있는 가해학생 또는 그 보호자는 그 조치를 받은 날부터 15일 이내, 그 조치가 있음을 안 날로부터 10일 이내에 시·도학생징계조정위원회에 재심을 청구할 수

6) 경기도교육청(2012.4). 2012 학교생활기록부 작성 매뉴얼(중등), p. 10, 18, 29, 112-113.

있다. 전학 또는 퇴학처분을 받은 가해학생의 재심청구 방법은 초·중등교육법 제18조의2 제2항부터 4항까지의 규정을 준용한다.

(9) 분쟁조정

피해학생, 가해학생 또는 그 보호자 중 어느 한쪽은 학교폭력과 관련하여 피해학생과 가해학생 간 또는 그 보호자 간의 손해배상에 관련된 합의조정, 그 밖에 자치위원회가 필요하다고 인정하는 사항에 대해 분쟁조정을 신청할 수 있다. 분쟁조정 신청은 해당 분쟁사건에 대한 조정권한이 있는 자치위원회 또는 교육감에게 "분쟁조정 신청인의 성명 및 주소, 보호자의 성명 및 주소, 분쟁조정 신청의 사유"를 적은 문서로 신청하여야 한다.

분쟁조정의 신청을 받으면 자치위원회 또는 교육감은 분쟁 당사자에게 분쟁조정의 일시 및 장소를 통보하여야 하며, 신청을 받은 날부터 5일 이내에 분쟁조정을 시작하여야 한다. 통지를 받은 분쟁 당사자 중 어느 한쪽이 불가피한 사유로 출석할 수 없는 경우에는 자치위원회 또는 교육감에게 분쟁조정의 연기를 요청할 수 있다. 이 경우 자치위원회 또는 교육감은 분쟁조정의 기일을 다시 정하여야 한다.

자치위원회 또는 교육감은 "분쟁 당사자 중 어느 한쪽이 분쟁조정을 거부하거나 피해학생 등이 관련된 학교폭력에 대하여 가해학생을 고소·고발하거나 민사상 소송을 제기한 경우, 분쟁조정의 신청내용이 거짓임이 명백하거나 정당한 이유가 없다고 인정되는 경우가 발생"할 때에는 분쟁조정의 개시를 거부하거나 분쟁조정을 중지할 수 있다(시행령 제28조).

자치위원회 또는 교육감은 분쟁 당사자 간에 합의가 이루어지거나 자치위원회 또는 교육감이 제시한 조정안을 분쟁 당사자가 수락하는 등 분쟁조정이 성립한 경우나 분쟁조정 개시일부터 1개월이 지나도록 분쟁조정이 성립하지 아니한 경우에는 분쟁조정을 끝내야 한다.

분쟁조정의 개시를 거부하거나 분쟁조정을 중지한 경우 또는 분쟁조정을 끝낸 경우에는 그 사유를 분쟁 당사자에게 각각 통보하여야 한다.

자치위원회 또는 교육감은 분쟁조정이 성립하면 분쟁 당사자의 주소와 성명,

조정 대상 분쟁의 내용(분쟁의 경위, 조정의 쟁점)을 적은 합의서를 작성하여 자치위원회는 분쟁 당사자에게, 교육감은 피해학생 및 가해학생 소속 학교 자치위원회와 분쟁 당사자에게 각각 통보하여야 한다. 조정의 결과에 따른 합의서에는 자치위원회가 조정한 경우에는 분쟁 당사자와 조정에 참가한 위원이, 교육감이 조정한 경우에는 분쟁 당사자와 교육감이 각각 서명 날인하여야 한다. 자치위원회의 위원장은 분쟁조정의 결과를 교육감에게 보고하여야 한다.

자치위원회 또는 교육감은 자치위원회 위원 또는 지역위원회 위원 중에서 분쟁조정 담당자를 지정하거나, 외부 전문기관에 분쟁과 관련한 사항에 대한 자문 등을 할 수 있다.

(10) 기타

교육감은 학교장 또는 교원이 학교폭력의 발생 경과 및 결과를 보고함에 있어 축소 및 은폐를 시도한 경우에는 징계위원회에 징계의결을 요구[7]하여야 하며, 반면에 학교폭력의 예방 및 대책 마련에 기여한 바가 큰 학교 또는 소속 교원에게

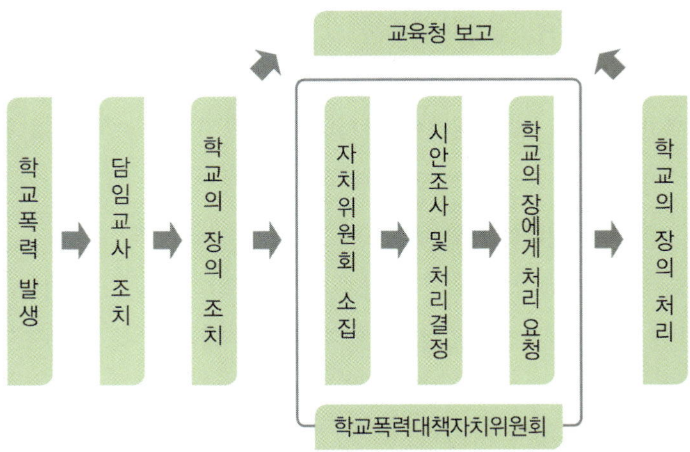

| 그림 9-3 | 학교폭력 사안 처리절차

7) 「교육공무원법」 제50조 및 「사립학교법」 제62조.

상훈을 수여하거나 소속 교원의 근무성적 평정에 가산점을 부여할 수 있도록 하고 있다(법 제11조).

또한, 교육감은 학교폭력 등에 관한 조사, 상담, 치유프로그램 운영 등을 위한 전문기관을 설치·운영할 임무가 있다. 학교폭력 사안을 처리하는 전반적인 절차는 그림 9-3 과 같다.

2) 성폭력방지 및 피해자보호 등에 관한 법률[8)]

「성폭력방지 및 피해자보호 등에 관한 법률」은 성폭력을 예방하고 성폭력피해자를 보호·지원함을 목적으로 제정되었다. 법률 제5조에 따르면 "국가와 지방자치단체는 청소년을 건전하게 육성하기 위하여 청소년에 대한 성교육 및 성폭력 예방에 필요한 교육을 실시하여야 한다"고 명시하고 있다.

이와 관련하여 「유아교육법」 제7조에 따른 유치원의 장, 「영유아보육법」 제10조에 따른 어린이집의 장 및 「초·중등교육법」 제2조에 따른 각급학교의 장은 대통령령으로 정하는 바에 따라 성에 대한 건전한 가치관 함양과 성폭력 예방에 필요한 교육을 실시하여야 한다.

또한 19세 미만의 미성년자를 보호하거나 교육 또는 치료하는 시설의 장 및 관련 종사자는 자기의 보호·지원을 받는 자가 「성폭력범죄의 처벌 등에 관한 특례법」 제3조부터 제9조까지, 「형법」 제301조 및 제301조의2의 피해자인 사실을 알게 된 때에는 즉시 수사기관에 신고하여야 한다(법 제9조).

국가 또는 지방자치단체는 성폭력피해상담소를 설치·운영할 수 있으며, 국가 또는 지방자치단체 외의 자가 상담소를 설치·운영하려면 특별자치도지사 또는 시장·군수·구청장에게 신고하여야 한다(법 제10조).

8) 성폭력방지 및 피해자보호 등에 관한 법률[시행 2012.8.2] [법률 제11286호, 2012.2.1, 일부개정]

3) 청소년보호법[9)]

청소년보호법은 청소년에게 유해한 매체물과 약물 등이 유통되는 것과 청소년이 유해한 업소에 출입하는 것 등을 규제하고 청소년을 유해한 환경으로부터 보호·구제함으로써 청소년이 건전한 인격체로 성장할 수 있도록 함을 목적으로 제정되었다.

"청소년유해환경"이란 청소년 유해매체물, 청소년 유해약물 등 청소년유해업소 및 청소년폭력·학대를 말한다. 나아가 "청소년폭력·학대"란 폭력이나 학대를 통하여 청소년에게 신체적·정신적 피해를 발생하게 하는 행위(법 제2조 7, 8)로 규정하고 있다.

이 법에 따르면, 여성가족부 장관 소속으로 청소년보호위원회를 두며(법 제36조), 청소년보호위원회는 청소년 유해매체물 심의를 할 때 해당 매체물이 "청소년에게 성적인 욕구를 자극하는 선정적인 것이거나 음란한 것, 청소년에게 포악성이나 범죄의 충동을 일으킬 수 있는 것, 성폭력을 포함한 각종 형태의 폭력행위와 약물의 남용을 자극하거나 미화하는 것(법 제9조 1항)"이 아닌지 심의기준을 제시하고 있다.

또한 청소년보호를 위하여 누구든지 "청소년이 청소년 유해환경에 접할 수 없도록 하거나 출입을 하지 못하도록 할 것, 청소년이 유해한 매체물 또는 유해한 약물 등을 이용하고 있거나 청소년폭력·학대 등을 하고 있음을 알게 되었을 때에는 이를 제지하고 선도할 것, 청소년에게 유해한 매체물과 유해한 약물 등이 유통되고 있거나 청소년 유해업소에 청소년이 고용되어 있거나 출입하고 있음을 알게 되었을 때 또는 청소년이 청소년폭력·학대 등의 피해를 입고 있음을 알게 되었을 때에는 '각 심의기관, 청소년 또는 매체물과 관련이 있는 중앙행정기관, 지방자치단체, 청소년보호와 관련된 지도·단속기관, 그 밖에 청소년보호를 위한 관련 단체 등' 관계기관 등에 신고·고발하는 등의 조치를 할 것"의 사회적 책임을 명시하고 있다(법 제4조).

국가와 지방자치단체의 책무로서 국가는 청소년보호를 위하여 청소년유해환

9) 청소년보호법[시행 2012.9.16] [법률 제11048호, 2011.9.15, 전부개정]

경의 개선에 필요한 시책을 마련하고 시행, 지방자치단체는 해당 지역의 청소년 유해환경으로부터 청소년을 보호하기 위하여 필요한 노력을 하여야 한다. 또한 전자·통신기술 및 의약품 등의 발달에 따라 등장하는 새로운 형태의 매체물과 약물 등이 청소년의 정신적·신체적 건강을 해칠 우려가 있음을 인식하고, 이들 매체물과 약물 등으로부터 청소년을 보호하기 위하여 필요한 기술 개발과 연구 사업의 지원, 국가 간 협력체제 구축 등 필요한 노력을 하여야 한다.

국가와 지방자치단체는 청소년 관련 단체 등 민간의 자율적인 유해환경 감시·고발활동을 장려 및 지원 그리고 민간의 건의사항을 관련 시책에 반영하는 노력과 함께 청소년 유해환경을 규제할 때 그 의무를 충실히 수행하여야 한다(법 제5조). 청소년 유해환경의 규제에 관한 형사처벌을 할 때 다른 법률보다 우선하여 청소년보호법을 적용한다(법 제6조).

여성가족부 장관, 시장·군수·구청장 및 관할 경찰서장은 청소년 중 그 내용·정도 등을 고려하여 선도·보호조치가 필요하다고 인정되는 청소년에 대하여는 소속 학교의 장(학생인 경우) 및 친권자 등에게 그 사실을 통보하여야 한다(제50조).

4) 법무부와 그 소속기관 직제[10)]

「법무부와 그 소속기관 직제」에 관한 법률 제11조 2항 16에는 범죄예방정책국의 사무분장으로 “일반학교 부적응학생 등의 특별교육 및 청소년 적성검사실의 운영 등 청소년의 건전한 육성에 관한 사항”을 명시하고 있다.

이러한 법률에 근거하여 청소년 비행예방 지원 업무를 분장하기 위하여 부산·대구·광주·대전·청주소년원 및 서울소년분류심사원의 원장 소속하에 각각 청소년 비행예방센터를 두고 「소년법」에 따른 보호처분을 받은 자 중 학교부적응 학생 등에 대한 교육, 검사가 기소유예처분을 한 자 및 학교장 등이 의뢰한 소년에 대한 특별교육을 하도록 규정(법률 제39조의 2)하고 있다.

10) 법무부와 그 소속기관 직제[시행 2012.6.19] [대통령령 제23857호, 2012.6.19, 일부개정]

2. 학교폭력 예방 및 대책에 관한 정책

1) 교육과학기술부

(1) 추진경과

학교폭력이 사회문제로 부각됨에 따라 교육과학기술부[11]의 학교폭력 관련 정책의 추진경과를 보면 다음과 같다.

학교폭력 예방 및 대책에 관한 법률이 마련되기 전에는 교육과학기술부・검찰청・경찰청 등 관계 부처별로 「학교폭력근절대책」이 수립・시행(1995)되어 왔다.

1997년에는 국무조정실 주관으로 관계부처 합동으로 「학교폭력 예방・근절대책」이 추진・평가되었다. 각 부처별로 보면 당시 교육과학기술부는 학교폭력 추방 추진체제를 구축하여 학교폭력예방・근절대책본부(교육과학기술부), 학교폭력 예방・근절대책반(교육지원청), 학교폭력추방위원회(학교)를 운영하였다. 행정자치부는 학교 주변 업소에 대한 인・허가 절차 및 지도 강화, 문화관광부는 청소년 육성 관련 법 정비 및 영상물 등급 심사와 청소년 상담체제 강화, 정보통신부는 사이버 유해환경 정화 노력, 청소년보호위원회는 청소년보호 관련 법 정비 및 다양한 계도활동을 추진하였다. 특히, 대검찰청은 학교 담당 검사제 및 '자녀안심하고학교보내기운동본부'를 운영하였으며, 경찰청은 학교 담당 경찰관제 시행, 어머니 경찰대 및 명예 경찰 소년단 운영, 학교 주변 순찰 강화 등을 추진하였다.

1999년에는 교육과학기술부의 학생생활지도 업무를 시・도교육청으로 이양(1999. 9)하였다. 그리하여 교육과학기술부에서는 학교폭력 예방과 대책에 관한 기본계획 수립 및 시・도교육청의 추진상황을 점검・평가하고 시・도교육청에서는 지역 실정에 맞는 세부 추진계획을 수립・추진(관련 자료 및 프로그램 개발・보급, 학교에 대한 지도・감독 등 생활지도 관련 업무 주관)해 왔다.

11) 시기에 따라 교육 관련 주무 행정부의 명칭(교육부, 교육인적자원부, 교육과학기술부)이 달랐다. 본 절에서는 교육과학기술부로 통일하여 쓴다. 교육청도 교육지원청으로 통일하여 쓴다.

2003년에는 국무조정실 조정으로 지역에서는 교육지원청을 중심으로 지방자치단체·지방검찰청 및 경찰청서·청소년단체 등이 참가하는 학교폭력근절추진협의체를 구성·운영(2003. 8)해 왔다.

2004년에는 국무조정실 주관 관계부처 합동으로 추진하여 온 「학교폭력예방·근절관련 업무」를 교육부로 이양(2004. 1)하였고, 제정된 학교폭력 예방 및 대책에 관한 법률에 따라 세부 정책이 추진되었다.

2004년 학교폭력 예방 및 대책에 관한 법률 및 동 법률 시행령이 제정된 이후에는 법률에 근거하여 학교폭력 예방 및 대책 5개년 기본계획을 수립·운영하게 되었다. 그리하여 2005년(1차)과 2010년(2차) 두 차례에 걸쳐 기본계획이 발표·시행되었다. 다만 2차 기본계획이 추진 중이었던 2011년 말 대구광역시 ○○중학교 자살사건을 계기로 학교폭력에 대한 사회 전반적인 우려와 반성에 따라 2012년 2월에 관계부처 합동의 학교폭력근절종합대책이 마련되었다.

(2) 학교폭력근절 종합대책

2차 기본계획이 추진 중이었던 2011년 말 대구광역시 ○○중학교 학생 자살사건을 계기로 학교폭력에 대한 사회 전반적인 우려와 반성에 따라 관계부처 합동의 학교폭력근절 종합대책(이하 '3차 대책'이라 지칭함)이 발표(2012. 2. 6)되었다.

이 3차 대책은 최근 학교폭력의 특징과 원인을 진단하고 학교폭력 관련 기존 대책 및 제도의 한계를 분석하면서 학교폭력근절 7대 실천 정책을 제시하였다.

본 대책에서는 학교폭력의 특징을 "학교폭력 최초 발생(피해학생 및 가해학생 경험) 연령이 낮아지고 있다는 점, 중학생의 학교폭력 발생 비율이 가장 높다는 상황, 가해자와 피해자의 구별이 불분명하여 피해와 가해의 악순환이 발생한다는 점, 휴대전화 문자와 SNS 등을 통한 언어적·정신적 폭력 등의 정서적 폭력 증가와 폭력의 지속성 확대, '일진' 등의 학교폭력의 집단화 경향, 학교폭력에 대한 학생·학부모·교원의 인식과 대응 수준이 매우 낮은 편"이라고 진단하였다.

또한 학교폭력의 원인에 대해서 "학생의 인성 및 사회성 함양을 위한 교육적 실천 미흡, 교사가 적절한 생활지도를 하기 어려운 교육 여건(양성-임용-연수 단계에서 실천적 전문성 키울 프로그램 부족 등), 자녀와의 대화 부족 및 가정에서 돌봄 기능 약화로 학부모의 자녀교육에 대한 관여 부족, 인터넷·게임·영상매체의 부정적 영향력 증가로 폭력에 대한 인식이 무뎌지는 경향 등"을 지적하였다.

나아가, 학교폭력 관련 기존 대책 및 제도의 한계로 "입시 위주 교육으로 핵심 가치인 '인성'교육 소홀, 학교폭력 신고 → 조사 처리과정에서 각 기관의 신고전화 산재로 신고자의 혼란 가중 및 정보 공유 체계 부재, 학교폭력 관련 법률의 구속력 미흡과 가해학생에 대한 처벌 미약으로 '폭력 = 범죄' 인식 부재 등으로 가해학생에 대한 조치와 피해학생 보호의 한계, 학교폭력 사안에 대한 교사의 권한·역할 부족 및 개입 곤란, 규칙을 준수하는 학교문화 미정립, 학교폭력 유발 환경에 대한 견제·감시장치 미비 등"을 제시하였다.

학교폭력 관련 7대 실천 정책은 4대 직접대책과 3대 근본대책으로 제시하였다. 직접대책은 ① 학교장과 교사의 역할 및 책임 강화, ② 신고-조사체계 개선 및 가·피해학생에 대한 조치 강화, ③ 또래활동 등 예방교육 확대, ④ 학부모교육 확대 및 학부모의 책무성 강화를 통해 "'사소한 괴롭힘'도 '범죄'라는 인식하에 철저히 대응"한다는 것이다. 근본대책은 ⑤ 교육 전반에 걸친 인성교육 실천, ⑥ 가정과 사회의 역할 강화, ⑦ 게임·인터넷중독 등 유해요인 대책으로 "학교-가정-사회가 함께 인성교육을 실천"하는 것이다.

① 직접대책

㉠ 학교장과 교사의 역할 및 책임 강화

학교장은 가해학생에 대해 즉각적인 출석정지를 통해 피해자를 보호할 수 있으며, 교원이 학교폭력을 은폐 시에는 교육공무원 징계 양정 규정상 4대 비위(금품수수, 성적조작, 성폭력범죄, 신체적 폭력) 수준에서 엄중 징계하고 징계감경 제외 사유에 포함한다.

목표	학교폭력 없는 행복한 학교		
직접 대책	**'사소한 괴롭힘'도 '범죄'라는 인식하에 철저히 대응**		
	1 학교장과 교사의 역할 및 책임 강화		
	대처권한 부족 및 학교폭력 은폐	⇨	대처권한 및 역할 대폭 강화 은폐 시 엄중조치로 책무성 확보
	2 신고-조사체계 개선 및 가·피해학생에 대한 조치 강화		
	– 신고번호 분산 – 체계적 대응체계 부재 – 처벌 및 보호조치 미흡	⇨	– 신고체계 일원화 – 조사·지원기능 체계화 – 가해·피해학생 조치 강화
	3 또래활동 등 예방교육 확대		
	건전한 또래문화 미형성	⇨	학생 간의 자율적 갈등해결 학교단위 예방교육 체계화
	4 학부모교육 확대 및 학부모의 책무성 강화		
	참여 부족, 무관심 책무성 미흡	⇨	학부모 교육·자원봉사 확대
근본 대책	**학교-가정-사회가 함께 인성교육 실천**		
	5 교육 전반에 걸친 인성교육 실천		
	학업성취 수준은 높으나 인성· 사회성은 낮은 수준	⇨	바른 생활습관, 학생생활규칙 준수 등 실천적 인성교육 추진
	6 가정과 사회의 역할 강화		
	민·관의 유기적 대응 미흡 가정의 교육기능 약화	⇨	민·관 협력체제 강화 가정의 교육기능 회복
	7 게임·인터넷중독 등 유해 요인 대책		
	교육적 시각에서 심의· 규제기능 미흡	⇨	게임·인터넷 심의·규제 및 예방·치유교육 확대

자료: 교육과학기술부(2012. 2. 6). 학교폭력근절종합대책.

| 그림 9-4 | 학교폭력근절종합대책 체계도

또한 담임교사의 역할 강화 및 생활지도 여건 조성을 위해서는 복수담임제 도입과 학생 면담을 통한 조기 발견과 사전 조치, 게임중독을 포함한 학교폭력 가·피해학생 관련 사실, 상담, 치료 등에 관한 사항을 개인별로 누적 기록·관리하고 생활지도 자료로 활용, 학교폭력 관련 징계사항을 학교생활기록부에 기재(출결, 학적 사항의 특기사항, 행동특성 및 종합의견란)하며, 기재 내용은 학생 이해와 지도 및 상급학교 진학 시 자료로 제공, 교사들이 수업 및 생활지도에 전념할 수 있도록 학교생활지도부장 중심으로 '생활지도전담팀' 구성 운영, 학교폭력 등 분쟁 관련 교사 법률지원을 위한 '교육법률지원단' 확대 운영 및 법제화, 전문상담교사 및 전문상담인력을 확대 배치한다.

교원 양성-임용-연수 단계에서 생활지도 역량을 강화한다. 교원양성 과정에서 교직소양 분야로 '학교폭력 예방 및 대책' 과목을 신설하여 의무적으로 이수하게 하고, 교육대학용 맞춤형 학교폭력 관련 교재를 개발하여 전체 교육대학이 활용하도록 보급한다. 교원임용 단계에서는 교직 적성 심층면접에서 학생 이해, 학교폭력 대응, 생활지도 능력 등을 출제하여 측정할 수 있도록 한다. 교원연수 개선으로 교장 자격연수 과정에 학교폭력 관련 내용을 대폭 확대하며, 직무연수 과정에는 학교폭력 관련 직무연수 과정 개설, 소년법 및 학교폭력법 등 관련 법률에 대한 연수 지원, 학교폭력 대응 매뉴얼 등을 활용한 상황대처방법 중심의 강의, 교사 언어순화 프로그램 운영 등으로 개선한다.

ⓛ 신고-조사체계 개선 및 가·피해학생에 대한 조치 강화

첫째, 신고-조사체계 개선으로 그간 기관별로 나누어져 있었던 신고전화를 시·도 광역단위에 117 학교폭력신고센터로 통합 운영함으로써 신고자의 혼선을 막는다. 117 학교폭력신고센터는 유관기관인 경찰청과 학교폭력 원스톱지원센터(Wee 센터, CYS-Net)와 연계하여 접수된 사건을 처리하며 경찰청과 학교폭력 원스톱지원센터는 사안이 최종 처리결과를 해당 학교 및 학교폭력신고센터에 통보하여 학교폭력대책자치위원회의 심의를 거쳐 사건을 종결한다.

둘째, 학교폭력 은폐 방지를 위한 제도 개선으로 전수조사와 패널조사를 한다.

전수조사는 매년 1회 국가수준의 학교폭력 실태조사를 실시하며, 500개 패널학교 학생·학부모·교원 대상으로 폭력실태·인식 등에 대한 매년 2~3차례 패널 조사를 통해 학생전수조사 보완 및 심층분석을 한다. 교육청 단위로 학교폭력 실태조사를 홈페이지에 공개하고, 학교는 학교폭력 자료를 학교정보공시에 등록하여 적극적 해결의지를 갖도록 한다.

또한 피해학생에 대한 우선적 보호와 치유 지원에 대한 세부 내용은 피해학생 보호를 위한 신분 노출 방지, 상급학교 진학 시 가해학생과 동일 학교에 배정되지 않도록 조치, 피해학생을 위한 심리상담-의료지원-법률지원의 통합적 지원, 피해학생 선치료지원-후처리시스템을 마련한다.

가해학생에 대한 엄정한 조치 및 재활치료 지원 대책으로 가해자의 보복행위 등에 대한 엄정 조치(출석정지의 무제한)와 함께 전학 조치 시에는 피해학생 보호에 충분한 거리를 두어 전학 조치하도록 한다. 가해학생의 재활치료가 필요 시 재활프로그램을 필수 운영하며 학부모 동의 없이도 가해학생에 대한 심리치료를 추진할 수 있다. 또한 심각한 정서장애의 경우 병원과 연계하여 치료를 받게 하며, 특별 진로(직업)교육과 병행하여 가해학생이 자신의 꿈을 찾아 새로운 길을 모색하도록 지원한다. 이러한 지원기관으로는 Wee 스쿨이나 법무부 소속의 청소년비행센터를 적극 활용하도록 한다.

경찰청과 협조하여 '일진' 등의 학교폭력 서클에 대해 엄정 대응과 조치를 하며 117과 안전 Dream 포털을 연계하여 신고를 활성화한다. 학교폭력 예방교육 시 초등학교 3~4학년 시기에 '일진'의 문제점에 대해 집중적으로 교육하며 '일진' 경보제 도입으로 '일진' 존재 여부를 탐색하여 대응한다.

㉢ 또래활동 등 예방교육 확대

또래활동 등 예방교육 확대는 학교폭력이 발생하기 이전에 학교 내 갈등과 문제를 학생 스스로 해결하여 건전한 또래문화를 조성하는 데 있다. 그리하여 학교에서 체계적인 학교폭력 예방활동을 연중 실시함으로써 "사소한 괴롭힘도 폭력"이고 "학교폭력은 범죄"라는 인식을 확산시키는 데 있다.

첫째, 건전한 학교문화 형성을 위한 또래문화 지원은 여성가족부와 법무부의 협조로 모든 학교가 학생 스스로 갈등을 해결하는 또래상담, 또래중재, 학급총회, 학생자치법정 프로그램을 운영할 수 있도록 한다. 또한, 교과수업을 통해 학습한 것이 창의적 체험활동으로 연계하여 또래 프로그램이 운영되도록 교육과정에 반영하고 학생부 특기사항 및 에듀팟에 기록되도록 한다.

학생자치활동을 강화하여 학생 스스로 문제를 제기하고 해결하는 학교문화를 조성하는 학생자치법정 운영을 확대하며, 학교폭력 실태 등 학생과 밀접한 교육정책에 대해 자율적으로 의견을 개진하고 대안을 제시하는 학생모니터단을 중학생까지 확대 운영한다.

둘째, "사소한 괴롭힘도 폭력"임을 단계적으로 교육하는 차원에서 학교 실정에 맞는 학교폭력 예방교육을 연중 실시하되 학교교육과정 운영계획서에 반드시 포함하도록 하였다. 또한 게임이나 인터넷중독을 포함한 학교폭력 징후를 자연스럽게 선별하기 위해 모든 학생을 대상으로 정서·행동발달을 진단 선별하여 Wee 센터 등과 연계하여 심층평가 및 조치를 실시한다. 이 밖에 학교폭력 예방을 위한 학생 자료, 학부모, 교사 및 관리자용 매뉴얼을 개발 보급하며, 온라인 예방교육을 위해 동영상, 웹툰, 동요 등의 콘텐츠를 개발하여 '법사랑 사이버랜드'에 탑재하도록 한다.

인터넷 포털이나 SNS를 활용한 학교폭력 전문 사이버 상담 및 관련 정보를 제공하고 기존 온라인 상담을 활성화하는 학교폭력 사이버 상담을 지원한다.

㉣ 학부모교육 확대 및 학부모의 책무성 강화

학교폭력 예방, 자녀교육에 대해 학부모들이 제대로 된 가정교육을 실천할 수 있도록 학부모교육을 확대하며, 교사-학부모 간 소통 강화로 자녀에 대한 학부모의 책무성을 강화한다. 특히, 학교폭력 가해학생 학부모에 대해서는 자녀에 대한 이해 및 학교폭력 예방 관련 학부모 특별교육 이수를 의무화하도록 하였다. 나아가 학부모 교육기부 인력풀을 확보하여 학교폭력 예방을 위한 학교교육 참여를 강화한다. 학부모 교육정책 모니터단에 학교폭력 상담전문가 등을 위촉하여 학교폭력 근절을 위한 현장의견을 수렴하고 학부모교육, 컨설팅, 상담활동에 자원봉사자로 참여하도록 한다.

② 근본대책

㉠ 교육 전반의 인성교육 실천

유아의 누리과정에서부터 바른 생활습관을 체득하여 질서, 나눔, 배려, 협력 등의 바른 인성을 형성하여 초·중등 단계에서 학생생활규칙을 준수하게 한다. 특히 교사-학부모 협력을 통해 바른 생활의 역할모델을 제공할 수 있도록 부모 훈련프로그램 개발과 제공, 교사-부모 의사소통 창구를 마련한다.

또한 배움이 실천으로 연결되는 프로젝트형 인성교육을 실시할 수 있도록 국어, 도덕, 사회 교과의 인성 핵심 역량을 강화하는 교육과정으로 재구조화한다. 프로젝트형 인성교육은 바른 언어습관 및 의사소통 중심의 국어교육, 학교생활에서 발생할 수 있는 따돌림, 친구 간 갈등, 학교폭력, 학생의 권리와 의무 등의 문제해결 과정을 실천으로 체득하고 적용할 수 있도록 도덕, 사회 인성교과를 개발·적용한다. 나아가 인성교육 관련 교과 간 연계를 통해 융합형 인성교육을 실시하며, 스토리텔링 방식이나 융합형 프로젝트 수업이 가능한 사례·활동 중심의 인성교과서를 개발한다. 더불어 예술교육을 통한 인성교육을 확대하며, 독서교육 강화, 학교문화를 바꾸는 창의적 체험활동 운영, 특히 중학교에 있어서 또래중심 프로그램을 적용한 방과후 활동으로 인성 함양을 확대한다.

중학교 체육수업 시수 및 스포츠 활동을 대폭 확대하여 긍정적 사고와 자아존중감 그리고 집중력을 길러 바른 인성을 함양한다. 또한 교내 스포츠 활동을 확대하고 교육지원청 단위 스포츠 리그를 늘리며, 전국학교스포츠클럽대회를 학교 축제로 발전시킴으로써 스포츠와 인성교육을 접목하여 운영한다.

교사, 학생, 학부모가 충분한 협의과정을 거친 학교생활규칙을 정하고, 이를 준수하는 학교문화 정착을 통해 학생생활규칙이 실효성 있게 뿌리내리도록 지원한다. 또한 인성 관련 학생부 기재를 강화하여 대입 입학사정관 전형에서 타인 공감의 배려 인성을 갖춘 인재 선발이 되도록 개선한다. 또한 자기주도학습전형에서 학생의 자기개발계획서와 교사의 추천서, 면접과정에서 인성 요소가 평가되도록 한다.

생활지도 등 인성교육을 잘하는 교원을 우대하는 방안을 포상 부문과 학습연구원 선발 인원 및 연구과제로 반영하며, 수석교사 선발 시에 생활지도 역량으로 반영, 자격연수 과정에 생활지도와 상담과목의 비중을 확대한다.

나아가 시·도교육청 평가에 있어서 인성교육 실천 및 학교폭력 근절 노력 정도의 비중을 확대한다.

㉡ 가정과 사회의 역할 강화

가정과 사회의 역할을 강화하는 실천과제에 있어서는 가정과 사회의 교육적 기능 회복, 가정과 사회의 참여 확대를 위한 홍보 및 캠페인을 추진한다. 세부 내용으로는 범부처 협력으로 '밥상머리교육 범국민 캠페인'을 추진하여 비행예방 효과를 기하며, 가족단위 교육프로그램 및 청소년 대상 지역사회 인성교육 프로그램을 확대, 가정·학교·사회가 함께하는 봉사활동을 확대한다. 또한 범부처 연계 협력 차원에서 문화체육관광부, 교육과학기술부, 법무부, 행정안전부, 여성가족부가 "학교폭력근절대책에 대한 홍보 총괄 및 캠페인·홍보 실시, 학교폭력 추방 캠페인, 범죄예방위원 활동, 인터넷중독 전문가 정책포럼, 가족자치 확산의 실천캠페인 전개 등"을 실시한다.

㉢ 게임·인터넷중독 등 유해 요인 대책

게임·인터넷중독 등 유해 요인 대책으로 "게임·인터넷중독 예방을 위한 제도 개선 추진, 게임·인터넷중독 예방교육 강화 및 치유활동 확대, 흡연·음주 치유 및 예방프로그램 활성화"를 기한다. 게임·인터넷중독 예방을 위한 제도 개선의 세부 내용으로는 셧다운제 강화로 과도한 게임 이용을 제한하고, 비교육적 게임물에 대한 심의제도를 강화하며, 게임산업계의 게임중독에 대한 사회적 책임을 강화, 게임물 아이템에 대한 규제 강화, 경찰청과 PC방 합동 단속 강화, 게임중독 예방제도 시행, 폭력을 조장하고 음란·명예훼손 등과 같은 불법·유해정보에 대한 심의를 강화, 그린인터넷인증제 도입을 제시하였다. 게임·인터넷중독 예방교육 강화 및 치유활동 확대를 위한 세부 내용으로는 주요 시기별로 단계적 게임·인터넷중독 예방교육 확대, 게임·인터넷중독 예방을 위한 '학생생활지도 요령' 마련, 학교 및 Wee 센터 등과 연계한 게임 과몰입 예방사업 추진, 인터넷윤리 교육 강화 및 홍보, 게임·인터넷중독 상담·치료지원 확대가 주요 방안이다. 흡연·음주 치유 및 예방 프로그램 활성화 내용으로는 초등학교에서부터 흡연・음주 예방교육의 의무화, 흡연・음주 교육프로그램 운영, 금연구역 확대 등을 주 내용으로 추진된다.

학교폭력근절종합대책 요약

●●● 사소한 괴롭힘도 범죄라는 인식하에 절저히 대응하는 〈직접대책〉

1. 학교장과 교사의 역할 및 책임을 강화 : 가해학생에 대한 즉시 출석정지 기능 및 제한 기간 해제, 학교폭력자치위원회 정례화(분기별 1회) 및 조치사항을 학교생활기록부에 기재(졸업 후 5년까지 기록 보존), 중학교 Wee 클래스 구축 및 전문상담인력 확대, 학교에서 학교폭력 사안 은폐 시 4대 비위(금품수수, 성적조작, 성폭력범죄, 신체적 폭력) 수준에서 징계, 복수담임제도를 도입으로 밀착 생활지도 등
2. 신고-조사체계를 개선 및 가・피해학생에 대한 조치를 강화 : 학교폭력 신고는 117로 통합 일원화, 학교폭력실태 전수조사 실시 및 정보공시 항목화로 학교의 적극적 개입, 가해학생 전학 조치 가능 및 특별교육・심리치료 의무화, 가해학생 '특별교육' 조치 시 학부모 교육 의무화(위반 시 과태료 300만 원 이하), 피해학생 선치료 후 가해학생에게 후 청구 가능
3. 또래활동 등 예방교육 확대 : 또래상담・중재・조정 프로그램, 자치법정 운영으로 학생 간 자율적인 갈등 해결과 학생이 주인이 되는 학교 풍토 조성, 연 1회 모든 학생 대상 정서・행동발달 선별검사 실시 후 고위험학생 치료, 사이버 상담 강화(네이버 지식iN 상담, '굿바이 학교폭력' 스마트폰 앱 상담 가능)
4. 학부모교육 확대 및 학부모의 책무성 강화 : 학부모들에게 자녀 이해교육 제공의 인프라 구축, 일과후 연 1회 이상 학교설명회 개최 및 교사와 상담(이메일 등)으로 학교와 소통 강화, 법률・의학・복지・상담・안전지도 등 '학부모 교육기부형 인력폴', 확보와 '학부모-부적응 학생' 1:1 결연 통한 상담 자원봉사로 학교참여 활성화

●●● '학교-가정-사회'가 함께 인성교육을 실천하는 〈근본대책〉

5. 교육과정 전반에 걸처 인성교육 강조 : 누리과정(3~5세)부터 질서・나눔・배려・협력・존중 등을 철저 지도, 정규교과 내 공감・소통・갈등해결 내용을 강화, 지식보다 사례중심의 학습으로 개편(바른 언어습관과 소통능력 향상의 국어교과, 학생의 권리와 의무 등의 도덕・사회교과, 규칙 준수의 중요성 학습의 융합교과(체육+도덕+사회), 생활기록부에 행심 인성요소를 구체적인 사례중심으로 기록, 상급학교 진학 시 창의성과 함께 인성 고려(입학사정관 전형과 자기주도학습 전형), 인성교육 잘하는 교원 우대(포상, 수석교사 및 학습연구년 교사 선발 등), 학생・교사・학부모가 함께 학생생활협약 제정과 규칙 준수의 책무성 증진, 체육・예술・독서 교육지원 강화(학교스포츠클럽 및 예술・독서 사업)
6. 가정과 사회의 역할 강화 : 밥상머리 교육 캠페인 실시, 가정의 교육기능 회복, 민관협력체제 강화 및 모두가 적극적으로 나서는 교육사회 동참, 수련시설 강화
7. 정신건강 유해 유소로부터 학생 보호 : 게임・인터넷중독으로부터 정신건강 지키는 쿨링오프제 도입, 음란・폭력・교육 등 게임물등급분류기준 강화, 게임중독 치료를 위한 게임산업계 자금 출연 확대, 게임중독자 종합실태조사 및 실시 후 선별・단계별 치유 프로그램 도입, 찾아가는 게임문화교실 운영

학교폭력근절대책의 추진체계는 범정부·지역 추진체계로 구성·운영되며, 민간 전문가 참여 확대와 국무총리실 소속위원회로 격상되어 정책 수립과 집행, 점검이 내실있게 추진된다. 또한 광역단위와 기초단위의 추진체계를 정비하고 청소년폭력예방재단의 학교폭력SOS지원단이나 학교폭력피해자가족협의회 등 학교폭력 예방 및 상담활동을 지원한다. 더불어 종교계 등의 유관 민간단체와의 연계·협력 강화를 통해 청소년 문화체험 프로그램 운영 및 인성교육 현장교실과 예절교육 활동을 지원한다.

2) 여성가족부 정책

학교폭력을 예방하기 위한 여성가족부에서 추진하는 정책은 청소년 복지대책으로서 CYS-Net(지역사회청소년통합지원체제), 청소년 보호대책으로서 청소년 유해환경 감시단 운영과 청소년 인터넷중독 예방 및 해소 대책이 있다.

(1) CYS-Net(지역사회청소년통합지원체제)[12)]

지역사회 청소년통합지원체계(CYS-Net; Community Youth Safety Network, 이하 'CYS-Net'로 칭함)는 지역사회 시민 및 청소년 관련 기관, 단체들이 위기상황에 빠진 청소년을 발견·구조·치료하는 데 참여하여 건강한 민주시민으로 성장하도록 지원하기 위해 협력하는 연계망(Network)이다. 'CYS-Net'의 추진 배경은 위기청소년의 수는 증가하나 지역사회의 지원체계는 취약한 현실에서 위기청소년[13)]을 방치 시 사회적 비용이 기하급수적으로 증가할 수 있다는 우려에서 비롯되었다. 또한 당시 개별적이고 파편화되었던 위기청소년 지원 서비스를 통합하여 맞춤형·원스톱 연계 서비스 강화 체제를 구축할 필요가 있었다.

12) 본 절의 내용은 청소년 복지사업의 하나로 "여성가족부(2012)의 2012년도 청소년사업 안내, 중앙기획. pp.253-293."를 근거로 서술함.

13) 위기청소년(Youth at Risk) : 경제 여건 또는 가정환경이 열악하고 학업활동을 정상적으로 하지 못하거나 질병을 치료받지 못하는 등 조화로운 성장과 정상적인 생활에 필요한 여건을 갖추지 못한 청소년을 말함.

'CYS-Net'의 사업목적은 지역사회 내 청소년 관련 자원을 연계하여 학업중단, 가출, 인터넷중독 등 위기 청소년에 대한 상담·보호·교육·자립 등 맞춤형 서비스를 제공하여 가정·사회로의 복귀를 지원하는 데 있으며, 청소년의 사회안전망 구축에 목표를 두고 있다.

'CYS-Net'는 청소년기본법 제8조(국가 및 지방자치단체의 책임)와 청소년기본법 제46조(시·도의 청소년상담 및 긴급구조 등의 기관 설치), 청소년기본법 제46조의2(시·군·구의 청소년지원 등의 기관 설치), 청소년복지지원법 제9조에 법적 근거를 둔다.

'CYS-Net' 지원체계로서 운영기관은 시·도 및 시·군·구의 청소년상담지원센터이며, 학교·교육청, 경찰관서, 노동관서, 국·공립의료기관, 보건소, 청소년쉼터, 청소년지원시설을 필수연계기관으로 지정하여 연계·협력을 하는 체계를 그림 9-5 와 같이 갖추고 있다.

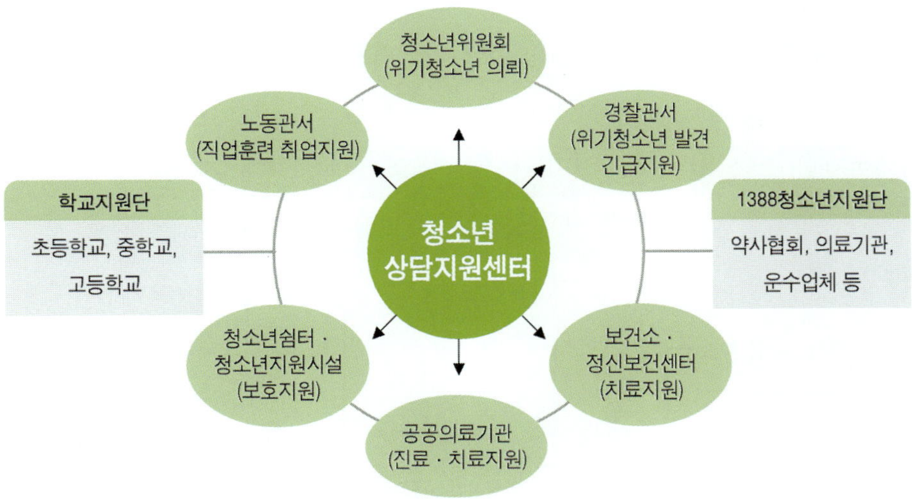

자료: 여성가족부(2012). 2012년도 청소년사업 안내, 중앙기획.

| 그림 9-5 | CYS-Net 지원체계

지원체계에서 운영협의회 및 실행위원회는 'CYS-Net'의 원활한 운영을 위하여 자치단체장 소속하에 자치단체의 청소년업무 담당관 등 13명 내외의 위원으로 운영협의회를 설치한다. 또한 필수 연계기관 간 실무적인 연계강화 및 기관 간 사례 공유 등을 위해 필수 연계기관 업무 담당자 및 관련 전문가 20인 이내로 실행위원회를 그림 9-6 과 같이 구성하여 운영한다.

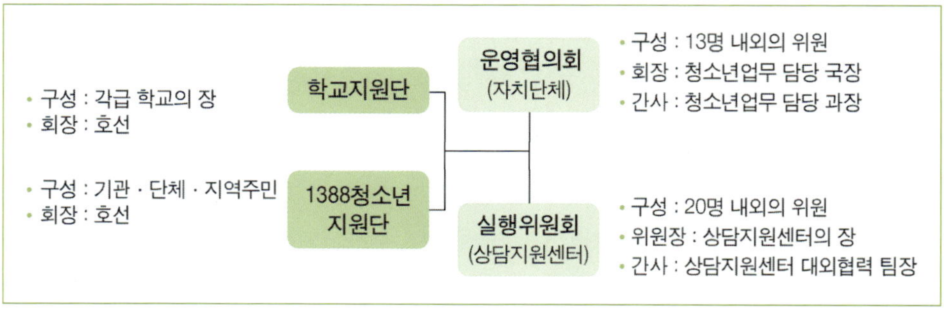

자료: 여성가족부(2012). 2012년도 청소년사업 안내, 중앙기획.

그림 9-6 지역사회청소년통합지원체계 운영협의회 및 실행위원회 체계도

또한, 'CYS-Net'의 위기청소년을 위한 상담지원체계는 다음 그림 9-7 과 같다.

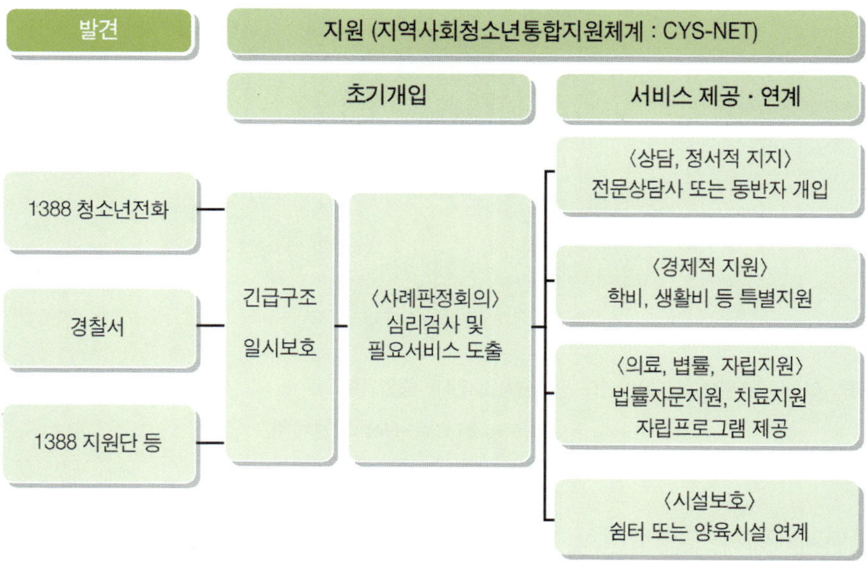

자료: 여성가족부(2012). 2012년도 청소년사업 안내, 중앙기획.

그림 9-7 위기청소년 상담지원체계도

'CYS-Net'의 사업추진 방향을 2011년 계획을 통해 보면 "위기청소년 사회안전망 발굴 · 협력체계 강화, 위기청소년 서비스 제공을 위한 인프라 확충, 'CYS-Net'을 위기청소년 학습 · 자립 중심기관으로 개편, 'CYS-Net' 서비스 개선"에 두고 있다.

세부적으로 보면, 첫째, 학교–지역사회 연계를 통한 체계적 발굴 시스템 구축으로 장기결석 · 학업 중단 청소년 정보를 학교(교육청)에서 'CYS-Net'으로 연계하여 지역사회에서 중단 없는 보호를 받을 수 있도록 지원한다. '학업 중단 숙려제' 확대 시행에 따른 학교(Wee 센터) 및 청소년상담지원센터의 연계 협력을 강화하고, 학업 중단 청소년에 대한 'CYS-Net' 연계지원 및 사례관리를 철저하게 한다.

둘째, 위기청소년 서비스 제공을 위한 인프라 확충으로 'CYS-Net'의 연차적 확대, 'CYS-Net' 운영인력의 역량 강화, 지역사회 'CYS-Net' 의무적 연계 · 협력체계(학교 · 교육청, 경찰관서, 노동관서, 국 · 공립병원, 보건소, 청소년쉼터) 활성화, 청소년 사이버상담센터 설치 · 운영으로 장애인, 은둔형 · 소외지역 청소년 등에 대한 서비스 및 'CYS-Net' 연계망을 통한 긴급구조(자살시도 등) 지원 등 위기개입 대응력을 강화하는 것이다.

셋째, 'CYS-Net'을 위기청소년 학습 · 자립 중심기관으로 개편하기 위해 학업 중단 청소년의 학업 복귀를 위한 지원사업(해밀) 운영을 전국 16개 시 · 도 중심으로 활성화(학습클리닉, 나내매 등)하며, 학업 중단 청소년의 학업 지속을 위한 해밀프로그램 운영 활성화, 자립지원 프로그램인 두드림존을 확대하여 위기청소년에게 자립교육을 제공한다.

넷째, 'CYS-Net' 서비스 개선으로 'CYS-Net', 청소년동반자, 자립지원사업(두드림존)을 연계 활성화한다. 또한 1388 무료전화에 따른 지역사회 청소년 인지도 제고를 위한 홍보 및 서비스 개선, 1388 전화수신 요원의 상담 역량강화를 위한 E-러닝시스템 상시학습 체제 구축, 1388 홈페이지를 통한 전화 민원 모니터링 강화, 'CYS-Net' 평가체계 개선으로 자발적인 개선노력을 기울일 수 있도록 동기를 부여한다.

'CYS-Net' 구축 및 운영과 관련한 필수 연계기관과의 협력이 중요하다. 필수연계기관으로는 시 · 도(지역)교육지원청 및 각급 학교, 경찰관서, 지방노동관서, 공공의료기관(국 · 공립병원), 보건소(정신보건센터), 청소년쉼터 및 청소년지원시설 등이다.

교육지원청으로서는 특별시·광역시·도 지역의 경우 시·도교육지원청을, 시·군·구 지역의 경우 지역 교육지원청을 연계하되, 관내에 지역 교육지원청이 없는 지역은 해당 지역을 관할하는 교육지원청과 연계하여 학업 중단 숙려제를 확대 추진한다. 노동관서에 있어서 특별시·광역시·도 지역의 경우 지방노동청 또는 지청과 연계하고, 시·군·구 지역의 경우 지청 또는 고용지원센터와 연계한다. 경찰관서로서 특별시·광역시·도 지역의 경우 지방경찰청과 연계하고, 시·군·구 지역의 경우 관할 경찰서와 연계한다. 국·공립병원의 경우 관할의 개념이 없고 자치단체별로 설치되어 있지 않으므로, 연계대상 기관이 배정되어 있는 경우 해당 기관과, 연계·배정되어 있지 않는 경우 유사민간기관으로 대체한다. 보건소 또는 정신보건센터의 경우 시·도는 시·도청 소재지 관할 보건소와 연계, 기초자치단체는 시·군·구청 관할 보건소와 연계한다.

청소년쉼터 및 청소년지원시설은 관내 또는 인근 지역의 단기 또는 중·장기 청소년쉼터를 필수연계기관으로 지정하여 위기청소년을 보호·지원한다.

'CYS-Net' 구축 및 운영에 있어서 각 기관의 역할을 보면 다음과 같다. 청소년상담지원센터는 지역사회청소년통합지원체계 운영기관으로서 위기 상황에 처한 청소년에 대한 상담 및 서비스를 제공하고 예방하기 위한 역할을 수행한다. 특히, 교육지원청·각급 학교, 경찰관서로부터 의뢰가 있는 경우에는 해당 청소년에 대하여 우선적으로 해당 서비스를 제공해야 한다. 시·도 및 지역 교육지원청은 학생생활지원단(Wee 센터)이 설치되지 않은 경우 관내 학생에 대한 상담이 필요할 때 상담지원센터로 상담·지원을 의뢰하며, 각급 학교에서는 해당 학교의 학생이 학교부적응 등의 사유로 5일 이상 장기결석하거나 자퇴를 희망하는 경우 자퇴 전에 상담지원센터로 상담 의뢰하여 자퇴숙려를 지원한다.

경찰관서에서는 관내 순찰 시 심야시간 등에 가출청소년으로 의심되는 청소년을 발견하였을 경우 가급적 현장에서 가정복귀할 수 있도록 유도하며, 가정복귀를 거부하고 거주가 불분명한 청소년은 지역별로 구성된 '가출청소년 발견·지원을 위한 비상연락망'을 참조하여 인근 지역 청소년 상담지원센터의 일시보호소 또는 청소년쉼터로 대상자를 인계한다. 청소년상담지원센터에서 긴급구조를 실시하다가 긴급구조요원이 폭력 등 위기 상황 노출이 우려되어 관내 경찰관서로 지원요청을 하는 경우 출동에 협조한다.

노동관서에서는 청소년상담지원센터에서 직업훈련이나 취업이 필요한 청소년을 의뢰하는 경우 저소득층 취업성공패키지, 직업능력개발 계좌제, 취업사관학교, 직장체험 등 청소년의 여건과 욕구에 맞는 프로그램에 참여할 수 있도록 지원한다.

공공의료기관 및 보건소(정신보건센터)의 경우는 청소년상담지원센터에 유입된 청소년 중 건강진단이나 신체적 질병 등으로 진료 및 치료 등이 필요한 경우 지원을 하되, 비용은 상담지원센터의 'CYS-Net' 사업비나 청소년특별지원 사업비 등으로 부담한다.

청소년쉼터 및 청소년지원시설은 청소년상담지원센터에 유입된 청소년 중 가정복귀가 어려운 청소년을 인계받아 일시, 단기 또는 중장기적인 시설보호 서비스를 제공한다.

지방자치단체는 지역사회청소년통합지원체계 구축의 주체로서 'CYS-Net'의 원활한 운영을 위해 필요한 자원을 제공하며, 필수연계기관 간 연계 활성화를 위해 행정 협력 등을 이끌어 내는 역할을 수행한다.

필수연계기관의 연계절차를 보면 대부분의 위기청소년은 주로 교육지원청, 각급 학교, 경찰관서에서 발견하여 청소년상담지원센터로 의뢰된다. 이때 의뢰 시에는 먼저 본인이나 보호자가 연계를 희망하는지 여부를 확인한 후에 「서비스 연계동의서」를 작성하여 청소년상담지원센터로 송부하되 만약 청소년이 연계를 희망하지 않는 경우에는 청소년전화 1388 및 청소년상담지원센터의 제공 서비스 등에 대해 안내한다.

교육지원청, 각급 학교, 경찰관서로부터 의뢰를 받은 청소년상담지원센터는 해당 청소년에 대하여 상담 등 서비스를 우선적으로 제공하며, 상담지원센터의 서비스 제공 범위를 벗어난 취업·의료·보호 등의 서비스가 필요한 경우에는 노동관서, 국·공립병원, 보건소, 청소년쉼터, 청소년지원시설 등 필수연계기관으로 서비스를 의뢰한다. 서비스 의뢰 시, 본인이나 보호자가 연계를 희망하는지 여부를 확인한 후에 「서비스 연계동의서」를 작성하여 연계기관으로 송부해야 한다. 2012년 현재 시·군·구별 전국의 상담지원센터 및 'CYS-Net' 구축 현황을 보면 표 9-1 과 같다.

| 표 9-1 | 2012년 시·군·구별 상담지원센터 및 CYS-Net 구축 현황

시·도명	청소년상담지원센터					CYS-Net 운영	
	센터 수				2012년 센터 신규 설치 (예정)지역	기존 사업지역	2012년 예정 (2011년 신규개소)
	2009년	2010년	2011년	2012년			
서울	13	17	20	21	구로	서대문·금천·노원·수서·목동·중랑·문래·성동·도봉·광진·강북·마포·서초·은평·동작·송파·강서	관악·용산·동대문
부산	5	5	5	6	사상구	영도·진구·금정·북구(부산상담지원센터)	
대구	1	1	1	1		달서구	
인천	2	6	6	6	남동구·중구	연수구·계양구·동구·부평구·서구·남구	
대전	2	1	1	1		서구	
울산	2	2	3	3		동구·북구	남구
광주	–	–	–	3	남구·북구 광산구	–	
경기	16	31	31	31		성남·안양·안산·고양·화성·의정부·광주·구리·오산·평택·포천·남양주·부천·용인·광명·군포·시흥·양평·하남·가평·과천·김포·동두천·수원·안성·양주·여주·연천·의왕·이천·파주	
강원	5	9	9	9		원주·강릉·영월·속초·철원·동해·태백·홍천·정선	

시 · 도명	청소년상담지원센터					CYS-Net 운영	
	센터 수				2012년 센터 신규 설치 (예정)지역	기존 사업지역	2012년 예정 (2011년 신규개소)
	2009년	2010년	2011년	2012년			
충북	3	4	12	12		제천 · 청주 · 충주 · 단양	청원 · 보은 · 옥천 · 영동 · 증평 · 진천 · 괴산 · 음성
충남	5	16	16	16		천안 · 공주 · 아산 · 보령 · 홍성 · 서산 · 부여 · 예산논산 · 계룡 · 금산 · 연기 · 서천 · 청양 · 태안 · 당진	
전북	2	14	14	14		임실 · 정읍 · 군산 · 익산 · 전주 · 남원 · 김제 · 완주 · 진안 · 무주 · 장수 · 순창 · 고창 · 부안	
전남	5	11	17	18	곡성	목포 · 여수 · 나주 · 해남 · 순천 · 광양 · 장흥 · 화순 · 영광 · 진도 · 완도	담양 · 고흥 · 보성 · 강진 · 영암 · 무안
경북	9	12	14	16	성주 · 예천	영주 · 구미 · 영천 · 포항 · 경산 · 문경경주 · 김천 · 울진 · 상주 · 청송 · (의성)	청도 · 칠곡
경남	12	20	20	20		창원 · 마산 · 진주 · 김해 · 양산 · 사천 · 거제 · 통영 · 진해 · 밀양 · 거창 · 고성 · 함안 · 창녕 · 합천 · 의령 · 남해 · 하동 · 산청 · 함양	
제주	1	1	1	1		서귀포	
총 개소수	81	150	170	180	10	150	20

※ 부산상담지원센터, 의성 CYS-Net 미운영.
자료: 여성가족부(2012). 2012년도 청소년사업 안내, 중앙기획.

(2) 청소년 보호대책

① 청소년유해환경감시단 운영 대책[14)]

청소년유해환경감시단(이하 '감시단')의 운영 목적은 초·중·고등학교의 교사·학부모, 시민단체(청소년단체 포함) 임·직원 및 회원 등 지역사회 내에서 청소년 보호에 관심을 가지고 활동 중인 단체를 감시단으로 지정하여 청소년의 선도·보호와 각종 청소년유해환경 정화를 위한 감시·고발활동을 수행할 수 있도록 지원하는 여성가족부의 청소년 보호대책의 하나이다.

감시단 운영의 법률적 근거는 청소년보호법 제5조 및 제43조에 근거하고 있으며, 감시단의 유형은 초·중·고등학교 학교감시단과 시민단체 감시단(청소년단체 감시단 포함)이 있다.

> **제5조 【국가와 지방자치단체의 책임】** ① 국가는 청소년보호를 위하여 청소년유해환경의 정화에 필요한 시책을 강구·시행하여야 하며, 지방자치단체는 해당 지역 안의 청소년유해환경으로부터 청소년보호를 위하여 필요한 노력을 하여야 한다.
> ② 국가 및 지방자치단체는 전자·통신기술 및 의약품 등의 발달에 따라 청소년을 보호하기 위하여 필요한 기술개발과 연구사업의 지원, 국가 간의 협력체제 구축 등 필요한 노력을 하여야 한다.
> ③ 국가 및 지방자치단체는 청소년관련단체 등 민간의 자율적인 유해환경 감시·고발활동을 장려하고 이에 필요한 지원을 할 수 있으며 이들의 건의사항에 대하여는 관련시책에 반영할 수 있다.
> ④ 국가 및 지방자치단체는 청소년을 보호하기 위하여 청소년유해환경을 규제함에 있어 그 의무를 충실히 수행하여야 한다.
>
> **제43조 【증표교부 등】** ① 여성가족부 장관은 청소년유해환경 정화활동을 수행하고 있는 민간의 감시·고발단체에 대하여 행정·재정상 지원을 할 수 있으며, 필요한 경우 업무수행의 효율을 기하기 위해 대통령령이 정하는 바에 의하여 청소년유해환경 감시활동을 하고 있음을 나타내는 증표를 교부할 수 있다.

14) 본 절의 내용은 청소년 보호사업의 하나로 "여성가족부(2012)의 2012년도 청소년사업 안내, 중앙기획. pp.553-582"를 근거로 서술함.

② 제1항의 규정에 의한 민간의 감시·고발단체에는 교사를 포함시킬 수 있다.
③ 제1항의 규정에 의한 민간의 감시·고발단체의 구체적인 종류와 명칭은 여성가족부령으로 정한다. *참조: 개정 청소년보호법(2011.9.15, 시행 2012.9.16)

초·중·고등학교 감시단의 운영 주체는 초·중·고등학교이며 학교교사, 학부모로 구성되어 청소년유해환경 감시·고발 및 청소년 보호활동을 하게 된다. 지정대상은 물론 청소년유해환경 감시·고발 및 청소년 보호활동을 수행하고자 하는 초·중·고등학교가 된다. 지정 절차는 희망하는 초·중·고등학교장이 감시단 운영기관 지정신청서를 지역교육장을 경유하여 시·군·구청장에게 제출·추천, 운영기관 적격심사 후 적격단체를 추천으로 시·도지사를 경유하여 여성가족부 장관에게 제출하면 여성가족부 장관이 감시단 운영기관 적격 여부 심사 및 지정 결정을 하게 된다.

시민단체 감시단(청소년단체 감시단 포함)의 운영주체는 청소년유해환경 감시·고발 및 청소년 보호활동을 수행코자 하는 시민단체 중앙조직 및 지방조직(지부, 지회)으로 시민단체의 임·직원 및 회원이 구성원으로 청소년유해환경 감시·고발 및 청소년 보호활동을 하게 된다.

지정대상 및 요건은 "시민단체는 신청일 현재 비영리법인 또는 비영리민간단체지원법에 따라 등록된 비영리민간단체일 것, 신청일 현재 기준으로 해당 지역 내에서 최근 1년 이상 청소년 관련 활동 실적이 있는 단체일 것, 단체 임원이 청소년유해업소에 종사하거나 관련협회에 회원으로 소속되어 있지 아니할 것, 청소년유해환경감시단 운영에 필요한 직원 및 사무실을 갖추고 있을 것, 감시단 운영기관 지정 후 철회된 경우 동 단체는 지정 대상에서 제외"한다.

지정절차는 시민단체 전국 단위 또는 지방 단위 조직 대표자가 감시단 운영기관 지정신청서를 사무소 소재지 관할 시·군·구청장에게 제출하면 시·군·구청장이 적격심사 후 적격단체인 경우 추천서를 작성하여 시·도지사를 경유, 여성가족부 장관에게 제출하면, 여성가족부 장관이 적격 여부 심사 및 지정을 시·도지사, 시·군·구청장을 경유하여 시민단체에 교부하게 된다.

감시단 지정 철회는 다음의 사유가 발생 시 이루어진다. ① 감시단 운영기관 스스로 지정 철회를 요청하는 경우, ② 감시단 운영기관(감시단원 포함)이 감시단 운영 및 유해환경 감시활동과 관련하여 법령을 위반하거나 사회적 물의를 일으킨 경우, ③ 감시단 지정 신청 시 제출한 각종 자료의 내용이 사실과 다른 것으로 확인된 경우, ④ 감시단 활동을 중단하여 2년 이상 실적을 제출하지 아니한 경우, ⑤ 감시단 활동 종합평가 결과 2년 연속 '하'로 평가된 경우, ⑥ 감시단 운영기관 사무소 소재지가 타 시 · 군 · 구로 변경된 경우, ⑦ 감시단 운영기관이 해산하거나 폐쇄된 경우, ⑧ 감시단 운영기관의 명칭, 정관, 운영규정 등 주요 변경사항이 감시단 활동을 수행하는 데 상당한 문제가 있다고 판단되는 경우이다.

철회 절차는 시 · 군 · 구청장이 지정 철회 사유를 확인하여 여성가족부 장관에게 철회 신청을 하면 여성가족부 장관이 지정 철회를 하게 된다. 단, 철회 사유 중 ②~⑧에 해당하는 경우에는 지자체 신청을 거치지 아니하고 여성가족부에서 확인 조사 후 직접 지정 철회 가능하다.

감시단원의 선정 및 해촉 주체는 감시단 운영기관으로 지정된 초 · 중 · 고등학교장, 시민단체 전국 단위 조직 또는 지방 단위 조직의 대표자이다. 선정요건은 청소년보호에 많은 관심과 사명감을 가진 19세 이상의 자로서 다음 기준에 적합한 자이다.

- 청소년 보호활동 수행에 관심과 의욕을 가진 학교 교사 · 학부모
- 지역사회 등에서 청소년보호를 위해 의욕적으로 활동하는 자
- 청소년 보호활동을 하고 있거나 희망하는 자로서 주위로부터 신뢰감이 두터운 자
- 청소년에 대한 전문지식, 청소년 지도 경험이 풍부한 청소년지도자, 전문가 등 다만, "신청일 현재 청소년보호법상 청소년유해업소에 종사하는 자 및 관련 협회에 회원으로 있는 자, 과거 청소년 대상 성범죄로 형이 확정된 경우 등 사회적으로 물의를 일으켜 청소년유해환경 감시활동에 적절하지 아니한 자"는 감시단원으로 선정할 수 없음

감시단 운영기관의 장은 감시단원에게 감시증을 발급할 수 있다. 교부절차는 감시단 활동 희망자가 감시단장에게 감시증 발급신청서를 제출하면 적격 여부 심사 및 감시증을 교부하게 된다. 감시증 유효기간은 2년이며, 감시단원이 다음 사유에 해당될 경우 감시단 운영기관의 장은 해당 감시단원을 해촉하고 감시증을 즉시 회수, 폐기 조치한다.

- 본인이 감시단원 자격 해제를 원하는 경우
- 감시증을 이용하여 법령 위반 및 개인적인 이익을 취하는 등 사회적 물의를 일으킨 경우
- 감시단원으로서의 품위를 심히 손상시킨 경우 및 활동실적이 매우 부진한 경우(최근 1년 이상 활동실적이 없는 경우 등)
- 감시단원이 소속기관을 변경하거나 회원에서 탈퇴하는 경우
- 감시단원 선정요건에 부합하지 않는 것으로 확인된 경우

감시단원의 주요 활동은 "청소년보호법 위반행위에 대한 감시 및 신고·고발 활동(위반행위 적발 시 사진, 동영상 촬영 등 증거를 확보 관계기관에 신고·고발), 청소년의 보호·선도 및 건전생활의 지도, 청소년유해환경 정화를 위한 업주·지역주민 등 대국민 계도활동, 청소년유해매체물의 모니터링 및 제도개선 사항 관계기관 시정 건의, 워크숍 개최, 캠페인 전개, 유해환경 교육 및 홍보 등 청소년 보호를 위한 유해환경 정화활동, 아동 안전 및 보호활동(학교 및 놀이터 주변 아동 안전사고 및 실종예방을 위한 감시활동 등)"이다.

또한 감시단원의 준수사항은 "감시증의 타인 양도 또는 대여금지, 감시증의 목적 외 사용금지(청소년유해환경 감시단원은 개인이나 소속단체의 이익을 취할 목적으로 감시증 사용 불가), 주소지 변경 등 보고"이다.

감시단은 감시단의 결속력 및 유대감 강화와 정보교류 확대, 감시단 활동에 대한 대외적인 공신력 향상을 목적으로 지역 네트워크를 구성할 수 있다. 사업은 지방자치단체의 청소년유해업소 점검·단속 참여, 합동 홍보 및 선도·계도 캠페인 등 기획·실시이다.

감시단원의 활동 관리로서 관리주체인 감시단 운영기관의 장은 감시단 활동일지 비치·관리, 감시단원의 세부 활동지침 및 역량강화 대책 등 자체적으로 수립, 감시단원에 대한 수시 또는 지속적 교육 등의 방법으로 관리한다.

감시단의 활동에 대한 지도·감독의 주체는 시·군·구청장으로 감시단 역량강화 대책 강구(시·도지사는 관내 감시단(원)의 역량강화를 위한 세부시행계획 수립, 시·군·구청장은 관내 감시단의 지도 감독 및 복무기강 확립, 감시단에 대한 지속적 관심 제고 및 사업지원 등), 연 2회 추진실적을 제출받아 여성가족부에 제출, 연 1회 활동실적 평가 제출(시·군·구청장은 연도별 감시단 활동 추진 실적을 종합 평가한 후 하반기 활동실적 보고서와 함께 시·도를 경유 여성가족부에 제출)하게 된다.

② 청소년 인터넷중독 예방 및 해소 대책[15)]

청소년 인터넷중독 예방 및 해소·지원정책의 목표와 추진방향은 청소년 인터넷중독의 예방·해소를 위한 선제적·체계적 대응 강화, 인터넷중독 위험 단계별 예방교육·상담·치료재활 등 맞춤형 종합적 서비스 지원, 지역중심의 다양한 정책자원의 협력 공유를 통한 체계화된 서비스를 제공하는 데 있다.

정책의 추진 근거는 청소년기본법 제8조(국가 및 지자체의 책임), 제51조(청소년 유익환경 조성), 제52조(유해환경의 규제), 청소년보호법 제4조(사회의 책임), 제5조(국가 및 지자체의 책임), 제23조의4(인터넷게임 중독 등의 피해 청소년 지원)에 있다.

정책 대상자는 만 19세 미만의 모든 청소년으로, 치료비 지원 등 일부 사업은 소득별 차등 지원이 되는데 저소득·취약계층인 기초수급자, 차상위계층, 한부모가정, 소년소녀가장 등은 청소년상담지원 센터장이 판단하여 대상자로 결정한다.

청소년 인터넷중독 예방 및 해소·지원 정책의 추진 전략 및 추진체계를 보면 그림 9-8 과 같다.

15) 본 절의 내용은 청소년 보호사업의 하나로 "여성가족부(2012)의 2012년도 청소년사업 안내, 중앙기획. pp.583-597."를 근거로 서술함.

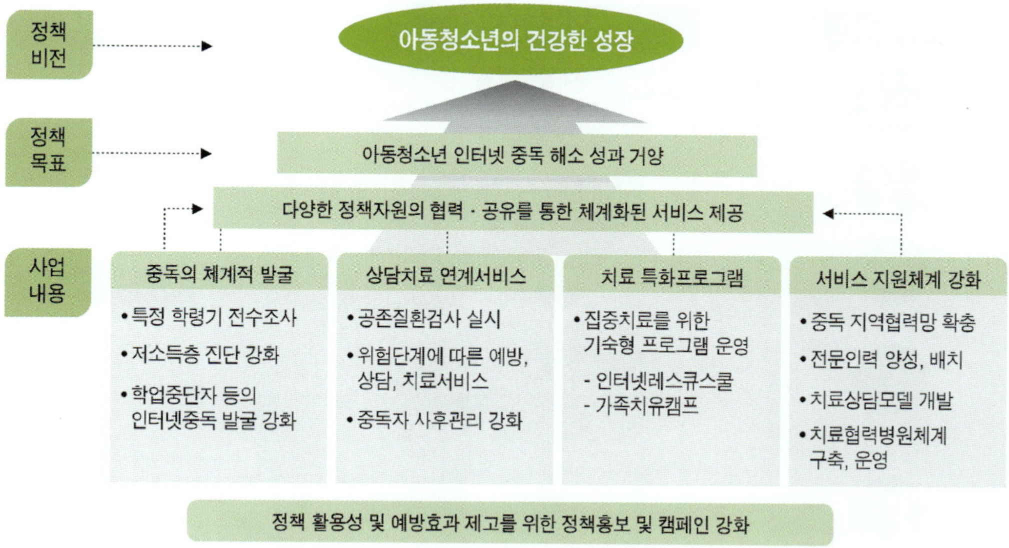

자료: 여성가족부(2012). 2012년도 청소년사업 안내, 중앙기획.

| 그림 9-8 | 청소년 인터넷중독 예방 및 해소 · 지원정책의 추진 전략

청소년 인터넷중독 예방 및 해소 · 지원 정책 관련 각 기관별 추진사업의 개요를 보면 그림 9-9 와 같다.

여성가족부 청소년매체환경과에서는 인터넷중독 예방 및 해소사업 운영을 총괄하고, 교육과학기술부 학교문화과는 인터넷중독 진단전수조사 실시를 총괄한다. 시 · 도(지역)교육청의 정보윤리 및 생활지도 담당부서에서는 학교 전수조사 진행 및 결과를 통보(전수조사 결과 통계를 시 · 도별 취합하여 여성가족부에 통보, 상담치료 대상자 명단은 지역교육청에서 시 · 도청소년상담지원센터에 송부)하며, 각급 학교에서는 학교 전수조사를 실시한다. 시 · 도(지자체) 청소년담당부서는 "지역 내 인터넷중독 사업 점검 관리, 지자체, 교육지원청, 상담지원센터, Wee 센터 정신보건센터, 건강가정지원센터 등이 참여하는 지역협력망 회의(분기별 1회 이상)를 개최한다.

한국청소년상담원에서는 청소년(상담)지원센터 사업 총괄(사업추진상황 관리 및 지원, 상담 · 치료 결과 취합 보고), 인터넷중독 전문인력 양성교육, 인터넷중독 관련 연구, 교육 · 상담교재 개발 등을 추진한다. 청소년상담지원센터는 인터넷중독 전수조사 후 사후조치로서 상담 및 병원치료 연계, 사후관리를 총괄하는 데

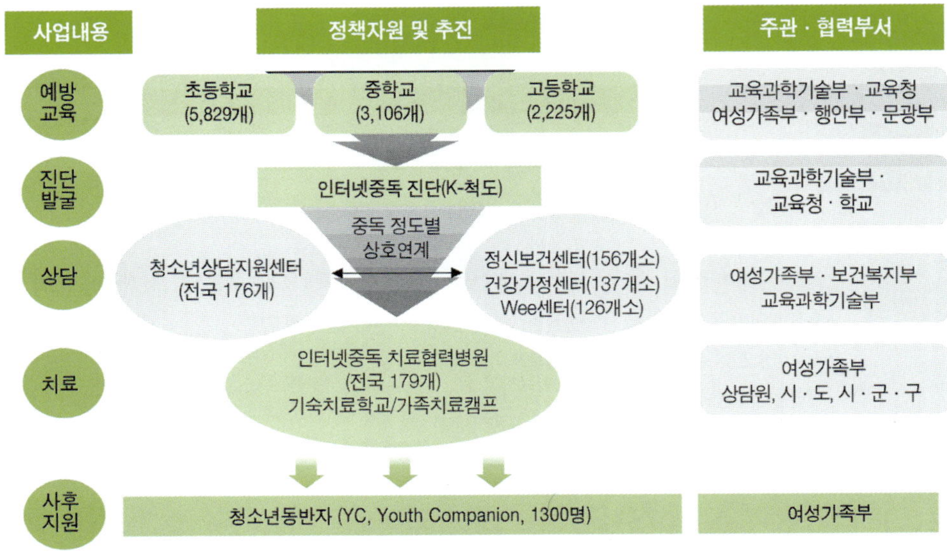

자료: 여성가족부(2012). 2012년도 청소년사업 안내, 중앙기획.

| 그림 9-9 | 청소년 인터넷중독 예방 및 해소 · 지원정책의 추진체계

시 · 도교육청으로부터 통보된 상담 · 치료대상자에 대해 공존질환 검사 실시, 병원치료 대상자 중 정밀검사 병원치료 의뢰, 인터넷 사용 위험사용자군을 상담(개인 및 집단)한다. 또한 정신보건센터 및 건강가정지원센터, Wee 센터 등과의 교육 · 상담 · 치료, 사후관리 등 협력을 위한 지역협력망 운영, 기숙치료학교(인터넷레스큐스쿨), 가족치유캠프와 같은 특화프로그램을 운영한다.

협력의료기관은 청소년상담지원센터로부터 의뢰받은 치료 대상자 치료 및 치료결과 상담센터에 통보 및 치료비 청구, 지역협력체 운영회의, 협력의료기관 워크숍에 참여한다.

인터넷중독 예방 및 해소 · 지원정책의 세부 기본방향 및 세부추진 내용을 보면 다음과 같다. 먼저, 세부 기본 방향은

- 한국청소년상담원 및 청소년상담(지원)센터를 사업 시행기관으로 운영, 시 · 도 청소년 담당부서에서 지역별 사업 추진상황을 점검 · 관리한다.

- 학교 전수조사 결과(초등 4년, 중등 1년, 고등 1년)에 따른 상담·치료를 우선으로 추진하되, 기존의 상담사업은 지속적으로 추진한다.
- 학교 전수조사 결과 상담·치료 등 사후조치 지원은 시·도 청소년 상담지원센터에서 통합 관리하며, 적시 사후 개입을 위해 '교육청-교사-학부모' 협조가 원활히 이루어지도록 협조 요청한다.
- 16개 시·도 상담지원센터에 학교 전수조사 및 사후조치 등을 담당할 상담 전문인력 인건비를 배정한다.
- 지역의 정신보건센터, 건강가정지원센터, Wee 센터 등 상담 유관기관 등과 긴밀한 업무협력체계를 구축한다.
- 인터넷중독 기숙치료프로그램(인터넷레스큐스쿨·가족치유캠프) 사업은 참가자 모집 및 사후관리 효과성 제고를 위해 16개 시·도 상담지원센터에서 사업 시행을 주관한다.
- 각 시·도별로 상담·치료연계, 사후관리 등 대응 단계별 세부 사업 실행계획을 수립하여 추진한다.
- 'CYS-Net' 체계 운영의 활성화 및 유관기관과의 연계 협조를 통한 레스큐스쿨 참여 청소년을 발굴·강화한다.
- 기관별 전년도 사업 규모 및 추진실적 성과를 반영, 사업비를 차등 배정한다.
- 치료비 지원 대상자 관리카드의 개인정보를 철저히 보호한다.

다음으로 세부 추진내용은

첫째, 청소년 인터넷중독 전수조사 실시로 중독의 체계적 발굴이다. 조사 실시의 목적은 인터넷 과다사용 청소년을 조기 발견하여 인터넷중독의 피해예방 및 적기 상담 및 치료지원, 인터넷 이용습관에 대한 청소년 스스로의 자기진단을 통해 인터넷(게임)중독의 위험성에 대한 인식을 제고하는 데 있다.

주관은 교육과학기술부(지역교육지원청 및 각급 학교)이며, 대상은 전국 초등학교 4학년, 중학교 1학년, 고등학교 1학년이다. 실시 시기는 매년 3~4월이며, 실시방법은 K척도에 의한 자기진단 및 부모(관찰자) 진단을 병행 실시한다. 실시결과는 지역교육지원청별로 상담·치료 대상자 명단을 시·도청소년센터에 통보 처리하며, 개인정보 보호를 위해 e-mail 등을 활용한 전달을 금지하며 출력물을 우편 송부한다.

※ 돌봄이 취약한 위기가정의 청소년(조손가정, 한부모가정 및 기타 부모 등)에 대해서는 담임교사 판단하에(보호자에 연락) 상담·치료 등 직접 동의 조치한다.

둘째, 상담·치료 서비스 지원이다. 상담 및 치료사업의 주관은 시·도 청소년 상담지원센터가 맡는다. 지역교육지원청에서 통보된 고위험군 및 기타 공존질환 보유 검사가 필요하다고 판단되는 청소년에 대해 1차 공존질환 검사를 실시한다. 학교에서 실시한 K척도 검사결과와 상담지원센터에서 실시한 1차 공존질환 검사결과 그리고 치료 관련 정보 등을 해당 청소년의 부모에 통보하여 상담·치료를 권유한다. 또한 상담 및 심리치료를 연계하여 전수조사 결과 주로 인터넷 문제만 보유한 청소년에 대하여 중독 정도 등을 고려하여 집단 및 개별 상담을 지원한다. 공존질환 보유 인터넷중독 고위험군 청소년 중 부모가 정신의료기관 및 상담기관과 연계치료에 동의한 청소년에 대하여 청소년상담지원센터에서 직접 심리상담치료 및 병원연계 치료를 지원한다. 종합심리검사(Full battery) 지원 및 병원치료 의뢰·치료비를 지원한다. 나아가, 개별 또는 집단상담 진행 시, 가족관계 개선 등 가족 개입이 필요한 대상자에 대한 가족관계 증진 프로그램을 지원하며, 동반자(YC), 청소년상담사 등을 활용한 사후관리를 실시한다.

셋째, 인터넷중독 해소 집중치료 프로그램으로 "인터넷레스큐스쿨"과 "가족치유캠프"를 운영한다. 주관은 한국청소년상담원과 시·도청소년상담지원센터이다. 중·고등학생 대상 기숙치료프로그램인 "인터넷레스큐스쿨"은 심리검사, 개인상담, 가족상담, 부모교육, 집단상담, 수련활동, 대안활동 등을 주요 프로그램으로 하고, 사후관리 프로그램으로는 매 차수별로 사후관리 계획 수립, 지역별·기수별 정기적인 청소년 및 부모모임 프로그램을 운영한다. 참여도 및 효과성 제고를 위해 사후관리 프로그램에 일정 부분 수혜자가 부담을 한다. 참가 대상자는 인터넷중독 고위험군 및 잠재위험군이며, 1회당 25명씩 11박 12일 일정으로 운영된다.

초등학생 대상 "가족치유캠프" 운영은 집단상담, 인지행동 치유프로그램, 아동·청소년 부모교육 프로그램(온라인 게임 이해, 가족상담 프로그램, 부모교육), 기타 숲치유 활동 등 대안프로그램을 주요 프로그램으로 한다. 입교 대상자는 인터넷중독 위험군 초등학생 및 부모 480가족으로 1회당 30가족씩 2박 3일 일정으로 운영되며 사후모임도 진행된다.

넷째, 집중치료프로그램 참가자 및 인터넷중독 문제로 의뢰되어 상담·치료를 받은 청소년에 대한 사후관리이다. 시·도 청소년지원센터가 주관하며, 사후관리기간은 최소 3개월로 청소년동반자(YC) 또는 멘토의 생활관리 및 상담을 주 내용으로 한다. 다양한 방법을 활용하고 있는데 주 1회 전화상담을 통해 사회적 응력 파악 후 정서적 지지, 수시 사이버 채팅, e-mail 등을 통한 사이버 상담, 사회적응력 강화를 통한 월 1회 면접상담, 고민상담 및 조언, 적극적 개입으로 정서적 지지체계 구성을 위한 수시 멘토링, 필요 시 스스로 극복의지 및 가정지지 방법 등 교육을 위한 자녀·부모교육을 실시한다.

다섯째, 지역협력망 운영으로, 주관은 시·도 청소년 담당부서이다. 협력망 구성은 지자체(시·도 청소년 담당부서)를 중심으로 청소년상담(지원)센터, 교육지원청, 각급 학교, 정신보건센터, 건강가정지원센터, Wee 센터, 협력의료기관, 학교사회복지사, 동반자 등이 참여하는 지역협의체 구성을 통해 이루어진다. 주요 기능은 지역 내 청소년 인터넷중독 예방해소사업에 대한 정기적 점검회의 개최, 기관별 협력방안 논의, 제도개선 등이다.

운영은 학교 인터넷중독 전수조사 결과 사후조치 방안 협의를 위한 지역협력망 회의를 분기 1회 이상 실시하되, 시·도 청소년 담당부서 주관하에 상담·치료 개입 전에 필수적으로 실시한다. 또한 기타 기관별 실무 협력방안 논의를 위한 협력망 회의는 시·도 청소년상담지원센터 주관으로 수시 개최한다. 정책 및 제도개선 사항이 있을 경우 즉시 여성가족부로 보고하여 현장 실정에 맞는 정책 추진이 가능하도록 조치한다.

여섯째, 인터넷중독 대응 전문 상담인력 양성 사업으로, 주관은 한국청소년상담원이 한다. 주요 사업내용은 인터넷중독 청소년을 상담·치료할 전문인력의 체계적 양성을 위해 상담 유관기관 실무자 등을 대상으로 교육 및 훈련을 실시한다. 교육과정은 인터넷중독의 이해, 상담기법, 상담실습 등이 주 내용이며, 신규 및 심화과정으로 나눈다. 교육대상은 전국 청소년지원센터 · 쉼터 실무자, 청소년상담사, 청소년동반자, 정신보건센터 및 건강가정지원센터 종사자, 기타 청소년 관련단체 종사자집단상담 · 예방교육 강사 등이다.

3) 단위학교

모든 단위학교에서는 학교폭력 예방 및 대책에 관한 법률에 따라 학교 내에 학교폭력대책자치위원회 규정을 만들어 학교폭력 예방에 대한 교육활동과 학교폭력 발생 사안에 대해 법령에 따라 대처하고 있다. 법령 안에서 학교 규정이 만들어지기 때문에 모든 학교들이 거의 비슷한 규정을 보이고 있다. 다음은 안산의 ○○고등학교 학교폭력대책자치위원회 규정을 제시하였다.

○○고등학교 학교폭력대책자치위원회 규정

제1조 【목적】 학교폭력의 예방과 대책에 관하여 필요한 사항을 규정함으로써 피해학생의 보호, 가해학생의 선도 · 교육 및 피해학생과 가해학생 간의 분쟁조정을 통하여 학생의 인권을 보호하고 학생을 건전한 사회구성원으로 육성함을 목적으로 한다.

제2조 【정의】 이 규정에서 사용하는 용어의 정의는 다음 각 호와 같다

1. "학교폭력"이라 함은 학교내외에서 학생 간에 발생한 폭행 · 협박 · 따돌림 등에 의하여 신체 · 정신 또는 재산상의 피해를 수반하는 행위로서 대통령이 정하는 행위를 말한다.
2. "학교"라 함은 초 · 중등교육법 제2조의 규정에 의한 초등학교 · 중학교 · 고등학교 · 특수학교 및 각종 학교와 동법 제61조의 규정에 따라 운영하는 학교를 말한다.
3. "가해학생"이라 함은 학교폭력을 행사하거나 그 행위의 가담한 학생을 말한다.
4. "피해학생"이라 함은 학교폭력으로 인하여 피해를 입은 학생을 말한다.

제3조 【학교폭력대책자치위원회의 설치 · 기능】 ① 학교폭력의 예방 및 대책에 관련된 사항을 심의하기 위하여 학교에 학교폭력자치위원회(이하 "자치위원회"라 한다)를 둔다.
② 자치위원회는 학교폭력의 예방 및 대책 등을 위하여 다음 각호의 사항을 심의한다.

1. 학교폭력의 예방 및 대책을 위한 학교의 체제 구축
2. 학교폭력 예방 프로그램의 구성 및 실시
3. 피해학생의 보호
4. 가해학생에 대한 선도 및 징계
5. 피해학생과 가해학생 간의 분쟁조정
6. 학교폭력 문제를 담당하는 책임교사 또는 학생회의 대표가 건의한 사항

제4조 【자치위원회의 운영】 ① 자치위원회의 사무를 처리하기 위하여 서기 1인을 두되, 자치위원회의 위원장이 소속 교직원 중에서 지명한다.

② 자치위원회 회의에 출석한 위원에 대하여는 예산의 범위 안에서 수당과 여비를 지급할 수도 있다. 다만, 공무원인 위원이 그 소관업무와 직접적으로 관련하여 회의에 출석하는 경우에는 그러하지 아니한다.

③ 자치위원회는 회의록을 작성・보존하여야 한다.

제5조 【자치위원회의 구성・소집】 ① 자치위원회는 위원장 1인을 포함하여 5인 이상 10인 이하의 위원으로 구성한다.

② 위원장은 위원 중 호선하며, 위원장이 유고로 직무를 수행할 수 없을 때에는 위원장이 지정하는 위원이 위원장의 직무를 대행한다.

③ 위원은 다음 각호의 1에 해당하는 자 중에서 당해 학교의 장이 위촉한다.

1. 학생 생활지도의 경력이 있는 자로서 10년 이상의 경력을 가진 교사
2. 초・중등교육법 제31조의 규정에 의한 학교운영위원회의 학부모 대표
3. 판사・검사 또는 변호사의 자격을 가진 자
4. 해당 학교의 구역을 관할하는 경찰서 소속 경찰공무원
5. 의사 및 청소년 보호에 지식과 경험을 가진 자

④ 학교의 장은 다음 각호의 1에 해당하는 경우에는 자치위원회를 소집하여야 한다.

1. 학교의 장이 학교폭력관련 사실에 관하여 자치위원회를 소집하여야 한다고 인정하는 경우
2. 자치위원회 재적위원 3분의 1 이상의 요청이 있는 경우

제6조 【자치위원회 위원의 임기】 자치위원회의 위원의 임기는 1년으로 하되, 연임할 수 있다. 다만, 자치위원회 위원의 사임 등으로 인하여 새로이 위촉되는 위원의 임기는 전임위원의 잔여임기로 한다.

제7조 【전문 상담교사 및 책임교사의 배치】 ① 학교의 장은 학교에 대통령령이 정하는 바에 따라 상담실을 설치하고, 초・중등교육법 제19조의 2의 규정에 따라 전문상담교사를 둔다.

② 전문상담교사는 학교의 장 및 자치위원회의 요구가 있는 때에는 학교폭력에 관련

된 피해학생 및 가해학생과의 상담결과를 보고하여야 한다.

③ 학교의 장은 교사 중에서 학교폭력문제를 담당하는 책임교사(이하 "책임교사"라 한다)를 선임하여야 한다.

④ 국·공립학교의 학교의 장은 교육감의 승인을 얻어 책임교사에게 적정한 수당을 지급할 수 있고, 사립학교의 장은 이사장의 승인을 얻어 책임교사에게 적정한 수당을 지급할 수 있다.

제8조 【학교폭력 예방교육】 ① 학교의 장은 학생의 육체적·정신적 보호와 학교폭력의 예방을 위한 교육을 학기별로 정기적으로 실시하여야 한다.

② 제1항의 규정에 의한 교육횟수·시간 및 강사 등은 학교 실정에 따라 학교의 장이 정한다.

③ 학급단위로 실시함을 원칙으로 하되, 학교 실정에 따라 전체 학생을 대상으로 한 장소에서 동시에 할 수도 있다.

④ 학교폭력예방교육 프로그램의 구성 및 그 운용 등을 전문단체 또는 전문가에 위탁할 수 있다.

⑤ 강의, 토론, 역할연기 등의 방법에 의하되, 다양한 자료나 프로그램 등을 활용하여야 한다.

제9조 【피해학생의 보호】 ① 자치위원회는 피해학생의 보호를 위하여 필요하다고 인정하는 때에는 피해학생에 대하여 다음 각호의 1에 해당하는 조치(수개의 조치를 병과하는 경우를 포함한다)를 취할 것을 학교의 장에게 요청할 수 있다.

1. 심리상담 및 조언
2. 일시 보호
3. 치료를 위한 요양
4. 학급 교체
5. 〈삭제〉
6. 그 밖의 피해학생의 보호를 위하여 필요한 조치

② 제1항의 규정에 의한 요청이 있는 때에는 학교의 장은 피해학생의 보호자의 동의를 얻어 당해 조치를 취할 수 있다.

③ 제1항 제2호 및 제3호의 규정에 의한 결석은 학교의 장이 인정하는 경우 이를 출석일수에 산입할 수 있다.

④ 학교의 장은 성적 등을 평가함에 있어서 제2항의 규정에 따른 조치로 인하여 학생에게 불이익을 주지 아니하도록 노력하여야 한다.

제9조의2 【장애학생의 보호】 ① 누구든지 장애 등을 이유로 장애학생에게 학교폭력을 행사하여서는 아니 된다.

② 자치위원회는 학교폭력으로 피해를 입은 장애학생의 보호를 위하여 장애인전문 상담가의 상담 또는 장애인전문 치료기관의 요양 조치를 학교의 장에게 요청할 수 있다.

③ 제2항에 따른 요청이 있는 때에는 학교의 장은 해당 조치를 하여야 한다.

제10조 【가해학생에 대한 조치】 ① 자치위원회는 피해학생의 보호와 가해학생의 선도·교육을 위하여 필요하다고 인정하는 때에는 가해학생에 대하여 다음 각호의 1에 해당하는 조치(수 개의 조치를 병과하는 경우를 포함한다)를 취할 것을 학교의 장에게 요청할 수 있다.

1. 피해학생에 대한 서면 사과
2. 피해학생에 대한 접촉 및 협박의 금지
3. 학급 교체
4. 전학
5. 학교에서의 봉사
6. 사회봉사
7. 학내 외 전문가에 의한 특별교육이수 또는 심리치료
8. 출석 정지
9. 퇴학 처분

② 자치위원회는 제1항의 규정에 의한 조치를 요청하기 전에 가해학생 및 보호자에게 의견진술의 기회를 부여하는 등 적정한 절차를 거쳐야 한다.

③ 제1항의 규정에 의한 요청이 있는 때에는 학교의 장은 당해 조치를 취하여야 한다.

④ 학교의 장이 제3항의 규정에 따라 조치를 취한 때에는 가해학생과 그 보호자에게 이를 통지하여야 한다.

⑤ 제1항 제8호의 규정에 의한 출석정지기간은 자치위원회 심의를 걸쳐 학교의 장이 정한다.

⑥ 학교의 장은 제1항의 규정에 의하여 출석정지된 학생에 대하여는 출석정지기간 중 가정학습에 대한 지원 등 교육상 필요한 초치를 하여야 한다.

제11조 【분쟁조정의 신청】 분쟁당사자는 당해 분쟁사건에 대한 조정권한이 있는 자치위원에게 다음 각호의 사항이 기재된 문서로 분쟁조정을 신청할 수 있다.

1. 분쟁조정 신청인의 주소 및 성명
2. 보호자가 있는 경우에는 그 주소 및 성명
3. 신청의 사유

제12조 【분쟁조정】 ① 자치위원회는 학교폭력과 관련하여 분쟁조정의 신청을 받은 때에는 그 신청을 받은 날부터 5일 이내에 분쟁조정을 개시하여야 한다.

② 제1항의 규정에 의한 분쟁의 조정기간은 1월을 넘지 못한다.

③ 학교폭력과 관련한 분쟁조정에는 다음 각호의 사항을 포함한다.

1. 피해학생과 가해학생 간 또는 그 보호자 간의 손해배상에 관련된 합의조정
2. 그 밖에 자치위원회가 필요하다고 인정하는 사항

④ 자치위원회는 분쟁조정을 위하여 필요하다고 인정하는 때에는 관계기관의 협조를 얻어 학교폭력과 관련한 사항을 조사할 수 있다.

⑤ 자치위원회가 분쟁조정을 하고자 할 때에는 이를 피해학생·가해학생 및 그 보호

자에게 통보하여야 한다.

⑥ 시·도교육청 관할 구역 안의 소속학교가 다른 학생 간에 분쟁이 있는 경우에는 교육감이 해당 학교의 자치위원회 위원장과의 협의를 거쳐 직접 분쟁을 조정한다. 이 경우 제2항 내지 제5항을 준용한다.

⑦ 관할구역을 달리하는 시·도교육청 소속 학교의 학생 간에 분쟁이 있는 경우에는 피해학생을 감독하는 교육감이 가해학생을 감독하는 교육감 및 관련 해당 학교의 자치위원회 위원장과의 협의를 거쳐 직접 분쟁을 조정한다. 이 경우 제2항 내지 제5항을 준용한다.

⑧ 제5항의 규정에 의한 통지를 받은 분쟁당사자가 불가피한 사유로 인하여 출석할 수 없는 경우에는 자치위원회에게 분쟁조정의 연기를 요청할 수 있다. 이 경우 자치위원회는 분쟁조정의 기일을 다시 정하여야 한다.

제13조 【분쟁조정의 거부 · 중지 및 종료】 ① 자치위원회는 다음 각호의 1에 해당하는 사유가 발생한 경우에는 분쟁조정의 개시를 거부하거나 분쟁조정을 중지할 수 있다.

1. 분쟁당사자의 일방이 분쟁조정을 거부한 경우
2. 분쟁당사자가 고소·고발을 하거나 민사상 소송을 제기한 경우
3. 분쟁조정의 신청내용이 허위임이 명백하거나 정당한 이유가 없다고 인정되는 경우

② 자치위원회는 다음 각호의 1에 해당하는 사유가 발생하는 경우에는 분쟁조정을 종료하여야 한다.

1. 분쟁당사자 간에 합의가 이루어지거나 자치위원회 또는 교육감이 제시한 조정안을 분쟁당사자가 수락하는 등 분쟁조정이 성립한 경우
2. 분쟁조정 개시일부터 1월을 경과하도록 분쟁조정이 성립하지 아니한 경우

③ 자치위원회는 제1항의 규정에 의하여 분쟁조정을 거부 또는 중지하거나 제2항 제2호의 규정에 의하여 분쟁조정이 종료된 경우에는 그 사유를 분쟁당사자에게 통보하여야 한다.

제14조 【분쟁조정의 결과처리】 ① 자치위원회는 분쟁조정이 성립된 때에는 다음 각호의 사항을 기재한 합의서를 작성하여 분쟁당사자에게 통보하여야 한다.

1. 분쟁당사자의 주소와 성명
2. 조정대상 분쟁의 내용
   가. 분쟁의 경위
   나. 조정의 쟁점(분쟁당사자의 의견을 기술한다)
3. 조정의 결과

② 제1항의 규정에 의한 합의서에는 자치위원회가 조정한 경우에는 분쟁당사자와 조정에 참가한 위원이 서명·날인하여야 한다.

③ 자치위원회의 위원장은 분쟁조정의 결과를 교육감에게 보고하여야 한다.

제15조 【학교의 장의 의무】 학교의 장은 교육감에게 제10조 내지 제12조의 규정에 의한 조치 및 결과를 보고하여야 한다.

제16조 【학교폭력의 신고 의무】 ① 학교폭력 현장을 보거나 그 사실을 알게 된 자는 학교 등 관계기관에 즉시 신고하여야 한다.

② 제1항의 규정에 의하여 신고를 받은 기관은 이를 가해학생 및 피해학생의 보호자 또는 소속 학교의 장에게 통보하여야 한다.

③ 누구라도 학교폭력의 예비·음모 등을 알게 된 자는 이를 학교의 장 또는 자치위원회에 고발할 수 있다. 다만, 교원이 이를 알게 되었을 경우에는 학교의 장에게 보고하여야 한다.

제17조 【비밀누설 금지 등】 ① 이 법의 규정에 의하여 학교폭력 예방 및 대책과 관련된 업무를 수행하거나 수행하였던 자는 그 직무로 인하여 알게 된 비밀 또는 피해학생 및 가해학생과 관련된 자료를 누설하여서는 아니 된다.

② 제9조 내지 제12조의 규정에 의한 자치위원회의 회의는 공개하지 아니한다.

제18조 【벌칙】 제16조 제1항의 규정을 위반한 자는 300만 원 이하의 벌금에 처한다.

부 칙

1. 본 규정은 2004년 10월 1일부터 시행한다.
2. 본 규정에 명시되지 않은 사항은 학교폭력대책자치위원회의 협의를 통해서 결정한다.

부 칙

1. 이 학칙은 2012년 4월 12일부터 시행한다.

일반적으로 학교에서 자치위원회 운영을 통한 학교폭력 사안처리 절차[16]는 다음과 같은 흐름에 따라 자치위원회가 개입하여 피해·가해학생에 대한 적정한 조치를 내리게 된다.

학교폭력대책 자치위원회의 전체 진행과정[17]은

① 개최 알림 : 진행자가 자치위원회 개회를 알린다.

② 자치위원회 개요 안내 : 자치위원회의 목적, 자치위원 소개, 회의진행 절차,

16) 교육과학기술부·법무부(2009). 굿바이! 학교폭력 - 학교폭력·성폭력 예방 및 대처 가이드북.
17) Ibid.

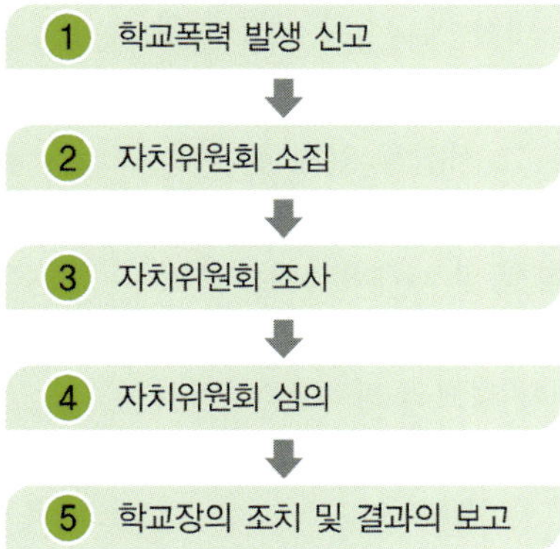

| 그림 9-10 | 학교폭력 사안 처리절차

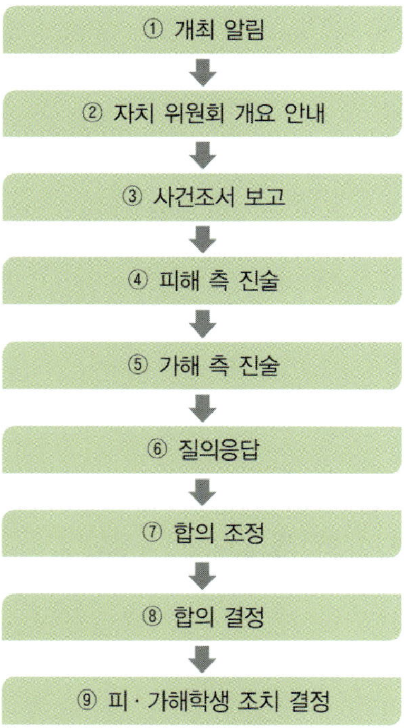

| 그림 9-11 |
학교폭력 자치위원회의 회의 진행과정

회의 시 주의사항을 전달한다.

③ 사건조서 보고 : 책임교사가 사건조사서를 보고한다.

④ 피해 측 진술 : 피해자 측에 진술시간을 준다. 먼저 사건을 진술하고 피해자 측의 입장을 말하도록 한다.

⑤ 가해 측 진술 : 가해자 측에 진술시간을 준다. 사건을 진술하고 가해 측의 입장을 말하도록 한다.

⑥ 질의응답 : 질의응답을 통해 참석자들이 사건을 중립적으로 볼 수 있도록 한다.

⑦ 합의 조정 : 치료비 등 합의금에 대해 합의 조정한다.

⑧ 합의 결정 : 피해·가해 측 퇴실 후 자치위원들끼리의 협의를 통해 피해자에 대한 보호조치와 가해자에 대한 선도조치의 내용과 수위를 결정한다.

⑨ 피·가해학생 조치 결정 : 합의 내용을 고려하되 조치는 반드시 하여야 한다.

이때 주의사항은 진술 시 사실관계에 대한 질문을 주로 한다. 객관적인 사실 여부에 대한 질문을 주로 하고 감정이 상할 수 있는 질문은 하지 않도록 하여야 한다. 특별히 피해자가 가해자와의 만남에 대한 불안 정도가 높을 경우 피해자는 참석하지 않고, 양측 학부모와 가해자 학생만 참석하도록 하는 것이 좋다.

양측이 회의 전까지는 별도의 공간에서 따로 기다리도록 하는 것이 좋다. 아직 감정이 상해 있는 경우 학생 또는 학부모 간 고성이 오가거나 폭행이 발생하여 사건이 더욱 복잡해질 수 있기 때문이다.

자치위원 및 진행자의 유의사항은 첫째, 감정적 표현 자제로, 양측이 서로의 감정을 자극하는 언행을 가급적 자제하도록 한다. 둘째, 중립적인 가치기준과 객관적인 태도로써 양측이 충분히 자신의 입장을 이야기하도록 진술의 기회를 제공하되 지나치게 자신만의 입장을 고집할 경우 중립자의 입장에서 현실적인 한계와 교육적인 입장을 알린다. 셋째, 진술방법에 있어서 진행자는 양측이 서로의 진술시간에 말을 끊고 중간에 개입하는 것을 제한하고 각자의 의견을 제안할 때는 손을 들어 진행자의 허락하에 말할 수 있도록 한다. 넷째, 학생의 학교적응에 초점을 두어야 하는데, 학부모의 감정적 요구보다 피해·가해학생 당사자의 학교적응에 초점을 맞추도록 설득한다. 사건의 진실을 밝히기 위해 철저한 사건조사 및 증거자료를 확보하도록 한다.

피해학생 측의 유의사항으로는 첫째, 피해 학부모는 자치위원회에 참석하는 경우 피해학생의 진술서, 주변인의 증언 및 진술서 등 사건과 관련된 증거자료를 준비한다. 둘째, 비록 감정적으로 불편하고 힘들어도 가해 측의 감정을 자극하고 인격을 모독하는 언행을 삼가는 것이 사건 해결에 도움이 된다. 셋째, 피해학생 보호 및 향후 학교적응을 위한 현실적이고 합리적인 조치사항을 미리 정리하고 피해 측 진술시간에 요구사항을 전달한다. 넷째, 가해학생에 대한 처벌 및 조치에 대해 감정적인 요구보다 가해학생이 진심으로 반성하고 향후 재발하지 않도록 하는 것에 초점을 두는 것이 좋다. 다섯째, 신체폭행으로 치료비의 문제가 있을 경우, 자치위원회 참석 이전에 미리 진단서를 준비하고 향후 진료에 대한 전문의의 소견서를 첨부하는 것이 좋다. 여섯째, 치료비는 진단서를 기준으로 기본적인 치료비를 요구하는 것이 좋다. 일곱째, 정신적 피해보상금은 객관적으로 증명할 수 있는 범위 내에서 가능하다. 정신적 피해에 대한 진단서는 2주 이상 정신과 병동에 격리되어 정신감별을 받아야만 가능하므로 정신감별보다는 심리진단서를 발급받는다. 피해학생의 정서적 어려움과 심리적 문제가 학교폭력으로 인한 것인지 여부가 객관적으로 증명되면 학교폭력으로 인한 직접적인 치료비를 요청할 수 있다.

가해학생 측의 유의사항으로는 첫째, 가해학생의 진심어린 사과가 문제해결에 가장 중요한 요소이므로 자치위원회를 통해 피해학생과 학부모에게 공식적으로 사과하도록 한다. 둘째, 피해학생에게 원인 제공의 문제를 들어 감정을 상하지 않도록 주의하고 가해행동은 어떠한 이유에서도 용납되지 않음을 인정하고 사과하도록 한다. 셋째, 피해학생이 병원에 입원해 있는 경우, 병문안을 통해 피해 측의 상한 감정을 위로하도록 한다. 넷째, 피해학생이 치료비를 요구하기 전에 치료비에 대한 언급을 먼저 하는 것이 상식적이며, 진단서를 기준으로 치료비를 지급하도록 한다. 다섯째, 자치위원회에서 합의된 치료비의 금액과 지급기간은 반드시 지키도록 한다. 여섯째, 사실에 근거하여 사건을 처리하고 가해학생이 자신의 잘못에 대해 책임지도록 지도하되, 부모로서 자녀의 잘못을 함께 책임지려는 모습을 보여 주는 것이 자녀의 도덕적 판단기준과 인성교육에 도움이 된다.

4) 경찰청의 「안전 Dream」 대책

경찰청은 해마다 증가하고 있는 학교폭력을 포함한 여성폭력 등 피해자에 대한 구조활동을 지원하기 위해 기존의 「182 실종아동찾기센터」와 「학교폭력 · 여성폭력 및 성매매피해자 지원 117센터」를 통합하여 「안전 Dream」 홈페이지를 운영하고 있다. 운영 관련 경찰청 조직으로 보면, 경찰청 생활안전국 소속의 여성청소년과 아동소년계에서 담당하고 있다.

연혁을 보면, 2004년 6월 「117 성매매 피해여성 긴급지원센터」를 개소하여 여성청소년과에서 운영하였으며, 2005년 2월 7일에는 학교 · 여성폭력으로 확대하였다. 2007년 7월에는 182 실종아동찾기센터와 117학교 · 여성폭력피해자 등 긴급지원센터를 통합한 「여성 · 아동 · 청소년 경찰지원센터」로 통합 · 개소하여 서울 한강대로 71길 37(갈월동) 소재 경찰인권센터 빌딩에서 활동하고 있다.

학교폭력 관련 주요 업무 및 서비스 내용을 보면, 전국에서 발생하는 학교폭력,

가정폭력, 성폭력 및 성매매 피해자 신고를 접수하여 즉시 긴급구조, 수사지시, 법률상담, One-Stop 또는 NGO 단체와 연계 업무를 하고 있다. 홈페이지 세부 기능으로는 온라인 신고기능, 휴대폰을 이용한 #0117 문자신고(MO)서비스, 스마트폰 사용자를 위한 무료 '안전 Dream 애플리케이션' 모바일웹/앱 서비스, 생활안전을 위한 위치정보 확인의 생활안전지도서비스 등이 있다.

경찰청「안전 Dream」대책은 사회적으로 점점 심각해져 가고 있는 학교폭력을 예방하기 위한 학교폭력에 관련된 구체적이고 사례 형식의 자료와 대책을 학생, 교원, 학부모들에게 제공하고 있다.

학교폭력의 유형에 대한 세부 사례로서 언어 · 심리적 유형에는 '누군가를 모욕하도록 다른 사람을 설득하는 것을 포함한 언어적 모욕, 별명 부르기, 험담하기, 빈정거리거나 조롱하는 것, 나쁜 소문 퍼뜨리기, 여러 학생이 한 명의 학생을 향해 반복적으로 하는 윙크도 포함한 위협적인 행동, 음란한 눈빛과 몸짓, 행동을 사진이나 동영상으로 찍어 수치심을 느끼게 하는 것, 카페나 학교 게시판에 협박하는 글을 올리는 것, 메일이나 모바일을 통한 반복적 협박 또는 비난 등의 사이버 폭력'이 있다. 신체 · 물리적 유형의 사례에는 '고의적으로 건드리거나 치는 등 시비 걸기, 때리기 및 폭행(다른 사람에게 누군가를 때리게 하는 것도 포함), 장난을 빙자해서 때리거나 힘껏 밀치기, 하고 싶지 않은 일을 강요하는 것, 물건이나 흉기 등을 이용해 상해를 입히는 것, 돌 던지기, 침 뱉기, 돈이나 물건 등을 감추거나 빼앗는 것 등'이 있다. 집단따돌림 유형의 사례에는 '고의적인 따돌림, 친구를 도우려는 행위를 막는 것, 소지품을 버리거나 감추기, 책상을 숨기는 것 등'을 포함하고 있다.

또한 가해학생에 대한 조치와 형사책임과 관련하여 가해학생은「학교폭력대책자치위원회」로부터 조치와 징계(서면사과, 피해학생에 대한 접촉 및 협박의 금지, 학급 교체, 전학, 학교에서의 봉사, 사회봉사, 학교 내외의 전문가에 의한 특별교육 이수 또는 심리치료, 10일 이내의 출석정지 및 퇴학처분 등)를 받았다 하더라도 형사처벌을 받을 수 있음을 제시하고 있다.

학교폭력의 가해학생은「형법」에 따라 상해죄, 폭행죄, 감금죄, 협박죄, 약취

(略取)·유인죄, 명예훼손죄·모욕죄 및 공갈죄 등으로 처벌받을 수 있다. 또한 단체나 다중의 위력으로써 또는 단체나 집단을 가장하여 위력을 보임으로써 폭행죄, 협박죄, 강요 및 공갈의 죄 등을 범한 자 또는 흉기, 그 밖의 위험한 물건을 휴대하여 그 죄를 범한 자는 폭력행위 등 처벌에 관한 법률에 따라 처벌을 받을 수 있다. 단, 가해자가 만 14세 미만의 초등학생이나 중학생이면 형사처벌을 받지는 않으나(형법 제9조), 소년법에 따른 보호처분 등을 받을 수 있다(소년법 제32조)

민·형사 책임과 관련하여 가해학생 및 그의 감독의무자로서 학부모의 책임을 명시하고 있다. 학교폭력 피해자는 가해자에 대해 형사처벌 외에 민사소송을 통해 치료비 및 위자료 등 손해배상을 청구할 수 있는데, 현실적으로 가해학생이 자력이 없기 때문에 피해자는 가해학생의 부모 등 친권자를 상대로 손해배상을 청구할 수 있다.

교사 및 학교 등의 책임과 관련하여 학교폭력이 발생했을 때 학교 및 교사는 학교 교육활동 및 이와 밀접하게 불가분의 관계에 있는 생활관계, 가해자와 피해자의 관계 및 사고가 학교생활에서 통상 발생할 수 있다고 하는 것이 예측되거나 또는 예측가능성이 있는 경우 등에 따라 보호·감독의무 위반에 대한 책임을 질 수 있다(민법 제755조 제2항). 이때, 학교는 감독의무를 해태(懈怠 = 태만)하지 않았음을 입증해야 한다(민법 제755조 제1항).

나아가, 학생 비행 단속 경험을 토대로 학교에서 특히 유념해야 할 학교폭력 예방 대책을 월별로 제시하고 있다.

첫째, 학교폭력이 가장 빈번하게 발생하는 장소는 교실이며, 시간은 쉬는 시간, 점심시간, 등하교시간, 청소시간, 자율학습시간으로 예방을 위한 사전 계획이 수립되어야 한다. 둘째, 월별로 3월 : 학교교칙 안내, 학교폭력추방에 대한 설명, 피해학생 신고전화 홍보, 피해 신고함 설치 등 생활지도 중점사항을 안내, 4, 5월 : 익숙한 교우관계와 따뜻한 날씨 등으로 불량서클 학생들에 의한 집단폭행이 증가하는 시기로 학교폭력피해 설문조사, 교우도 조사, 불량서클 조기감지 및 해체, 비행학생의 밀착지도, 개인 및 집단상담을 활성화, 6, 7, 8월 : 어느 정도 지친 학교생활로 해수욕장 등지에서 학생들의 교외폭력이 우려되는 시기로 건전한 성윤리 교육, 성폭력피해 예방지도, 음주흡연 및 약물오남용 예방 지도가 필요, 9, 10, 11월 : 행사가 많고 사이버 음란 폭력물로 인한 비행사건이 많으므로 사이버 폭력예방 및 대응방안에 대한 지도가 필요, 12, 1, 2월 : 학년을 마무리하는 시기로 중학교 성적산출 후, 대학입시 후 초6, 중3, 고3 학생들의 탈선이 많으므로 사이버상담 등을 통한 비행예방 대책이 필요하다.

학교폭력 예방 및 발생 시 대처요령을 학생, 교사, 학부모 입장에서 홍보 제시하고 있다.

먼저, 학생들에게는 '단순한 장난이라도 상대방은 괴로워할 수 있으며, 나도 다른 사람으로부터 괴롭힘을 당할 수 있다는 생각으로 방관자가 되어서는 안 된다는 점 인식, 폭력을 당한 것이 자신 때문이라는 생각을 갖지 말고 적극적으로 해결할 수 있다는 자신감 갖기, 부모와 교사, 또는 친구들과 자주 대화, 학교폭력 피해 시 신고할 수 있는 전화번호(117) 알아두기'를 예방법으로 제시하고 있다.

학교폭력 발생 시 대처요령으로는 '가해자와 주변의 목격자, 폭행도구, 폭행횟수 등 구체적 상황을 가능한 한 정확히 기억해 둠, 가해자에게 위축되거나 수치심과 자존심이 상해 혼자 해결하려는 것보다는 부모, 교사, 친구 등에게 알려 도움 받기, 특히, 아는 사람으로부터 지속적으로 폭력을 당하고 있는 경우에는 부모나 교사에게 바로 알려서 가해학생의 폭력원인을 찾아 해결하도록 하며, 모르는 사람으로부터 폭력을 당한 경우에는 혼자 해결하려고 하지 말고 주변의 지킴이집이나 경찰에 신고하여 다른 사람이 피해를 입지 않도록 한다. 또한 부모나 학교에 알리기 힘든 경우에는 각 시·군에서 운영하는 청소년지원센터 등 상담기관을 이용하여 도움을 받고, 신체적·정신적으로 이상을 느낄 때에는 즉시 의사의 진료를 받도록 한다.

둘째, 학교폭력 예방을 위해 교사는 '면담, e-mail, 편지, 전화 등을 통한 상담으로 학생 개인의 행동발달상황 및 교우관계를 파악, 학생들의 사소한 폭력 또는 장난이라도 약자 입장에서는 심각한 폭력이 될 수 있음을 교육, 폭력피해 우려자에 대해서는 동반자를 만들어 주고 등・하교 시에 가급적 큰길을 이용하되 필요할 경우 부모와의 동행을 권유, 누군가로부터 원치 않는 유혹을 받거나 폭력피해를 당할 때에는 자신감을 가지고 대화로 당당히 맞서되 어려울 경우 자리를 피한 후 반드시 선생님이나 부모 또는 친구 등에게 알리도록 지도 등'이 필요하다.

학교폭력 발생 시 교사의 대처요령은 '피해학생에 대한 위문, 학교담당경찰관과의 협의 등에 성의 있는 자세 갖기, 가・피해자 측과 대화 시 한쪽의 주장에 치우치지 않도록 언행을 조심하고 문제를 투명하게 처리해 오해가 생기지 않도록 함, 가해・피해학생은 각각 별도로 상담하되 반드시 기록, 증거가 될 만한 정보를 확보하되 가해・피해학생 신원 노출 금지, 가해자 선도교육를 위해 필요 시 가해자 부모와 협의하여 전문기관 등에 위탁'을 한다.

마지막으로, 학교폭력 예방을 위해 부모들은 자녀가 좋은 친구관계를 맺는 것이 학교폭력 예방의 지름길이라는 점을 확실히 지도, 자녀가 가급적 친구들과 함께 큰길로 등・하교하도록 하고 위협을 느낄 때는 등・하교 방법을 바꾸거나 필요할 경우 부모가 동행하도록 홍보, 필요 시 교사와 정보를 교환하고 컴퓨터 등의 정보통신매체를 올바르게 사용할 수 있도록 도와준다.

학교폭력 발생 시 피해자 부모의 대처요령으로 먼저 자녀의 마음을 안정시키고 필요 시 전문의와 상담, 담임교사를 만나 해결방안을 상의하고 항상 내 자녀도 가해자가 될 수 있음을 생각하도록 한다. 또한 가해자나 그 부모를 만날 때에는 가급적 학교에서 교사의 입회하에 원하는 사항을 가해자와 학교 측에 정확히 전달하도록 한다.

가해학생 부모에게는 피해학생 또는 그 부모에 대해서는 최대한 성의를 보이고, 자녀에게 피해학생의 상황을 객관적으로 알려주어 진심으로 사과하고 다시는 폭력을 행사하지 않을 것을 약속하게 하는 한편 재발 시 가중 처벌받음을 인식시킨다. 이때 학부모 가・피해자 측에서는 자녀교육 측면에서 대화로 해결하는 것이 가장 바람직함을 인식시키는 것이 중요하다.

Chapter 10

학교폭력 예방기관

1. 학교 및 교육행정기관

1) Wee 프로젝트

Wee 프로젝트는 교육과학기술부가 가족적 위기, 교육적 위기, 개인적 위기 등의 다양한 위기 상황에 놓여 있는 학생들을 지원하기 위하여 학교, 지역교육청, 지역사회와의 긴밀한 협력을 통해 종합적인 안전망을 구축, 운영하는 상담지원 시스템, 즉 다중의 통합지원 안전망인 학교안전통합시스템이다.

Wee = We(우리들) + education(교육), We(우리들) + emotion(감성)

Wee 프로젝트는 Wee 클래스(1차 기관 : 학교), Wee 센터(2차 기관 : 교육지원청), Wee 스쿨(3차 기관 : 시 · 도교육청) 차원의 3단계로 구성된 안전망 체계[1])이다. Wee 클래스는 단위 학교에서 학생들의 고민, 고충을 풀어내는 학생공감상담실로써 다양한 학교부적응 학생 및 징계대상자 학생을 위해 다양한 맞춤형 프로그램을

1) 교육과학기술부/한국교육개발원/대전광역시교육청(2011). 학교 상담(Wee 클래스), Wee 프로젝트 매뉴얼 1.

제공함으로써 학교 부적응 학생 조기 발견·예방 및 학교 적응력 향상을 돕는다. 또한 Wee 센터는 교육지원청 차원의 안전망으로써 학교에서 선도 및 치유가 어려워 학교에서 의뢰한 학생을 대상으로 임상심리사, 사회복지사, 전문상담사 등 전문인력이 함께 투입되어 진단-상담-치료의 서비스를 원스톱으로 제공한다. Wee 스쿨은 심각한 위기상황으로 장기적인 치유나 교육이 필요한 고위기군 학생을 학교나 Wee 센터에서 기숙형 장기위탁교육 서비스를 제공하는 것이다.

따라서 Wee 프로젝트는 단위학교와 교육청이 학생 공감 프로그램과 서비스를 통해 학습부진 치유와 위기학생 선도, 나아가 진로계발 잠재력 발현으로 전인적 성장을 도모하고자 한 통합시스템이다.

Wee 프로젝트 체계도를 보면 그림 10-1 과 같다.

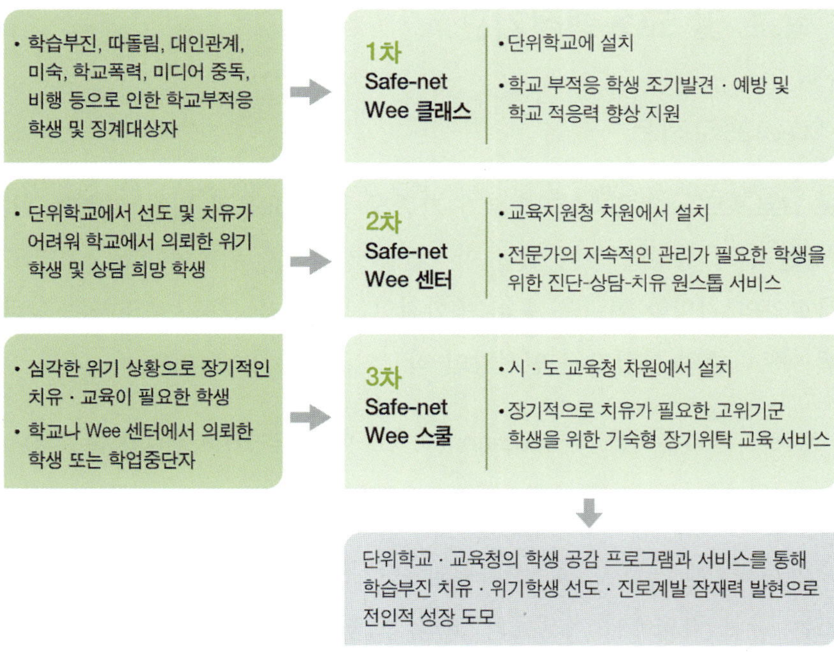

자료: 교육과학기술부/한국교육개발원/대전광역시교육청(2011).

| 그림 10-1 | Wee 프로젝트 체계도

Wee 프로젝트가 운영되어 온 과정[2]을 보면 2007년 12월 'Wee 프로젝트'에 대한 정책안이 도출되어 학교상담망 구축을 위한 정책연구학교 및 학교 내 대안교실과 '친한친구교실'이 운영되면서 시작되었다. 2008년 3월 대통령 공약사업 실행방안으로 학교안전관리통합시스템이 시범 운영되었고, Wee 프로젝트(통합시스템) 모형 개발을 위한 정책연구가 실시되었다. 그해 9월에는 '학교안전통합시스템 구축'이라는 사업 명칭 변경 및 생활공감 정책으로 사업내용이 확정됨으로써 전국 31개 시범교육청을 선정 운영 및 전국 530개 Wee 클래스를 개소하면서 본격화되었다. 2010년 9월 Wee 프로젝트연구특임센터가 조직 구성되고 개소되면서 활성화되었다.

2012년 현재 시 · 도별 전국 Wee 클래스, Wee 센터, Wee 스쿨 수를 보면 다음 표 10-1 과 같다. 이러한 기관들은 학생들이 Wee 클래스와 Wee 센터에서 자신의 고민과 문제를 해결하기 위해 도움을 청할 수 있도록 365일 24시간 연중무휴 운영되고 있다. 전화상담(1588-7179)이나 사이버 상담(www.wee.go.kr)을 통해 Wee 클래스 및 Wee 센터 위치 안내, 각종 심리검사 및 정보 제공을 받을 수도 있다.

표 10-1 시 · 도별 전국 Wee 클래스, Wee 센터, Wee 스쿨 수 현황

시·도	Wee 클래스 수	Wee 센터 수	Wee 스쿨 수	시·도	Wee 클래스 수	Wee 센터 수	Wee 스쿨 수
서울	209	16	–	강원	98	7	–
부산	295	5	–	충북	123	11	1
대구	132	5	–	충남	139	9	1
인천	147	7	1	전북	185	10	–
광주	82	3	1	전남	198	12	–
대전	214	4	–	경북	51	13	–
울산	156	3	–	경남	268	9	–
경기	346	18	–	제주	75	2	–
소계	1,581	61	2	합계	2,718	134	4

2) 한국교육개발원의 Wee 프로젝트(홈페이지)에 나타난 내용을 참고하였다.

시 · 도별 전국의 Wee 센터 설치 교육지원청 현황을 보면, 표 10-2 와 같다.

| 표 10-2 | 시 · 도별 전국의 Wee 센터 설치 교육지원청 현황[3)]

시 · 도	Wee 센터 설치 교육지원청	시 · 도	Wee 센터 설치 교육지원청
서울	동부, 서부, 남부, 북부, 중부, 강동, 강서, 강남, 동작, 성동, 성북	강원	춘천, 원주, 강릉, 속초양양, 횡성, 정선
부산	서부, 남부, 동래, 북부, 해운대	충북	청주, 충주, 제천, 청원, 옥천, 영동, 진천, 괴산증평, 음성
대구	동부, 서부, 남부, 달성	충남	천안, 공주, 보령, 아산, 사산, 논산계룡, 부여, 홍성, 당진
인천	본청(인천), 남부, 북부, 동부, 서부, 강화	전북	전주(덕진), 전주(완산), 군산, 익산, 정읍, 남원, 김제, 순창
광주	동부, 서부, 서부광산	전남	목포, 여수, 순천, 나주, 광양, 화순, 해남, 영암, 무안
대전	본청(대전), 동부, 서부	경북	포항, 경주, 김천, 안동, 구미, 영주, 상주, 문경, 경산
울산	강북, 강남, 교육과학연구원	경남	창원, 진주, 통영, 김해, 밀양, 거제, 함안, 양산, 거창
경기	수원, 성남, 부천, 안양과천, 안산, 용인, 평택, 화성오산, 광주하남, 이천, 고양, 구리남양주, 의정부	제주	제주, 서귀포

Wee 프로젝트 서비스 네트워크는 학교와 교육지원청, 시 · 도교육청을 포함한 교육 내부의 기관을 중심축으로 하여 보호기관, 복지기관, 청소년수련시설 및 청소년 관련기관, 문화기관, 보건의료기관, 청소년 상담기관, 법률자문기관, 공공기관, 자립자활기관과 재활봉사기관, 지역소재 대학과 연계 네트워크를 형성하여 학생들에게 서비스를 제공하고 있다.

3) 교육과학기술부/한국교육개발원(2012), 학교폭력 NO!! Wee 프로젝트 YES!! -학교폭력 이렇게 대처하세요-. p.16. 교육지원청별 세부 센터명 및 연락처 현황은 부록 참조.

Wee 프로젝트의 다양한 서비스 네트워크를 보면 그림 10-2 와 같다.

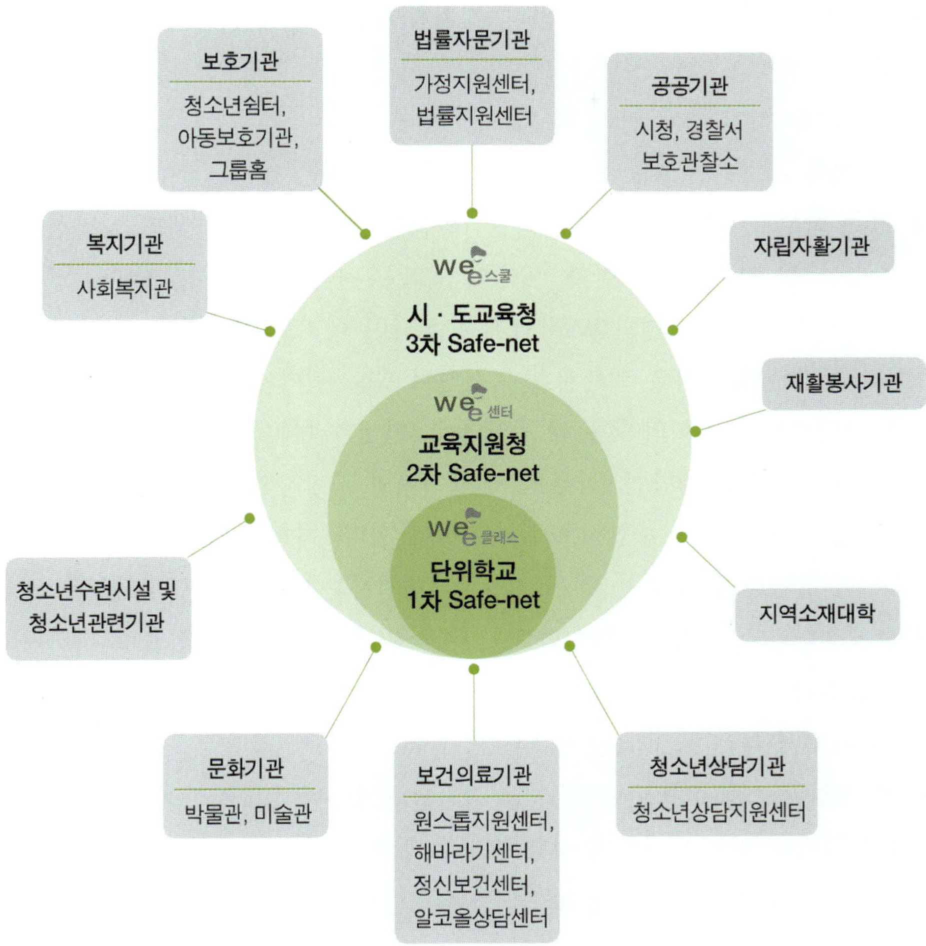

자료: 교육과학기술부/한국교육개발원/대전광역시교육청(2011).

| 그림 10-2 | Wee 프로젝트 서비스 네트워크

1차 개입 시스템인 학교의 Wee 클래스 상담의 절차 보면, 학생의 자발적 또는 학부모 · 교사의 의뢰에 의한 비자발적 상담이 있게 되면 상담신청서를 써서 접수면접을 하게 된다. 접수면접에서 얻어야 할 정보는 인적사항, 주 호소문제,

발달력, 교우 및 가족관계, 병력, 상담력, 문제의 심각성과 긴급성 여부, 내담자의 욕구 및 환경에 대한 정보 등이다. 상담방법 결정 후 상담이 이루어지며, 검사가 필요한 경우만 심리검사를 한다. 심리검사 결과에 대한 담임교사, 교과교사의 협조와 협력을 얻어 상담하고 종결보고서 작성을 통해 상담을 종결하게 된다. 이후 계속적인 추후 관리 및 지도를 한다.

2차 개입 시스템인 Wee 센터 상담의 절차를 보면, 1차와 같이 학생의 자발적 또는 학부모, 교사의 의뢰에 의한 비자발적 상담이 있게 되면 상담신청서를 작성한 후 접수면접을 한다. 이후에 SCT, 우울과 불안검사, MMPI 등 심리검사를 하게 되고, 그 결과 Wee 클래스 상담이 어려울 경우나 약물치료가 필요하다고 판단되는 경우 의뢰서를 작성하여 Wee 센터에 의뢰한다. 이때 학교상담 담당자는 사례회의를 통해 내담자를 연계기관에 의뢰해서 상담을 받을 수 있도록 조치하며, 담임, 학부모, 연계기관의 상담자와 유기적인 관계를 통해 사례를 지속적이고 종합적으로 관리해야 한다. 특히, 내담자를 연계기관에 의뢰해서 상담을 받게 하는 경우라도 사례책임자는 학교상담 담당자임을 명심하고 사례관리를 철저히 해야 한다. 연계기관의 상담 진행과정을 모니터링하고 상담결과 보고서도 요청하여 종결보고서를 작성하고 관리한다. 물론 추후 관리로서 계속적 지도가 요구된다.

3차 개입 시스템인 Wee 스쿨 상담 절차를 보면, 학생의 자발적 또는 학부모, 교사의 의뢰에 의한 비자발적 상담 요청이 있으면 접수면접을 하게 된다. 다음 단계로 SCT, 우울과 불안검사, MMPI 등 심리검사를 통한 사례회의를 하는데 긴급을 요하는 경우에는 Wee 스쿨에 바로 연결하여 종결할 수도 있다. 대부분의 경우 Wee 센터에서 상담 진행과정을 모니터링하면서 Wee 센터 상담담당자, 학부모와 협의를 통하여 Wee 스쿨과 연계한다.

Wee 스쿨에서는 전문적 개입과 학과 공부를 동시에 진행하는 것이 효과적인 경우에는 종결 관리한다. 긴급하여 Wee 클래스에서 바로 Wee 스쿨에 의뢰한 경우나 Wee 센터를 통해 Wee 스쿨에 의뢰한 경우 모두 계속적인 추후 지도를 할 필요가 있다.

가급적 Wee 클래스에서 Wee 스쿨로 바로 연계하는 것보다는 Wee 센터를 거쳐서 단계적으로 진행하는 것이 효과적이다. 또한 내담자가 가정의 지원을 받을 수 없거나, 가정에서 문제가 오히려 심각해진다고 판단되는 경우는 보호자와의 협의를 통해 가정형 Wee 센터로 연계할 수 있다.

Wee 프로젝트의 1, 2, 3차 개입 시스템별 절차를 보면 그림 10-3 과 같다.

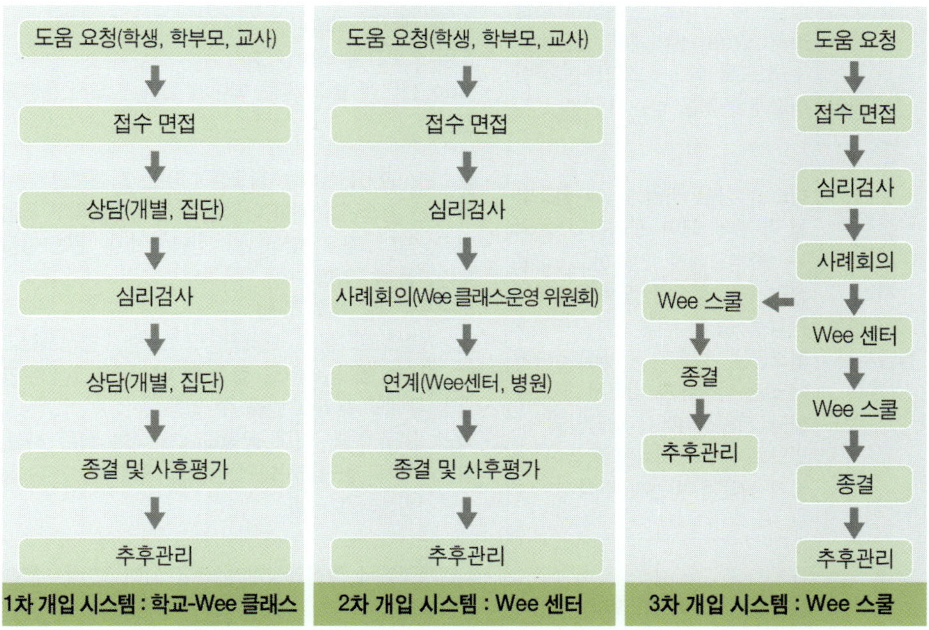

자료: 교육과학기술부/한국교육개발원/대전광역시교육청(2011), 통합 재구성함.

그림 10-3 Wee 프로젝트의 1, 2, 3차 개입 시스템별 절차

또한, 학교 부적응 및 위기관리 학생을 위한 Wee 프로젝트 서비스의 주요 학교 밖 네트워크인 "Wee 센터, 지역 청소년상담지원 센터, 정신보건센터, 신경정신과병원, 가족복지 기관 등"과의 협력 절차와 유의사항을 보면 표 10-3 과 같다.

| 표 10-3 | 학교 밖 네트워크

학교 밖 네트워크	절차	유의사항
Wee 센터	Wee 센터에 협조받을 부분에 대해 관리자와 논의 → 학부모에게 연락하고 상황 설명 → Wee 센터에 전화로 협조 부탁 → 수락 → 협조공문 발송 → 상담날짜가 나오면 학생에게 알려서 Wee 센터에서 상담받을 수 있도록 함 → 의뢰된 학생이 어떻게 돌봄을 받는지 추적	• Wee 센터는 상담 및 심리진단, 사회복지 서비스에 관한 도움을 동시에 받을 수 있음 • 상담전문가, 임상심리전문가, 사회복지사가 팀을 이루어 활동함 • 학업 중단 학생, 학교 상담교사가 하기 힘든 사례, 학생이 학교 상담교사와의 상담을 거부하는 경우 Wee 센터로 의뢰 • 집단 프로그램 의뢰 가능 • Wee 센터에 협조 공문 보내기 전에 반드시 통화할 것
지역 청소년 상담지원 센터	청소년 상담 지원센터에 협조받을 부분에 대해 관리자와 논의 → 학부모에게 연락하고 상황 설명 → 청소년상담지원센터에 전화로 협조 부탁 → 수락 → 협조공문 발송 → 상담날짜가 나오면 학생에게 알려서 청소년 상담 지원센터에서 상담받을 수 있도록 함 → 의뢰된 학생이 어떻게 돌봄을 받는지 추적	• 청소년상담지원센터는 학교를 다니는 학생뿐만 아니라 모든 청소년을 위한 다양한 사업이 진행되고 있음 • 위기상담의 경우 찾아가는 상담(청소년 동반자)을 지원받을 수 있음 • 집단프로그램 의뢰 가능 • 품성계발프로그램과 또래상담프로그램, 명상프로그램, 미술치료, 놀이치료 등의 다양한 프로그램 운영 • 졸업 후에도 서비스 받을 수 있음 • 학업 중단 학생, 학교 상담교사가 하기 힘든 사례, 학생이 학교 상담교사와의 상담을 거부하는 경우 청소년지원센터로 의뢰
정신보건 센터	정신보건센터에 협조받을 부분에 대해 관리자와 논의 → 학부모에게 연락하고 상황 설명 → 정신보건센터에 전화로 협조 부탁 → 수락 → 협조공문 발송 → 상담날짜가 나오면 학생에게 알려서 정신보건센터에서 상담받을 수 있도록 함 → 의뢰된 학생이 어떻게 돌봄을 받는지 추적	• 상담과정에서 정신과적인 문제가 있어 보이는 학생을 의뢰함 • 기초생활수급자나 차상위계층의 학생인 경우 많은 혜택을 볼 수 있으므로 그런 학생이 정신과적인 문제가 있을 때 의뢰하면 효과적임 • 정신보건센터는 각 지역 보건소의 한 부분으로 운영됨 • 정신보건센터에서는 진단에 대한 도움과 더불어 저소득층에 대한 진료비 지원의 서비스 혜택을 누릴 수 있음 • 정신보건센터에서 실시하는 각종 사업과 프로그램에 참여할 수 있음

학교 밖 네트워크	절차	유의사항
신경 정신과 병원	심리검사 결과 학생이 정신과적 이상소견을 보임 → 학부모에게 연락하고 상황 설명 → 병원에 가보도록 권유함	• 학부모가 병원을 소개해 달라고 하는 경우에는 병원명을 말하는 것은 광고가 될 수 있으므로 병원을 꼭 집어서 말하는 것은 지양함 • 학부모가 상담기록이 남는다거나 자신의 자녀는 괜찮다고 할 경우 상담교사는 학생의 상태를 학부모에게 설명했다는 부분과 혹시 학생의 정신과적인 부분으로 문제를 일으킬 경우 책임이 부모에게 있다고 서명하게 할 것
가족 복지기관	복지기관에 협조받을 부분에 대해 관리자와 논의 → 학부모에게 연락하고 상황 설명 → 복지기관에 전화로 협조 부탁 → 수락 → 협조공문 발송 → 상담날짜가 나오면 학생에게 알려서 복지기관에서 상담받을 수 있도록 함 → 의뢰된 학생이 어떻게 돌봄을 받는지 추적	• 지역사회에는 많은 복지기관들이 있음 • 수련관, 복지관, 쉼터 등 자신의 지역네트워크를 확인하고 무엇을 하는 곳인지 숙지할 필요 있음

자료: 교육과학기술부/한국교육개발원/대전광역시교육청(2011).

2) Wee 프로젝트에서의 학생 예방교육

교육과학기술부와 한국교육개발원의 학교폭력을 예방하기 위한 Wee 프로젝트 활동은 다양한 측면에서 이루어지고 있다. 학생들에게 학교폭력 예방을 위한 학교 안팎에서의 행동실천, 대처방법[4]을 제시해 주고 있다.

첫째, 학교 안에서 친구와의 관계에서 "평소 친구들의 의견을 경청하고 무시하지 않는 태도, 친구를 존중하며 친절하게 응대, 친구를 차별하지 않으며 소극적인 친구를 배려하는 자세, 친구와 말다툼이 있어도 한 번 더 생각하고 대화하는 습관 갖기, 고운말을 쓰며 상대방을 이해하려고 노력하기"를 실천한다. 또한

4) 교육과학기술부 & 한국교육개발원(2012), 학교폭력 NO!! Wee 프로젝트 YES!! –학교폭력 이렇게 대처하세요.

공동체 생활을 통해 편견 없이 친구를 대할 수 있도록 노력하며, 동아리 활동(운동·취미) 등을 친구들과 함께 하며 학교생활을 즐겁게 한다.

둘째, 학교 밖에서는 "너무 늦은 시간에 혼자 다니지 않으며, 낯선 사람이 있는 외진 곳에 혼자 가지 않는다. 외출할 때는 부모님께 가는 곳을 말씀 드린다. 긴급상황이 발생하면 도움의 수단이 될 수 있는 방법(호루라기, 휴대전화 긴급전화)을 준비하여 도움을 구한다. 폭력상황이 닥쳤을 때는 침착하게 자신의 의지를 상대에게 말한다. 또한 동일 피해가 반복될 때 혼자서 해결하려고 하지 말고 주저없이 선생님이나 경찰 등에 알려서 도움을 요청한다.

셋째, 평소에 학교폭력을 예방하기 위한 작은 실천으로 화를 참는 방법과 자기 주장 방법을 익힌다. 화를 참는 방법으로 "화날 때 눈감고 천천히 열까지 세기, 욕구불만이나 분노 그리고 부정적 감정을 말로 표현하기, 생각하고 나서 행동하기, 운동이나 취미활동을 통해 자신의 감정 다스리기"를 실천해 본다.

자기 주장 방법을 향상시키기 위해서는 "원하지 않을 때 '싫어'라고 분명하게 말하기, 자신의 감정(화, 분노, 슬픔)을 정확하게 상대방에게 전달하기, 상대방이 귀 기울여 듣지 않으면 어른에게 알리기, 상대방과 화해하거나 타협할 수 있는 방법 찾기" 등이다.

다른 한편, 교육과학기술부는 2012년 학교폭력근절종합대책 시 근본대책의 실천방안으로 제시한 '밥상머리교육 범국민 캠페인'을 전개하고 있다.

'밥상머리교육'은 가족이 모여(가족시간 확보), 함께 식사하면서(식사 공유), 대화를 통해(소통과 공감), 가족사랑과 인성을 키우는 시간(인성교육과 가족문화 형성)을 갖는 것이다. 이는 우리나라 사대부 집안의 '식시오관(食時五觀)' 밥상머리교육과 류성룡가(家)의 밥상머리 예절교육, 해외에서 유대인의 가족식사와 케네디家의 식사시간에서 사례를 들고 있다.

밥상머리교육의 효과를 '가족 간 대화를 통해 언어습득 및 언어구사력 발달, 음주와 흡연 등 부적응 행동 감소와 정서적 안정감 증가, 공손·나눔·절제·배려를 학습하여 예의바른 행동 습득, 균형있는 식습관 형성으로 비만과 식이장애 등이 줄어 건강해짐, 가족구성원 사이에 강한 유대감이 생기고 행복감을 느낌'으로 들고 있다. 따라서 밥상머리교육은 가정과 사회의 교육적 기능 회복을 통해 청소년들의 비행을 줄일 수 있는 방안의 하나이다.

밥상머리교육을 실천하는 지침 10가지를 제시하면 다음과 같다. ① 일주일에 두 번 이상 '가족식사의 날'을 가진다. ② 정해진 장소에서 정해진 시간에 함께 모여 식사한다. ③ 가족이 함께 식사를 준비하고 함께 먹고 함께 정리한다. ④ TV는 끄고, 전화는 나중에 한다. ⑤ 대화를 할 수 있도록 천천히 먹는다. ⑥ 하루 일과를 서로 나눈다. ⑦ '어떻게 하면 좋을까' 식의 열린 질문을 던진다. ⑧ 부정적인 말은 피하고 공감과 칭찬을 많이 한다. ⑨ 아이의 말을 중간에 끊지 말고 끝까지 경청한다. ⑩ 행복하고 즐거운 가족식사가 되도록 노력한다.[5)]

3) 학교폭력 예방과 대처를 위한 교사교육

학교에서 학생들을 직접 지도하고 있는 교사들의 생활지도력을 높이는 것이 학교폭력을 줄일 수 있는 관건이라고 할 수 있다. 따라서, 교사들에게 학교폭력 가해학생과 학부모에 대한 전문적인 이해가 선행될 때 그 효과는 높아질 수 있다. 학교폭력 가해학생과 학부모에 대한 전문적인 이해에는 "학교폭력 가해학생이 되기 쉬운 특징, 학교폭력 가해학생의 징후, 학교폭력 가해학생 학부모의 특징, 비행유형별 원인과 상담과제, 가해학생을 위한 효과적인 개입 방안, 가해 부모의 대처방안 등"이 포함한다.

첫째, 교사는 학생들을 지도하는 과정에서 학교폭력 가해자가 되기 쉬운 일반적 특징을 알고, 그러한 학생들에 대해 평소 지속적인 관심을 가져야 한다. 가해자가 되기 쉬운 일반적 특징은 충동적이고 반항적인 학생, 타인에 대한 배려와 동정심이 부족한 학생, 좌절과 스트레스를 잘 참지 못하는 학생, 폭력에 대한 긍정적인 생각과 태도를 지닌 학생, 신체적으로 힘을 과시하고자 하는 욕구가 강한

5) 교육과학기술부(2012). 밥상머리교육. 홍보 팜플랫.

학생, 학업과 학교에 관심이 적은 학생, 과거 폭력 및 비행에 연루된 경험이 있는 학생, 담배나 알코올 등의 약물을 사용하는 학생, 대인 갈등 해결 능력이 부족한 학생, 정서장애와 심리적 문제가 보이는 학생, 주의집중 장애와 같은 기질적 원인이 있는 학생 등이다.

둘째, 학교폭력 가해학생이 보이는 징후를 알고 그러한 행동이 보일 시 미리 지도를 통해 학교폭력을 예방한다. 학교폭력 가해학생의 징후에는 교사가 질문할 때 다른 학생의 이름을 대며 그 학생이 대답하게끔 유도한다, 교사의 권위에 도전하는 행동을 종종 한다, 행동이 거칠고 화를 잘 내며 쉽게 흥분한다, 친구들에게 물건이나 돈을 자주 빌린다, 등·하교 시 책가방을 들어다 주는 친구나 후배가 있다, 가정형편에 비해 고급 옷을 입고 돈 씀씀이가 크다, 손이나 팔 등에 종종 붕대를 감고 다니거나 문신 등이 있다, 친구에게 받았다고 하면서 비싼 물건을 가지고 다닌다 등이 있다.

| 표 10-4 | 청소년들의 비행유형별 원인과 상담과제

유형	비행의 원인과 과정	주요 상담과제
사회적 비행	• 가치체계 학습의 문제 • 동조수단으로써의 비행 • 가정의 감독 부재	• 적절한 가치관 교육 • 건전한 집단활동 제공 • 엄부자모의 역할
성격적 비행	• 반사회적 성격 • 쾌락추구, 즉각적 만족 추구경향 • 부적절한 양육 혹은 애착대상의 부재	• 도덕성 발달 • 왜곡된 사고의 교정 • 타인조망능력의 발달 • 장기적인 조망과 자기조절능력
신경증적 비행	• 환경적 스트레스 • 인정욕구의 좌절 • 문제해결능력의 결핍	• 갈등의 원인 통찰 • 부정적 감정의 해소 • 새로운 행동전략
정신병적 비행	• 유전적 소인 • 기질적 손상 • 염색체 이상	• 지지관계 형성 • 구체적인 문제해결 방안 제시

자료: 티처빌원격교육연수원(2012). 폭력없는 행복한 학교를 위한 인성교육.

셋째, 학교폭력 가해학생 학부모의 특징을 알고 학교폭력 발생 시 효과적인 상담과 대응력이 요구된다. 일반적으로 학교폭력 가해학생 학부모의 특징은 자녀가 폭력을 행사했음에도 폭력 자체를 부인하거나 축소하려 함, 신체적인 폭행이 아닌 정서적인 폭력의 경우에 폭력 그 자체를 장난으로 간주함, 가해학생이 집단일 경우에는 집단행동에 대해 합리화하며 개인의 행위에 대해서 책임감을 약화시키려고 함, 피해학생 측의 요구조건을 인정하려 하지 않고 처벌이든 보상이든 최소화하려 함 등으로 나타난다.

넷째, 청소년들의 비행유형별 그 원인과 과정을 알고, 주요 상담과제에 대한 전문적인 식견과 경험을 가져야 한다.

다섯째, 학교폭력 발생 시 해결과정에서 가해학생 측에 대한 효과적이고 적절한 개입방안에 대한 식견이 필요하다. ① 사실을 정확하게 파악하고 거짓이나 자기변호, 객관적인 사실, 제3자의 시각 등을 통해 학교폭력의 범위와 성격(연루학생, 폭력서클 가입 여부, 폭력행사 기간, 폭력의 원인과 금품갈취 여부 등)을 파악, ② 다양한 심리평가를 통해 가해학생의 현 상태와 특성을 파악하고 가해학생의 문제와 선도 가능성을 평가, ③ 가해학생의 감정은 수용하나 어떠한 경우에도 학교폭력은 결코 용서받을 수 없는 행동임을 인식시킴, ④ 학교폭력을 당한 피해학생의 마음을 충분히 생각할 수 있게 함, ⑤ 같은 상황에서 다른 대안적인 행동이 있을 수 있음을 생각하게 함, ⑥ 법적 조치나 전학 등으로 인해 생길 수 있는 어려움을 예상해 보게 함, ⑦ 현 상황에서 가장 좋은 문제해결방법을 생각해 보도록 함, ⑧ 피해학생 부모와 가해학생 부모를 중재 시, 어느 편을 들고 있다는 인상을 주지 않도록 유의하고 서로의 감정이 가라앉기를 기다리면서 서로의 입장을 바꾸어 생각할 기회를 제공, ⑨ 심리상담을 하기로 하였다면 학교폭력의 숨은 동기를 파악(인정받고 싶은 욕구, 유능감의 욕구가 좌절, 부모의 이혼이나 가정파탄으로 불안정감, 엄격한 부모에 대한 반항 등), ⑩ 효과적인 상담을 위하여 건강한 치료 동맹을 맺기 등이다. 가해학생은 상담에 대한 동기가 낮으며 비자발적인 내담자에 속한다. 그러므로 가해학생의 언어적 · 비언어적 표현에 주목하고 같이 목표를 설정하고 상담시간의 통제권, 선택권을 부여하여 내담자의 건강한 부분과 동맹을 맺기 위해 노력해야 한다.

여섯째, 학교폭력 가해학생 부모에 대해 '가해학생 부모로서 대처방안'에 대해 같이 논의하고 원만한 해결책을 갖도록 한다. 학교폭력 '가해학생 부모로서 대처방안'에는 흥분하지 않고 상황을 냉정하고 객관적으로 파악하는 태도, 자녀가 폭력을 행사한 주변 상황과 근본 원인을 정확하게 파악, 폭력의 원인과 결과를 파악한 후 사안별 지도방법(선도나 처벌)에 따라 전문기관에 상담을 의뢰하여 지도를 받음, 자녀에게 피해학생의 피해상황과 고통을 객관적으로 알려주고 자녀가 피해학생과 입장을 바꾸어 생각해 보도록 함, 자녀가 피해학생에게 정식으로 진심어린 사과를 하도록 함, 부모가 자녀와 함께 사회봉사를 수행함, 상대방의 인권을 존중하고 사회규칙을 준수하도록 지도함, 심한 야단이나 처벌은 보복과 또 다른 문제를 야기하므로 따뜻한 분위기에서 차분한 어조로 대화하도록 함, 정기적으로 자녀의 학교생활을 점검하도록 함 등이 있다.

2. 청소년상담지원센터

전국에는 3개의 청소년종합지원센터와 16개 광역시 · 도에 청소년상담지원센터가 설치되어 있다. 위기청소년들에게 보호 및 서비스를 지원해 주는 기관으로 학교폭력과 관련하여 피해학생을 보호하고 신체적 · 정신적 치료에 도움을 주며, 가해학생들을 상담하여 재발을 방지할 수 있도록 하고 있다.

그림 10-4 에서 볼 수 있는 바와 같이 청소년상담지원센터에서는 위기청소년을 조기에 포착하여 상담서비스를 제공하고 가출과 폭력 및 성매매 등으로 인한 문제를 방지하도록 유도하며 나아가 대안학교 위탁 및 취업 알선을 하는 등의 ONE-STOP 서비스를 제공하고 있다.

그러나 위기청소년을 조기에 포착하는 데 있어서 학교의 협조가 부족하여 서비스 제공이 제대로 이루어지지 못하고 있다는 점이 위기청소년 문제해결에 가장 큰 문제가 되고 있다.

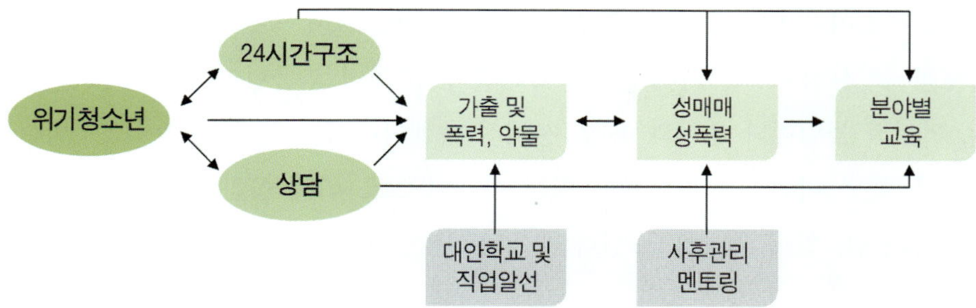

그림 10-4 위기청소년 ONE-STOP 서비스 모형

그림 10-5 는 청소년상담지원센터의 처리절차를 나타낸 그림이다. 각 지역별로 구성되어 있는 긴급구조단은 긴급구조 지원업소(약국, PC방, 편의점, 노래방 등)의 제보로 24시간 긴급 구호 접수가 가능하며, 지원을 요청하는 학생들을 대상으로 상담 서비스를 제공하고 교육이나 재활지원 서비스, 시설보호 및 기관연계, 법률 및 의료 서비스를 제공한다. 청소년상담지원센터에서 지원하는 다양한 서비스는 학생들의 탈선을 방지하고 가정과 학교로 복귀하여 정상적인 학업을 하도록 조력하는 데 일조하고 있다.

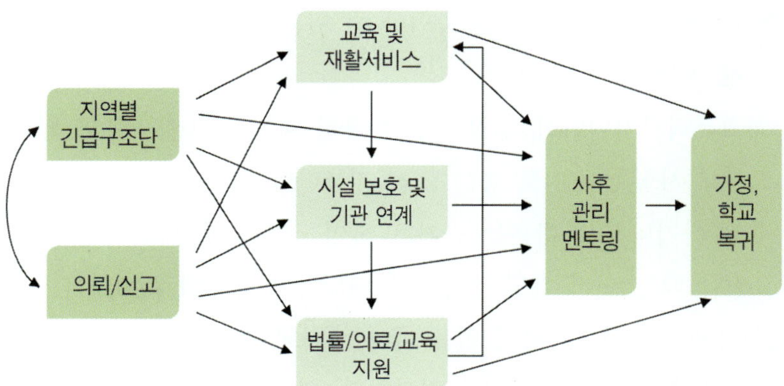

그림 10-5 청소년상담지원센터 처리절차

학교폭력이란 학교나 학교 주변에서 학생 상호 간에 발생하는 의도성을 가진 신체적·정신적·성적 가해행동을 가리킨다. 고의적 괴롭힘이나 따돌림, 금품갈취, 언어적 놀림이나 협박과 욕설, 신체적 폭행이나 집단적 폭행 등이 그 범주에 속한다. 뿐만 아니라 학교폭력을 당한 학생이 그로 인해 심리적 혹은 행동적 고통과 불편함, 인격 침해를 느꼈다면 그 또한 엄연한 폭력행위가 된다.

청소년상담지원센터에서는 학교폭력과 관련한 가·피해학생에 대한 상담활동을 주로 하면서 학교폭력 대처요령을 상황 및 사례별로 구체적으로 제시[6]하고 홍보 교육하고 있다.

첫째, 가해학생이 따로 남거나 보자고 할 때는 절대 가지 않고 즉시 신고한다. 만약, 길목을 지키고 있을 경우를 대비해서 부모에게 마중 나오라고 전화한다. 자신이 하기 어려운 경우에는 가장 친한 친구에게 대신 신고를 부탁한다.

둘째, 금품을 빌려달라고 강요할 때에는 '없지만 부모님께 말씀드리고 빌려주겠다'고 하고, 그 자리를 일단 모면한 후 신고한다. 이후에도 자꾸 강요하면 부모와 교사에게 즉시 알린다. 어쩔 수 없이 강탈당할 때는 친구가 목격할 수 있도록 한다.

셋째, 신체폭행 및 언어폭행을 당했을 때는 "누가, 언제, 왜, 어떻게, 폭행했는지를 상세하게 기록해 놓는다. 폭행을 당한 즉시 병원(언어폭행은 정신신경과)의 진단서를 발부 받는다. 폭행 사실을 증언할 수 있는 친구의 증언물(녹음, 기록, 대필 등)을 준비해 놓는다.

넷째, 학교폭력자치위원회, 경찰 등을 이용할 때는 신고하기 전에 먼저 마음을 가다듬고 피해 사실(본인 진술, 증언 등)을 기록한다. 신고할 때는 가급적 기록한 내용을 갖고 가거나 기록내용을 근거로 하여 신고한다. 학교폭력자치위원회에 중재를 요청할 때는 먼저 해당 전문가와 협의하여 충분히 준비한다.

다섯째, 지속적인 학교폭력이 있을 때에는 학교 측에 피해 사실을 정확히 알리고 피해자가 원하는 것을 학교에 전달한다. 피해자가 노출을 꺼리는 경우에는

6) 여성가족부(2012), 청소년이 함께 행복한 세상, 권리교재: 청소년용 핸드북(출처: 김대유·김현수(2006)·학교폭력, 우리아이 지키기.

학교 측에 피해학생이 노출되지 않은 상황에서 가해학생에 대한 지도를 하도록 요청한다. 피해학생이 노출된 상태일 경우에는 학교 측에 정식으로 문제 제기를 한 후 다음과 같은 절차를 밟는다.

"학교 측에 피해사실 및 요구사항 전달 → 가해학생과 가해학생의 부모로부터의 사과(또는 합의) → 재발 방지를 위한 각서를 받음 → 학교 측에 가해학생에 대한 처벌 요구(각서를 작성하지 않거나 합의가 되지 않을 경우)" 만약, 학교 측이나 가해학생 측이 이러한 사항을 거부할 경우 법적 조치를 취한다.

3. 청소년비행예방센터

청소년비행예방센터는 「법무부와 그 소속기관 직제」[시행 2012.6.19] [대통령령 제23857호, 2012.6.19, 일부개정]에 따라 "소년원 및 소년분류심사원" 조직하에 청소년비행예방센터(제39조의2)로서의 성격을 갖는 기구이며, 대외적인 기관명은 대안교육센터라는 명칭으로 운영되고 있다.

청소년비행예방센터의 주요 업무내용은 대안교육, 비행원인 진단, 청소년심리상담, 법교육, 보호자 교육·가족솔루션캠프를 주요 내용으로 표 10-5 와 같이 운영되고 있다. 대안교육은 부적응학생 등 위기청소년과 기소유예대상자 등 비행 초기단계에 있는 청소년에 대한 비행예방교육이다. 비행원인 진단은 검사 및 판사가 의뢰한 비행소년에 대한 비행진단으로 검사결정 전 인성·환경조사, 상담조사를 담당한다. 청소년심리상담은 지역사회 청소년들에 대한 상담 및 진로 지도 등이며, 법교육은 일반학교 학생, 위기 및 비행청소년 등에 대한 법의식 함양을 진행한다. 보호자 교육은 보호처분 대상 청소년의 보호자 등에 대한 자녀의 건강한 성장 지원, 가족기능 강화를 위한 보호자 교육으로 가족솔루션캠프를 운영하고 있다.

표 10-5 청소년 비행예방센터의 주요 기능 및 업무내용

주요 기능	업무내용
대안교육	• 대상 : 일반학교 부적응학생, 검찰 기소유예 대상자, 법원 대안교육명령 대상자 • 주요 내용 : 3일 · 1주 · 2주 등 등 · 하교 방식에 의한 단기 집중형 비행예방교육
비행원인 진단	• 대상 : 법원 상담조사 명령 대상자, 검사결정 전 조사 대상자 • 주요 내용 : 비행 관련 조사, 비행예방교육(상담조사 대상자만 해당)
청소년심리상담	• 대상 : 지역사회 일반 청소년 • 주요 내용 : 심리검사, 개별 · 집단상담, 부모상담, 진로지도 등
법교육	• 대상 : 초 · 중 · 고교학생, 소외계층 청소년(지역아동센터 등), 교사 등 • 주요 내용 : 실생활에 필요한 법교육, 학교폭력 예방교육, 성비행 예방, 집단따돌림 예방교육 등
보호자 교육 · 가족솔루션캠프	• 대상 : 법원 보호자특별교육 명령 대상자, 부모-자녀관계 회복을 원하는 일반 가정 보호자 및 가족 • 주요 내용 : 자녀의 건강한 성장 지원, 가족기능 강화를 위한 부모교육 및 1박 2일/2박3일 가족캠프 운영

자료: 법무부(2011), 청소년비행예방센터의 현황 및 최근 5년간 성과 또는 이용 실적.

기관별 주요 업무현황을 보면

부산, 청주, 안산 청소년비행예방센터(대안교육센터)에서는 대체로 "상담조사, 검사결정 전 조사, 대안교육, 보호자교육, 청소년심리상담, 가족솔루션캠프"를 진행하고 있다. 창원, 광주, 대전 청소년비행예방센터에서는 가족솔루션캠프는 운영하지 않고 있다.

법무부는 2012년에 서울 남부와 북부, 인천과 대구의 4개 지역에 청소년비행예방센터의 신설함으로써 증가하는 학교폭력 등 비행예방교육 수요에 적극적으로 대처하고 있다.

청소년 비행예방센터별 주요 업무현황을 보면 표 10-6 과 같다.

| 표 10-6 | 청소년 비행예방센터별 주요 업무현황

기관 명칭(대외 명칭)	주요 기능	관할지역	설치일
부산청소년비행예방센터 (부산대안교육센터)	• 상담조사, 검사결정 전 조사 • 대안교육, 보호자교육, 청소년심리상담 • 가족솔루션캠프	부산, 울산	2007.7.23.
청주청소년비행예방센터 (청주대안교육센터)		충북	
안산청소년비행예방센터 (안산대안교육센터)		경기 전역	
창원청소년비행예방센터 (창원대안교육센터)	• 상담조사, 검사결정 전 조사 • 대안교육, 보호자교육, 청소년심리상담	경남	
광주청소년비행예방센터 (광주대안교육센터)		광주, 전남	
대전청소년비행예방센터 (솔로몬로파크)	• 법교육(전 국민 대상)	전국	
서울남부청소년비행예방센터 (서울남부대안교육센터)	• 상담조사, 검사결정 전 조사 • 대안교육, 보호자교육, 청소년심리상담 • 가족솔루션캠프	서울남부, 동부, 서부	2012.6.8.
서울북부청소년비행예방센터 (서울북부대안교육센터)		서울북부, 의정부, 고양	2012.6.27.
인천청소년비행예방센터 (인천대안교육센터)		인천, 부천, 김포, 강화	2012.6.20.
대구청소년비행예방센터 (대구대안교육센터)		대구, 경북	2012.6.12.

출처: 법무부(2011), 청소년비행예방센터의 현황 및 최근 5년간 성과 또는 이용 실적.

청소년비행예방센터는 법원에서 대안교육명령 처분을 받은 청소년, 검찰에서 교육조건부 기소유예처분을 받은 청소년 및 학교에서 학교폭력 등으로 특별교육 이수 처분을 받은 학생에 대한 사회적응과 재비행 방지를 위한 대안교육을 담당하고 있다. 더불어 학교폭력 가해자 부모교육, 가족솔루션캠프, 일반청소년 법교육 등을 실시하고 있어 지역사회 내 청소년비행예방기관으로서 큰 역할을 하고 있는 것으로 보인다.

청소년비행예방센터의 대안교육[7]은 폭력 예방교육, 절도비행 예방, 교통안전, 중독(흡연, 음주)예방, 성비행 예방, 자아 회복, 진로지도 등의 전문교육과 다양한 체험교육(장애체험, 봉사활동, 도미노, 모듬북, 생활예절, 생활도예, 원예치료, 미술치료, 극기훈련, 등산 등)으로 운영되고 있다. 그중 청소년들의 폭력 예방교육은 건강한 인성발달을 도모하기 위한 프로그램이다. 청소년비행예방센터의 폭력예방 교육의 목표는 다음과 같이 다양하다.

- 폭력의 실상을 알고 폭력에 대한 잘못된 태도를 인식한다.
- 폭력이 가져오는 부정적인 결과에 대해 인식한다.
- 폭력에 대한 법률적 이해를 통해 규범의식을 가진다.
- 자신의 폭력행동에 대해 책임감을 가진다.
- 피해자의 입장에서 폭력을 바라볼 수 있는 시각을 가진다.
- 폭력적인 행동에 대한 대안을 찾고 적용한다.

이러한 폭력예방 교육의 목표를 달성하기 위한 교육내용은 자신과 타인의 심리적 특성 이해, 폭력의 심각성 알기, 폭력에 대한 자신의 태도 인식, 학교폭력 관련 가해자 · 피해자 · 방관자 입장에서 생각하기, 피해자에게 편지쓰기, 바람직한 대안 찾기로 운영되고 있다.

최근 들어 학교폭력에 대한 사회적 관심이 높아지고, 학교폭력 등으로 특별교육이수 처분을 받은 학생 수가 증가함에 따라 전체 프로그램 수료 인원이 많이 증가[8]하고 있어 교육대상자 접수 후 평균 대기기간이 길어지는[9] 등의 문제가 나타나고 있다.

청소년비행예방센터(대안교육센터)의 운영 성과는 최근 5년간 학교폭력 등으로 대안교육을 수료한 인원이 2007년 3,974명에서 2011년 23,382명으로 5.9배 증가하였다는 사실과 학교폭력 가해자의 부모교육을 수료한 인원이 2008년 3,511명에서 2011년 7,498명으로 2.1배 증가하였다는 사실에서 학교폭력 예방을 위한 커다란 역할과 공헌을 하고 있는 것으로 보여진다(그림 10-6 참조).

7) 안산대안교육센터(2012). 안산대안교육센터 교육프로그램 안내.

8) 청소년비행예방센터 대안교육 수료 인원을 보면 2008년 3,974명에서 2011년에는 23,382명으로 크게 증가하였다.

9) 2011년 12월 기준으로 전국 교육대기 인원 639명, 평균 대기기간이 4.9주로 나타났다.

그림 10-6 비행예방센터의 교육 수료 인원 추이

또한 청소년비행예방센터(대안교육센터)의 의뢰처별 이용 실적을 보면 학교가 의뢰하는 경우가 가장 많은 비중을 차지하고 있으며, 갈수록 증가(표 10-7 참조)하고 있다는 사실이다. 즉, 4년간 총 104,888건 중 학교가 82,090건으로 78.3%를 차지하고 있다. 이를 연도별로 보면 2007년에 4,227건으로 52.7%, 2008년에 10,296건으로 56.4%, 2009년에 43,560건으로 85.3%, 2010년(6월한)에 24,007건으로 87.3%를 차지하는 등 지속적으로 증가하고 있다.

이는 학교폭력으로 인한 예방 및 대처교육에 있어서 학교 밖 법무부의 역할이 긴요하다는 것을 암시해 주고 있다.

표 10-7 비행예방센터에 의뢰처별 이용 실적 현황

구분	계	2007년	2008년	2009년	2010년(6월)
계	104,886	8,027	18,270	51,094	27,495
가정	5,106	650	1,733	1,849	874
학교	82,090	4,227	10,296	43,560	24,007
검찰	6,190	639	2,120	2,334	1,097
법원	7,868	1,645	2,423	2,665	1,135
기타(복지시설 등)	3,632	866	1,698	686	382

자료: 법무부(2011), 청소년비행예방센터의 현황 및 최근 5년간 성과 또는 이용 실적.

학교폭력으로 안산청소년비행예방센터에서 대안교육을 이수한 이○○ 학생의 다음 사례[10]는 청소년비행예방센터(대안교육센터)의 학교폭력 예방교육 효과를 단적으로 보여 주고 있다.

> 안성○○공업고등학교 이○○학생(여, 16세)은 동료 학생에게 폭력을 행사하고 금품을 갈취하여 「학교폭력예방 및 대책에 관한 법률」에 따라 '특별교육 이수처분' 명령을 받고, 2011. 8. 16~19일까지 안산청소년비행예방센터에서 대안교육을 이수하였다.
>
> 이○○학생은 교육기간 4일간 폭력예방교육 프로그램 5회(회별 90분), 법교육 2시간, 미술치료 2시간, 장애체험 2시간, 명상 및 극기훈련 2시간 등 총 30시간의 교육을 받았다.
>
> 이양의 보호자 역시 교육 첫날 오리엔테이션에 참였을 뿐만 아니라 '부모님과 마음 나누기'라는 부모교육 프로그램도 이수하였다.
>
> 이양은 교육 초반에는 다소 불안감과 거부적인 태도를 보였으나 체험중심의 흥미로운 교육내용으로 이후 적극적으로 교육에 참여하였다. 수료 후에는 "자신에 대해 새로운 가능성을 발견하여 학교생활을 잘할 수 있을 것 같은 자신감을 얻었으며, 폭력에 대한 반성과 더불어 피해자에 대한 미안함도 생겼다"고 소감을 밝혔다.

청소년비행예방센터(대안교육센터)에서 교육을 받은 청소년들의 사회적응률[11]을 보면 2011년 교육수료자의 93.4%가 안정적으로 학업에 임하고 있거나, 취업생활을 하고 있는 것(그림 10-7 참조)으로 나타났다. 또한 교육 수료자의 89.9%가 비행예방센터(대안교육센터)의 전반적인 교육과정에 대하여 만족한다는 반응(그림 10-8 참조)을 보이고 있다.

10) 기획재정부(2012). 학교폭력 근절을 위한 청소년 비행예방센터 신규 개청. 기획재정부 보도자료.

11) 교육수료 후 6개월이 경과한 보호자, 교육생을 대상으로 매년 연 2회 전화 설문을 실시하여 비행 및 사회생활 적응실태를 파악하고 있다.

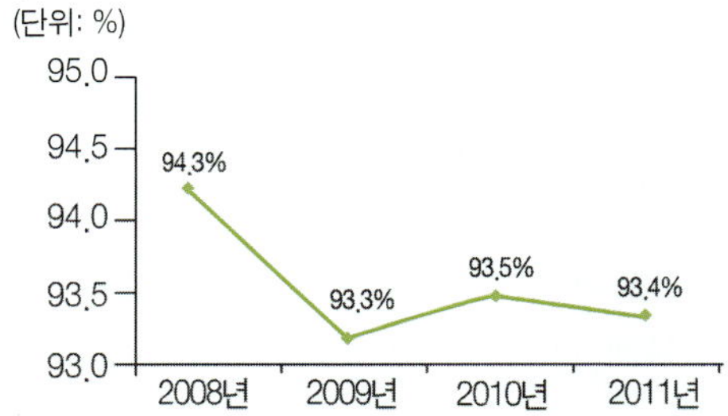

▌그림 10-7▐ **교육수료에 따른 사회적응률 향상**

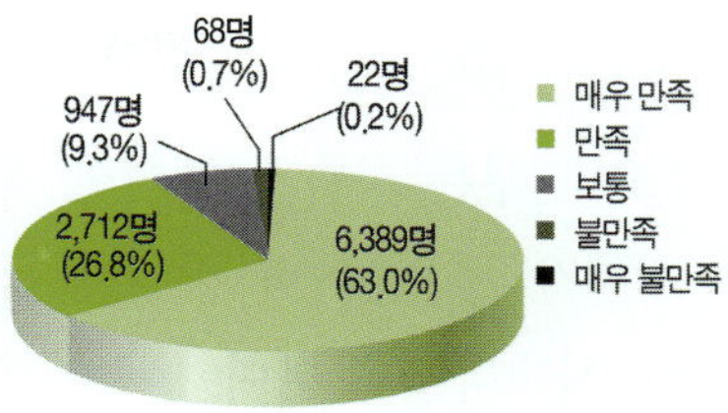

▌그림 10-8▐ **센터의 교육만족도**

자료: 기획재정부(2012). 학교폭력 근절을 위한 청소년 비행예방센터 신규 개청. 기획재정부 보도자료.

4. ONE-STOP 지원센터[12)]

ONE-STOP 지원센터(여성 · 학교폭력피해자 ONE-STOP 지원센터)는 2001년 10월부터 소규모로 시범 운영해 오던 경찰병원 내 성폭력 의료지원센터를 개편하여 성폭력뿐만 아니라 학교, 가정폭력피해자, 성매매 피해여성 등에게 무료로 24시간 의료, 상담, 수사에 필요한 진술 녹화 및 증거 채취, 법률지원, NGO 연계 등 피해자를 위한 통합지원시스템 제도이다.

ONE-STOP 지원센터는 그동안 피해자 보호시스템 부재로 상담소, 병원과 경찰서 등을 전전하며 신분 노출, 반복 진술, 장시간 대기 등으로 2중, 3중 고통을 받아온 여성, 학교폭력 피해자들을 위한 통합지원시스템의 필요성에서 비롯되었다.

그 과정을 보면, 2002년 2월 25일 참여정부 국정 방향으로 사회적 약자 보호 정책을 공포한 이래 경찰청이 2006년을 '범죄피해자 보호원년'으로 선포하면서 2005년 8월 31일 경찰병원에 국내 최초 선진보호 시스템을 갖춘 '여성 · 학교폭력 피해자 ONE-STOP 지원센터'를 개소한 것에서 비롯되었다. 이후 경찰청은 관계부처 및 병원, NGO 등을 대상으로 센터 확대 설치를 위한 간담회를 개최하였고, 관계기관 실무협의회를 구성하여 지방에서 ONE-STOP 지원센터 설치를 추

12) 경찰청 홈페이지(http://www.safe182.go.kr)에 나타난 'One-Stop 지원센터'의 자료를 중심으로 실었다.

진하게 되었다. 그리하여 부산 ONE-STOP 지원센터 개소, 2006년 1월 여성가족부·경북지방경찰청·안동의료원 3자 협약에 의한 안동의료원에 센터가 개소되어 2012년 8월 현재 전국적으로 18개 ONE-STOP 지원센터가 운영되고 있다.

주요 업무는 상담전문 여성 경찰관이 24시간 근무하면서 의료진료 차 내방하는 피해자의 진술녹화 후 피해자 조사와 동시에 112, 117 및 각 지방경찰청 여경기동수사대와 연계하여 신속하게 처리한다.

주요 업무 시설로는 병원진료 후 진술녹화를 위해 별도로 경찰서에 가는 번거로움을 없애기 위해 센터 내에 설치되어 있는 '진술녹화실', 효과적인 증거 수집을 위한 '컴퓨터 자동 녹취시스템', 성폭행 피해아동이나 장애여성이 피해 진술 시 도움을 주기 위한 '해부학적 인형' 비치, 원격지 경찰서에 있는 가해자의 얼굴을 센터 방문한 피해자가 화상을 통해 대질·확인함으로써 피해자와 가해자의 직접 대질로 인한 2차 피해를 예방하기 위한 '원격지 화상 대질조사 시스템'을 갖추고 있다.

법률지원 활동은 여성·학교폭력 전문변호사 등 무료법률지원단(50명)이 요일별로 센터에서 순환 근무하면서 고소 및 손해배상청구 등 민·형사 소송지원과 범죄피해자 구조금 상담 등 무료법률상담을 실시하고 있다.

의료지원 업무는 센터 전담 산부인과 전문의가 응급의학과에서 24시간 진료하며, 첨단 산부인과 의료장비 구비로 학교·가정폭력 피해자의 신체 상처 및 성폭행 자궁 상처 등을 정밀 촬영하여 증거자료로 제공한다. 의료지원 시설로써 영상진료실은 피해자를 위한 증거 채취가 용이하도록 정밀 촬영 즉시 판독이 가능한 최첨단 디지털 써비코 장비와 자동화시스템을 갖춘 최신식 산부인과 진료대를 비치하여 피해자 치료 및 증거 수집을 용이하도록 하고 있다.

상담지원 업무는 사회복지사가 상주하는 가운데 피해자 안정실에서 피해자의 조기 안정을 도모하고, 117센터 홈페이지와 실시간 연계하여 사이버상담, NGO나 쉼터 등과 연계하여 적극적으로 상담지원을 한다. 피해자 상담실에서는 변호사 및 여경조사관이 안정된 상태에서 피해자와 상담할 수 있도록 상담실을 마련하고 상담을 한다. 특히, 피해자 안정실에서는 상담이나 치료과정에서 불안, 초조, 외상후 스트레스증상 등으로 조사가 불가능하거나 극심한 정신적 충격으로 안정이 필요한 경우 사용할 수 있도록 침대와 소파 등을 갖추었으며 음악 감상도 가능하다.

| 표 10-8 | 전국의 ONE-STOP 지원센터 현황

센터명	소재지	위탁기관	전화번호	팩스번호	도메인/이메일
서울	서울 송파구 가락본동 58	경찰병원	02-3400-1117	02-3400-1694	http://www.smonestop.or.kr seoulonestop@nph.go.kr
서울	서울시 종로구 대학로 101 서울대학교병원	서울대병원	02-3672-0365 02-3672-1117	02-3672-0368	http://www.help0365.or.kr help@help0365.or.kr
서울 (보라매)	서울 동작구 신대방동 보라매길 39	보라매병원	02-870-1700	02-870-1116	http://www.smonestop.or.kr bbh9566@hanmail.net
인천	인천 동구 송림4동 318-1	인천의료원	032-582-1170	032-582-1179	http://www.iconestop.or.kr iconestop@iconestop.or.kr
울산	울산 중구 태화동 123-3	동강병원	052-246-3117	052-244-6117	http://www.usonestop.or.kr usonestop@hanmail.net
강원	강원 춘천시 효자3동 17-1	강원대병원	033-243-8117	033-244-8117	http://www.gwonestop.or.kr soahn64@hanmail.net
충북	청주시 흥덕구 사직1동554-6	청주의료원	043-272-7117	043-268-7117	http://www.cbonestop.or.kr cj-onestop@hanmail.net
전북	전주시 덕진구 금암동634-18	전북대병원	063-278-0117	063-278-2117	http://www.jbonestop.or.kr bae23zzang@hanmail.net
경북	경북 안동시 북문동 470	안동의료원	054-843-6117	054-850-6299	http://www.gbonestop.or.kr gbonestop@nate.com
대구	대구시 서구 중리동 1162	대구의료원	053-556-8117	053-556-5117	http://www.daegumc.co.kr cross129@hanmail.net
광주	광주시 동구 서석동 588	조선대병원	062-225-3117	062-234-3117	http://www.gjonestop.or.kr asdl0910@hanmail.net
대전	대전시 중구 대사동 640	충남대병원	042-280-8436	042-280-8434	http://www.djonestop.or.kr djonestop@hanmial.net
경기	수원시 영통구 원천동 산5	아주대병원	031-216-1117	031-216-1109	http://www.ggonestop.or.kr wise37@ajou.ac.kr
경기 북부	의정부시 의정부2동 433	의정부의료원	031-874-3117	031-872-4117	http://www.ggnonestop.or.kr ggnone-stop@hanmail.net
경남	마산시 중앙동3가 3번지	마산의료원	055-245-8117	055-244-3117	http://www.gnonestop.or.kr gn1stop@hanmial.net
제주	제주시 연동 1963-2	한라병원	064-749-5117	064-749-6117	http://www.jjonestop.or.kr 117stop@hanmail.net
전남	전남 순천시 조례동 1742	성가롤로병원	061-727-0117	061-727-9024	http://www.jnonestop.or.kr jnonestop@hanmail.net
충남	천안시 동남구 망향로 359	단국대병원	041-567-7117	041-522-8117	http://www.cnonestop.or.kr cnone-stop@hanmail.net

자료: 경찰청 홈페이지(http://www.safe182.go.kr).

여성 · 학교폭력피해자 ONE-STOP 지원센터의 전국적 현황은 표 10-8 과 같다. 이 외에도 해바라기 아동센터 12곳, 해바라기 여성 · 아동센터 4곳이 있다.

만 13세 미만의 성폭력 피해아동의 경우에는 해바라기 아동센터(www.child1375.or.kr)의 도움을 받을 수 있다. 해바라기 아동센터는 과거의 성폭력 피해경험이 완전히 치료되지 않은 아동이나 성폭력 피해를 당한 정신지체 장애인, 성폭력 피해아동의 가족에 대한 지원도 병행하고 있다.

해바라기 아동센터는 응급구조, 건강회복 지원, 성폭력 예방의 기능과 역할을 한다. 응급구조 활동은 24시간 아동성폭력 신고 및 접수받으며, 응급진료는 산부인과 및 소아정신과 진료뿐만 아니라 피해아동의 상태에 따른 각과 진료(외과, 비뇨기과, 항문외과 등)와 법적 지원(고소사건 진행에 대한 지원, 변호사 자문 및 연계, 증거물 채취, 진술 녹화, 진단서 발급)한다. 건강회복 지원은 아동의 후유증 치료(심리검사 및 평가, 약물치료, 놀이치료, 미술치료, 집단치료 · 아동의 보호환경 지원, 가족상담, 가족치료, 부모교육, 부모 자조모임 · 치료 후 지속적인 서비스 제공), 아동성폭력 인식 개선에 대한 접근(캠페인, 교육 프로그램, 세미나 및 워크숍), 가해자에 대한 접근(재발 방지 프로그램, 집단치료), 조사 · 연구(치료 프로그램 개발, 정책방안 제안)를 한다.

5. 청소년폭력예방재단

청소년폭력예방재단은 1995년 외아들을 학교폭력으로 잃은 학부모가 자신과 같은 불행한 부모가 없기를 소망하면서 사재를 털어서 설립한 비영리 공익단체이다. 어려운 여건 속에서 고통받는 청소년과 그 가정을 위해 봉사함을 기본 정신으로 청소년지킴이 운동, 상담, 연구 및 출판, 교육 등 다양한 사업들을 하고 있는 우리나라의 대표적인 학교폭력 관련 NGO이다. 1996년에는 국내 최초로 학교폭력 예방지침서를 발간하여 무료 배포하고, 1997년에는 '청소년지킴이 활동'을 전국적으로 확대하였으며 서울특별시립 노원청소년수련관을 위탁 운영하여 학교폭력 예방의 기틀을 마련하였다. 2001년에는 학교폭력 관련 법률 제정을 위한 가두 집회 및 서명 운동, 학교폭력 피해 청소년 결연 후원 정기 사업화, 학교폭력 대처 관련 법률 제정을 위한 시민 토론회 개최 등 학교폭력 예방을 위한 다양한 활동을 하고 있으며 2010년 현재 전국에 8개의 지부를 운영하고 있다(이민희 외, 2006).

청소년폭력예방재단은 자체적으로 상담센터를 운영하고 있는데 여기서는 상담에 관한 캠페인, 경호지원서비스, 법률·의료기관 연계 등의 일과 예방교육으로 학교 예방 교육, 가해학생 선도 교육, 징계청소년 프로그램, 피해학생 치료 프로그램 등이 운영되고 있다. 또한 어머니 순찰단, 청소년 지킴이사업, 성인과 교사대상 직무연수를 하고 있다.

특허, 교원과 청소년 관련 실무자의 학교폭력 예방 및 대처관련 전문성 향상을 위하여 2005년 「교원 등의 연수에 관한 규정 제2조」에 따라 교육인적자원부로부터 인가를 받아 원격연수원을 운영하고 있다.

Chapter 11

학교폭력 예방 프로그램

학교폭력 예방교육은 다양하게 이루어질 수 있다. 근본적으로 학교폭력이 발생하지 않도록 평소 학교 전 교육과정(process)에서 인성교육을 강화하고 생활지도력을 향상시키는 것이 선결 과제이다. 그리고 불가피하게 발생하는 학교폭력에 대해서는 다시 재발하지 않도록 가해학생에 대한 상담 및 학교 적응적 심성계발 프로그램과 치료, 그리고 피해학생에 대한 심리 치유의 프로그램이 내실있게 마련되어야 한다.

따라서, 이 장에서는 학교에서의 예방교육 프로그램으로서 교과 관련 프로젝트 인성교육 교재, 학교폭력 예방을 위한 학교 내 다양한 활동을 소개한다. 또한 피해학생 치유 프로그램으로서 심리적 치유를 위한 '기본 통합모형 프로그램'과 심화 프로그램으로서 '스트레스 대처 훈련프로그램'과 '사회적 기술 훈련프로그램'을 소개하고자 한다. 나아가 학교폭력 가능성이 있는 학생들에 대한 예방교육과 학교폭력 가해 경험이 있는 학생에 대한 재발 방지 적응교육도 중요한 만큼 소개한다. 마지막으로 학교 현장에서 학교폭력을 직접 접하고 관리하는 차원에서 교사의 학교폭력 위기관리 매뉴얼과 학교폭력 기본 지침에 대한 프로그램을 소개하고자 한다.

1. 학교에서의 예방교육 프로그램

1) 교과 관련 프로젝트 인성교육 교재

2012년 교육과학기술부와 인천광역시교육청은 공동으로 학교폭력 예방을 위한 초·중등학교 인성교육 교재를 도덕, 국어, 사회교과 영역에서 개발하여 일선 학교에 보급함으로써 프로젝트형 인성교육 교수-학습 자료로 활용하고 각 학교 급별로 한두 교과에 한정하여 소개하고자 한다.

(1) 초등학교

초등학교 인성교육 교재는 도덕교과와 국어과에서 개발되었다.

초등학교 도덕 수업을 통한 학교폭력 예방 교육자료는 초등학교 1~2학년용의 '우리들 마음에 평화의 씨를 뿌려요'(서규선 외, 2012), 초등학교 3~4학년용은 '우리들 마음에 평화의 싹을 틔워요'(서규선 외, 2012), 초등학교 5~6학년용은 '우리들 마음에 평화의 열매를 맺어요'(서규선 외, 2012)로 구분 개발되었다.

초등학교 국어과 인성교육 교재는 바른 언어습관 형성 교육자료로 1~2학년, 3~4학년, 5~6학년용이 개발되었다. 1~2학년용은 '고운 말을 나누어요'(박형우 외, 2012)라는 제목의 수업자료, 3~4학년용은 '공감하며 대화해요'(박형우 외, 2012)라는 제목의 수업자료, 5~6학년용은 '마음을 헤아리며 대화해요'라는 제목의 수업자료이다.

초등학교 1~2학년용 바른 언어습관 형성 교육자료는 '고운 말을 나누어요'라는 제목으로 "이럴 땐 이런 고운 말, 화내는 말은 싫어요, 용기를 주는 칭찬하는 말, 놀리지 않고 말해요"의 4차시로 구성되었다.

1차시인 '이럴 땐 이런 고운 말' 수업에서는 고운 말을 써야 하는 까닭을 알고 상황에 알맞게 실천할 수 있는 것이 학습목표이다. 주제는 "요즘의 학생들이 대화를 할 때 상대방의 입장이나 처지를 생각하지 않고 함부로 말하여 상대방의 기분을 상하게 하거나 상처를 주는 경우가 많이 있다. 특히, 가족이나 친구와 같이 나와 가까운 사람들에게 무심코 또는 일부러 자신만 생각하는 이기적인 말을 하게 되면 상대방의 열린 마음조차 닫게 만들고 그 말이 상대방과의 관계를 멀어지게 한다"는 실태를 반영한 것이다. 따라서 상대방을 기분좋게 하는 말, 남의 마음을 상하게 하지 않는 말인 '고운 말' 사용 습관 형성 교육을 통하여 '고운말', '향기 나는 말'을 일상 속에서 자연스럽게 실천할 필요가 있다.

지도상의 유의점은 일상생활에서 고운 말 사용을 습관화하여 바른 언어생활을 할 수 있도록 지도하는 것이 궁극적인 목표이므로 수업 이외의 여러 상황에서도 다양하게 응용하여 지속적인 추수 지도가 필요하다. 또한 바르고 고운 말 놀이는 가족, 친구, 선생님, 이웃 어른, 전화, 명절 등 다양한 상황을 추가로 제시하여 여러 가지 경우에 맞게 해 볼 수 있도록 한다.

2차시인 '화내는 말은 싫어요' 수업에서는 감정을 조절하며 말해야 하는 까닭과 방법을 알고 실천할 수 있다는 것이 학습목표이다. 주제 선정은 "초등학교 1~2학년 학생들의 발달특징을 살펴보면, 아직 자기중심적인 시기이므로 남을 헤아리는 힘이 부족하다. 뿐만 아니라 학생들이 감정조절을 잘하지 못하거나 인내심이 부족하여 말하기에 어려움을 겪는 경우가 많은 현실을 반영한 것이다. 따라서 역지사지(易地思之)의 경험과 이를 통한 말과 행동의 개선이 필요하다. 나의 감정도 조절하여 말할 줄 알고 다른 사람의 말과 행동에 대처하여 말할 수 있도록 말하기 습관의 변화를 유도할 필요가 있다.

지도상의 유의점은 감정조절이라는 말이 저학년 학생들에게 어려운 개념이므로 여러 가지 상황이 있겠으나 분노를 조절하며 말하기에 초점을 맞추었다. 따라서 본 자료에는 편의상 화나게 하는 말로 표현하였으며 화내는 말도 같은 의미로 사용하였다. 또한 '자기조절 전략을 활용한 말하기'는 타임 아웃이나 칭찬카드 등과 함께 학급운영을 위한 규칙으로 활용하면 더욱 효과적이다.

3차시인 '용기를 주는 칭찬하는 말' 수업에서는 칭찬하는 말하기의 좋은 점을 알고, 실천할 수 있는 것이 학습목표이다. 주제 선정은 "칭찬의 중요성과 효과는 알고 있지만 대충 하는 칭찬으로 역효과가 나타나는 현실"을 반영하여 주제가 선정되었다. 따라서 내적 동기를 성장시키고 자존감을 높여 주는 칭찬을 제대로 실천하는 태도와 습관은 매우 중요하다.

지도상의 주안점은 교사가 학생을 칭찬할 때 좋은 본보기가 되도록 항상 칭찬하는 방법을 염두에 두고 열린 마음으로 칭찬한다. 학생들에게 명확하고 구체적이며 과정을 중시하는 칭찬이 바람직하다.

4차시의 "놀리지 않고 말해요"의 수업은 놀리는 말을 하지 말아야 하는 까닭을 알고 실천할 수 있도록 하는 것을 학습목표로 하고 있다.

주제는 초등학교 저학년 학생들이 관심을 끌거나, 재미로 하는 친구 놀리기가 다툼이나 싸움으로 번지는 경우가 있으며, 놀림 때문에 상처받는 학생이 많은 현실을 반영하여 선정한 것이다. 따라서 외모나 이름 등과 같이 본인 스스로 바꾸거나 결정할 수 없는 외적 요소로 놀리는 것에 대한 적절한 지도가 필요하다. 지도상의 유의점은 놀리는 말 자체보다는 놀림 받을 때의 기분을 느껴보고 놀리지 않고 말할 수 있도록 지도한다.

초등학교 3~4학년용 바른 언어습관 형성 교육자료는 '공감하며 대화해요'라는 제목으로 '용기 있는 따뜻한 말, 기분좋게 대화해요', '마음을 나누는 대화, 부드럽게 말해요'의 4차시로 구성되었다.

1차시인 '용기 있는 따뜻한 말'의 수업목표는 상황에 알맞은 사과, 위로하는 말의 필요성을 알고 실천할 수 있는 것이 학습목표이다. 2차시인 '기분좋게 대화해요' 수업의 학습목표는 듣는 사람의 기분을 상하게 하는 말의 문제점을 알고 기분을 상하게 하지 않는 말로 대화할 수 있는 것이다. 3차시인 '마음을 나누는 대화' 수업의 학습목표는 다른 사람의 말을 경청하고 공감하며 대화할 수 있는 것이며, 4차시인 '부드럽게 말해요"의 학습목표는 욕이나 거친 말을 사용하지 않고 대화할 수 있는 것이다.

초등학교 5~6학년용 바른 언어습관 형성 교육자료[1]는 '마음을 헤아리며 대화해요'라는 제목으로 "배려하며 말해요, 말 속에 숨은 차별, 통신 언어도 예의 있게, 내 말에 상처받았나요?"의 4차시로 구성되었다.

1차시의 '배려하며 말해요'는 대화를 할 때 상대방의 입장이나 처지를 생각하지

1) 박형우 외(2012.6). 마음을 헤아리며 대화해요. 초등학교 5~6학년용 국어과 바른 언어습관 형성 교육자료, 교육과학기술부/인천광역시교육청.

않고 함부로 말하여 상대방의 기분을 상하게 하거나 상처를 주는 경우가 많이 있다는 실태 진단에서 비롯되었다. 따라서 고학년이 되면 사회성이 활발히 발달되면서 다른 사람과 원만한 관계를 유지하는 일이 중요해지는데, 이때 반드시 필요한 능력 중 하나가 대화할 때 상대를 배려하여 기분 좋게 대화를 이끌어 갈 수 있는 능력이므로 이에 대한 충분한 지도가 요구된다는 필요성에서 제시되었다.

학습목표는 다른 사람을 배려하며 말하는 방법을 알고, 실천할 수 있도록 하는 것이다.

교수–학습 단계와 절차는 도입 단계에서 '누렁소와 검정 소' 이야기 상황을 통해 듣는 사람의 입장을 생각하며 이야기를 듣는 것을 생각해 보게 한다. 또한, 다른 사람을 배려하며 말하는 방법을 알고 실천할 수 있는 학습문제를 확인한다. 전개 단계에서는 "배려하며 말하기의 의미와 중요성 알아보기, 배려하며 말했던 경험 나누기" 활동을 통해 문제를 탐구하고, '배려하며 말하는 방법 생각하기' 활동을 통해 대안을 탐색한다. 정리 단계에서는 '배려하며 말하기' 실천을 다짐하는 '나의 점수를 알아보고, 일기 쓰기(나는 배려왕)'를 하고 정리한다.

지도상의 유의점은 상대방을 배려하며 말하면 결국 나도 상대로부터 존중받게 되고, 사람들과의 관계도 돈독해질 수 있으므로 '배려하는 말하기'의 중요성을 스스로 깨달아 상대를 배려하며 말하려고 노력하는 태도를 기를 수 있도록 지도한다. 또한, 배려하여 말하기는 어렵고 복잡한 것이 아니라 어떤 상황에서 상대방의 입장이 되어 '내가 이 말을 들었다면 어떤 기분일까'를 생각해 보는 것에서 시작하는 것임을 알 수 있도록 지도한다.

2차시 '말 속에 숨은 차별' 수업의 학습목표는 차별하지 않고 대화하는 태도를 기르고 실천할 수 있다. 2차시의 주제는 성별, 인종, 장애 등을 이유로 편견을 가지고, 차별적 발언을 일삼는 경우가 학교 현장의 학생들 사이에서도 흔히 발견된다. 차별적 행위는 차별하는 말에서부터 시작되는 경우가 많기 때문에 자기도 모르게 쓰고 있는 차별적 발언이 무엇인지 깨닫게 할 현실적 필요성에서 제시되었다. 따라서, 최근 다문화사회로의 진입이 급격히 이루어지고 있는 초등학교의 교실 현장에서 차별적 시각을 없애는 말하기는 우리 사회의 조화로운 발전을 위한 첫걸음이라 할 수 있다.

지도상의 유의점은 나도 모르게 상대를 차별하는 발언을 하고 있음을 학습자 스스로 인식하고 그것이 무엇인지 찾아낼 수 있도록 하여 차별적 발언에 주의하는 태도와 습관을 기를 수 있도록 한다. 또한, 차별적 발언으로 고통받는 많은 사람들의 입장이 되어 보게 하고, 차별에 대한 편견을 깨고 '다양성'의 시각을 언어생활에서까지 견지할 수 있도록 지도한다.

3차시의 '통신언어도 예의 있게' 주제의 학습목표는 통신언어를 사용할 때 지켜야 할 언어예절을 알고 실천할 수 있는 것이다. 3차시의 주제는 '통신언어예절은 단순히 언어규범의 문제로 국한되지 않는다. 익명성을 악용하여 다른 사람을 함부로 비방하거나 허위 사실을 유포하는 경우 또는 즉각적 소통의 과정에서 일어나는 심각한 언어파괴, 비·속어의 남용 등 여러 문제점'이 드러나고 있는 현실에서 제시되었다. 따라서, 다양한 매체의 발달이 가속화되면서 사이버 공간에서 사람들과 대면하는 횟수가 많아짐에 따라 통신언어예절의 필요성이 크게 대두되었는데, 초등학생도 각종 악성 댓글이나 언어파괴 현상에 노출되는 비율이 높아지고 있으므로 예방 선도를 위한 충분한 지도가 필요하다.

지도상의 유의점은 '이 차시에서 다루는 통신언어예절은 인터넷을 이용할 때 지켜야 할 언어적 규범을 의미한다. 소통의 신속성을 위해 혹은 동질감을 드러내려는 목적으로 일어나고 있는 다양한 언어파괴 현상은 지나치게 부정적인 측면에서만 바라보기보다는 정확하고 바른 통신언어 사용의 동기를 마련할 수 있도록 지도한다. 또한, 인터넷의 악성 댓글은 최악의 경우 피해자들을 죽음으로 몰아넣게 할 수도 있을 만큼 심각한 문제로 통신언어에서 이용하는 비속어나 은어 등도 바른 국어생활을 위협하고 있으므로 문제의 심각성을 깨달을 수 있도록 하되, 부정적인 예를 많이 제시하면서 수업이 자칫 재미 위주로 흘러가지 않도록 한다.

4차시의 '내 말에 상처받았나요?' 수업의 학습목표는 상대방에게 상처 주는 말을 하지 않으면서 대화할 수 있는 것이다. 수업 주제는 직접적 대면상황 혹은 익명성이 보장되는 상황에서 일방적인 명령, 상대를 공포에 빠뜨리는 협박 혹은 남이 안 되기를 바라는 저주의 말을 일삼으며 상대방에서 상처를 안기면서도 죄책감조차 느끼지 못하는 어린이들이 관찰되고 있다는 데서 제시되었다. 따라서 장난삼아 혹은 재미삼아 던진 말이 듣는 사람에게 큰 상처가 될 수 있고, 큰 싸움을 만드는 원인이 되기도 하므로 이러한 습관은 개선되어야 한다.

지도상의 유의점은 상대에게 상처주는 말(명령, 협박 등) 자체에 대해 가르치기보다 그 말이 상대방이나 그런 부정적인 말을 하는 자신에게 끼치는 악영향에 대해 깊이 깨달을 수 있도록 지도한다. 그리고, 상대에게 상처 주는 말을 하게 되는 상황을 구체적으로 떠올려 보게 한다. 그 상황에서 대신 부탁, 설득, 축복하는 말을 할 수 있도록 연습시킨다. 결국 긍정적인 말을 하는 것이 자기 마음속에 '고운 빛'을 채우는 일임을 경험을 통해 느낄 수 있도록 한다. 또한, 부탁, 설득, 축복의 말을 잘 실천했을 때마다 '열매'(사과모양 쪽지)에 어떤 말이었는지 쓰고 학급의 나무에 붙여 보게 함으로써 학생들 스스로 긍지를 가질 수 있도록 한다.

(2) 중학교

중학교용 국어 인성교육 교재[2]는 "서로를 배려하는 슬기로운 언어"라는 제목으로 하여 "고운 말 바른 말, 나와 너, 그리고 함께 만드는 세상, 갈등을 해결하는 말과 글"의 세 차시로 구성하고 있다.

1차시 '고운 말 바른 말'의 수업의 학습목표는 "아름다운 우리말을 즐겨 사용할 수 있도록 함, 상대방을 존중하는 듣기·말하기 태도를 기를 수 있는 것"에 두고 있다. 소주제는 "(1) 아름다운 우리말과 (2) 마음과 마음을 연결하는 말"로 구성하고 있다.

| 그림 11-1 | 인성교육 프로젝트 교재(중학교)

2) 박영민 외(2012.6B). 서로를 배려하는 슬기로운 언어, 중학교 국어 인성교육 교재. 교육과학기술부/인천광역시교육청.

2차시 수업인 '나와 너, 그리고 함께 만드는 세상'의 학습목표는 "자신을 사랑하는 법을 알고 실천할 수 있다. 상대방의 생각을 존중하며 이야기할 수 있다."는 것에 두고 있다. 소주제는 "(1) '나'는 누구인가?와 (2) 이해가 존중을 부른다."로 구성되어 있다.

3차시 수업인 '갈등을 해결하는 말과 글'의 학습목표는 " '나-전달법'으로 자신의 감정을 솔직하게 표현할 수 있다. 갈등을 해결하기 위한 글을 쓸 수 있다."는 것에 두고 있다. 소주제는 "(1) 어떻게 말할까? 와 (2) 어떤 하루"로 구성되어 있다.

중학교용 도덕 인성교육 교재[3]는 "자아존중, 타인 배려, 공동체 의식 함양을 위한 인성교육 프로젝트" 제목으로 "나는 다른 사람보다 못한 것이 아니라 다른 거야. 한 번 더 생각해서 말하고 행동하면…, 스스로 만들고 함께 지켜" 세 차시로 구성하고 있다.

1차시는 '나는 다른 사람보다 못한 것이 아니라 다른 거야.' 주제로 "'자아존중감' 왜 중요할까?, 열등감을 넘어서, 나를 알 GO! 나를 높이 GO!"라는 소주제로 구성되어 있다. 학습목표는 "자아존중감의 의미와 중요성을 이해, 열등감을 극복하려는 태도, 자신과 더불어 다른 사람을 존중하는 마음"을 갖는 데 두고 있다.

2차시는 '한 번 더 생각해서 말하고 행동하면…'이라는 주제로 "감정조절과 올바른 의사소통, 왜 필요할까?, 감정조절 능력 기르기, 올바른 의사소통 능력 기르기"의 소주제로 구성되어 있다. 학습목표는 "감정조절과 올바른 의사소통의 필요성을 이해, 감정조절과 올바른 의사소통 능력 기르기"에 두고 있다.

3차시는 '스스로 만들고 함께 지켜요'라는 주제로 "규칙, 왜 필요할까?, 학급 규칙 만들기, 학급 규칙 지키기"의 소주제로 구성되어 있다. 학습목표는 "학급 규칙이 필요한 까닭을 이해, 학급 규칙을 절차에 따라 만드는 것, 학급 규칙을 지키려는 마음가짐을 가지는 것"에 두고 있다.

중학교용 사회 인성교육 교재[4]는 '어울려 함께하는 우리'라는 제목으로 "대화와

---

3) 서강식 외(2012.6B). 자아존중, 타인배려, 공동체 의식 함양을 위한 인성 교육 프로젝트, 중학교 도덕 인성교육 교재. 교육과학기술부/인천광역시교육청.

4) 곽한영 외(2012.6B). 어울려 함께하는 우리, 중학교 사회 인성교육 교재. 교육과학기술부/인천광역시교육청.

타협을 통한 갈등 해결, 친구 상처 치료해 주기, 다문화사회, 더불어 살아가기" 세 차시로 구성되어 있다.

1차시는 '대화와 타협을 통한 갈등 해결'이라는 주제로 "올바른 대화 나누기, 조정을 통한 갈등 해결하기"의 소주제로 구성되어 있다. 학습목표는 "대화의 중요성과 필요성을 이해, 올바른 대화와 타협으로 갈등을 해결"에 두고 있다. '황새와 조개' 싸움에서 '생각열기'를 이끌어 낸다. 올바른 대화 나누기를 위한 '생각 키우기 1'에서는 '나쁜 대화? 좋은 대화!'에 대한 대화 나누기를 통해 '친구의 이야기를 막는 열 가지 걸림돌'을 인식하게 된다. 이 과정에서 '나의 대화능력 진단검사'를 통해 나의 대화 수준과 문제점, 대안을 찾을 수 있다. 조정을 통한 갈등 해결하기의 '생각 키우기 2'에서는 갈등상황에서 '갈등 분석과 의견 모으기'를 통해 또래 조정하기를 체험하고, 합의서 작성하기를 통해 조정을 마무리한다. 이 과정에서 학급과 학교에서 일어날 수 있는 학교폭력과 관련된 갈등 조정을 통해 '평화로운 학급 만들기' 방법을 찾을 수 있게 된다.

2차시는 '친구 상처 치료해 주기'라는 주제로 "친한 친구 되기, 친구야! 힘들었지?"라는 소주제로 구성되어 있다. 학습목표는 "나와 친구의 다른 점을 이해, 친구의 이야기를 공감하며 듣고, 서로에게 도움이 되는 친구가 될 수 있는 것"에 두고 있다. '어린 왕자'의 보아 뱀이 맹수를 잡아먹는 그림을 통해 어른이나 타인과 내가 다를 수 있다는 '생각열기'를 갖게 된다. '친한 친구되기'의 '생각 키우기 1'에서는 '돼지 씨름'과 '양파링 놀이' 학급놀이를 통해 친한 친구를 느끼게 되고, '무한한 도전'의 게임을 통해 좀 더 친구와 가까워지게 된다. '친구야! 힘들었지?' '생각 키우기 2'에서는 자료 사례를 읽고 공감적 이해를 하면서 역지사지의 대화를 할 수 있는 친한 친구가 된다. 이 과정에서 '미안해, 고마워, 사랑해!'의 쪽지 보내는 활동하기와 '내가 지켜 줄게!'라는 또래상담 활동하기가 진행된다.

3차시는 '다문화사회, 더불어 살아가기'라는 주제로 "다문화사회 이해하기, 나의 다문화 지수 점검하기"의 소주제로 구성되어 있다. 학습목표는 "다문화사회로의 변화를 이해, 다문화가정 자녀도 우리 사회의 구성원으로 존중하려는 태도를 가지는 것"에 두고 있다. '생각열기'는 "아프리카에서 '살색' 크레파스 달라고 하면?"을 통해 인종차별적 의미를 생각하게 한다. '다문화사회 이해하기'의 '생각 키우기 1'에서는 세계화와 다문화사회에서 국내에 살고 있는 외국인 수와 다문화 혼인 건수 증가 추세 속에 우리 곁의 다문화 친구들이 어떤 삶을 살아가고 있는지 생각해 보게 한다. '나의 다문화 지수 점검하기'의 '생각 키우기 2'에서는 나의 다문화 지수 체크를 통해 다른 문화에 대한 편견과 선입견을 인식하면서 서로 공존할 수 있는 사회를 만들기 위한 '다름 = 틀림'이 아니라는 인식을 새롭게 한다. 이 과정에서 '고양이와 쥐' 게임의 '사회적 배제 경험하기', '활동하기 1'을 통해 다문화 감수성을 키우게 된다. 또한 영화 '방가? 방가!'를 통해 '타인의 감정 이해하기'의 다문화 감수성을 키울 수 있다.

(3) 고등학교

고등학교용 국어 인성교육 교재[5]는 '마음을 전하는 아름다운 언어'라는 제목으로 하여 "배려와 존중의 언어문화, 마음을 감싸는 언어, 전통과 소통하기" 세 차시로 구성하고 있다. '배려와 존중의 언어문화'의 수업은 상대방을 배려하는 태도와 상대방을 존중하면서 인터넷 언어를 사용할 수 있도록 하는 학습목표를 설정하고 '배려의 말하기 문화'와 '존중의 인터넷 문화'를 소주제로 이루어져 있다.

'마음을 감싸는 언어'의 수업은 글을 통해서 자신의 마음을 치유할 수 있고, 타인을 위로하고 응원하는 말을 할 수 있는 능력을 키우는 데 학습목표가 있다. 소주제는 '마음을 치유하는 글'과 '위로와 응원의 말'로 구성되어 있다.

'전통과 소통하기' 수업은 옛말에 담긴 뜻을 이해하고 언어예절을 지키면서 말할 수 있고, 전통적인 말 문화를 이해하고 실제 언어생활에 응용할 수 있도록 하는 데 학습목표를 두고 있다. 소주제는 '옛 문헌에 나타나는 언어예절'과 '우리의 전통적인 말 문화'로 구성되어 있다.

고등학교용 도덕 인성교육 교재[6]는 '비폭력 평화학교'라는 제목으로 "친구야,

5) 박영민 외(2012.6A). 마음을 전하는 아름다운 언어, 고등학교 국어 인성교육 교재. 교육과학기술부/인천광역시교육청.

6) 서강식 외(2012.6A). 비폭력 평화학교, 고등학교 도덕 인성교육 교재. 교육과학기술부/인천광역시교육청.

이젠 괜찮아, 누가, 어떤 책임을 져야 할까?, 바로 당신이 슈터 스타"로 구성되어 있으며 "두드림 단계, 피어남의 단계, 마주봄 단계, 번짐의 단계"로 전개된다.

'친구야, 이젠 괜찮아' 수업은 또래상담과 또래중재의 역할극을 통해 "친구의 소중함 이해, 또래상담에 필요한 바람직한 자세와 대화법 익힘, 또래중재의 절차를 이해하고 일상생활에서 실천하는 자세를 갖는 데 학습목표를 두고 있다. 두드림 단계에서는 '나에게 도움을 줄 수 있는 내 곁의 '프라이데이' 친구의 소중함을 찾게 한다. 피어남의 단계에서는 내가 찾은 친구의 존재가 진실한 관계가 아닌 '나-그것(it)'이라는 3인칭 친구관계인지? 아니면 믿음으로 소중한 친구가 되는 '나-너(You)' 관계인지를 느끼게 하고 나의 말에 귀 기울여 주고 내가 힘들 때마다 곁에 있는 친구의 소중함을 받아들인다. 마주봄 단계에서는 또래상담과 중재를 통해 친구의 아픔을 함께 나누고 나도 또래 상담자가 될 수 있다는 자신감을 갖게 한다. 이 단계에서는 또래상담 · 중재 역할극 절차(주제 선정, 대본 작성, 역할 분담, 역할극 시연 및 또래상담 · 중재)를 거친다. 마지막 번짐의 단계에서는 친구들과 함께 만들어 가는 존중과 배려의 비폭력 평화교실을 가꾸어 나가는 시도와 함께 만들어 나간다.

'누가, 어떤 책임을 져야 할까?' 수업에서는 "정의의 다양한 의미 이해, 디베이트 수업을 통한 타인과의 의사소통 능력 함양, 일상생활 속에서 정의로운 삶 실천"을 학습목표로 하고 있다. 두드림 단계에서는 일상생활에서 정의의 의미에 대해 생각해 보게 하고, 피어남의 단계에서는 자신이 생각하는 정의를 규정하게 하며, 마주봄 단계에서는 디베이트 수업절차에 따라 찬반 토론을 통해 말하는 능력, 상대방을 존중하며 듣는 능력 등 의사소통능력을 키운다. 번짐의 단계에서는 '불의에 대해서는 No!' 라고 저항해야 한다는 것과 옳음과 옳음의 갈등에서는 공정한 절차와 서로 존중하고 이해하는 의사소통을 통해 다양한 가치가 공존할 수 있다는 합의에 이르게 된다.

'바로 당신이 슈터 스타' 수업에서의 학습목표는 "생명의 소중함 이해, 삶에 대한 긍정적인 시각 형성, 자아존중감을 통한 절망과 열등감 극복"하는 것이다.

두드림 단계에서는 살아오면서 행복과 불행했던 순간에 대한 인생곡선을 그리게 하여 과거와 현재 그리고 미래의 절망을 어떻게 받아들이고 극복해야 할지를 느낀 점과 함께 생각하게 한다. 피어남의 단계에서는 자신이 세상을 주체적으로 보아야 하는 것과 오직 한 번뿐인 인생의 소중함을 받아들이고 긍정적으로 표현하도록 한다. 마주봄 단계에서는 공개 오디션의 단계(열등감 고백과 위로 및 칭찬의 1단계, 오디션 주제 및 장르 결정 2단계, 오디션 프로그램 구상의 3단계, 오디션 및 평가의 4단계)를 통해 슈퍼 스타를 선정하고 절망과 부정을 희망과 긍정으로 바꾼 모든 학생을 진정한 슈퍼 스타임을 인식하게 한다. 번짐의 단계에서는 생명의 소중함과 나에게 주어진 삶의 소중함을 느끼고 용기를 내어 사랑과 희망, 긍정을 향해 나아가는 행복한 삶을 향한 시작임을 받아들이게 한다.

고등학교용 사회 인성교육 교재[7]는 '함께 만드는 행복한 교실'이라는 제목으로 '나, 너, 그리고 우리 반 이야기', '자치의 시작, 학급 규칙 만들기', '학급 자치 법정으로 평화 학교 만들기'라는 3차시 주제로 구성되었다.

'나, 너, 그리고 우리 반 이야기' 수업은 "자신과 학급 친구들에 대한 이해의 폭 넓히기, 학급 친구들과 건전한 인간관계 형성"을 학습목표로 하였다. 소주제인 "인간관계의 시작, '자기 이해'" 단계에서는 타인에 대한 출발을 나 자신에 대한 이해에 두고, 자기 자신에 대한 올바른 이해와 수용을 통해 자신감, 용기, 성취동기, 자기 발전 및 인생의 성공의 토대임을 알게 한다. '나' 알아보기 단계에서는 나에 대한 객관적인 모습을 살펴보고 실제 모습과 비교를 통해 다른 사람과의 차이를 인정하게 된다. 마지막으로 '내가 말하는 나, 친구가 말하는 나' 단계에서는 '내가 말하는 내 모습', '친구가 말하는 친구 모습'이라는 학습지를 통해 친구가 말하는 나의 모습이 실제 나의 모습과 얼마나 일치하는지!, 내가 그동안 친구에게 몰랐던 부분이나 오해했던 부분에 대한 이해의 폭을 넓힐 수 있다.

'자치의 시작, 학급 규칙 만들기' 수업에서는 "규칙의 중요성과 필요성을 설명할 수 있는 능력과 일정한 규칙에 따라 학급 규칙을 제정할 수 있는 것을 학습목표로 한다. '규칙은 왜 필요할까요?' 수업 단계에서는 규칙의 필요성과 규칙의 조건, 학급 규칙의 개념을 알고 제정 절차에 따라 만들어 보려는 자세를 갖게 한

7) 곽한영 외(2012.6A). 함께 만드는 행복한 교실, 고등학교 사회 인성교육 교재. 교육과학기술부/인천광역시교육청.

다. 실제 활동하기 절차에서는 교사와 학생의 의견을 수렴, 안건 제안, 내용 심의, 의결, 공포 과정을 통해 학급 규칙을 채택한다. 학급 규칙 실행하기 활동 절차에서는 "사안 발생 및 벌점 누적 기록, 학급 자치법정 개최, 긍정적 처벌 이행" 과정으로 학급 규칙 위반 사례에 대한 규칙을 적용해 본다. '학급 규칙, 개정'의 활동과정에서는 "교사와 학생 의견 수렴, 안건 제안, 내용 심의, 의결, 공포" 절차를 통해 학급 규칙을 직접 개정해 본다.

'학급 자치법정으로 평화 학교 만들기' 수업에서는 학급 자치법정의 개념과 운영 절차 설명, 학급 자치법정에 적극 참여하는 자세를 갖는 데 학습목표가 있다.

소주제인 "학급 자치법정이란 무엇일까요?" 단계에서는 학급 자치법정의 개념을 교육적 관점에서 알게 하고, 다섯 단계(벌점 부과-점수 누적-법정 준비-재판 절차 진행-지도 이행 확인)를 걸쳐 마무리되도록 지도한다. '학급 자치법정이 열리기 전에' 활동하기 절차에서는 학급 상벌점 규정에 따라 '벌점 부과, 점수 누적, 법정 준비'의 과정을 익히게 한다. '학급자치법정이 열리면' 활동하기 절차에서는 학급 자치법정 진행 절차(재판부 입정-개정 선언-출석 확인-판사의 교육-과벌점자 선서-검사의 과벌점자 참석 이유 진술-변호인 변론-검사 최종 의견 진술 및 긍정적 지도 요청-변호인 최후 변론-과벌점자 최종 의견 진술-휴정 및 배심원 회의-재개정-배심원 합의문 낭독-판사에게 합의문 제출-판결 선고-재판부 퇴정)를 익히게 한다. 마지막 '학급 자치법정을 정리해 볼까요?' 활동하기 절차에서는 지금까지 학급자치절차에 따라 학급 자치법정을 직접 운영한 내용을 표로 정리해 봄으로써 학급 규칙의 중요성과 학급 자치법정에 대한 생각을 다지게 한다.

2) 학교폭력 예방을 위한 다양한 학교 내 활동

단위학교에서 학교폭력 예방을 위한 활동은 다양하게 이루어지고 있다.

'배움터지킴이'의 등·하교 및 일과 중 학교 주변 순찰, 학교폭력 관련 다양한 가정통신문 발송, 등·하교 시 교문에서 캠페인 활동(또래중조 등), 등·하교 및 중식시간, 청소시간에 학교폭력 예방에 대한 방송 캠페인, 일과 중 학부모 보람

교사단 순찰, 중식시간 외출학생을 위한 학교 주변 순찰, 법률에 따라 학생 대상의 학기당 1회 이상의 교육(강의 등), 월 1회 학교폭력 설문조사 실시, 4월·9월 학교폭력 집중 실태조사, Wee 클래스 운영, 또래중조 프로그램 운영, 도움반 도우미 학생 운영, 학교폭력 건의함 증설, 학기별 1회 친구사랑 주간(1주일) 운영, 문자 메시지 발송, 학생회 자치활동 활성화로 학급 및 학교 내 폭력 예방 인식 강화, 학교스포츠클럽 활성화로 배회 학생 및 비행 감소 효과, 학교폭력 예방 및 효율적인 대처방안에 대한 교원연수 실시, 학교(학생인권부)–담임교사–가정(부모)의 입체적인 생활지도 등[8]이 있다.

학교 내에서 이루어지는 다양한 학교폭력 예방활동 중 몇몇 활동을 소개하면 다음과 같다.

첫째, '배움터지킴이' 활동이다. '배움터지킴이'는 경찰이 학교폭력을 막기 위해 2005년 5월부터 7월까지 경찰을 학내에 상주시키는 '스쿨폴리스 제도'를 부산에서 처음 시범실시한 후, 학교폭력이 감소하는 등의 긍정적 효과가 나타남에 따라 명칭을 '배움터지킴이'로 변경하여 전국적으로 확대하여 실시[9]하고 있다.

'배움터지킴이'의 목적은 전직 경찰, 전직 교원, 상담사 등이 교내 순찰과 학생 상담을 통해 학교폭력을 방지하기 위한 것이다. 배움터지킴이는 학생들의 등·하교 시간에 맞춰 출·퇴근하며 학내폭력 현장을 적발한 경우, 경미한 폭력은 지도교사에게, 중대한 폭력은 학교폭력대책자치위원회에 통보한다. 이들은 교내 화장실이나 옥상 등 후미진 곳을 반복 순찰하고, 학생상담 등을 통하여 학교 내에서 발생하는 학교폭력 예방에 주력함으로써, 피해학생 보호 및 가해학생을 선도하는 역할을 담당한다.

'배움터지킴이'는 학교폭력 사건 발생 시 자문을 요청하고, 학교 취약지역을 중심으로 순찰하는 역할을 하게 된다. '배움터지킴이'는 전국의 각급학교에 배치되고 있다. '배움터지킴이'는 대다수가 전직 경찰이었거나 유사한 경험을 가지고

---

8) 학교폭력 예방을 위한 일반적인 다양한 활동들을 기술하였다. 학교급 및 학교 사정에 따라 적용 여부 및 운영이 조금씩 다를 수 있다.

9) 교육과학기술부·법무부(2009). 굿바이! 학교폭력-학교폭력·성폭력 예방 및 대처 가이드북.

| 표 11-1 | 학교폭력 예방 관련 가정통신문

인품과 실력을 갖춘 베스트 ○○인 육성

교 훈	가정 통신문	☏ 교무실 031-○○○-○○○
진리 · 자유	2012 - 014 ○○고등학교	☏ 행정실 031-○○○-○○○ http://○○.hs.kr

안녕하십니까? 댁내 두루 평안하시길 기원합니다.
요즈음 각종 매스컴을 통해서 학부모님 댁에서도 학교 폭력의 심각성에 대해 잘 알고 계시리라 생각합니다. 본교에서는 자녀들이 안심하고 건전한 학교생활을 할 수 있도록 최선의 노력을 다하고 있습니다. 학교 폭력 예방을 지속적으로 이루기 위해서는 학교의 노력만으로는 성과를 거두기 어렵고, 학부모님들의 관심과 협조가 매우 중요합니다. 학부모님께서는 깊은 관심과 보살핌으로 귀댁 자녀를 살펴주시고, 혹여 조금이라도 이상 징후가 발견되면 즉시 담임 선생이나 학생인권상담부로 연락을 주시면 신속히 대응하여 처리하도록 하겠습니다.

■ 폭력 예방을 위해서는

- 학교에서 일어난 일에 대해 자녀와 하루에 최소 30분 정도의 시간을 할애하여 대화를 나누어 보시고, 가족이 든든한 지원자라는 사실을 잊지 않도록 상기시켜주시기 바랍니다.
- 고가의 물품은 학교에 가져가지 않도록 지도해 주시고, 외출 시에는 행선지와 귀가시간을 말하도록 지도해 주시기 바랍니다.
- 학교에서 친구들과 사이좋게 지내고 다른 학생을 고의로 소외시키거나 괴롭히는 행동은 범죄라는 사실을 알려주시고 등교하기 전 긍정적인 칭찬으로 자신감을 북돋아 주시기 바랍니다.
- 무관심이 학교폭력 피해자와 가해자를 만든다는 사실을 알려주시고 부모님과 선생님 혹은 친구에게 도움을 청하는 행동이 부끄러운 것이 아닌 용기 있는 행동임을 상기시켜주시기 바랍니다.
- 친구란 배려하고 이해해주는 것이며 힘들 때나 기쁠 때 힘이 되어주는 친구가 진정한 친구라는 사실을 알도록 지도해 주시고, 방관자가 아닌 친구를 돕는 구호자가 되어야함을 상기시켜주시기 바랍니다.

■ 학교 폭력 상담 및 신고

- 학교폭력신고센터 : 국번없이 '117', 문자신고 : #0117로 학교폭력내용을 작성하여 문자
- ○○고등학교 학생인권상담부 : 031-439-1381
- 온라인 신고 : http://www.safe182.go.kr, 1:1 채팅 상담 : http://www.safe182.go.kr
- 경찰청 학교폭력상담신고센터(http://www.police.go.kr)
- 한국청소년상담원(http://www.kyci.or.kr)

2012. 03. 12.

○ ○ 고 등 학 교 장

있어서 교원들이 학교폭력이나 성폭력 사건이 발생한 경우 형사절차 등에 대해 자문을 구할 수 있다. 특히 심각한 성폭력이나 학교폭력 사건의 경우 학교에서 초기에 법적으로 엄정하게 대처하는 것이 사건 해결 등에 있어서 매우 중요하므로 배움터지킴이의 도움은 중요하다.

둘째, 학교폭력 관련 가정통신문 발송을 통한 학교폭력 예방활동이다. 학교에서는 3월 초 학교폭력 예방 및 신고방법, 학교폭력 실태조사 결과, 성폭력·성범죄 예방교육, 성폭력 및 성희롱·양성평등교육, 재량휴업일 및 5월 집중 학교폭력 예방 및 생활지도, 학교폭력 피해학생 선치료지원-후지원시스템 안내, 하계방학 학교폭력 예방 생활지도, 자살예방 및 굿바이 학교폭력, 2차 학교폭력 실태조사 안내 등에 대한 가정통신문을 발송한다. 이는 가정에 홍보 및 연계 지도를 할 수 있다는 데 중요성이 있다. 표 11-1 은 학교에서 가정에 발송한 학교폭력 관련 가정통신문의 한 예이다.

셋째, 학교폭력 예방을 위한 홍보와 캠페인 전개이다. 경기도 안산의 ○○고등학교에서는 학생들이 매일 아침 등교시간에 학교폭력 예방을 위한 캠페인을 하고 있으며 그림 11-2 아침 등교시간과 점심시간 그리고 하교시간에는 세 차례 표 11-2 , 표 11-3 과 같은 문안의 학교폭력 예방 및 신고 방법에 대한 홍보 방송(학교폭력예방 홍보방송 문안 참조)을 하고 있다. 등·하교 시 동료들의 캠페인 피켓을 보고 계도 방송을 들음으로써 학교폭력 예방에 큰 효과를 보이고 있다.

그림 11-2 등교시간 학교폭력 예방 캠페인

| 표 11-2 | 학교폭력 예방에 대한 홍보방송

●●● 학교폭력예방 교육방송 문안

안녕하세요, ○○고등학교 학생 여러분 !
언제나 여러분과 함께 하고 있는 ○○고등학교 학생인권생활부입니다. 최근 우리는 스마트폰과 SNS가 매우 생활화되어 있는 시대에 살고 있습니다. 특히 우리 청소년 여러분은 스마트폰을 하루라도 떼어놓고는 지낼 수가 없겠죠? 하지만 이러한 스마트폰과 SNS 속에서도 학교폭력이 이루어질 수 있다는 점 알고 계셨나요?
학교폭력 예방 및 대책에 관한 법률에서 정의된 학교폭력이란 폭행, 상해뿐 아니라 명예훼손, 모욕 등 다양한 형태를 포함한 것이며 특히, 그중 강제적 심부름, 언어폭력, 사이버 따돌림 역시 학교폭력으로 규정하고 있습니다.
특정인에 대해 모욕적 말이나 욕설 등을 인터넷 게시판, 채팅, 카페 등에 올리는 행위, 허위 글이나 개인의 사생활에 관한 사실을 인터넷, SNS, 카카오톡 등을 통해 불특정 다수에 공개하는 행위 등 정보통신망을 이용해 타인에게 신체적·정신적 피해를 주는 행위는 모두 사이버 따돌림으로 정의할 수 있습니다.
○○고등학교 학생 여러분 ! 학교 안팎에서 사소한 장난으로 시작된 행동일지라도 친구들에게 마음에 상처를 주고 신체적 괴로움을 준다면 그것은 분명한 학교폭력입니다. 학교폭력 신고는 '고자질'이 아니라 정의를 실천하는 것입니다. 주저하지 말고 학생생활인권부와 학교폭력 상담전화 117을 통해 상담하세요. 여러분은 대한민국의 미래입니다. 감사합니다.

| 표 11-3 | 학교폭력 신고방법에 대한 홍보방송

●●● 학교폭력예방 교육방송 문안

안녕하세요, ○○고등학교 학생 여러분 !
언제나 여러분과 함께하고 있는 ○○고등학교 학생인권생활부입니다. 학교폭력은 여러분의 학창시절과 더 나아가 인생을 망가뜨릴 수 있는 심각한 범죄입니다. 그것은 피해학생과 가해학생 모두를 불행하게 만드는 일입니다.
또한 학교폭력 현장에서 방관하는 친구들도 가해학생과 다름없습니다. 학교폭력 사실을 알고도 모른 척하는 것은 피해학생을 절망 속으로 빠뜨리는 행동입니다.
여러분, 학교폭력은 지금 매우 중요한 시기에 놓여 있는 학생들에게 인생에 큰 오점을 남기게 될 것입니다.
지금 학교에서 시행하는 다양한 상담프로그램과 동아리 활동 등 여러 방법을 통해 여러분의 고민을 해결할 수 있습니다.
학교폭력을 막기 위해 가장 필요한 사람은 바로 여러분입니다.
학교폭력은 단 한 사람의 노력으로 해결되지 않습니다. 우리 고잔고등학교 모든 학생들이 동참하여 따뜻한 학교 문화를 만드는 데 앞장서야 합니다.
교내 학교 폭력문제가 있다면 지금 당장 학생인권생활부와 학교폭력 상담전화 117을 통해 상담하세요. 신고자의 신분은 절대적으로 보장됩니다.
우리 ○○고등학교 학생들의 미래는 대한민국의 미래입니다. 감사합니다.

2. 교사의 위기관리 프로그램

1) 교사의 단계별 위기관리[10]

학교폭력에 대한 교사의 역할로서 3단계별 대처방안을 제시하고 있다. 사전 관리-발생 시 관리-사후 관리의 3단계이다.

1단계인 사전 관리의 단계는 위기 발생을 사전에 예측하여 방지는 것으로, 학교폭력예방법 제15조에 따라 "학생과 교직원에 대한 학기별 1회 이상의 교육, 학부모에게 예방교육 홍보물을 연 1회 이상 배포하는 것"을 주요 내용으로 한다.

예방교육의 내용은 "학교폭력의 개념, 학교폭력 발생 시 처리, 피해학생은 초기에 적극적으로 도움을 요청하도록 함(국번없이 117번), 학교폭력 목격자는 법률상 신고 의무"가 있다는 것이다. 특히 교사의 예방상담으로서 "표면화되지 않은 피해자 발견 시 확대 방지를 위한 상담 개입, 전문적 상담교사 배치에 따른 담임교사의 역할, 개개인 학급생활 파악으로 선도가 필요한 학생에 대한 적극적 면담"이 필요하다.

2단계인 발생 시 관리 단계에서는 위기 발생 직후 피해를 최소화하고, 신속한 해결은 물론 안전 상태로 조기 회복을 내용으로 한다. 학교폭력 발생 시 부정적인 이미지를 우려하여 사건을 은폐하려는 경우 교사의 책임문제가 발생한다. 특히 선도위원회나 징계위원회를 열어 대신하려는 경우도 있으나 법적 절차에 따라 자치위원회를 열어서 사건을 처리해야 한다. 학교폭력대책 자치위원회를 통한 해결이 어려운 진실규명의 문제가 생길 경우에는 수사기관에 의뢰하는 방안도 고려할 수 있다.

학교폭력 발생 시 세부적인 처리절차를 제시하고 있는데, 단계별 처리 주체와 관련하여 보면 다음과 같다. 폭력사건 발생 인지 – 신고접수 및 학교장 보고(학교폭력 전담기구) – 즉시조치(학교장, 학교폭력 전담기구, 담임교사) – 사안 조사(학교폭력 전담기구, 담임교사) – 가·피해학생 부모 면담(학교폭력 전담기구, 담임교사) – 처리방향 심의(학교폭력 전담기구) – 처리방향 결정(학교장) – 자치위원회 개최 및

10) (재)자녀안심하고 학교보내기운동 국민재단(2012). 학교폭력에 대한 교사의 역할. 법무부 & 교육과학기술부.

조치(자치위원회) – 결정 통보 및 재심 안내(학교장) – 조치실행 및 사후 관리(학교장, 담임교사, 전 교원)이다.

서면 자료	피해에 대한 일체의 진술서, 피해학생의 일기장, 주변 친구의 진술서, 병원 진단서
사진 자료	상처가 있으면 즉시 촬영
사이버 자료	이메일, 채팅 내용, 게시판 글 등을 화면 캡처하거나 출력
녹취 자료	목격자를 만나 진술을 듣고 녹음 (대화자 간의 녹음은 상대방의 동의가 없어도 합법임)
휴대폰 자료	문자 · 음성메시지 보관

| 그림 11-3 | 학교폭력 발생 시 자료수집

무엇보다도 학교폭력 발생 시 분쟁 조정 또는 이후 소송에 의하여 사건이 진행되는 경우 신속하고 타당성 있는 해결을 위해서는 증거 확보가 매우 중요하다. 물적 증거나 목격자 진술이 없고, 가해자와 피해자의 진술이 상반되더라도 피해자 진술내용에 신빙성이 있는 경우 피해자 진술만으로 현행법상 가해자 처벌이 가능하다.

| 표 11-4 | 학교폭력 발생 시 처리절차

단계	처리 내용	비고
폭력사건 발생 인지	사건현장 목격, 117 신고센터 통보, 신고 등을 통해 사건 발생을 인지한 교사, 학생, 학부모 등은 학교폭력전담기구(책임교사 등)에 신고	
신고접수 및 학교장 보고	• 학교폭력전담기구는 신고된 사안을 신고대장에 반드시 기록하고, 학교장 담임교사에게 보고하고, 가 · 피해 학생 학부모에게 통지 • 사안이 중대한 경우, 학교장 및 자치위원장에게 즉시 보고	학교폭력 전담기구

즉시조치	• 피해학생과 가해학생 즉시 격리 신고·고발한 학생도 피해학생의 수준에서 가해학생으로부터 보복행위를 당하지 않도록 조치 〈피해학생〉 – 「아동·청소년의 성보호에 관한 법률」에 따라 성폭행에 대해서는 반드시 수사기관에 신고하고 성폭력 전문상담 기관 및 병원을 지정하여 정신적·신체적 피해 치유 – 피해학생의 신체적·정신적 피해를 치유하기 위한 조치 실시 〈가해학생〉 – 2인 이상의 학생이 고의적·지속적으로 폭력을 행사하는 경우 등에 해당하는 사안이라면 학교장은 가해학생에 대해 출석정지 – 가해학생의 선도가 긴급한 경우 「학교폭력 예방 및 대책에 관한 법률」 제7조 제4항에 따라 학교장은 가해학생에 대한 조치를 취한후 자치위원회에 즉시 보고하여 추인	학교장, 학교폭력 전담기구, 담임교사
사안 조사	• 학교폭력전담기구에서 구체적인 사안조사 실시 가·피해학생 면담 주변 학생조사 설문조사 객관적인 입증자료 수집 등 • 가·피해학생 심층상담 조사한 결과를 바탕으로 가해자와 피해자 확정 – 성폭력의 경우 비밀유지에 유의	학교폭력 전담기구, 담임교사
가·피해학생 부모 면담	조사결과에 대해 부모에게 알리고 향후 처리절차 등에 대해 통보	학교폭력 전담기구, 담임교사
처리방향 심의	자치위원회 또는 징계위원회 회부 여부 결정	학교폭력 전담기구
처리방향 결정	전담기구의 심의결과를 바탕으로 자치위원회 개최 요구	학교장
자치위원회 개최 및 조치	• 자치위원회를 개최하여 가·피해학생에 대한 조치 결정 • 가해학생 및 보호자에게 의견진술의 기회를 부여하는 등 적절한 절차를 거쳐야 함	자치위원회
결정 통보 및 재심 안내	• 자치위원회의 결정을 가해자와 피해자 및 그 보호자에게 통보 • 통보 시 재심을 받을 수 있는 방법 안내	학교장
조치실행 및 사후 관리	• 학교장은 자치위원회의 조치 요청이 있는 경우, 14일 이내에 해당 조치를 해야 함 • 가해학생과 그 보호자가 조치를 거부하거나 회피하는 경우 관련 법령에 따라 징계 또는 재조치 • 교육감에게 조치 및 그 결과 보고 ※ 학교폭력 예방 및 대책에 관한 법률 제9조 ㉮·피해학생이 안정적인 학교생활을 할 수 있을 때까지 심리치료 재활치료 생활지도 등 실시 • 가·피해학생 소속 학급, 필요 시 학생 전체를 대상으로 학교폭력 예방교육 실시	학교장, 담임교사, 전 교원

3단계인 사후 관리의 단계에서는 2차 피해와 재발방지를 위한 대책 수립, 위기교육 활동을 주 내용으로 한다. 이 단계에서는 피해학생을 위한 프로그램과 가해학생을 위한 프로그램이 있다.

우선 피해학생을 위한 프로그램으로는 '수호천사' 프로그램이 있다. '수호천사'는 동급생이나 상급생을 짝지어 주어 항상 챙겨 줄 수 있도록 하는 방법이다. 또한 학부모나 교사, 수호천사가 직접 등·하교를 시켜 주는 것도 좋은 방법이다. 전문상담기관을 소개시켜 주어 학교폭력으로 받은 정신적인 문제를 해결할 수 있도록 도와줄 수도 있다.

가해학생을 위한 프로그램은 '지역인사 멘토제', '사제동행 등산', '학부모 봉사', '운동팀 구성' 등이 있다. '지역인사 멘토제'는 가까운 곳에서 항상 지켜보며 가해학생을 발전적인 방향으로 이끌어 줄 수 있는 지역인사를 선정해 주는 방법이다. '사제동행 등산'은 가해학생과 교사 사이의 친밀감을 유지하고 관계를 돈독히 함으로써 행동을 수정할 수 있도록 유도하는 방법이다. '학부모 봉사'는 가해학생이 처벌로 사회봉사 등을 명령받았을 때, 가해학생의 부모도 봉사활동에 함께 참여하도록 하는 것이다. 깊게 참회하는 부모의 모습으로부터 아이들도 반성하기 시작한다는 데서 비롯되었다. 또 가해학생 및 선도가 필요한 학생을 모아 운동팀을 구성하여 교내·외 경기를 진행하게 하는 것도 좋은 방법이다. 운동을 통해 스트레스를 발산하고, 규칙준수와 소속감, 애교심을 고양시켜 학교생활에 충실히 임할 수 있도록 유도할 수 있다. 시·도교육감은 가해학생 재활 프로그램을 필수적으로 운영하고, 학부모 동의 없이 가해학생에 대한 심리치료를 실시할 수 있다.

2) 학교폭력 사안에 대응 기본지침[11)]

첫째, 학교폭력 발생 시 가해학생에 대한 "즉시 출석정지"를 해야 하는 사안이

11) Ibid. pp.39-42.

있다. 즉, 「학교폭력 예방 및 대책에 관한 법률」 제17조 제4항에 따라 다음의 학교폭력 사안에 대해서는 학교장이 가해학생에 대한 '출석정지' 조치를 반드시 실시해야 한다는 것을 인식해야 한다. "2명 이상의 학생이 고의적 · 지속적인 폭력을 행사한 경우, 폭력을 행사하여 전치 2주 이상의 상해를 입힌 경우, 학교폭력에 대한 신고, 진술, 자료 제공 등에 대한 보복을 목적으로 폭력을 행사한 경우, 학교의 장이 피해학생을 가해학생으로부터 긴급하게 보호할 필요가 있다고 판단하는 경우"이다.

이에 대한 조치방안으로는 "출석정지 기간은 학교 실정에 맞게 구체적으로 기준을 정함, 출석정지 기간 중에는 학교 내 상담실 또는 Wee 클래스에서 특별교육을 실시함, 특별교육은 상담교사 주관으로 상담, 교과 자율학습을 포함하여 학교 자체에서 운영하는 것을 원칙으로 함, 가해학생에 대한 긴급조치 후, 신속하게 학교폭력대책자치위원회를 소집하여 피해학생에 대한 보호 조치를 실시해야 함"이다.

둘째, 담임교사가 자체 해결할 수 있는 사안에 대한 인식이다. 이의 판단기준은 "가해행위로 인해 피해학생에게 신체 · 정신 또는 재산상의 피해가 있었다고 볼 객관적인 증거가 없고, 가해학생이 즉시 잘못을 인정하여 피해학생에게 화해를 요청하였을 때 피해학생이 화해에 응하는 경우"이다.

이에 대한 조치방안은 담임교사가 또래상담, 또래중재, 학생자치법정, 학급총회 등 학생들이 스스로 문제를 해결할 수 있는 또래프로그램을 활용할 수 있도록 여건을 마련해야 한다는 것이다. 이때, 학교 실정에 맞는 또래프로그램을 도입하고, 이를 운영할 수 있도록 담임교사의 전문성 향상을 위한 연수를 지원하는 것이 필요하다. 다만, 담임교사가 사안 인지 후 3일 이내에 해결을 하지 못하는 경우에는 일반적인 절차를 거쳐야 하는 사안으로 처리하도록 한다.

담임교사가 적용할 수 있는 또래 프로그램은 표 11-5 와 같다.

셋째, 일반적인 절차를 거쳐야 하는 사안에는 '가해학생에 대한 즉시 출석정지 조치 대상이 아닌 폭력사안, 담임교사가 자체 해결할 수 없는 폭력사안'이 있다. 조치방안으로는 학교폭력전담기구를 통해 사안을 보고 받은 즉시 사안의 경중을 판단하여 가해학생에 대한 선도가 긴급하다고 인정되는 경우에는 「학교폭력 예방

| 표 11-5 | **또래 프로그램**

구분	프로그램 특징
또래상담	• 또래가 상담자가 되어 동료학생의 눈높이에서 고민을 상담하고 함께 문제해결 • 갈등의 이상 징후 발견 및 예방에 초점 ※ 서울 신연중 : 또래상담반 운영결과 폭력 발생 건수가 절반 이하로 감소
또래중재	• 학급에서 신뢰(추천 등)받는 학생이 훈련을 통해 중재자가 되어 학생 간 문제를 해소하고 교사 · 전문상담사 등 갈등조정전문가는 이를 지원 • 갈등 발생 후 조정 및 화해에 초점 ※ 인천 연수초 : '갈등 윈윈프로젝트' 운영 결과 학생 간 갈등문제 해결
학급총회	• 갈등상황 발생 시 담임선생님을 중심으로 학급 학생 모두가 참여하여 토론을 통해 갈등해결 모색(소규모 학교의 경우 학년총회 운영 가능) • 노르웨이 : 학급총회가 중심이 되는 '올베우스 프로그램'을 통해 학교폭력 60% 이상 감소
학생자치 법정	• 학생들이 경미한 학칙위반 등의 사안에 대해 상 · 벌점제와 연계하여 학생 스스로 변론하고 자율적 징계 실시 ※ 경기 행신고 : 자체 학생 변호인단 조직 등 '행신 로스쿨' 운영을 통해 학생들의 교칙에 대한 이해도 제고 및 발표력 · 논리력 향상의 긍정적 효과 발생

자료: (재)자녀안심하고 학교보내기운동 국민재단(2012).

및 대책에 관한 법률」 제17조 제4항에 따라 선도조치를 실시하고, 학교폭력대책자치위원회에 즉시 보고하여 추인을 받아야 한다. 선도가 긴급한 경우의 선조치에는 '피해학생에 대한 서면사과, 피해학생 및 신고 · 고발학생에 대한 접촉, 협박 및 보복행위의 금지, 학교에서의 봉사, 학내 · 외 전문가에 의한 특별교육 이수 또는 심리치료, 출석정지(기간 제한 없음)'가 있다. 사전 선도조치 결정은 학교폭력전담기구와 협의를 거쳐 결정하되, 학교 폭력사안의 심각성, 가해학생의 태도, 가해행위의 지속성 등을 고려한다. 가해학생에 대한 선도조치가 긴급하지 않은 경우, 우선 가해학생과 피해학생의 격리조치를 취한 후 신고받은 후 7일 이내에 학교폭력대책자치위원회를 개최한다.

3. 피해자 치유 프로그램[12)]

학교폭력 피해학생을 위한 치유 프로그램은 기본 프로그램과 심화 프로그램으로 나누어 운영될 수 있다. 기본 프로그램으로서 심리적 치유를 위한 통합 모형 단계는 "1단계 도입, 2단계 폭력 경험의 재경험, 3단계 감정 쏟아붓기, 4단계 어우러지기, 5단계 나 세우기, 6단계 마음 털기"로 이루어진다. 심화 프로그램으로서 개인 내적 및 대인관계 역량을 강화하는 "스트레스 대처 훈련 프로그램, 사회적 기술 훈련 프로그램"으로 운영된다.

1) 기본 프로그램

(1) 프로그램의 목적

학교폭력 피해학생 치유를 위해 정서 각성 및 조절기능을 회복시키고 자기에 대한 인식을 긍정적으로 변화시키며, 대인관계 능력을 회복시키는 데 초점을 두고 있으며, 다음과 같은 목적이 있다.

첫째, 학교폭력으로 인해 발생한 마음의 상처를 치유하고, 심리적 부적응을 초래하는 파괴적 감정들을 관리할 수 있게 된다.

둘째, 심리적 부적응을 증폭시키는 자기인식을 자기효능감과 긍정적 자아상 회복을 통해 긍정적으로 변화시킨다.

셋째, 학교폭력으로 인한 왜곡된 사회적 관계를 회복시켜 학생들의 학교 재적응을 가능하게 하며, 나아가 심리적 성장 기반을 구축한다.

12) 피해학생을 위한 치유프로그램은 구본용 외 5인이 2008년 학교폭력 피해학생들을 치유하기 개발한 기본프로그램과 심화프로그램 내용을 거의 그대로 실었음을 밝혀둔다. 전문가뿐만 아니라 일선학교 교사들이 학교폭력 피해자 치유를 위해 쉽게 사용할 수 있도록 구성되었기에 유용하리라 생각된다. 좀 더 상세한 프로그램 운영 실제에 대해 알고 싶으면 다음의 자료를 참고하기 바란다. 구본용・박제일・이은경・김홍준・이기숙・권현용(2008). 학교폭력 피해학생 치유프로그램 지도자용지침서. 교육과학기술부.

(2) 프로그램의 구성

기본 프로그램의 구성은 도입단계와 전개단계 그리고 종결단계로 구성하였다. 도입단계에서는 프로그램에 참여한 학교폭력의 피해경험이 있는 학생들이 집단치료 활동에 참여할 준비를 하는 단계로 주로 참여자들의 자기소개나 학생들 간의 친밀감 형성과 신뢰로운 집단 분위기 형성을 위한 활동으로 구성되었다. 피해경험이 많은 학생들은 긴장되거나 사회적으로 위축되어 있으며, 타인을 쉽게 신뢰하지 못하는 경향이 있기 때문에 특히 도입단계에서 참여자들이 마음을 풀고, 서로에게 친밀감을 회복시켜 주는 집단활동은 본격적인 치료과정을 시작하기 전에 매우 중요하다. 이러한 활동은 이들에 대한 개인 상담과정에서도 교사와 학생들이 초기 상담단계에서 상호 간에 학생들 사이에 신뢰감을 형성하는 것이 중요한 것과 그 의미가 같다.

도입단계는 치료의 본 단계로 폭력피해학생들이 첫 번째로 자신들의 폭력피해경험의 재경험을 통해 자신의 감정을 인식하고 수용하며, 폭력피해 과정에서 발생한 역기능적이고 파괴적인 감정들을 조절할 수 있는 능력을 기른다. 이 단계에서 폭력피해경험으로 발생한 자신들의 상처와 부정적 감정들이 교사나 다른 학생들로부터 이해되고 공감되는 과정을 통해 치유의 과정이 시작된다. 자신의 감정이 수용되고 폭력가해학생들에 대한 분노나 적대감들이 표출되는 경험은 피해학생들의 감정을 정화시켜 주게 된다. 감정의 인식과 수용, 그리고 적절한 표출은 피해학생들의 손상된 자기 감정 인식 및 조절능력을 회복시켜 주는 데 기여하게 될 것이다. 도입단계에서 학생들이 도와야 하는 것이 긍정적인 자기효능감을 경험할 수 있도록 돕는 것이다.

학교폭력 피해를 치유하기 위해서는 폭력피해로 인해 낮아지거나 부정적으로 변화한 자기에 대한 인식을 긍정적으로 변화시켜 주는 것이 필요하다. 이를 위해서 피해학생들로 하여금 자기효능감을 높여 줄 수 있는 교사의 개입이 필요하다. 이는 자기효능감이 증진되어야 피해학생들의 자기인식이 회복될 것이기 때문이다. 자기효능감은 적절한 성취경험을 바탕으로 증진된다.

따라서 본 프로그램에서는 피해학생들의 자기효능감 증진을 위해서 사회적 관계에서의 성취경험을 하도록 구성되었다. 즉, 피해학생들로 하여금 사회적 관계에서의 적절한 성공경험을 할 수 있도록 지도하고, 사회적 관계에서 이러한 성취경험을 통해 자신의 사회적 관계에서의 자기효능감을 증진시키도록 하였다. 자기에 대한 부정적 인식을 변화시키기 위해 자기효능감 증진을 위한 대입과 더불어 본 프로그램에서는 피해학생들이 지니고 있으나 피해경험에 의해 제대로 인식하거나 기능하지 못하고 있는 학생들의 긍정적 측면들을 새롭게 정리할 수 있도록 도와 자신에 대한 부정적 인식에서 벗어나도록 하였다.

마지막 종결단계에서는 학교폭력 피해학생들이 자신을 용서하는 과정을 거쳐 마음의 상처로부터 회복할 수 있도록 프로그램이 구성되었다. 본 프로그램의 목적과 구성내용을 정리하면 다음 표 11-6 과 같다.

표 11-6 학교폭력 피해학생 치유단계별 프로그램 목적 및 내용

단계	회기	목 적		구성내용
도입	1	① 친밀감 형성 ② 참여(치유) 동기 유발		• 자기소개, 오리엔테이션 • 집단의 친밀감 형성, 신뢰로운 분위기 형성
전개	2	감정조절 능력 회복	① 감정인식 및 정화 ② 피해로 인한 상처 수용 및 치유 ③ 감정관리 능력 습득	• 학교폭력 사건 재경험하기 • 감정 구체화하기 • 이해받고 수용하기(경험 공유하고 공감 주고받기) • 감정 표현하고 관리하기
	3			
	4	긍정적 자아상 정립 및 사회적 능력 증진	① 사회적 기본 기술습득 ② 사회적 자기효능감 증진 ③ 성공적 또래관계 경험	• 친구사귀기의 행동 연습하기 • 성공적인 친구사귀기 경험하기 • 기본적인 사회기술 배우기
	5		① 긍정적 자기 재발견 ② 자기비난 중지 ③ 폭력 대처능력 증진	• 숨겨진 자기 장점 확인하고 수용받기 • 부정적 자기 진술방식 변화시키기 • 폭력에 대처방법 배우기
종결	6	나를 수용하고 희망 찾기		• 자기를 용서하기 • 희망 정리하기

(3) 프로그램의 진행과정

학교폭력의 치유를 위한 기본 프로그램은 'debriefing model'을 근거로 정서적 접근과 인지적 접근이 결합된 통합된 접근을 기초로 한다.

'debriefing model'은 Juhnke(1997)가 제안한 정서적 치유를 목적으로 한다. 이 모델에 의하면 폭력 피해자들을 치유하기 위한 집단 치유프로그램의 첫 번째 단계는 도입단계로 집단의 비밀보장과 신뢰성의 문제가 토의되며 신뢰성을 쌓는 일이다. 두 번째 단계는 '사건 다시 말하기(fact gathering)' 단계로 자신이 경험한 사건을 재경험하는 시간이다. 참가자들에게 자신이 경험한 사건을 보고하도록 격려하고 그때 있었던 사실을 확인한다. 세 번째 단계인 '생각하기(thought) 단계'에서는 피해 경험의 사고 영역을 다룬다. 네 번째 단계는 '반응(reaction)확인 단계'로 학생들의 사건 후 반응에 초점을 두며 이 반응이 정서적인 측면과 어떠한 관련이 있는지를 탐색한다. 다섯 번째 단계는 '증상(symptom)확인 단계'로 학생들에게 폭력사건 후 경험하게 된 신체적 · 인지적 · 정서적 증상이 무엇인지를 탐색하게 한다. 증상으로는 주로 불면, 손떨림, 주의집중의 어려움, 불안 등이 논의된다. 여섯 번째 단계는 '교육(teaching)단계'로 상담자가 증상에 대해 설명하고 참가자들은 자신이 보고하는 증상이 정상적 반응이며 앞으로도 있을 수 있음을 알게 된다. 마지막 단계는 '재시작(reentry)단계'로 학생들이 자신이 경험한 사건을 정리하며 일상생활로 돌아가는 단계이다.

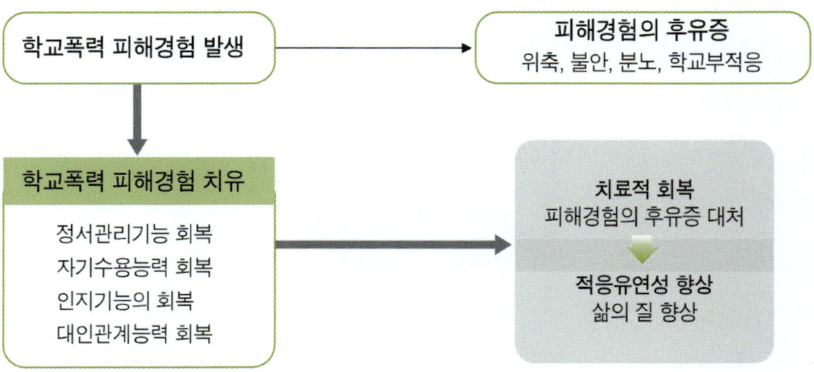

그림 11-4 학교폭력 피해치유를 위한 기본 프로그램 과정과 절차

(4) 프로그램의 내용

1회기(도입)는 프로그램과 집단원들에 대한 소개를 하고 집단원 간의 관계형성을 목적으로 한다. 먼저, 교사는 참가자들의 이름을 부르면서 출석을 확인한 후 돌아가면서 자신을 소개하도록 유도한다. 게임을 통해 이름을 외울 수 있도록 진행한다. 예를 들면, 한 사람이 자신의 이름을 말하면, 옆 사람은 앞사람 이름에 자신의 이름을 덧붙여 말하게 하는 것이다. 단, 프로그램의 서두에서부터 게임의 벌칙을 제공하거나 경쟁적 분위기를 형성하는 것은 참가자들을 위축시키기도 하므로 주의하도록 한다. 다음 활동으로는 두 사람씩 짝을 짓게 하여 상대방을 알 수 있는 질문을 통하여 서로를 알게 하고 서로 알게 된 사실을 집단에서 발표하게 하여 집단참가자들이 서로에 대해 관심을 갖도록 유도한다. 둘씩 짝짓는 활동은 시간이 넉넉하다면 두세 번 반복할 수 있다. 회기를 마무리하기 전에 집단에서 지켜야 하는 규칙을 화이트보드나 도화지에 정리하여 모든 집단원들이 알 수 있도록 고지한다. 1회기에서는 집단프로그램의 원활한 운영을 위하여 집단원들이 신뢰로운 분위기를 느낄 수 있도록 수용적이고 공감적 태도를 유지한다.

2회기(폭력의 재경험)는 학교폭력과 관련된 자기 경험을 이야기하여 노출시키는 것이다. 폭력과 같은 외상적 경험에서 자신의 경험에 재노출되는 것은 매우 중요하다. 이때 어려운 부분은 자신의 외상적 경험을 다시 기억하도록 하는 것인데, 이를 위하여 역할극이나 공개사례를 가지고 역할극을 구성하여 제시하도록 한다.

이를 위하여 금품갈취, 집단폭행, 따돌림, 집단괴롭힘 등의 사례로 시나리오를 구성하여 참가자들이 역할연기를 하도록 돕는다. 역할연기를 하면서 자연스럽게 자신의 경험을 이야기하거나 재연하게 되고 이때 경험되는 수치감, 분노, 두려움, 불안 등의 감정을 공감적으로 수용하여 집단 내에서 안전하게 이해되는 경험을 제공한다. 이 프로그램은 재미 위주로 흘러가지 않도록 주의하며, 역할연기 시 정확한 사건을 보고하고, 이를 연기하면서 느껴지는 정서적 영역에 주의를 기울이도록 지시를 주어야 한다. 역할극을 구성하고 시연하는 것, 다른 사람의 극을 보는 것이 치유의 효과가 있어야 하므로 충분한 시간을 배정해야 한다.

3회기(감정 쏟아붓기)는 학교폭력 피해의 경험을 치유하기 위해 자신들의 정서적 영역을 다루기 위한 회기이다. 이를 위하여 참가자들이 학교폭력 경험에서 느꼈던 분노와 같은 강렬한 감정을 쏟아내고 이면에 깔려 있는 우울, 두려움, 불안 등의 감정을 표출하게 하는 것이 중요한 의미를 가진다. 이 회기에서는 모의재판의 역할극을 구성하여 자신들의 가해자에게 느꼈던 강렬한 정서들을 표현할 수 있는 기회를 제공한다. 감정을 극대화하여 표현할 수 있도록 가면이나 소품을 최대한 활용하는 것이 도움이 된다. 이때 강렬한 감정이 표출된 후에는 자신의 감정을 정리하고 추스리는 시간을 충분히 갖는 것이 중요하다. 감정의 표출을 위해서는 가해자의 얼굴가면 만들기, 염라대왕게임 등 게임을 활용하는 방법 등을 이용할 수 있다. 감정을 다스리기 위해서는 이완훈련이나 명상 등을 활용하여 감정을 처리하는 방법을 알려줄 수 있다.

4회기(어우러지기)는 학교폭력 피해학생들이 사회적 기술을 훈련하도록 하기 위하여 친구와의 관계형성에서 필요한 기술을 훈련하는 것이 목적이다. 이를 위하여 자신에게 필요한 사회적 기술이 무엇인가를 확인하고 친구에게 다가가는 연습을 한다. 구체적으로는 좋은 친구의 행동이 무엇인지 목록을 작성하면서 친구들이 가져야 할 덕목을 생각해 본다. 이때 리더십 있는 친구, 친구가 많은 친구 등 구체적 특징을 중심으로 활동을 지시한다. 목록을 작성한 후 친구에게 도움을 요청하는 연습, 친구를 칭찬하는 연습, 친구를 도와주는 연습, 친구 이해하기 등을 통하여 자신의 행동을 점검하고 새로운 행동을 학습하도록 한다. 4회기에서는 자신의 특성에 맞는 대인관계에서의 성취목표를 선정하게 하여 이를 수행하면서 일상생활에서 4회기의 학습내용을 응용하도록 지시한다.

5회기(나 세우기)는 자존감을 높이고 긍정적인 자아상을 갖게 하는 것이 목적이다. 이를 위하여 지금까지 성취한 일들 중 가장 기뻤던 일을 회상하고 이를 적게 하여 집단원들 앞에서 발표하게 한다. 이때 교사는 가장 기뻤던 일의 초점을 잘 파악하고 다시 한 번 강조하여 자신에게 긍정적 자신감을 회복할 수 있도록 유의한다. 다음 활동으로는 자신에게 하는 혼잣말을 분석하여 자기를 원망하는 자기 파괴적 사고를 자기 수용으로 변화하여 자기 비난을 멈출 수 있도록 돕는다. 또한 이어서 다시 학교폭력이 발생할 경우 어떻게 대처할 수 있는지를 토의하여 향후 행동에 대한 전략을 찾는 것도 이 회기에서 할 내용이다. 이 회기는 개인의 효능감을 향상하여 추후 있을 수 있는 행동에서 구체적이고 분명한 목표와 대처 효능감을 갖도록 하는 것이 목적이다.

6회기는 자신의 마음속에 있는 자기 비하 감정을 털어내고 자신을 용서하는 시간을 갖는다. 이때 개인들이 가지고 있는 역기능적 감정을 기능적으로 변화시켜 주고 생각을 바꾸면 상황이 어떻게 바뀌는지를 이해하도록 돕는다. 이를 위하여 회기에서 사용하였던 역할극 시나리오를 가지고 최악의 상황을 만들도록 지시하고 이때의 역할연기 속에서 생각을 바꾸면 정서가 어떻게 변화되는지를 발견하도록 돕는다. 활동이 마무리된 후에는 약속어음 발행하기 활동을 통하여 자신의 모습을 긍정적으로 그려 보도록 하며, 풍선 터트리기나 감정편지 태우기 등을 통하여 자신의 변화된 모습을 인식하고 이에 대한 기억을 하도록 지시한다.

2) 심화 프로그램

(1) 스트레스 대처 훈련 프로그램

① 프로그램 개발 기본 원리

이 프로그램은 일상생활의 스트레스에 적절히 대처할 수 있는 능력을 기르기 위한 목적으로 구성되었다. 모든 사람은 살아가면서 스트레스를 받으며 그 스트레스들에 대해서 자신만의 방식으로 다양하게 대처하고 있다. 스트레스 대처방식을 살펴보면, 자신이 좋아하는 음악을 크게 틀고 듣거나, 좋아하는 운동을 하기도 하고, 문제해결을 하기 위해서 여러 가지 방법을 찾아보거나, 생각을 긍정적으로 바꾸려고 노력하는 등 다양한 형태로 나타나고 있다.

스트레스에 어떻게 대처하는가에 따라 개인의 삶은 큰 차이가 발생한다. 청소년기의 가장 큰 스트레스 중 하나인 친구관계에서 오는 스트레스는 단순히 친구관계에서만 끝나지 않고 학교생활 전반 및 일상생활 전반에 영향을 줄 수 있을 것이다. 따라서 이 프로그램에서는 스트레스에 적절히 대처하여 스트레스를 긍정적인 방향으로 끌어낼 수 있도록 하는 대처방법을 기를 수 있도록 할 것이다.

② 프로그램의 모형

Lazarus는 스트레스 사건이 직접 부적응 반응에 영향을 주는 것이 아니라 스트레스를 경험하는 개인이 이를 어떻게 지각하고 해석하며, 어떤 능력과 개인적 자원을 가지고 반응하느냐에 따라서 적응에 영향을 미친다는 것을 알았다(원호택, 1990) 이러한 입장을 스트레스의 인지현상학적 모형이라고 한다. 또는 상호작용 모형이라고 하는데, 개인의 대처반응을 중시한다고 해서 스트레스 대처모형이라고도 한다.

모형을 살펴보면 그림 11-5 와 같다.

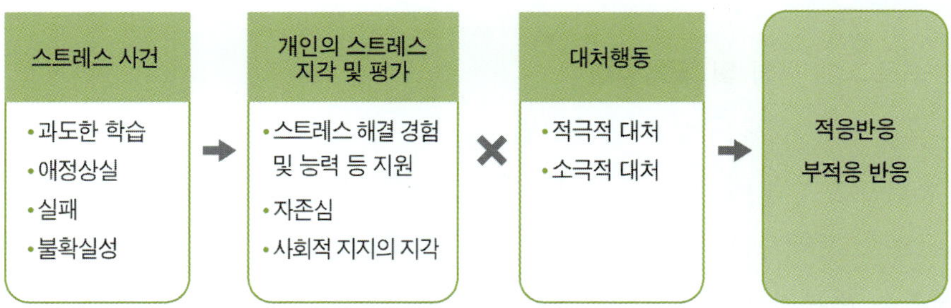

| 그림 11-5 | 스트레스 대처모형(원호택, 1990에서 재인용)

이 개념 모형은 스트레스가 어떻게 발생해서 어떤 과정을 거쳐서 부적응반응이 일어나는지를 설명하는 좋은 모형이지만, 스트레스 대처방법을 교육하고자 할 때는 수정할 필요가 있다(원호택, 1990). 효율적인 교육을 위해서는 초기 스트레스 지각 단계에서부터 개입해야 한다는 것이다. 또한 사회적 지지자원을 교육에 포함시키는 것이 필요하다. 즉, 지지세력을 지각하고, 찾는 방법을 배우고, 도움을 요청하는 법을 아는 것이 스트레스 대처방식을 교육하는 데 적용되어야 한다. 이러한 관점에서 스트레스 대처 훈련을 위한 개념 모형으로 제시된 것은 그림 11-6 과 같다.

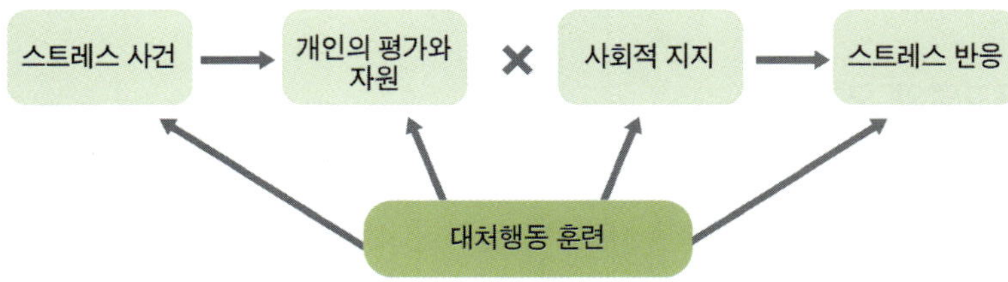

그림 11-6 **스트레스 대처기술을 위한 개념모형(원호택, 1990)**

본 프로그램에서는 그림 11-6 에 제시된 것과 같이, 스트레스를 어떻게 지각하는지, 스트레스를 감소시키는 방법은 무엇이 있는지, 스트레스 문제 상황에서 어떻게 합리적으로 문제를 해결할지, 그리고 외부에서 어떻게 도움을 받을 수 있는지 등의 4단계로 프로그램을 구성하였다.

③ **프로그램 구성 및 활용방법**

㉠ 프로그램 전체 구성과 활용방법

청소년들은 스트레스를 겪더라도 대처방식을 잘 모르고, 혼자서 참거나 다른 방식으로 스트레스를 표출한다. 스트레스 대처방식을 잘 모르기 때문에 스트레스 상황을 반복적으로 경험하게 되고 개인의 삶은 바뀌지 않게 된다.

사람들은 스트레스를 받으면, 감정이 순간적으로 올라오게 되고 이러한 갑작스러운 감정 흐름은 우리의 인지 구조에 영향을 미쳐서 부정적인 생각으로 가득 차게 만들고, 이러한 감정과 인지의 변화는 신체적으로 긴장을 하게 해서 더더욱 스트레스 상황에 적절하게 대응하지 못하게 한다. 따라서, 스트레스 상황에 나의 스트레스 정도는 어느 정도이고, 내가 어떻게 대처하고 있는지를 파악한 다음, 신체적으로 긴장된 것을 이완하고 비합리적이고 부정적인 자기 대화(생각)

에 변화를 주고, 합리적인 문제해결방법을 찾아보고 실행하며 주변의 자원을 활용하게 된다면, 스트레스에 적절하게 대처할 수 있게 된다.

이러한 스트레스의 반응과정과 우리에게 미치는 영향을 관리하기 위해 본 프로그램은 총 4회기로 구성하였다 각 회기에는 단계에 따른 논리와 과제가 제시되어 있다. 첫 회기에서는 스트레스가 무엇인지를 이해하는 시간과 현재 스트레스를 집단 구성원들이 어떻게 대처하고 있는지를 알아보는 시간을 갖는다. 2회기에서는 이완훈련을 배우고, 스트레스를 만드는 나의 비합리적 생각들을 정리하여, 스트레스를 완화하는 방법을 배우게 된다. 3회기에서는 스트레스가 되는 문제 상황에서 문제를 해결할 수 있는 합리적인 문제해결 단계를 배우고 익히게 된다. 4회기에서는 스트레스 상황에서 도움을 받을 수 있는 사람을 생각해 보고 도움을 구하는 연습을 하고, 지금까지 연습한 내용을 정리하는 시간을 갖는다.

그림 11-7 스트레스 대처훈련의 구성

㉡ 회기별 진행방법

각 회기의 프로그램 진행은 도입, 전개, 정리의 3단계로 구성되어 있으며, 진행시간은 45분을 기준으로 하였다. 45~50분의 세부 내용은 도입시간과 전개활동에 해당되는 필수 활동, 마지막으로 정리시간을 포함한 시간이다. 만일, 프로그램 진행시간이 부족한 경우 필수활동 중심으로 회기를 구성하도록 하며, 프로그램 진행시간이 넉넉하게 짜여져 있을 경우에는 매뉴얼에 제시되어 있는 시간보다 늘려서 진행한다.

㉢ 프로그램 실시장소 및 대상

본 프로그램은 기본 프로그램에 포함되어 실시될 수 있도록 구성되어 있다. 따라서 지도자의 판단하에 기본 프로그램을 진행하고, 마지막 회기를 진행하기 이전에 포함시켜서 실시할 수 있다. 또한 비교적 쉬운 내용으로 교사가 학교 장면에서 활용할 수 있도록 구성되었다. 집단 구성원은 대체로 8~10명 정도로 구성하는 것이 좋으며, 학년 차이가 있는 집단보다는 동년배 집단을 대상으로 구성할 것을 권장한다. 또한 집단응집력이나 집단역동을 깨뜨릴 염려가 있는 구성원은 사전면담을 통해 제외하도록 한다.

㉣ 프로그램의 내용

- 1회기 : 스트레스야! 넌 뭐니?

1회기는 스트레스가 무엇인지를 이해시키고, 현재 자신의 스트레스 대처방식을 확인하는 것이 목적이다. 먼저 지도자는 스트레스가 무엇인지에 대해서 집단원들이 이해할 수 있도록 설명을 하고 함께 토의한다. 스트레스 요인을 설명할 때, 집단원들에게 이에 해당하는 스트레스가 있는지를 물어보고, 동의를 구한다. 집단원들이 간혹 전혀 해당하지 않는 답을 하더라도 긍정적인 반응을 해줌으로써 과정에 몰입할 수 있도록 분위기를 조성한다. 스트레스 요인에 따라 개인적으로 어떤 스트레스를 받고 있는지, 그리고 어떻게 대응하는지를 작성하게 하고, 이를 발표하도록 한다. 시간이 허락하면, 다른 집단원들의 경험을 함께 나누는 것도 도움이 될 수 있다.

● 2회기 : 스트레스 줄이기

2회기는 스트레스를 완화하는 이완훈련과 스트레스 감소훈련을 통해 스트레스를 조절하는 능력을 기르는 것이 목적이다. 교사는 스트레스가 발생했을 때, 신체적으로 이를 이완하는 훈련을 함께 실시함으로써 스스로 자기 조절능력을 기르도록 한다. 이때에는 이완훈련에 필요한 명상음악 등을 준비하는 것이 좋다. 이완훈련이 끝나고 나면, 스트레스를 만드는 생각에 대해서 설명을 한다. 스트레스를 받는 것은 자기 내부의 프로그램에 의해서 이루어지는 과정이라는 것을 이해하도록 도와주는 것이 목적이다. 따라서 스트레스를 만드는 생각을 비판적으로 검토하고 이를 수정해 주면, 스트레스를 만드는 사건에 대해서 보다 효과적이고 적절하게 대응할 수 있는 능력을 키워 줄 수 있다. 교사는 집단원들이 비생산적인 대화방식을 생산적인 대화방식으로 변경할 수 있도록 실습과정에서 긍정적인 격려를 통해 동기부여를 하는 것이 필요하다.

● 3회기 : 스트레스 문제 해결하기

3회기는 스트레스가 되는 문제상황을 정하고, 합리적인 문제해결을 위해 문제해결의 단계를 배우는 것이 목적이다. 해결이 보이지 않는 문제들이 스트레스를 많이 준다는 것을 이해시키고, 스트레스를 합리적으로 해결하는 과정을 익힐 수 있도록 도움을 준다. 교사는 집단원들이 가능한 실질적인 스트레스 문제상황을 제시할 수 있도록 격려하는 것이 필요하다. 시간이 허락한다면, 구체적인 문제해결 과정을 함께 해결해 보는 형식으로 진행할 수 있다. 이러한 과정이 끝나면 교사는 스트레스 문제해결 과정에 대해서 정리해 주고, 집단원들에게 다양한 문제상황을 해결하는 것을 함께 공유하는 것이 필요하다.

● 4회기 : 외부 도움 받기

4회기는 스트레스에 대처하는 방식으로 외부의 지지를 얻는 연습을 통해 도움을 구하는 방법과 도움을 주는 방법을 배우는 것이 목적이다. 스트레스를 받는 문제상황에서 청소년기에는 스스로 문제를 해결할 수 없는 경우가 있음을 이해시키고, 도움을 받고 싶은 사람에게 도움을 구하는 것이 어려운 일이 아님을 체험하도록 도움을 준다. 교사는 집단원들이 도움을 받고 싶어 하는 대상과 도움을 청하기 어려운 대상의 이유를 확인하는 것도 필요하다. 시간이 허락한다면, 가장 도움을 청하고 싶은 사람과 청하기 어렵다고 생각하는 사람에 대해서 그 이유를 함께 공유할 수도 있다. 이러한 과정이 끝나면 교사는 스트레스에 대처하기 프로그램의 전체 진행에 대해서 정리해 주고, 집단원들은 4회기 동안 경험한 내용을 통해서 얻은 것이 무엇인지 함께 공유하는 것이 필요하다.

(2) 사회적 기술 훈련 프로그램

① 프로그램 개발 원리

이 프로그램은 아동-청소년기 주요 발달과업 중 하나인 원만한 대인관계 형성에 활용할 수 있는 사회적 기술을 개발시키는 것으로 방향을 설정하였다. 인간의 사회적 기술은 타고난 것이라기보다는 영유아기의 일차적 가족과의 관계를 토대로 형성된 후 지속적으로 변화와 발전의 과정을 거친다. 과거의 대가족 제도에서는 보다 많은 사회적 기술을 부모나 형제 등의 가족과의 관계에서 자연스럽게 습득하였으나 최근의 핵가족 사회에서는 부모의 맞벌이 증가, 형제 수의 감소, 타인에 대한 관심 감소로 사회적 기술 습득의 기회가 줄어들게 되었다. 또한 대중매체의 반사회적이고 폭력적인 자극과 감각적이고 충동적인 인터넷 및 학교 주변 환경의 영향으로 비합리적인 기술 습득이 늘어나게 되어 청소년들의 인성 및 대인관계에 심각한 영향을 미치고 있다. 따라서 아동·청소년기의 사회적 기술은 또래관계 및 학교생활 적응과 밀접한 관계가 있을 뿐 아니라 성공적인 삶에 있어서 매우 중요한 요소로 여겨지고 있다. 또한 개인은 각자의 성장환경에서 고유한 사회적 기술을 배우고 익혀 사용하고 있다. 그러나 이들의 고유한 방식이 때로는 사회적 관계를 파괴하거나 타인에게 수용되지 않을 때 적응에 문제를 발생하게 한다. 이러한 의미에서 한 개인이 처한 다양한 가족 배경과 사회적 배경을 바탕으로 하여 그가 속한 사회에서 효율적으로 작용할 수 있는 사회적 기술훈련의 필요성은 점차로 증가하게 된다. 따라서 본 프로그램은 교사가 학생들의 원활한 학교생활과 친구관계를 위해 필요한 아동·청소년기의 사회적 기술을 습득할 수 있도록 조력하는 것으로 내용을 구성하였다.

② 프로그램의 모형

사회적 기술의 학습은 정의적인 지적 · 심리 · 운동적 영역에서 사회적 발달이론을 고려하는 직접적이고 체계적인 학습으로 공동체의 목표와 연계되어야 하고, 궁극적으로는 학생들의 요구와 관련된 행동들과 일치해야 한다(Begun, 2002). 아동 · 청소년들이 성장하면서 배우는 사회적 기술은 다른 사람들과의 상호작용에서 일어나는데 이 중의 한 방법이 관찰학습이다. 관찰학습은 다른 사람들의 행동을 역할 모델로 삼아 그 행동을 관찰하여 파지하고, 자신의 행동으로 실천할 수 있도록 연습을 통해 일어난다. 따라서 사회적 기술이 부족한 학생들에게는 모델이 될 수 있는 교사나 친구의 바람직한 행동을 집중적으로 훈련시킬 필요가 있다.

Begun(2002)은 사회적 기술이 결핍된 아동들에게 건설적이고 구조적인 행동을 제고하는 구조적 학습 모형을 제시하였다. 구조적 학습은 네 개의 기본 요소인 시범 보이기, 역할놀이, 수행에 대한 토론, 실제 생활상황에서의 활용으로 이루어진다. Begun이 제시한 구조적 학습 연습이론의 네 가지 기본 요소를 그림으로 나타내면 그림 11-8 과 같다.

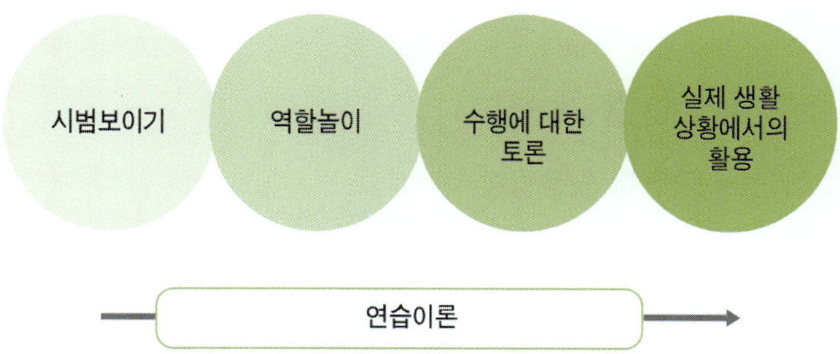

그림 11-8 사회적 기술의 구조적 모형(응용발달심리연구센터, 2006에서 재인용)

또한 Begun은 보다 효과적인 훈련을 위하여 각 회기를 8단계로 구분하여 실시할 것을 제시하였다. 각 회기에 포함된 8단계를 그림으로 살펴보면 그림 11-9 와 같다.

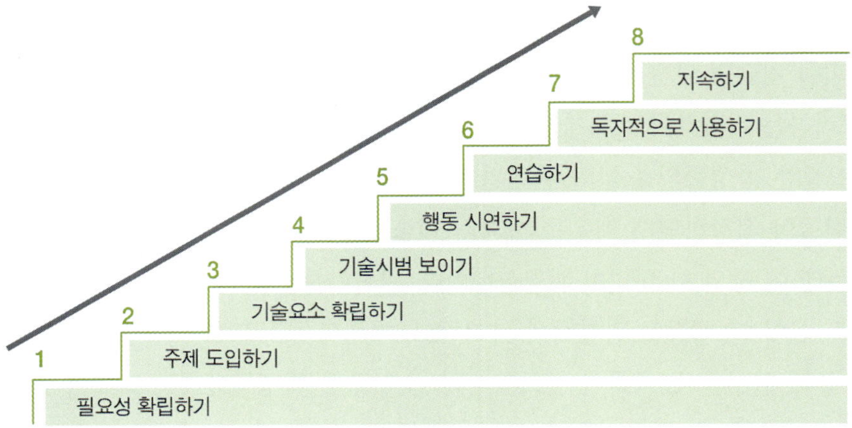

| 그림 11-9 | 각 회기별 8단계 절차(응용발달심리연구센터, 2006)

위와 같은 배경에서 이 프로그램은 아동·청소년기에 필요로 되는 사회적 기술을 듣고 말하기, 어려운 요구 거절하기, 상대방 장점 칭찬하기, 갈등해결 방법 이해하기 상황 각 4단계의 과정으로 제시하고자 하였다. 아래의 과정은 Begun이 제시한 8단계를 상황 인식과 주제 찾기, 기술요소 탐색과 시범, 행동시연 및 피드백, 사회적 기술의 내면화 등의 4단계로 단순화한 것이다.

(3) 프로그램 구성 및 활용방법

① 프로그램 전체 구성과 활용방법

이 프로그램은 총 4회기로 구성되어 있다. 각 회기에는 회기목표와 단계에 따른 과제가 제시되어 있다.

1회기에서는 다른 사람들의 이야기를 경청하고 자신의 의견을 표현할 수 있는 대화를 연습하는 시간이다. 이를 통해 잘 들어주는 것과 솔직한 자기 표현이 때론 위기를 맞을지라도 상대와 자신을 인정하고 관계를 유지시키는 효율적인 방법임을 알 수 있게 한다.

2회기에서는 자신이 수용할 수 없는 타인의 요구를 긍정적인 방법으로 거절하는 방법을 학습하는 것이다. 거절로 인한 친구관계의 손상을 입은 경험에서 사용된 기술과 친구의 감정을 상하게 하지 않고 더불어 자신의 권리를 손상시키지 않을 수 있는 방법을 연습하게 된다.

3회기에서는 친구들에게 관심을 갖고 그들이 갖고 있는 특징을 칭찬으로 표현하는 방법을 익히는 것이다. 먼저 자신이 받고 싶은 칭찬의 내용과 대상을 구체적으로 생각해 보고 친구들 중 가장 유사한 친구들에게 칭찬을 받아보는 경험을 하게 한다. "칭찬을 받아본 사람이 칭찬을 할 줄 안다"는 격언을 바탕으로 타인에 대한 관심과 표현력을 향상시키게 한다.

4회기에서는 자신의 문제해결 패턴을 이해하고 각 상황에 대처하는 방법과 대응을 훈련하는 것이다. 갈등이나 위기상황에서 자신이 습관적으로 사용하는 방법이 그 상황을 긍정적으로 변화시키는지 아니면 오히려 악화시키는지를 알아보는 것이다.

각 회기는 아동·청소년 시기에 사회적 기술이 필요한 특징적인 상황을 선택하였기 때문에 반드시 연속적인 과정의 흐름을 갖는 것은 아니다.

② 회기별 진행방법

각 회기의 프로그램 진행은 도입(신체활동 및 회기 소개), 전개(상황 인식 및 주제 찾기, 시범 및 행동시연), 정리(피드백 및 과제 제시)의 3단계로 구성되어 있으며 시간은 50분을 기준으로 하였다.

③ 프로그램 실시 장소 및 대상

본 프로그램은 기본 프로그램에 포함되어 실시될 수 있도록 구성되어 있다. 따라서 지도자의 판단하에 기본 프로그램을 진행하고 마지막 회기를 진행하기 이전에 포함시켜서 실시할 수 있다. 또한 교사가 학교 장면에서 활용할 수 있도록 구성되었다. 집단 구성원은 대체로 10명 내외로 구성하는 것이 좋으며 사회적 기술이 필요한 학생을 대상으로 하기 때문에 동년배 및 동성으로 집단 대상을 구성할 것을 권장한다. 또한 집단응집력이나 집단역동을 깨뜨릴 염려가 있는 구성원은 사전 면담을 통해 제외하도록 한다.

④ **프로그램의 내용**

● 1회기 : 두 개의 귀, 하나의 입

1회기는 다른 사람들의 이야기나 주장을 주의 깊게 듣고 자신의 생각이나 느낌을 쉽게 전달하는 기술을 습득하는 것이 목적이다. 좋은 청취자는 상대에게 시선을 맞추고 부드러운 표정을 하며 적극적인 자세를 취한다. 또한 그의 말에 추임새나 표정으로 반응을 하면서 관심이 집중되어 있음을 전달한다. 그런 후에 자신의 생각, 느낌, 방법 등을 전달하는 것이 이 회기를 통해 학생들은 귀로만 듣는 것이 아니라 눈으로 동료의 표정을 살피고 선입관이나 고집을 버린 열린 마음으로 대화하는 것의 효과성과 필요성을 알게 될 것이다.

● 2회기 : 미안하지만 곤란한데

2회기는 학교생활 또는 사회생활의 과정에서 다른 사람 특히 또래친구들의 요청을 받았을 때 그들의 감정을 상하지 않고 거절하는 방법 배우기가 목적이다. 또래친구들의 요청을 거절하는 것은 자칫하면 친구관계가 멀어질 수 있는 위험을 안고 있다. 따라서 많은 청소년들이 또래의 부탁을 거절하지 못하고 자신이 해야 할 일을 하지 못하는 상황이 발생한다. 또는 친구의 부탁을 거절함으로써 친구관계가 소원해지고 결국은 친구들로부터 따돌림을 당하게 될 수도 있다. 이번 회기에서는 나에게 지금 중요한 일이 무엇인지를 생각해 보게 하는 시간을 통해서 판단과 결정을 스스로 하는 경험을 쌓게 하여 친구들의 감정을 상하지 않고 기술적으로 거절하는 방법을 배움으로써 바람직한 또래관계를 유지하게 한다. 이번 회기를 통하여 집단원은 또래친구의 요구를 정중히 거절하는 방법과 왜 거절해야 하는지에 대해서 생각해 볼 수 있는 기회를 가질 수 있다.

● 3회기 : 고래도 춤추게 하는 칭찬

3회기는 다른 사람에게 칭찬의 의미로 긍정적인 감정 표현하기를 배우는 것이 목적이다. 칭찬은 사람들이 어떤 일을 잘하고 있을 때 또는 잘하고 있는 일을 계속해서 하기를 바랄 때 사용하는 방법이다. 집단원들에게 칭찬을 받아본 경험에 대해서 발표하게 하고, 그 경험을 통해서 스스로에게 변화가 있었는지를 탐색하게 한다. 지도자는 집단원을 두 명씩 짝을 지어서 상대방에 대한 칭찬거리를 찾게 하고 서로 칭찬을 주고받도록 한다. 이 과정에서 지도자는 집단원들이 장난으로 상대방에게 칭찬을 하지 않도록 최대한 진지하고 정중하게 칭찬을 주고받도록 지도한다. 칭찬을 받은 사람은 칭찬을 한 사람에게 감사의 표현을 하도록 지도한다.

● 4회기 : 나의 갈등 해결방식은?

4회기의 목적은 일상생활에서 겪는 갈등 유발 상황에서 자신이 습관적으로 사용하는 문제 접근방식을 이해하는 것이다. 수동적이든 능동적이든 갈등 상황을 더 악화시키는 방법과 갈등을 완화시키는 방법이 있는데, 이를 깨닫지 못하는 경우가 많다. 따라서 자신의 갈등 해결방식은 어떤 장점과 단점이 있는지 그리고 이 단점들을 보완하고자 하면 무엇을 해야 하는지를 학습하는 것이다.

4. 가해학생 예방 및 재발방지 적응 프로그램

학교폭력 예방교육에 있어서는 학교폭력 가능성이 있는 학생들에 대한 학교폭력 예방교육과 학교폭력 경험이 있는 가해학생에 대한 재발방지의 적응교육이 필요하다. 그런데 학교폭력 행동을 보이는 학생들은 우발적인 경우도 있지만 품행장애 현상을 보이는 경우가 많다.

일반적으로 품행장애 학생들은 타인의 권리나 감정을 별로 고려하지 않으며, 잘못에 대한 죄의식이 없이 남에게 비난을 잘한다. 욕구좌절과 인내력이 약하여 자신의 욕구가 관철되지 못하면 분노 폭발이나 공격적 행동으로 대처하며, 학교에서 정학이나 퇴학 등의 문제를 갖기도 한다. 성문제, 음주, 흡연, 약물남용, 임신, 사고 등이 많고, 낮은 사회 경제적 수준과 평균보다 낮은 수준의 지적 능력과 학업성취도 낮다. 이들은 주의력결핍 과잉행동장애 및 적대적 반항장애와의 관계가 밀접하여 초기의 주의력결핍 증상이 적대적 반항을 거쳐 품행장애로 발달하는 경우가 많다.

따라서 학교폭력 가능성과 경험이 있는 품행장애 학생들을 위해서는 품성계발, 도덕성 증진, 분노조절, 시간·정신에너지관리, 자기존중감 증진, 의지계발을 위한 프로그램 등이 요구된다. 나아가 자기표현과 주장능력을 향상할 수 있는 자기주장훈련 프로그램, 친밀감 표현방식의 변화 및 표현력 증진을 위한 사회성 증진 프로그램 등도 포함될 수 있다.

학교폭력 예방을 위한 가해학생의 학교 적응교육은 다양한 심성계발 프로그램 적용을 통해 효과가 나타날 수 있으며, 구체적인 프로그램 및 기대효과는 다음과 같다.

표 11-7 가해학생 재발방지 적응 프로그램명과 효과

프로그램명	기대 효과
도덕성 증진 프로그램 품성계발 프로그램	• 도덕적 규범과 가치 존중 • 타인 배려성 증진
분노조절 프로그램 시간·정신에너지관리 프로그램 자기존중감 프로그램 의지계발 프로그램	• 감정 자제능력 향상 및 폭력 대처기술 증진 • 시간·에너지의 효율적·긍정적 사용능력 향상 • 대인관계 기술 및 자존감 높이기 • 내 인생 주인의식, 실천의지력 향상

단계별 프로그램 적용 모형을 보면 다음 표 11-8 과 같다.

표 11-8 가해학생 재발방지 프로그램 적용 단계

구분		프로그램 적용
단계	회기	
1 단계	1	• 오리엔테이션 및 자아탐색 프로그램
2 단계	10	• 품성계발 프로그램 • 도덕성 증진 프로그램
3 단계	각 5	• 시간·에너지관리 프로그램
		• 분노조절 프로그램
4 단계	5	• 의지계발 프로그램
5 단계	5	• 자기존중감 증진 프로그램

각 프로그램별 목표와 프로그램 구성 내용, 운영, 회기별 진행과정을 보면 다음과 같다. 중·고등학생들을 대상으로 하였으나, 초등학교 고학년에서도 수준을 고려하여 적용할 수 있다.

1) 품성계발 프로그램[13)]

(1) 품성계발 프로그램의 목표

본 프로그램은 청소년 문제의 예방 및 치유와 더불어 청소년들이 창의적으로 자기계발을 해나가는 데 바탕이 되는 건강한 품성을 계발하는 데 궁극적인 목적을 둔다. 이를 위해 청소년이 지향해야 할 대표적인 덕목들 중 '정직', '배려', '자기통제'에 중점을 두고 있다. 이러한 덕목들을 의지, 정서, 행동의 세 가지 영역에서 균형 있게 익힐 수 있도록 구성하여, 덕목 실천의 실천동기와 의지를 키우고, 생활 속에서 적용할 수 있는 구체적 행동방법을 프로그램화하였다.

(2) 품성계발 프로그램의 구성 및 내용

프로그램의 각 회기 구성은 ① 지혜로운 생각(자기억제, 주체성, 배려), ② 자신을 다스리는 마음(자기통제), ③ 홀가분한 고백(정직), ④ 같이 더불어 사는 마음(배려), ⑤ 꿈을 꿈꾸는 나(자기통제)의 총 5회기로 구성되며, 집단원들의 필요에 따라 특정 덕목을 선별하여 실시할 수 있다.

(3) 품성계발 프로그램 집단의 크기와 운영시간

일반적으로 6명에서 10명 이내의 수준이 일반적이나 학교에서의 집단지도(프로그램)의 경우 흔히 20명 이상이 한 집단에 속하게 된다. 이러한 집단에서는 '상담경험'보다는 오히려 '교육적 경험'을 하게 된다.

프로그램 운영시간은 회기별 보통 90분 정도가 적당하나, 집단의 목적, 구성원의 성숙도 그리고 외적 조건에 따라 조정될 수 있다.

품성계발 프로그램에서는 '① 지혜로운 생각'의 한 회기를 소개하고자 한다.

---

13) 본 프로그램은 한국청소년상담원에서 품성계발 프로그램으로 2000년 개발한 '멋진 우리'의 내용을 주로 응용(1~4회) 편집했으며, 5회의 '꿈을 꿈꾸는 나'는 청소년대화의 광장에서 1997년 도덕성증진 프로그램의 일환으로 개발한 '꿈을 이루는 생활의 길'을 전체적으로 발췌 · 편집했음을 밝혀둔다. 좀 더 자세한 프로그램 내용은 위의 자료를 참고하기 바란다.

<table>
<tr><th colspan="4">(1회) 지혜로운 생각</th></tr>
<tr><td rowspan="3">지도 목표</td><td rowspan="3">• 타인과의 관계에서 이기적인 생각을 억제할 수 있다.
• 사회적 삶에서 자신의 주체성을 인식한다.
• 주체적인 삶 속에서 타인 배려의 생활을 실천하게 한다.</td><td>영역</td><td>품성계발</td></tr>
<tr><td>대상</td><td>초 · 중 · 고</td></tr>
<tr><td>집단구성</td><td>중소집단</td></tr>
<tr><td>준비물</td><td>〈활동지 1-1〉, 〈활동지 1-2〉, 〈활동지 1-3〉, 〈활동지 1-4〉, 〈활동지 1-5〉,</td><td>소요시간</td><td>90분</td></tr>
<tr><th>진행과정</th><th colspan="3">활동내용</th></tr>
<tr><td>도입</td><td colspan="3">안녕하세요?
○ 우리는 일상생활에서 선택해야 할 문제들을 자주 접하게 됩니다.
– 진실을 말할까? 아니면, 감출까?
– 다른 사람을 고려할까? 아니면, 내 입장을 우선으로 생각할까?
– 규칙을 지킬까? 아니면, 말까? 가 바로 그것입니다.
○ 이러한 행동을 결정하기에 앞서 우리가 하게 되는 생각에는 3가지 종류가 있습니다.
첫째, 어떤 상황에서 당장 자신의 이익이나 자신의 욕구를 최우선으로 생각하는 것으로, '나 우선 생각'이라고 합니다.
둘째, 자신의 욕구나 이익보다는 먼저 다른 사람을 더 의식하고 따르려는 생각으로, 나 없는 생각이라고 합니다.
셋째, 자신뿐 아니라 다른 사람의 이익이나 입장을 함께 생각하는 것으로, 함께하는 생각 합니다.</td></tr>
<tr><td>전개</td><td colspan="3">○ 예를 들어, 친구에게 도움이 필요할 때, 나는 어떻게 하는지 한 번 볼까요.
〈얼마 전 우리 반에 영이가 전학을 왔다. 선생님 말씀에 따르면, 영이는 전에 다니던 학교에서 공부를 잘했다고 한다. 지난 시험 때 성적이 크게 떨어져서 고민인 나는 은근히 영이가 신경이 쓰인다. 그런데 사흘 후부터 중간고사 기간이다. 이 소식을 접한 영이는 매우 당황해하며 걱정스런 표정을 짓는다.
영이와 짝이 된 나! 영이에게 노트를 빌려줘야 할까? 지난번 성적이 떨어졌다고 엄마가 무척 화를 내시며 다른 데는 신경 쓰지도 말고, '니 공부나 잘해'라고 하셔서 친구들과도 방과후에 놀지도 못하고 학원-집을 반복하며 힘겨운 시간을 보내고 있는데... 어떻게 할까?〉
○ 위와 같은 상황에 처했을 때, 어떤 생각을 하면서 행동하게 될까요?
앞서 제시한 3가지 종류의 생각에 따라 아래의 빈칸에 어떤 내용이 들어갈 수 있는지 생각해봅시다. 〈활동지 1-1〉 참고
– '나 우선 생각' : 예, '지금 나는 누구에게도 신경을 쓸 수 있는 상황이 아냐. 내공부만 열심히 하자.'
– '나 없는 생각' : 예, '내 공책을 빌려줬다가 영이가 나보다 더 성적이 좋게 나오면 어떻게 하지? 하지만. 내가 노트를 빌려주지 않으면, 옆 짝이 되어 가지고 공책도 안 빌려주는 치사한 애라고 다른 아이들이 수근거릴지 몰라. 그럼 나만 곤란해지잖아.'
– '함께 하는 생각' : 예, '영이가 전학을 오자마자 시험을 보게 됐으니 얼마나 걱정이 될까! 나도 성적이 떨어져서 고민이긴 하지만 영이도 무척 곤란할 테니까 내 공책을 복사하라고 해야겠다.'</td></tr>
</table>

전개	○ '나 우선 생각', '나 없는 생각', '함께 하는 생각'에 따른 행동-마음-결과는 어떠한지 활동지의 빈칸에 다른 친구들과 의논하여 글로 정리하여 봅시다. 〈활동지 1-2〉〈활동지 1-3〉〈활동지 1-4〉 참고 ○ '나 우선 생각', '나 없는 생각', '함께 하는 생각'라는 3가지 생각에 관한 내용들을 비교하여 정리해 봅시다. 〈활동지 1-5〉 참고 ○ 서로 느낌들을 발표해 봅시다.
정리	○ '나 우선 생각'은 자기 지향적 생각, '나 없는 생각'은 외부 지향적 생각, '함께 하는 생각'은 가치 지향적 생각으로 그에 따른 행동, 감정, 결과에 대해 생각해 보게 한다. ○ '함께 하는 가치 지향적 생각'을 취하고자 하는 동기를 촉진하다. ○ 다음 시간에는 '자신을 다스리는 마음'에 대해 알아보는 시간을 갖도록 하겠습니다.
유의 사항	○ 지나치게 가치지향적인 '함께 하는 생각'을 유도하려 해서는 안 된다. ○ 솔직하게 스스로의 감정을 표현하고 느낄 수 있도록 격려하고 분위기를 만들어야 한다.

활동지 1-1

〈상황〉

얼마 전 우리 반에 영이가 전학을 왔다. 선생님 말씀에 따르면, 영이는 전에 다니던 학교에서 공부를 잘했다고 한다. 지난 시험 때 성적이 크게 떨어져서 고민인 나는 은근히 영이가 신경이 쓰인다. 그런데 사흘 후부터 중간고사 기간이다. 이 소식을 접한 영이는 매우 당황해하며 걱정스런 표정을 짓는다. 영이와 짝이 된 나! 영이에게 노트를 빌려줘야 할까? 지난번 성적이 떨어졌다고 엄마가 무척 화를 내시며 다른 데는 신경 쓰지도 말고, '니 공부나 잘해'라고 하셔서 친구들과도 방과후에 놀지도 못하고 학원-집을 반복하며 힘겨운 시간을 보내고 있는데... 어떻게 할까?

생각의 유형	위 상황에서 떠오른 생각의 내용
나 우선 생각	
나 없는 생각	
함께 하는 생각	

활동지 1-2

생각 / 내용	나 우선 생각
생각의 내용	'지금 나는 누구에게도 신경을 쓸 수가 있는 상황이 아냐. 내 공부만 열심히 하자.'
이런 생각이 들면 어떻게 행동하게 될까?	
행동을 하면서 들게 되는 마음은?	
이런 행동을 하는 것을 다른 사람이 알았다면 어떤 마음이 될까?	
이러한 행동으로 어떤 결과가 나타날까?	

활동지 1-3

생각 / 내용	나 없는 생각
생각의 내용	'내 공책을 빌려줬다가 영이가 나보다 더 성적이 좋게 나오면 어떻게 하지? 하지만, 내가 노트를 빌려주지 않으면, 옆 짝이 되어 가지고 공책도 안 빌려주는 치사한 애라고 다른 아이들이 수근거릴지 몰라. 그럼 나만 곤란해지잖아.'
이런 생각이 들면 어떻게 행동하게 될까?	
행동을 하면서 들게 되는 마음은?	
이런 행동을 하는 것을 다른 사람이 알았다면 어떤 마음이 될까?	
이러한 행동으로 어떤 결과가 나타날까?	

활동지 1-4

생각 \ 내용	함께 하는 생각
생각의 내용	'영이가 전학을 오자마자 시험을 보게 됐으니 얼마나 걱정이 될까! 나도 성적이 떨어져서 고민이긴 하지만 영이도 무척 곤란할 테니까 내 공책을 복사하라고 해야겠다.'
이런 생각이 들면 어떻게 행동하게 될까?	
행동을 하면서 들게 되는 마음은?	
이런 행동을 하는 것을 다른 사람이 알았다면 어떤 마음이 될까?	
이러한 행동으로 어떤 결과가 나타날까?	

활동지 1-5

생각 \ 내용	'나 우선 생각'	'나 없는 생각'	'함께 하는 생각'
사고의 특징			
판단에 따른 행동			
행동에 따른 마음			
타인이 느끼는 마음			
결과			

2) 도덕성 증진 프로그램[14)]

(1) 도덕성 증진 프로그램의 목표

극단적 상황 하에서 구성원들의 인생관과 가치관의 차이점을 파악하고, 그 공통점을 탐색하여 현명한 해결책을 수립하는 경험을 통하여 청소년들이 도덕적 갈등 상황에 처할 때 욕심이나 집착 또는 주저나 조급함이 없이 성숙된 도덕적 판단과 행동을 할 수 있는 능력을 키우고자 함을 목적으로 한다.

(2) 도덕성 증진 프로그램의 구성 및 내용

① 고리 따라가기 : 우리 고유의 속담을 통해 도덕적 갈등 상황의 의미를 이해하고 각자의 경험을 이야기한다.

② 어려운 결정 : 도덕적 상황을 판단하는 다양한 생각과 관점을 비교해 보고 생활 속에 나타나는 나의 갈등 해결방법을 이해한다.

③ 선택의 길목에서 : 각자가 생각하는 도덕적 수준과 동기의 차이를 알아보고 예화에 나타난 인물과 자신의 도덕적 동기 유형을 이해한다.

④ 깊은 생각 : 도덕적 상황을 판단하는 다양한 생각과 관점을 비교해 본다.

⑤ 도덕적 갈등 : 각자가 생각하는 도덕적 수준과 동기의 차이를 알아보고 예화에 나타난 인물과 자신의 도덕적 동기 유형을 이해한다.

(3) 도덕성 증진 프로그램의 기대효과

① 자부심을 심어 준다.

② 다른 사람을 돕는 능력을 길러 준다.

③ 건강한 인성과 도덕성을 계발 증진시켜 신나는 생활과 꿈을 이루어 나가도록 도와줄 수 있다.

---

14) 본 도덕성 증진 프로그램은 청소년대화의 광장에서 1997년 도덕성증진 프로그램의 일환으로 개발한 '꿈을 이루는 생활의 길'을 전체적으로 발췌·편집했음을 밝혀둔다.

(4) 도덕성 증진 프로그램의 유의점

① 상대방의 의견을 듣고 수긍이 가면 기꺼이 받아들인다. ② 자유로운 분위기에서 자기 의견을 솔직히 내놓는 과정을 중요시하며 순위 결정이나 시간에 매여 조급히 끝맺음을 하지 않는다. ③ 토의 시 모두가 이해하고 납득이 될 때까지 쉽게 포기하지 말고 냉철한 논리로 자기 주장을 편다.

도덕성 증진 프로그램에서는 '④깊은 생각'의 한 회기를 소개하고자 한다.

(4회) 깊은 생각			
지도 목표	• 어려운 일을 선택해야 할 때 과연 우리는 무엇을 위해 판단하는지, 또 나는 왜 그런 판단을 하는지 안다. • 인간사고(윤리관, 가치관)의 다양성을 체험한다.	영역	도덕성 증진
		대상	초 · 중 · 고
		집단구성	중 · 소집단
준비물	〈활동지 1〉	소요시간	60분
진행과정	활동내용		
도입	○ 우리는 결정상황에서 여러 가지 생각을 하게 되는데 그 생각들의 차이를 생각해 보는 시간을 갖는다.		
전개	○ 우리는 결정상황에서 여러 가지 생각을 하게 되는데 그 생각들에는 다음과 같은 것들이 있음을 설명한다. – 자기 중심의 생각 : 나 위주로 생각하는 것입니다. 즉, 누구에게 혼날까 봐 또는 나에게 이익이 되는가의 여부를 우선으로 하는 생각입니다. – 외부 중심의 생각 : 다른 사람에게 인정받기 위해서 또는 정해진 규칙이거나 권위자의 말이니까 지켜야 한다는 생각입니다. – 가치 중심의 생각 : 스스로의 판단에 대한 확신을 가지고 자율적으로 하는 생각으로 나뿐 아니라 다른 사람과 공동체에도 정당하게 유익한 것을 중요시하는 생각입니다. ○ 〈활동지 1〉을 나누어주고 사례에서 주인공이 겪고 있는 마음의 상태를 다양하게 추측해 보도록 한다. ○ 느낌 발표를 들으면서 느낀 점, 새로 알게 된 점을 발표하게 한다.		
정리	○ 다른 사람의 발표를 들으면서, 느낀 점을 이야기한다. ○ 이제까지 자신의 행동에 문제점이 어떤 것이었나를 생각해 보고 대인관계에 적용할 수 있는 방안을 생각해 본다.		
유의 사항	• 자신과 타인을 보다 깊고 폭넓게 이해할 수 있도록 지도한다. • 자신의 행동의 결과가 어떤 영향을 미치는지 알게 한다.		

활동지 1

깊은 생각

우리 생활 속에서 일어나는 일들을 생각해 봅시다. 다음 사례에서 주인공이 겪고 있는 마음 상태를 다양 하게 추측해 보고 어떤 종류의 생각들이 있을 수 있는지 얘기해 봅시다.

민선이는 체육시간 중에 준비물을 가져오기 위해 잠깐 교실로 들어왔다. 그 때 아직 밖으로 나가지 않고 있던 희연이가 한 아이의 가방를 뒤지고 있는 것을 보았다. 민선이는 순간 당황해서 못 본 척하고 물건만 가지고 나가려고 했다. 그 때 희연이가 매우 긴장된 얼굴로 "민선이 너.... 혹시 봤니.....?" 하고 작은 목소리로 물어왔다. 민선이가 어색하게 얼버무리자 희연이는 민선이에게 못 본 것으로 해 줄 수 있겠냐고 부탁했다. 사실은 위 학년 언니들이 돈을 가져오라고 시켰는데 자기 돈으로는 턱없이 부족해서 벌인 일이라는 것이었다. "민선아, 너만 모른 척 해주면 잘 해결돼. 그 언니들은 말이 안 통한단 말이야....." 라고 희연이는 자기 사정을 늘어놓았다.

▶ 자기중심의 생각

▶ 외부 중심의 생각

▶ 가치중심의 생각

3) 시간 · 에너지관리 프로그램[15)]

(1) 시간 · 에너지관리 프로그램의 목표

본 프로그램은 청소년 문제의 예방 및 치유와 더불어 청소년들의 일상생활에 대한 자기관리능력을 증진시켜 건전한 성장과 발달과업을 촉진시키는 데 있다. 오늘날 사회는 유흥 · 향락산업의 발달에 따라 청소년들의 문화가 소비지향적, 물질만능적, 충동적인 특성을 보이고 있으며, 도시발달에 따른 익명성으로 책임의식 약화, 정보매체 및 기기(인터넷, TV, 핸드폰 등)의 급속한 확산으로 인한 중독성 몰입으로 정상적인 일상생활 파괴와 심리적 건강 저해 등의 문제를 초래하고 있다.

이러한 문제의 핵심에는 청소년들 자신이 주어진 시간과 에너지를 통제하지 못한다는 사실과 더불어 자기 주도적인 삶은 지극히 현실 속에 매몰되어 있다는 사실이다.

따라서 본 프로그램은 이러한 청소년들의 문제 경향을 극복하고자 청소년이 지향해야 할 대표적인 덕목들 중 '절제', '자기관리 및 통제', '효율성', '합리성'에 중점을 두고, 이러한 덕목들을 의지, 정서, 행동의 세 가지 영역에서 균형 있게 익힐 수 있도록 구성하였다.

(2) 시간 · 에너지관리 프로그램의 구성 및 내용

본 프로그램의 각 회기 구성은 ① 나의 하루일과 살펴보기, ② 효과적 · 비효과적 요인 찾기, ③ 효과적 시간관리 방법, ④ 효과적 정신에너지관리 방법, ⑤ 앞으로의 내 모습 그려보기 총 5회기로 구성하였다. 집단원들의 필요에 따라 특정 덕목을 선별하여 실시할 수 있다.

시간 · 에너지관리 프로그램에서는 '④ 효과적 정신에너지관리 방법'의 한 회기를 소개한다.

15) 본 프로그램은 1996년 청소년대화의 광장에서 개발한 '청소년 시간 · 정신에너지 관리 훈련 프로그램(개정판)'의 내용을 주로 응용 · 편집했음을 밝혀 둔다.

<table>
<tr><th colspan="4">(4회) 효과적 정신에너지관리 방법</th></tr>
<tr><td rowspan="3">지도목표</td><td rowspan="3">• 나의 최적 정신에너지 상태를 알고 우선적인 일에 초점을 맞추고 집중하는 능력을 기른다.
• 부단한 집중 연습을 통한 습관화로 자신의 정신에너지 관리능력을 향상시킨다.</td><td>영역</td><td>시간 · 에너지관리</td></tr>
<tr><td>대상</td><td>초 · 중 · 고</td></tr>
<tr><td>집단구성</td><td>중집단</td></tr>
<tr><td>준비물</td><td>〈활동지 4-1〉, 〈활동지 4-2〉, 〈활동지 4-3〉</td><td>소요시간</td><td>90분</td></tr>
<tr><td>진행과정</td><td colspan="3">활동내용</td></tr>
<tr><td>도입</td><td colspan="3">안녕하세요?
오늘은 일상생활에서 우리가 쓰는 정신에너지의 효율적인 사용에 대해 알아보도록 하겠습니다. 같은 정신에너지를 쓰더라도 사람에 따라 생활의 발전적 변화를 보이는 수준은 다릅니다.</td></tr>
<tr><td>전개</td><td colspan="3">○ 그럼 먼저, 나의 정신에너지 상태를 알아봅시다.
– 생활과제, 활동방식과 리듬, 습관과 관련하여 정신에너지 사용 수준을 점검하고 나의 최적상태를 알아내어 봅시다.
– 나의 최적 정신에너지 상태를 알아볼 때 다음과 같은 원리에 따라 연습을 해 봅시다. 〈활동지 4-1〉 참고
• 명상, 이완운동으로 나의 생활과 정신에너지 상태를 점검한다.
• 정신에너지 사용에 대한 간단한 그림표를 그려본다.
• 나의 최적상태, 보통상태, 최저상태를 파악하다.
• 각각의 상태와 관련된 원인을 분석해 본다.
(나 자신과 관련된 원인들/주변 상황과 관련된 원인들)
○ 초점 맞추기
– 개념 : 분산된 에너지를 모아 우선적으로 사용할 과제나 일을 결정하는 단계
– 원리 : 정신에너지 사용을 필요로 하는 나의 생활과제 중에서
① 가장 중요하고, ② 가장 필요하며, ③ 그 과제의 성취 여부에 따른 효과와 변화를 기준으로 우선적으로 정신에너지를 사용해야 할 핵심과제나 일을 결정한다.
– 일상생활에서 초점 맞추기에 대한 예(시험공부, 과제 등)를 적용시켜 봅시다. 〈활동지 4-2〉 참고
① 해야 될 일의 내용과 분량 파악하기
② 우선순위 정하기
• 지금 나에게 중요한 부분은?
• 그중에서 더 필요한 부분은?
• 그 일의 성공적/비성공적인 성취 여부에 따라 갖게 되는 효과나 변화는 어떤 것인가?
③ 결정하기
○ 집중하기의 원리에 따라 집중을 해 봅시다.
– 집중을 위한 준비
• 환경적 준비 : 집중에 방해가 되는 것들(예 : TV, 라디오, 잡지, 전화, 편지 등)을 제거하고 집중을 증진시키는 환경(예 : 조용하고 밝은 분위기, 충분한 학용품 준비)을 마련하기
• 개인적 준비 : 집중에 방해가 되는 욕구와 충동을 미리 조절하기(예 : 전화를 밖에 내놓기, 미리 물 마시기 등)
• 과제 관련적 준비 : 우선순위를 결정된 과제의 내용과 범위 확인하기</td></tr>
</table>

<table>
<tr><td>전개</td><td>
– 집중을 위한 이완을 해봅시다.
(마음을 가라앉히고 간단한 명상이나 이완하기)
• 어깨에 힘을 빼고, 목을 뒤로 젖힌다.
• 고개를 수평으로 돌린다. –고개를 기울인다. –고개를 앞으로 굽히고, 턱을 가슴에 붙인다.
• 좌우의 견갑골을 바싹 죄는 듯 어깨를 힘껏 젖힌다.
– 주의집중을 해 봅시다. 〈활동지 4–3〉 참고
• 현재 내가 하고 있는 일의 중요성 및 타당성 인식하기 : 〈예〉
① 이 일이 가장 중요하고, 가장 도움이 되고, 가치 있으며, 해볼 만한 일이라는 마음가짐
② '나는 잘 할 수 있어'라는 자기암시
• 할 일을 열심히 하였을 때 나에게 돌아올 결과와, 최선을 다하지 못하였을 경우 돌아올 결과에 대해 생각해 보기
• 과거에 대한 후회, 미래에 대한 염려, 쓸데없는 공상을 삼가 마음의 안정을 찾기
• 집중하는 과제의 구체적인 목표와 목표달성의 마감시간을 정하여 적당한 긴장감을 유지하기
• 한 번에 한 가지만 해 낸다는 원칙을 지키도록 한다. 앞의 초점 맞추기 단계에서 정한 목표 하나 하나에 차례대로 집중하기
</td></tr>
<tr><td>정리</td><td>○ 주의집중 시 자기 현 상태에서 최대로 발휘할 수 있도록 노력해야 하는데, 앞에서 살펴본 자신의 최상 에너지 수준 때에 집중하면 더 효과적이다.</td></tr>
<tr><td>유의 사항</td><td>• 집중이나 이완 연습 시 자연스럽고 부드러운 분위기를 만들도록 한다.
• 자신의 통제의지에 따라 주의집중을 할 수 있는 자세와 능력을 갖도록 한다.</td></tr>
</table>

활동지 4–1 나의 상태 알아보기 : 연습

<table>
<tr><td rowspan="2">시간별</td><td>◉ <u>나의 정신에너지 수준이 "최상"인 경우는</u>
– 하루 중 (　) 시에, – 일주일 중 (　) 요일에,
– 한 달 중 (　)일 (　)일 (　)일에, – 사계절 중 (　) 이다.</td></tr>
<tr><td>◉ <u>나의 정신에너지 수준이 "최하"인 경우는</u>
– 하루 중 (　) 시에, – 일주일 중 (　) 요일에,
– 한 달 중 (　)일 (　)일 (　)일에 – 사계절 중 (　) 이다.</td></tr>
<tr><td rowspan="2">생활 영역별</td><td>◉ <u>나의 정신에너지 수준이 "최상"인 경우는</u>
– (　　)에서 공부할 때
– (　　)와 어울릴 때
– (　　)를 하며 놀 때이다.</td></tr>
<tr><td>◉ <u>나의 정신에너지 수준이 "최하"인 경우는</u>
– (　　)에서 공부할 때
– (　　)와 어울릴 때
– (　　)를 하며 놀 때이다.</td></tr>
</table>

활동지 4-2 초점맞추기 적용(예 : 시험공부, 과제 등)

1. 해야 될 일의 내용과 분량 파악하기
2. 우선순위 정하기 :
   - 지금 나에게 중요한 부분은?
   - 그 중에서 더 필요한 부분은?
   - 그 일의 성공적/비성공적인 성취 여부에 따라 갖게되는 효과나 변화는 어떤 것인가?
3. 결정하기!

활동지 4-1 '집중하기' 연습

집중을 위한 준비도 점검	– 환경적 준비 – 개인적 준비 – 과제관련적 준비
이완 전략	– 이완자세 연습 – 명상
주위집중 해 보기	– 위의 연습을 토대로 하여, 실제 나의 경우에서 집중할 과제를 가지고 집중을 하여 봅시다. 〈명심할 점〉 : 계속적인 연습을 통한 습관화의 중요성 초점 맞추기와 집중하기가 여러 차례의 연습을 통해 습관화되면 다양한 대상에 대하여 즉각적으로 집중할 수 있게 됩니다.

4) 분노조절 프로그램

(1) 프로그램의 목표

학교생활이나 가정생활에서 때때로 자신의 분노를 잘 통제하지 못하여 폭력적인 행동을 일으키는 경우가 매우 빈번하다. 이러한 폭력적인 행동의 원인에는 여러 가지가 있으나 분노의 정서적 상태를 잘 조절하지 못하는 것이 가장 큰 원인이다.

따라서 본 프로그램은 학생들을 건전한 인격체로 성장하도록 돕고, 분노 상태에서 폭력을 행사하려는 동기를 억제시켜 반사회적 공격행동을 억제시키고자 하는 데 목표가 있다.

(2) 분노의 이론적 배경

분노란 모든 개인이 표현하는 일상적인 감정이며, 일상생활 속의 불가피한 사건에 대한 자연스럽고, 지극히 정상적인 반응이다. 분노는 인간의 기본적인 희로애락 중 노에서 연유된 감정으로 인간이 가질 수 있는 보편적인 느낌이다.

분노의 발생과정에 따라 분노를 보는 관점을 다음과 같이 설명할 수 있다

첫째, 생물학적인 관점에서는 분노를 인간의 어디엔가 존재하는 본능으로 저장과 방출이 가능하다고 본다. 이 입장에서는 분노는 적절하게 방출될 때 개인의 심리적 건강이 유지되며 파괴적인 행동을 방지할 수 있게 된다는 것이다. 즉, 분노의 수압모델로서 분노는 본능으로 외부 사건에 대한 자연스러운 내적 반응으로서 만일 분노를 적절히 방출시키지 않으면 댐에 물이 고여 있는 것과 같이 언젠가는 흘러넘치게 된다고 본다.

둘째, 심리적인 관점으로 좌절로 인해 분노가 생긴다고 보는 관점이다. 즉, 목표를 지향한 과정이 저지를 당할 때 분노가 유발되고, 자신의 기대와 자신이 달성한 것 간의 괴리가 클수록 더 많은 분노를 경험하는 것이다.

분노조절 훈련 프로그램은 분노감정을 느끼지 않도록 하는 것이 아니라 분노를 적절하게 표현하도록 하는 데 있다. 여기서 분노를 적절하게 표현한다는 것은 사회적으로, 개인적으로 용인되는 방식으로 표현한다는 것이다. 분노감정은 때로는 매우 강렬하여서 분노가 한창 치솟을 때에는 적절한 표현방식을 잘 찾지 못할 수도 있다. 이러한 순간에 어떤 표현을 한다는 것은 오히려 예상치 못한 나쁜 결과를 초래할 수도 있다. 특히 청소년기는 분노의 표현을 올바르게 표현하지 못해 비행이나 공격적인 행동, 사회적으로 인정되지 않는 여러 가지 형태의 모습으로 나타나게 되기도 한다.

(3) 프로그램의 내용

이 분노조절 훈련 프로그램은 청소년의 대한 분노 시 자신에게 일어나는 변화를 이해하고, 분노감정을 건전한 방법으로 표현하도록 하여 청소년기 부적절한 분노감정의 표현으로 인해 겪게 되는 대인관계 속에서의 어려움을 해결하는 데 도움을 주고자 다음과 같이 구성되었다. 프로그램 순서는 ① 분노 탐색하기, ② 분노

상황 인식하기, ③ 나의 변화 알기, ④ 분노조절 방법, ⑤ 생각 바꾸기로 하였다.

분노조절 프로그램에서는 '④ 분노조절 방법'의 한 회기를 소개한다.

(4회분) 분노 조절하기			
지도 목표	• 긴장 이완 훈련을 통해 분노의 감정을 지연하며 누그러뜨리는 법을 익힐 수 있다.	영역	분노조절
		대상	초 · 중 · 고
		집단구성	중집단
준비물	마음을 안정시킬 수 있는 차분한 배경 음악	소요시간	60분
진행과정	활동내용		
도입	화가 나서 자신에 생각과 신체적 활동이 통제가 되지 않을 때 감정대로 행동할 경우 서로에게 많은 상처를 주게 됩니다. 이렇게 감정을 억누르고 심리적인 안정을 취함으로써 분노의 폭발을 지연할 수 있고 자신의 심신을 평상시의 마음으로 돌릴 수가 있습니다.		
전개	○ 화가 난 상황을 잠시 피해 있기. 어떤 방법으로 분노의 상황을 잠시 피할 수 있는지 서로 의견을 말해 봅시다. ○ 심호흡을 통해서 분노의 감정을 누그러뜨리기. 다 같이 따라서 심호흡을 연습해 봅시다. – 숨을 들이쉬는 요령 : ① 어깨와 가슴이 움직이지 않도록 한다. ② 가슴으로 숨을 쉬지 않고 배가 볼록하게 나오도록 한다. ③ 숨을 들이쉴 때 가급적 큰 소리를 낸다. ④ 숨을 들이쉴 때 코로만 들이쉰다.(입을 다문다) – 숨을 내뿜는 요령 : ① 배가 볼록하게 숨을 들이마신 다음 멈춘다. ② 멈추는 시간은 2~3초간으로 한다. ③ 숨을 한꺼번에 몰아쉰다. ④ 숨을 몰아 내쉴 때는 입과 코를 동시에 사용한다. ⑤ 가급적 큰 소리도 내쉰다. – 숨을 들이마시고 내뿜는 요령 : ① 숨을 들이마시고 내뿜는 과정을 연속적으로 한다. ② 화가 가라앉을 때까지 여러 차례 반복한다. ③ 가급적 여유를 가지고 실시한다. ○ 구구단 외우기로 분노 폭발 지연시키기 – 구구단 외우는 요령 ① 조용히 눈을 감는다. ② 구구단을 천천히 외운다. ③ 구구단 하나에 약 1~2초 정도 걸리게 한다. ○ 긴장된 근육을 이완시키기 ○ 간단한 스트레칭 – 주먹을 꽉 쥐었다 폈다 한다. ○ 편안한 자세를 취한다. – 팔과 다리를 쭉 펴면서 소리를 낸다. – 목을 돌리며 긴장을 푼다. ○ 가볍게 몸을 두드리며 긴장된 근육을 풀어준다.		
정리	심호흡법은 분노가 일어날 때만 적용하는 것이 아니라 감정의 혼란과 심한 스트레스를 받을 때 등 감정의 안정을 요할 때 적용할 수 있습니다. 심호흡을 하고 난 느낌을 나누어 봅시다.		
유의사항	• 장난으로 하지 않고 마음을 모아서 집중하여 실시하도록 한다.		

5) 의지계발 프로그램[16)]

(1) 의지계발 프로그램의 필요성 및 목표

오늘날 사회는 산업화로 인한 핵가족화, 도시화, 여성 취업 증대, 이혼율 증가 등의 특성이 나타나고 있으며, 그 부정적인 측면에서 많은 청소년 문제도 제기되고 있다. ① 여성 취업 증가로 맞벌이 가정이 늘어 대화시간이 적어지고 '모성박탈(母性剝奪) 현상(Maternal deprivation)'으로 가출이 증가하고 있다. ② 결손가정(broken family: 부모 사망, 별거, 유기, 한부모, 계모, 의부) 증가가 청소년 비행 증가로 연결-가정 및 가정교육 부재, ③ 가족계획에 의한 자녀 수 감소 현상은 과잉보호와 애정으로 나타남(마마보이). 특히 자녀에 대해 소유물화하는 부모는 자녀들의 요구수준에 대한 몰이해와 부모 중심의 자녀에 대한 높은 기대 심리로 자녀의 갈등과 불만의 원인이 되고도 있다. ④ 자본주의 사회의 빈부격차, 계층 간 갈등 대립은 청소년들에게 상대적 박탈감(relative deprivation)을 갖기 쉽게 하고, 한탕주의 심리와 편법주의로 목적 달성을 위해 수단방법을 가리지 않는 욕구를 강하게 받기 쉬운 환경으로 작용하고 있다.

이 프로그램은 오늘날 청소년 문제의 예방 및 치유와 더불어 청소년 자신들이 자기의 주도적인 삶을 살아갈 수 있도록 자기계발을 해나가는 데 바탕이 되는 의지를 계발하는 데 목적을 두고 있다.

이를 위해 청소년이 지향해야 할 대표적인 덕목들 중 '꿈과 목표', '자기절제 및 자제력', '실천의지력'에 중점을 두고 이러한 덕목들을 의지, 정서, 행동의 세 가지 영역에서 균형 있게 익힐 수 있도록 구성하였으며, 덕목 실천의 실천동기와 의지를 키우고, 생활 속에서 적용할 수 있는 구체적 행동방법을 프로그램화하여 제시하고자 한다.

16) 본 프로그램에서 1회의 '두 개의 나'와 2회의 '천사가 되어… 나의 목표 정하기', 3회의 '거절하기'는 청소년대화의 광장에서 1996년 약물남용청소년상담프로그램(Ⅱ)으로 개발한 '내 인생 주인되기 프로그램'을 발췌·편집했음을 밝혀둔다. 4, 5회는 행동주의 심리학 및 자율훈련법에 기초해 저자 본인이 미미하나마 구성했다.

(2) 의지계발 프로그램의 구성 및 내용

<table>
<tr><th colspan="4">(4회) 나의 의지로 행동하기 I</th></tr>
<tr><td rowspan="3">지도 목표</td><td rowspan="3">• 사소한 생각이나 결심을 행동으로 연결시킨다.
• 의지–행동 실천의 반복을 통해 자신의 실천력을 강화한다.</td><td>영역</td><td>의지계발</td></tr>
<tr><td>대상</td><td>초 · 중 · 고</td></tr>
<tr><td>집단구성</td><td>중집단</td></tr>
<tr><td>준비물</td><td>연필, 종이</td><td>소요시간</td><td>70분</td></tr>
<tr><td>진행과정</td><td colspan="3">활 동 내 용</td></tr>
<tr><td>도입</td><td colspan="3">안녕하세요?
'나는 나의 의지로 ○○을 하겠습니다.'라는 표명은 자기육성의 긍정적인 측면을 강화하는 것을 목표로 학생 스스로의 의지로 결정한 것은 다른 사람의 간섭이 없이 스스로 지키고 실천하는 가운데 자기 육성의 긍정적 측면을 강화하도록 한다.
○ '나의 의지로 행동하기 I ' 에 대한 연습을 해봅시다.
처음에는 유치하다고 느낄지 모르지만 차근차근 한번 해봅시다.
활동방법은 "나는 나의 의지로 (　　)을 하겠습니다."라고 말하게 하고는 활동과제를 하도록 한다.</td></tr>
<tr><td>전개</td><td colspan="3">1) "나는 나의 의지로 오른손(또는 왼손)을 들 수 있습니다."
▶ 활동 : "나는 나의 의지로 오른손(또는 왼손)을 들 수 있습니다."라고 한 뒤 '하나', '둘', '셋' 하면서 오른손(또는 왼손)을 든다. (반복한다)
2) "나는 나의 의지로 연필을 10회 두들깁니다."
▶ 활동 :
3) "나는 나의 의지로 손뼉을 5회를 칩니다."
▶ 활동 :
4) "나는 나의 의지로 여섯번을 세는 동안 손을 머리에 올립니다."
▶ 활동 :
5) "나는 나의 의지로 내 짝의 이름을 정답게 두 번 부르고 악수를 합니다."
▶ 활동 :
6) "나는 나의 의지로 내 이름을 3번 가장 예쁜 글씨로 정성껏 씁니다."
▶ 활동 :

○ 느낌을 발표하게 한다.
– 발표자 :
– 발표자 :</td></tr>
<tr><td>정리</td><td colspan="3">그러면 다음 시간에는 '나의 의지로 행동하기 II'에 대해 연습을 해보는 시간을 갖도록 하겠습니다.</td></tr>
<tr><td>유의 사항</td><td colspan="3">• 장난기나 재미로 하지 않도록 한다.
• 일상생활에서 지속적으로 실천할 수 있도록 강화한다.</td></tr>
</table>

본 프로그램의 각 회기 구성은 ① 두 개의 나, ② 천사가 되어… 나의 목표 정하기, ③ 거절하기, ④ 나의 의지로 행동하기(Ⅰ) ⑤ 나의 의지로 행동하기(Ⅱ) 총 5회기로 구성하였으며, 집단원들의 필요에 따라 특정 덕목을 선별하여 실시할 수 있다.

의지계발 프로그램에서는 '④ 나의 의지로 행동하기(Ⅰ)'의 한 회기를 소개한다.

6) 자아존중감 프로그램

(1) 프로그램의 목적

Erikson은 청소년기의 심리사회적 과제를 자아정체감 확립이라고 하였다. 그러나 이 시기에 형성되는 자아에 대한 정체감이 부정적이거나 왜곡이 될 때는 자신의 성장 및 발달의 저해는 물론이고 사회적으로도 부정적인 문제를 일으킬 수 있다. 따라서 자아존중감 향상을 통한 긍정적이고 적극적인 자아정체감을 얻는 것이야말로 학생들에게 가장 우선적으로 획득되어져야 할 과제가 된다. 또, 과제 이전에 자아존중감 향상은 자기 내적 가치를 높이는 역할을 하게 될 것이 이며 이러한 내적 가치는 자신뿐만 아니라 타인을 존중하는 태도를 갖게 하는 근본이 된다.

(2) 자아존중감의 개념

자아존중감(self-esteem)과 유사한 개념으로 쓰이는 용어로는 자기사랑, 자기확신, 자기존경, 자기수용, 자기평가, 자기가치 등이다. 이들 용어는 자기평가와 자기애정에 대한 심리적 기능의 과정이라고 지적했다. 그러나 엄밀한 의미에서 자아존중감은 자아개념 및 자기확신 등과 구별된다. Kinch(1989)에 의하면 "자아개념이란 다차원적인 개념들로서 한 개인이 자기 스스로에게 부여하는 자기평가와 관련된 모든 특성들의 구조물이며, 이에 비하여 자아존중감은 단일한 차원의 개념으로써 한 개인이 자신을 얼마나 높이 평가하느냐와 관련된 개념"이라고 하였다.

즉, 자아개념은 판단적인 개념이 아니라 일련의 서술적인 개념으로서 자신의 특성에 대한 긍정적 혹은 부정적인 감정이 포함되지 않는 반면에, 자아존중감은 자신의 특성에 대한 판단과 평가를 의미한다.

자아존중감은 과업수행의 차원을 떠나 전반적인 자아수용, 자기존경, 자기가치감의 의미가 함축된 개념으로 각자가 자신을 어떻게 느끼고 있느냐의 느낌이다. 자기 자신에 대한 전체적인 평가로서 자기 자신의 그 특별한 됨됨이를 스스로가 얼마나 좋아하고 있느냐에 대한 것이다.

(3) 프로그램의 내용

<table>
<tr><th colspan="4">(2회) 자성예언</th></tr>
<tr><td rowspan="3">지도 목표</td><td rowspan="3">자신의 긍정적인 자아를 확립시키고 자신의 가치관을 보다 명료화시킨다.</td><td>영역</td><td>자아존중감</td></tr>
<tr><td>대상</td><td>초 · 중 · 고</td></tr>
<tr><td>집단구성</td><td>중 · 소집단</td></tr>
<tr><td>준비물</td><td>〈참고자료 1-1〉, 필기도구, 명상자료</td><td>소요시간</td><td>60분</td></tr>
<tr><td>진행과정</td><td colspan="3">활동내용</td></tr>
<tr><td>도입</td><td colspan="3">우리는 각자의 목표와 희망이 있습니다. 그러나 이에 대한 구체적인 계획과 실행이 없다면 그것은 한낮의 공상에 불과합니다. 목표를 이루기 위해 구체적으로 노력한다는 것은 용기와 신념을 갖고 자신의 문제를 해결하려는 적극적인 자세로 임한다는 뜻과 같습니다. 이러한 신념과 용기는 저절로 생기는 것이 아니라 개인이 적극적이고 긍정적인 생각으로 자신의 마음 가꾸어 갈 때 얻어지는 것입니다. 자성예언은 자신이 소망하는 태도를 형성하고 이 태도는 목표를 향한 도로 역할을 해줄 것입니다.</td></tr>
<tr><td>전개</td><td colspan="3">• 명상자료를 낭송한다.
• 활동자료를 나누어주기 전에 어떤 사람이기를 원하는지 말해본다.
• 활동지를 나누어주고 각 문장을 크게 낭독한다.
• 잠시 눈을 감고 낭독한 문장을 떠올리며 나에게 가장 맞는 것을 한두 개를 선택한다.
• 선택한 항목과 이유를 발표한다.
• 발표한 것과 같이 되기 위해서는 어떻게 행동해야 할지 생각해 보고 느낌을 이야기한다.
• 자신이 선택한 문항을 큰소리로 낭송한다.</td></tr>
<tr><td>정리</td><td colspan="3">우리의 목표와 희망이 다름을 확인할 수가 있었습니다. 그렇지만 목표를 향한 우리들의 태도는 분명하고도 강건해야 합니다. 혹시 마음이 나태해지거나 느슨해지고 혼란스러울 때는 오늘 택한 문항을 다시 한 번 음미해 보고 마음을 정리하며 목표 달성을 위한 자기 다짐을 새롭게 해보시기 바랍니다.</td></tr>
<tr><td>유의 사항</td><td colspan="3">• 시간을 충분히 가지고 여러 가지를 깊이 생각하게 한다.
• 솔직하고 진지한 발표가 되게 한다.
• 선택한 문항이 정말 자기 것이 되도록 단계적으로 상세하게 찾도록 한다.</td></tr>
</table>

자신에 대한 스스로 평가치를 높이기 위한 것으로 자신감의 획득, 자기 잠재 능력의 확인, 과거보다 현재와 미래에 대한 방향설정, 자신의 장점 확인, 긍정적인 자아감 획득을 주 내용으로 구성하였다. 각 프로그램은 순서는 ① 자기 자서전, ② 자성예언, ③ 젓가락 자르기, ④ 장·단점 인식하기, ⑤ 좋은 느낌 주고받기로 하였다.

자아존중감 프로그램에서는 '② 자성예언'의 한 회기를 소개한다.

참고자료 1-1 자성예언

1. 나는 내 인생의 주인공이다.
2. 나는 떳떳하고 당당한 사람이다.
3. 아는 어디서나 필요한 사람이다.
4. 나는 말보다 행동하는 사람이다.
5. 나는 생명이 있는 것들을 존엄하게 생각한다.
6. 나는 목표가 있다.
7. 나는 끈기가 있다.
8. 나는 나 자신을 다스릴 수 있다.
9. 나는 정직하다.
10. 나는 건강하다.
11. 나는 부지런하다.
12. 나는 겸손하다.
13. 나는 예의 바르고 단정하다.
14. 나는 무엇이든 끝까지 열심히 한다.
15. 나는 상대의 말을 진지하게 듣는다.
16. 나는 받기보다는 주기를 좋아한다.
17. 나는 약속을 잘 지킨다..
18. 나는 솔직하게 먼저 이야기한다.
19. 나는 언제나 밝게 웃는다.
20. 나는 절약한다.
21. 나는 할 일을 찾아서 한다.
22. 나는 계획한 것을 잘 실천한다.
23. 나는 무슨 일이나 뜻이 있다고 생각한다.
24. 나는 결과에 집착하지 않고 과정에 최선을 다한다.
25. 나는 항상 준비한다.
26. 나는 나 자신보다 우리를 생각한다.

Part 04

학교폭력 예방 및 대처사례

Part 04

학교폭력 예방 및 대처사례

Chapter 12

학교폭력 상담

1. 학교폭력 상담의 기초

1) 학교폭력 상담의 개념

학교폭력 상담은 개입 시기에 따라 학교폭력 발생 전 예방상담과 학생 폭력이 발생한 위기 상황에 개입하는 위기상담, 이후 추수상담으로 구분된다. 보통 학교상담이라고 하면 위기상담을 말하는 것이 대부분이다. 이때의 상담은 현재 벌어진 폭력 상황의 해결을 위한 개입과 장기적 재발방지의 측면에서 원인이 되는 요인을 상담·지원해 주는 전반적인 위기 개입이 이뤄져야 한다. 이는 피해학생의 신변보호에서부터 피·가해학생에 대한 원활한 합의 유도를 거쳐 대상자인 피해학생 및 가해학생에 대한 상담까지를 포함한다(문용린 외, 2005).

2) 학교폭력 상담의 목표

학교폭력 상담은 일반 상담보다 더욱더 위기적 상황에 처한 상담활동이기 때문에 더욱더 실질적인 문제해결과 효과를 기대할 수밖에 없다. 우선적으로 학교폭력이 발생하면 가해자와 피해자 측을 상대로 원활한 합의의 과정을 통해 문제를 해결해야 하며, 아울러 가해자 및 피해자 학생의 심리적, 정서적, 행동적 치료를 통해 학교생활을 원만히 할 수 있도록 하는 것이 그 목적이라 할 수 있다. 따라서 학교폭력 상담은 학교폭력 문제 사안에 대한 해결에 그치는 것이 아니라 좀 더 복합적이고 심층적인 해결과 지원에까지 관련되어 있음을 알 수 있다.

3) 학교폭력 상담의 특수성

학교폭력 상담은 우선 학교상담의 한 분야이다. 다시 말하면 학교폭력 상담의 대상자는 혼자가 아니라 대부분 반대의 입장에 선 상대방이 존재한다는 사실이다. 학교폭력 상담을 계획하여 개입하고 진행할 때 이 점을 유의해야 성공적인 상담을 할 수 있다. 다시 말하면 보복에 대한 두려움, 위협적 상황이 존재한다는 것을 염두에 두어야 한다.

학교폭력 상담은 피해자를 우선적으로 보호하고 치유해야 한다는 점이 매우 중요하다. 일차적인 상담의 목표라고 할 수 있다. 하지만 가해자 역시 상담의 대상이며 학교에서나 사회에서 치유하고 보살펴야 할 대상이다. 그런 의미에서 가해자에 대한 특별한 학교상담도 매우 중요한 활동이다. 이때 가해자의 상담목표는 심리적 치유와 아울러 문제행동에 대한 재발 방지도 포함한다. 마지막으로 학교폭력 상담의 특수성으로서 전문상담교사를 포함한 많은 인적자원이 상담자로서 개입할 수 있다는 점이다. 즉 전문상담교사, 담임교사, 학부모, 교육청 담당자, 관련 기관 전문가 등이 그 상담자가 될 수 있다는 의미이다. 따라서 그 어떤 상담보다 이런 인적자원 간의 협력을 바탕으로 전문성을 발휘한다면 더 큰 효과를 얻을 수 있을 것이다.

4) 학교폭력 상담의 원칙

성공적인 학교폭력 상담을 위해서는 몇 가지 지켜야 할 원칙들이 있다. 이 원칙들을 잘 준수하면 좀 더 효과적으로 상담을 할 수 있다. 따라서 학교폭력 상담을 하는 상담자는 필히 이 원칙들을 잘 숙지하는 것이 중요하다.

첫째, 학교폭력 상담은 집단상담보다는 개별상담을 하는 것이 바람직하다. 따라서 가해자와 피해자 상담은 각각 개별적으로 상담하는 것이 좋다.

둘째, 객관적인 상담을 위해서는 상담 초기에 학교폭력과 관련된 모든 객관적인 정보를 구체적으로 상세하게 수집하는 것이 좋다.

셋째, 내담자가 원하는 것이 무엇인지, 즉 욕구를 우선적으로 파악하는 것이 중요하다.

넷째, 내담자에게 필요한 정보를 제공할 경우에는 가능한 구체적이고 객관적인 정보와 자료를 제공하는 것이 좋다. 아울러 학교폭력과 관련된 전문적인 자료를 제공하는 것이 효과적이다.

다섯째, 상담과정은 기록으로 남겨서 문서화하는 것이 좋다. 특히 상담자는 상담일지에 상담내용과 과정을 세세히 기록해 두어야 한다.

여섯째, 상담목표를 설정할 때에는 단기목표, 중기목표, 장기목표 등 구체적으로 계획하는 것이 좋고, 목표는 구체적이고 현실적이며 실천 가능한 것으로 설정하는 것이 바람직하다.

일곱째, 상담을 하는 과정에서 학부모, 담임교사 등의 협조를 통해 상담하는 것이 도움이 된다.

여덟째, 필요에 따라서는 외부 전문기관과 연계하는 것도 바람직하다. 보통 교육지원청 Wee센터와 연계하여 상담을 하는 것도 효과적이다.

아홉째, 학교폭력상담은 대부분이 위기상담이기 때문에 학교 차원의 단기 상담으로 끝나는 것이 아니라 지속적인 장기 상담을 계획하고 관리하는 것이 좋다. 따라서 차후 추수상담을 통해 내담자가 학교생활을 안정적으로 잘 하고 있는지를 파악하고 점검해야 한다.

2. 효과적인 학교상담과 교사

1) 학생에 대한 올바른 믿음과 신념

학교상담에서 상담의 성공 여부는 내담자와의 관계를 얼마나 잘 맺는가에 따라 결정된다고 해도 과언이 아니다. 내담자는 자신의 존재를 인정받기를 원하고 자신의 모습을 있는 그대로 수용해 줄 수 있는 사람을 원하기 때문에 상담자가 이것을 파악하여 잘 수용할 수 있는 능력이 매우 중요하다. 특히 학교폭력과 관련하여 상담을 하게 되는 경우는 더욱 그러하다. '상담관계'라는 것은 '신뢰로운 관계'를 의미하는데, 이 관계를 형성하기 위해서는 우선 내담자의 가능성과 내담자 그 자체를 수용하는 것이 매우 중요하다. 그렇다고 내담자가 진술하는 말을 그대로 믿으라는 것은 아니다. 그렇게 되면 자칫 내담자로 하여금 상담자가 이용당할 수도 있기 때문이다.

학교현장에서의 상담, 특히 학교폭력과 관련한 상담에서는 무조건적인 수용보다는 올바른 믿음[1)]을 바탕으로 한 수용이 필요하다. 이것을 바탕으로 학생과 상담활동에 대한 신념이 확고해야 한다. 그렇지 않으면 상담 방향과 상담활동의 의미가 흔들리기 쉽다.

2) 학교상담에 대한 학생들의 기대

학교폭력 예방 및 대처, 추수 관리를 위한 학교상담의 역할이 매우 크다고 할 때, 성공적인 상담활동이 되기 위해서는 우선 주 내담자가 될 수 있는 학생들의 상담에 대한 기대가 무엇인지를 파악하는 것이 매우 중요하다. 학교폭력과 관련

1) 인간중심 상담기법에서는 '무조건적 존중 및 수용'이라는 용어를 사용하지만 실질적으로 학교상담에서는 이 용어에 오해도 있고 그 활용에도 한계가 있어 그것과는 상관없이 '올바른 믿음'이라는 용어를 별도 사용한다. 청소년기의 학생들의 인지적, 도덕적, 심리적 발달단계를 고려한다면 무조건적으로 수용하는 데에는 학교상담에서는 많은 어려움과 한계가 있어 이 용어를 사용한다.

하여 학생들의 상담에 대한 기대를 올바로 파악해야 상담활동에 대한 방향이 설정되기 때문이다. 아울러 방향이 올바로 설정되면 그 기대, 즉 목표 성취를 위한 기술과 전략 등이 잘 전개될 수 있기 때문이다.

학교폭력과 관련한 학생들의 상담에 대한 기대는 크게 세 가지로 나누어 볼 수 있는데, 우선 자기 자신에 대한 탐구와 이해, 그리고 수용이 잘 되지 않아 이것에 대한 올바른 정체성을 형성하기 위해 도움을 필요로 한다. 그 다음으로, 현재 자신의 문제로 인해 심리적으로 많은 고통을 받고 있을 때 심리적 고통을 해소하고 싶은 기대를 갖는다. 마지막으로 다양한 문제해결과정에 직면했을 때 효과적인 문제해결능력에 대한 기대를 갖는다.

이상과 같은 학교상담에서 학생들이 갖는 세 가지 기대는 학교폭력 예방과 사안처리 과정, 추수과정에서도 중요한 목표이자 지도 방향으로 이어지게 된다.

3) 학생들의 발달단계에 대한 이해

내담자에 대한 올바른 이해, 상담목표 설정과 상담과정의 구조화를 위해서는 학생들의 발달단계에 대한 특징을 잘 이해하는 것이 중요하다. 청소년들의 인지적 수준, 심리적 상태, 도덕적 수준, 생물학적 특성 등을 잘 이해한다면 문제발생배경과 욕구, 경과 등을 잘 이해할 수 있다. 학생들이 현재 처해 있는 심리적 상태, 즉 자유와 독립에 따른 발달단계적 욕구를 잘 이해하고 수용할 수 있는 상담이 되어야 한다. 특히 학교폭력과 관련된 학생들에 대해서 이런 욕구들을 잘 파악하고 수용하는 것이 매우 중요하다.

4) 이상행동과 임상심리에 대한 이해

학교폭력 관련 학생들을 대상으로 상담을 하다 보면 단순한 학교폭력 문제 수준에서 처리해야 할 대상이 아닐 때가 많다. 다시 말하면 학교폭력이 발생하기 전에 교사들이 학생에 대한 이상행동과 임상심리에 대한 이해가 있었다면 문제를 예방할 수 있다는 의미이다.

학교현장에서 교사들이 임상심리와 이상행동에 대한 이해를 강조해도 무리한 것이 아니다. 이제는 학생들의 전인적인 발달을 도모하고 정신적 건강을 유지하기 위해서는 학생의 정신건강에 대한 지식을 가지고 있어야 한다. 그래야 올바른 환경을 제공하고 적절하게 반응할 수 있기 때문이다. 다행히 몇 년 전부터 교육과학기술부에서는 전국의 모든 초・중・고교 학생들 대상으로 '학생 정서・행동발달 선별검사(CPSQ, AMPQ)' 사업을 실시하여 학생들의 정서 행동문제를 예방하고 학생들의 정서 행동 발달을 지원하고 있다. 이 사업에서도 학교 구성원들 간의 협조적인 체제 구축과 효율적인 운영이 매우 중요하다. 특히, 이상행동과 임상심리에 대한 이해가 더욱 중요하다. 교사들은 단순한 사업의 일환으로 생각할 것이 아니라 학교폭력 예방 및 대처의 중요한 요소라는 인식을 가질 필요가 있다. 상담의 효과성을 높이고 성공적인 상담을 위해서는 반드시 내담자에 대한 심층적인 이해가 필요한데, 특히 내담자의 이상행동과 임상심리에 대한 이해 능력[2)]은 반드시 필요하다.

| 표 12-1 | 초등학교 학생 정서・행동발달 선별검사(CPSQ)

CPSQ(Child Problem -Behavior Screening Questionnaire)	
유형	내용
내재화 문제	불안, 우울, 스트레스, 교우관계
외현화 문제	주의력결핍과 과잉행동장애(ADHD), 반항적 행동장애, 품행장애
인지적 문제	학습
오・남용	약물, 인터넷
정신신체화 문제	경련, 틱, 식이장애

자료: 허윤석 외(2003), 보건복지부.

2) 필자는 임상심리 및 이상행동에 대한 전문적인 소양을 증진하기를 원하는 분들을 위하여 DSM-IV(Diagnostic and Statistical Manual of Mental Disorders)정신장애의 진단 및 통계편람을 참고하기를 권한다.

| 표 12-2 | 중등학교 학생 정서 · 행동발달 선별검사(AMPQ)

AMPQ-Ⅱ(Child Problem -Behavior Screening Questionnaire)	
유형	내용
내재화 문제	정신증, 우울증, 기분장애, 불안, 신체화, 의존성, 식이장애, 학습이해
외현화 문제	주의력결핍과 과잉행동장애(ADHD), 강박증, 비행, 품행장애, 성, 대인관계, 폭력피해

자료: 교육과학기술부(2012), 학생 정서 · 행동발달 선별검사 및 관리 매뉴얼, p.7.

5) 상담기법 및 이론에 대한 전문성

학교폭력 관련 학생과 상담을 할 때 성공적인 상담을 위해서는 일상적인 대화보다는 좀 더 전문적인 지식과 개입 전략이 필요하다. 따라서 교사들은 상담이론을 기반으로 한 기법과 전략을 잘 숙지하고 활용해야 한다. 상담이론과 기법 등은 내담자 파악과 문제 파악에 대한 통찰력과 방향감각을 제시해 주기 때문이다. 상담은 전문적인 활동이라는 점을 기억하면서 여기서는 학교폭력 상담을 할 때 학교 현장에서 많이 사용하고 있는 필요한 기법 및 기술 몇 가지를 소개한다.

3. 학교폭력 상담의 단계별 기술

학교폭력 상담 기술은 내담자의 현재 느낌을 놓치지 않고 따라갈 수 있는 능력과 내담자가 좀 더 분명하고 정확한 이해를 할 수 있도록 도와주는 능력을 말한다. 상담자는 내담자의 말, 생각, 감정의 흐름을 놓치지 않고 따라가면서 내담자로 하여금 자신과 자신의 문제에 대하여 정확한 이해를 할 수 있도록 돕는 반응 기술을 갖고 있어야 한다.

표 12-3 상담단계별 상담반응기술

상담의 단계	상담반응기술
관계형성	구조화, 래포 형성
문제탐색	공감, 반영, 질문하기
문제해결	조언과 충고, 자기개방

자료: 한국청소년정책연구원(2011), 학생상담 및 생활지도 매뉴얼(교사용).

학교폭력 상담 시 내담자와 교사와의 래포(rapport) 형성은 기본적인 유대를 토대로 좀 더 깊이 있는 만남을 뜻한다. 학교 장면에서 교사와 학생 간의 상담을 위한 관계 맺기는 상담의 구조화와 래포 형성을 의미한다고 할 수 있다.

1) 관계형성 단계

상담의 구조화는 상담자와 내담자가 상담목표나 상담목표를 성취하기 위한 과제에 대해 서로 합의하는 과정을 의미한다. 상담 초기에 상담자가 내담자에 실시하는 상담에 대한 교육, 상담의 개념, 상담진행과정, 다루는 문제(주 호소문제), 성과, 상담목표 설정, 상담이론 및 전략, 기법, 역할과 규범, 담당상담자, 시간, 장소 등에 대한 교육과 설정이 구조화된다. 상담의 구조화단계에서는 내담자의 태도, 즉 상담활동에 대한 구조화에 대한 생각 등을 탐색해야 한다. 학교폭력 상담 초기에 구조화가 잘 되지 않으면 상담자와 내담자 모두에게 혼란을 야기할 수 있어 성공적인 상담을 할 수 없게 된다.

래포 형성은 신뢰의 관계라고 했다. 즉 상담자와 내담자 간에 서로를 믿을 수 있다는 친밀감, 안전감 그리고 신뢰감이 형성된 상태를 말한다. 여기서는 래포 형성을 위한 SOLER 기법을 소개한다.

| 표 12-4 | Egan의 SOLER 기법

S	내담자를 바로(Squarely) 바라본다. 대화 시 고개는 항상 내담자 쪽으로 향하게 해야 한다. 만일 바로 쳐다보는 것에 대해서 내담자가 위협으로 느낀다고 생각된다면 약간 비스듬히 보아도 좋다.
O	개방적인(Open) 자세를 취한다. 팔짱을 끼거나 다리를 꼬고 앉는 것은 관심이나 도울 태세가 아닌 자세이다. 일종의 저항과 거부를 표현하는 비언어적인 자세이기도 하다.
L	이따금 상대방 쪽으로 몸을 기울인다(Lean). 상대방을 향해 앞쪽으로 몸을 기울여 상대방의 말에 그 만큼 관심이 많음을 보일 수 있다.
E	자연스러운 시선의 접촉(Eye contact)을 유지한다. 자연스럽게 눈을 마주치는 것이 좋으며 상체에 시선을 유지하는 것이 좋다.
R	편안하고(Relaxed) 자연스럽게 내담자를 대한다. 조바심내거나 주의를 흩트리는 표정을 짓지 않고 몸짓을 편안하고 자연스럽게 한다.

자료: Egan, G.(1994).

2) 문제탐색 단계

학교폭력 상담 시 문제탐색 단계에서는 공감과 반영, 질문하기가 매우 중요한 기술이 된다. 공감은 내담자로 하여금 생각이나 감정을 자유롭게 표현할 수 있도록 해주어, 내담자 자신을 더 많이 노출함으로써 관계가 더욱 촉진적이 되고, 자신의 방식으로 문제를 탐색하고 상담에 대한 책임감을 느끼게 된다. 그리고 내담자는 상담자가 자신의 말에 관심을 가지고 경청하고 있으며 자신의 이해받고자 하는 마음이 충분히 이해받는다고 느낀다.

| 표 12-5 | 공감적 이해의 5수준 예시

"선생님! 제 짝이 자꾸 저를 때리고 욕을 해서 참을 수가 없어요"		
수준 1	상대방의 언어 및 행동표현의 내용으로부터 벗어나거나 내용에 주의를 기울이지 않기 때문에 감정 및 의사소통에 있어서 상대방이 표현하는 것보다는 훨씬 못 미치게 의사소통하는 수준으로 상대방과의 의사소통이 손상되는 수준	"친구끼리 그럴 수도 있는 것이지, 너는 그게 무슨 문제라고..."
수준 2	상대방이 표현한 감정에 반응은 하지만 상대방이 표현한 것 중에서 주목할 만한 감정을 제외시키고 의사소통하는 수준. 상대방이 표현하거나 의도하는 것과는 거리가 있는 감정 및 의미에 반응하는 수준	"네가 좀 더 참고 이해하면 되지 않겠니?"
수준 3	상대방이 표현한 것과 본질적으로 같은 정서와 의미를 표현하여 상호교류적인 의사소통을 하는 수준. 대인관계 기능을 촉진할 수 있는 기초수준	"그래~ 네 짝이 자꾸 괴롭혀서 힘들겠구나."
수준 4	상대방이 스스로 표현할 수 있었던 것보다 더 내면적인 감성을 표현하면서 의사소통하는 수준. 수준 4부터는 의사소통이 촉진된다. 상담자가 상대방이 표현한 것 외에 좀 더 깊은 감정과 의미를 첨가하여 의사소통하는 수준.	"네 짝이 지속적으로 너를 괴롭혀서 불안하고 이제는 참을 수 없이 힘들어서 도움을 받고 싶겠구나."
수준 5	상대방이 표현할 수 있었던 감정의 내면적 이면들을 정확하게 표현하거나 상대방의 내면적 자기 탐색과 완전히 같은 수준에서 상대방이 표현한 감정과 의미에 첨가하여 의사소통하는 수준.	"짝이 너를 괴롭히는 행동이 없어진다면 너의 마음이 평안해지겠구나."

반영은 내담자의 감정을 놓치지 않고 전달해주는 것을 의미한다. 내담자의 감정은 겉으로 드러나는 표면감정과 보이지는 않으나 중심적인 내면 감정이 있다. 상담자는 내담자의 행동 속에 숨어있는 내면적 감정을 정확히 파악하여 내담자에게 전달해 줄 필요가 있다. 적절한 반영을 위해서는 내담자의 민감성이 필요하다.

반영은 내담자가 실제로 말한 핵심내용을 짧고 간단하게 재진술을 하거나 바꾸어 말하기를 함으로써 내용을 반영할 수 있다(내담자가 말한 내용을 새로운 방식으로 간략하게 요약하는 것). 그리고 감정, 즉 내담자가 자신의 정서적 메시지를 표현하는 진술도 반영할 수 있다. 감정의 반영은 이면에 있거나 말로 표현하지 않은 메시지에 초점을 둔다.

반영의 효과는 우선, 적절한 반영 반응은 내담자가 자신의 감정을 파악하고 수용할 수 있도록 돕는다는 점과 반영에 의해 내담자가 자신의 감정을 명료하게 파악하고 수용하게 되면 이후 자신에 대해 보다 깊은 탐색을 시도하게 된다. 그리고 상담의 반영으로 내담자가 자신의 감정을 충분히 경험하게 되므로 카타르시스를 느끼게 된다.

| 표 12-6 | 반영 기법의 예시

내담자	"학교 가기가 싫어요. 친구들이 자꾸 저를 따돌리고 험담하는 것 같아요."
반영 1	"친구들이 너를 험담하고 따돌리는 것 같아 학교 가기 싫다는 말이구나."
반영 2	"친구들이 너와 친하게 지내지 않아서 많이 외롭겠구나."

질문하기는 상담에서 문제를 탐색할 때 많이 사용하는 반응기법이다. 효과적인 질문하기를 통해 내담자의 문제를 탐색하는 데 많은 도움을 받을 수 있다. 따라서 질문하기를 잘하기 위해서는 질문의 종류를 잘 이해해야 한다. 질문하기는 내담자의 표현을 유발하기 위해서 매우 중요한 기법이다. 특히 학교폭력 상담에서는 가해자 및 피해자의 반응이 매우 소극적이며 비협조적일 수 있기 때문에 질문하기 기법을 잘 활용하면 효과적인 상담을 이끌 수 있다. 질문은 가능하면 폐쇄적 질문보다는 개방적 질문을, 직접 질문보다는 간접 질문을 사용하는 것이 일반적으로 좋다고 볼 수 있다.

| 표 12-7 | 질문하기의 예시

폐쇄적 질문	"친구를 때리고 났을 때 기분이 좋았니?"
개방적 질문	"친구를 때리고 났을 때 기분이 어땠니?
간접 질문	"네가 친구를 때린 이유가 궁금하구나."
직접 질문	"친구를 왜 때렸니?"
이중 질문	"선생님과 상담을 할래, 아니면 수업을 받으러 교실로 가겠니?"

3) 문제해결 단계

문제해결 단계에서는 조언과 정보제공, 자기개방 등의 기법을 사용할 수 있다. 위기적 상황에서 조언이나 정보제공이 필요하다. 생활의 주기가 무너지고 심한 긴장과 갈등을 겪는 위기적 상황에서 상담자의 설득적인 조언이 필요하다. 위기적 상황에는 가족의 사랑, 이혼, 입원, 구속, 학교폭력, 경제적 곤란 등이 포함될 것이다. 이런 경우에는 환경적 지원이나 여러 필요한 조력자를 찾을 수 있는 조언이나 문제해결방안을 제시할 수 있는 것이 우선적으로 필요하다. 이때, 조언이나 정보제공은 매우 간단하고 구체적이어야 하며, 상담자의 조언이나 정보제공, 지시 등을 말한 후에 그것에 대하여 내담자가 어떻게 생각하고 있는지를 물어보아야 한다. 그리고 조언, 정보 제공, 지시를 한 다음에는 내담자가 실제 상황에서 그것을 실행해 보고 얼마 후에 상담자에게 그것이 효과가 있었는지, 문제해결에 도움이 되었는지를 알려주도록 해야 한다.

자기개방은 자신의 인간적, 개인적, 사적인 면을 드러내는 것으로 자신의 있는 그대로의 모습을 나타내는 것이다. 즉 나의 생각, 느낌, 선호, 사상 등 모든 것에 대해서 있는 그대로 솔직하게 상대방에게 나타내 보이는 것이다(이재창, 1995).

표 12-8 자기개방의 예시

자기개방 1	"선생님도 학창시절 친구에게 학교폭력을 당한 적이 있어서 많이 힘들었단다."
자기개방 2	"네가 선생님에게 그런 말을 하니 조금 조심스러워지는구나."
자기개방 3	"선생님도 모르게 학생들에게 말로 상처를 준 적이 있는 것 같구나."

4. 학교폭력 상담의 과정과 점검내용

학교폭력 상담의 진행과정은 크게 상담 초기, 상담 중기, 상담 종결, 추수상담으로 이뤄진다. 상담 초기에 해야 할 일은 래포와 신뢰감 형성, 주 호소문제 및 원인 파악, 사례개념화 및 상담목표 수립 등이다. 상담 중기에 해야 할 일은 내담자의 변화를 위한 구체적인 노력, 내담자의 노력에 대한 상담자의 조력, 불안과 저항 다루기, 내담자에 대한 심리적 지지와 지원 등이 이뤄진다. 상담 종결에서는 상담을 통한 긍정적 효과의 최대화와 지속적인 변화 유도를 위한 노력 등이 이뤄진다. 마지막으로 추수상담에서는 상담효과 지속 여부 확인, 상담 종결 후 생활 탐색 등이 이뤄진다. 각 과정별 구성내용과 점검사항을 구체적으로 살펴보면 다음과 같다.

| 표 12-9 | 학교폭력 상담과정과 점검내용[3]

단계	과정	활동내용	점검
초기	관계형성	• 래포 및 신뢰감 형성, 편안하고 허용적인 분위기, 기대감 형성	
	상담구조화	• 상담 개념, 규칙, 회기, 빈도, 역할과 기대 이해, 비밀보장	
	문제이해 및 평가	• 내담자에 대한 이해(신체, 인지, 적성, 학업, 지능 등) • 자아와 자기평가/학부모 및 담임교사와의 행동관찰 정보 • 문제해결에 도움(방해)이 되는 개인 내적과 환경 특성	
	사례개념화	• 상담자가 파악한 내담자 문제의 성격, 문제의 원인 • 문제를 지속시키는 내외적 역동 • 문제해결을 위해 내담자에게 필요한 것, 상담전략	
	상담목표 설정	• 1단계 : 목표 설정의 목적과 필요성에 대해 설명 • 2단계 : 내담자와 함께 목표 설정 • 3단계 : 목표달성에 장애가 될 수 있는 요인 파악 • 4단계 : 주호소문제와 적합한 상담목표 설정	
중기	내부의 변화에 초점 맞추기	• 내담자의 자신의 문제를 외재화시킴 • 수용과 반영, 공감 활용	
	인지적 변화 촉진	• 또 다른 삶의 해석/대안탐색/브레인스토밍	
	행동적 변화 촉진	• 문제 행동의 정의, 강화, 연습과 반복	
	정서적 변화 촉진	• 정서적 변화를 위한 기법 적용(미래투사, 빈의자 기법 등) • 정서적 지지와 격려	
	변화 저해 요인의 탐색과 대응 전략수립	• 상담목표를 어렵게 하는 요인 탐색 • 문제 행동을 유지시키고 있는 요인 탐색 • 변화를 유지하기 어렵게 하는 요인 탐색 • 그 요인들을 어떻게 제거하고 극복(대응전략)할 것인가를 탐색	

3) 여기서 의미하는 상담은 장기적인 상담으로서 학교폭력 사안이 발생한 후 일차적으로 문제가 해결된 뒤 가해자와 피해자의 심리적 안정을 위한 상담과정이라고 할 수 있다.

단계	과정	활동내용	점검
종결	종결의 단서	• 합의한 상담목표를 달성했을 때 • 갈등 상황에 적절하게 반응할 수 있을 때 • 내담자가 지속적으로 감정이 좋아졌다고 할 때 • 주변 사람들이 내담자가 변화하였다고 할 때	
	내담자와 함께 파악해야 할 내용	• 구체적인 행동으로 지금까지 실현했는가 • 상담과정을 되돌아 봄/ 상담관계를 종료하는 것을 알림 • 다른 상담프로그램 추천	
	도움이 되는 질문	• 상담을 받으면서 도움이 되는 것은 무엇인가 • 상담을 받아서 생긴 삶의 변화에는 어떤 것들이 있는가 • 상담에 얼마나 적극적이었는가 • 과거와 달리 새롭게 시행해 볼 수 있는 행동은 무엇인가	
추수상담	추수상담 형태 및 일정 확정	• 형태(상담, 짧은 만남, 전화, 문자, 쪽지 등)와 일정 결정(상담 종료 후 2~4주 이내 등)	
	상담효과 지속 여부 확인	• 상담 종결 후의 생활 탐색	
	상담종결 확정	• 변화 유지 시 상담종결 확정 • 필요한 경우 상담목표를 재구성하고 상담 재개	

한편, 현재 우리나라의 학교폭력예방 관련 전문기관인 청소년폭력예방재단에서도 학교폭력 면접상담의 기본과정과 내용에 대해 언급을 하고 있다. 그런데 여기서 주의할 것은 앞서 언급한 학교폭력 상담과정과 점검내용은 학교폭력 학생을 대상으로 하는 일반적인 상담 차원의 것이라면 다음에 제시하고 있는 청소년폭력예방재단의 모델은 학교폭력 발생 시 당사자 간의 합의와 문제해결에 중점을 두고 있다는 점이 조금 다르다. 학교폭력 상담을 계획하고 실시할 때 참고로 활용하면 많은 도움이 될 것이다.

| 표 12-10 | 학교폭력 면접상담의 기본과정과 내용(청소년폭력예방재단)[4]

단계	내용
1단계: 상담 시작단계	• 래포 형성하기 : 정서적 지지를 통해 내담자에게 신뢰감과 안정감 제공 • 위기 상황의 여부와 피해 정도 파악 : 신체손상 여부, 정신적 피해 여부 • 응급조치가 필요한 상황의 경우 : 신체 손상의 경우 병원 방문 및 진단서 등의 증거 자료를 첨부하도록 함. 정신적 피해 경우 심리상담 및 정신과 치료를 받을 수 있도록 전문기관과 연계 • 내담자의 상담 및 해결에 대한 욕구 파악하기 : 내담자의 욕구가 공감인지, 정보 제공인지, 대처방법 조언인지, 심리치료 등 기타 서비스 연계인지를 파악
2단계: 학교폭력 사건과 관련된 구체적 정보 수집 단계	• 피해학생 및 가해학생 등 관련자 기초적 신원 확인 : 학년, 성별, 내담자 관계 등 • 피해 및 가해 상황 파악하기 : 학교폭력 유형, 피해 정도, 사건 배경 및 원인 등 • 학교폭력 가해 및 피해의 구체적 사실 확인 : 피해 및 가해의 기간, 횟수, 집단성 여부, 주범과 방관자 등 가려내기 등 • 학교폭력 발생에 대한 객관적인 사실에 대한 증거 자료 확보 확인 및 정보 수집 : 사진, 일기장, 진술서, 목격자, 사건의 배경 및 발생원인과 관련된 정보를 수집
3단계: 학교폭력 3주체의 현 상태 파악	• 피해학생의 현 상태에 대한 이해(대처능력, 적응능력 파악) • 피해학생 측(학부모 포함)의 현재까지의 대처상황 확인 • 가해학생 측의 대응방법에 대한 파악 • 내담자의 바람직한 대응방안에 대한 탐색 • 내담자의 대처 내용 및 이후 대처 예정 내용 확인
4단계: 내담자의 욕구 파악 및 현실성 평가단계	• 피 · 가해학생과 학부모의 욕구를 구체적으로 파악 • 내담자의 욕구에 대한 현실적인 가능성을 평가 • 학교폭력 사안 자체에 대해서는 상대방에 대한 구체적인 욕구 확인 (진정한 사과, 처벌 수위, 치료비 합의 문제, 재발방지 등 우선 욕구 파악)
5단계: 사건의 해결방안 탐색 단계	• 해결을 위한 상담자의 방안 공유 및 제시 : 내담자의 욕구와 대처에 초점 • 내담자 상황에 맞는 상담자의 적절한 해결방안을 공유하면서 결정적인 부분은 제시 • 피해자 및 가해자 본인의 대처 태도 및 방법과 요령 조언 • 상담 후 실현할 대처방법 및 태도 등에 대해서 내담자와 상담자가 공유, 결정
6단계: 종결 단계 및 연계	• 상담 내용에 대한 요약 및 정리 • 내담자에게 제시된 해결방안에 대한 실현가능성을 확인하고 느낌 공유 • 사후관리를 위한 연속상담의 가능성 열어놓기 • 필요시 면접 상담 및 집단 프로그램 실시 연계 및 안내

4) 문용린 외(2007), 청예단 학교폭력SOS지원단 직원교육, 청소년폭력예방재단. 본 내용을 학교실정에 맞게 임의적으로 수정 · 요약하여 제시함.

5. 학교폭력 상담과 전문상담교사(전문상담사)의 역할과 기능

현재 중등학교에는 대부분 Wee 클래스가 설치되어 있고, 전문상담교사나 전문상담사가 전문적인 상담활동을 하고 있다. 초등학교의 경우에도 점차 Wee 클래스를 설치하고 있는 실정이며 많은 학교에서 전문상담사를 고용하여 전문적인 상담활동을 실시하고 있다. 따라서 현실적으로 학교폭력 상담은 대부분 전문상담교사가 전문적으로 실시하고 있다고 할 수 있다. 학교폭력상담은 예방활동도 중요하지만 학교폭력이 발생했을 때 관련 대상자를 상담하는 것은 매우 중요하다. 그리고 무엇보다도 학교폭력 상담은 대부분 위기상담이기 때문에 전문성을 요하는 활동이기도 하다. 학교폭력 상담에서의 전문상담교사의 역할과 기능이 무엇인지 살펴보자.

1) 학교폭력대책자치위원회 회의 참가

학교폭력 사안이 발생하면 전문상담교사는 학교폭력대책자치위원회의 일원으로서 사안처리를 위한 회의에 참가하여 의사결정과정에 영향력을 미친다. 여기서 전문상담교사는 해당 학생에 대한 정보와 사건의 경과(사태파악)에 대한 정보를 수집하게 된다. 그리고 가해자에 대한 징계 항목에 대부분 상담활동이 포함되기 때문에 학교폭력대책자치위원회 회의에 참가하는 것은 매우 큰 의미가 있다. 상담활동이 처벌의 모든 것은 아니지만 매우 중요한 부분을 차지하고 있다는 것을 명심해야 한다. 자칫 '상담'이라고 하면 가벼운 처벌 정도로 생각하는 경우가 있는데 전문상담교사의 신념과 가치관이 확고하지 않으면 상담의 효과를 거둘 수 없다. 아울러 피해자에게는 신변보호와 심리적 안정 유지 차원에서 상담활동을 지원하게 된다.

2) 상담의 준비 : 접수면접

징계가 내려지면 전문상담교사는 Wee Class에서 해당 학생을 대상으로 접수면접을 실시한다. 접수면접에서는 면접을 통해 내담자의 개인정보, 환경정보, 호소문제 및 배경 등을 파악하고, 상담의 긴급성 정도 파악 및 조치, 외부 기관의 의뢰 필요성 여부 및 조치 등을 기대목표로 한다.

전문상담교사는 가능한 구체적이고 다양한 정보를 수집하는 것이 바람직하다. 접수면접을 체계적으로 잘해야 상담구조화 및 사례개념화, 상담목표 및 상담방향 설정에 유용한 정보를 얻을 수 있기 때문이다. 따라서 학교폭력 상담을 하는 상담자는 반드시 접수면접에 신중을 기해야 함을 강조한다.

| 표 12-11 | 접수면접 구성 내용

- 기본 인적사항(학년, 반, 번호, 이름, 가족관계, 연락처, 나이 등)
- 접수면접구조화
- 행동변화에 대한 동기(상담동기, 의뢰사유)
- 호소문제
- 호소문제와 관련된 개인사 및 가족관계, 발달력
- 현재 및 최근 주요기능상태(사고, 정서, 행동)
- 정서상태평가(불안, 공포, 분노, 슬픔, 죄의식 등)
- 사회적, 심리적 자원
- 대인관계 특성(교우관계 등)
- 이전 상담 경험의 유무
- 내담자가 보는 문제의 심각성과 긴급성
- 심리검사 종류 결정
- 차후 상담계획
- 타 기관에 연계할 것인가

자료: 한국청소년상담원(2008).

3) 학교폭력 상담의 시작 : 상담 초기 접근방법

첫째, 학교폭력 상담의 초기에는 무엇보다도 상담교사와 내담자 간의 관계 형성을 잘 맺는 것이 아주 중요하다. 학생들은 전문상담교사도 일반 교사와 같은 존재로 생각하기 쉽고, 상담활동을 일종의 징계로 생각하는 경향이 많기 때문에 형식적인 만남으로 흐를 수 있다. 따라서 상담 초기 내담자와의 신뢰로운 친밀한 관계 형성은 매우 중요하다. 상담 초기 관계 형성이 잘 되지 않으면 그 상담은 방향을 잃고 성공적인 상담이 될 수 없다.

학교폭력 상담 내담자는 주로 비자발적인 학생들이 대부분이기 때문에 신뢰형성을 우선으로 하며, 내담자의 불편한 마음을 표현하고 수용할 기회를 제공하는 것이 바람직하다. 그리고 교사나 학부모가 학교폭력 상담을 의뢰한 이유를 밝히는 것이 좋다. 대부분의 내담자들은 자신이 왜 상담실에 가게 되는지를 이미 알고 있기 때문이다.

둘째, 상담을 효과적으로 하기 위해 상담구조화를 실시하여야 한다. 이 상담구조화는 일종의 계획표라고 보면 이해가 빠를 것이다. 상담구조화는 일종의 틀이기 때문에 이것을 잘 설정해야만 상담일정이 원활하게 진행될 수 있다.

우선 전문상담교사는 상담의 의미설명과 내담자의 상담의 의미를 탐색해야 한다. 앞서 언급한 바와 같이 학교폭력 상담은 주로 비자발적이며 위기상담이 대부분이기 때문에 학교폭력 상담에 대한 의미를 잘 설명해야 한다. 그리고 내담자는 학교폭력 상담에 대해서 어떤 생각을 가지고 있는지도 탐색해야 한다. 이때 내담자가 잘못 인식하고 있는 경우에는 수정해 주거나 올바로 설명해 주는 것이 바람직하다.

상담구조화에 또 포함되어야 할 것은 상담시간, 빈도, 회기, 상담자의 역할 등에 대하여 설명하여 정하는 것이다. 이때에는 학교 실정에 맞게 조절을 잘 하여야 하며 내담자의 상담자에 대한 기대도 살펴보아야 한다. 마지막으로 비밀보장에 대한 규칙도 언급할 필요가 있다. 학교폭력 내담자는 주로 가해자나 피해자이기 때문에 대부분 비밀유지에 대해서는 매우 민감한 반응을 보인다.

셋째, 내담자에 대한 올바른 이해와 정확한 심리평가가 이뤄져야 한다. 학교폭력의 가해자의 경우는 대부분 표면적으로 공격성과 분노성향을 높이 가지고 있고, 주의집중력과 인내심이 부족하다는 특성을 보이기도 한다. 반대로 표면적이지는 않지만 우울감이나 무기력함 등도 동반하는 모습을 많이 나타나고 있다.

피해자의 경우는 대인관계능력 저하, 낮은 자존감, 불안 등의 심리적 증상도 많이 발견되고 있다. 따라서 내담자의 이런 다양한 특성을 이해하기 위해서는 인지, 정서, 학업, 사회적 기능, 대인관계, 성격 등의 영역에 해당하는 전문적인 심리검사를 실시하는 것이 좋다.

각 학교에 설치된 Wee Class에 근무하는 전문상담교사는 영역별 주요 심리검사 도구를 다룰 수 있는 소양과 자격을 갖춘 분들이다. 따라서 보통 Wee Class에는 영역별 다양한 심리검사 도구를 구비하여 내담자의 정확한 파악과 이해를 위해서 적극 활용하여야 한다. 전문적인 심리검사를 통한 보고서는 상담과정 내내 매우 중요한 자료가 된다. 따라서 학교폭력뿐만 아니라 상담에 관심이 많은 교사들은 반드시 심리평가를 위한 전문적인 소양을 갖추어야 한다. 내담자에 대한 올바른 이해와 정확한 심리평가를 위해서는 반드시 심리검사에 대하여 전문적인 소양을 갖추어야 함을 거듭 강조하고 싶다.

그리고 내담자에 대한 올바른 이해를 위해서 담임교사, 친구들, 학부모 등의 내담자에 대한 행동관찰 정보도 매우 중요한 자원이다. 마지막으로 학교폭력 문제 해결에 도움이 될 수 있는 내담자의 내적 환경(자원)과 문제를 야기하거나 유지시키게 만드는 외적 환경들을 잘 탐색해야 한다. 이런 모든 요소들을 잘 통합해야만 내담자에 대한 올바른 이해를 얻을 수 있다.

심리평가의 구성요소

심리평가 = 심리검사 + 행동관찰 + 면담 + 전문지식

학교폭력 내담자를 평가할 때에는 심리평가 외에 학교폭력 유형 평가, 위험요소 평가, 보호요소 평가도 함께 이루어져야 한다. 현재 내담자 처해 있는 학교폭력 유형을 잘 평가해야 학교폭력 발생원인과 형태를 이해할 수 있기 때문이다. 그리고 위험요소는 내담자가 학교폭력을 가하거나 당하게 되는 근본적인 요인이 될 수 있다. 마지막으로 보호요인은 바로 내담자가 성장하고 개선할 수 있는 중요한 요인들이 될 수 있다. 따라서 성공적인 학교폭력 상담을 위해서는 반드시 이 작업을 수행해야 한다.

| 표 12-12 | Wee Class 심리검사도구 구비 현황

영역	검사도구명	영역	검사도구명
성격	• PAI-A 성격평가 검사 • EPDI 에니어그램 심리역동검사 • SSI 학생유형검사 • NEO 성격검사 • 한국형에니어그램 • MBTI(MMTIC)	인성	• AMHI 정신건강검사 • 다요인 인성검사 16PF • MMPI-A • 자아개념검사 SCI
학습	• 학습동기검사 • 학습흥미검사 • MLST학습전략검사	기타	• 문장완성검사 SCT • HTP • Rorschach검사 • TAT주제통각검사 • BDI/CDI(우울척도) • BAI(불안척도)
지능	• KMIS-M 다중지능검사 • KWISC-Ⅳ 지능검사		
진로	• Holland 진로탐색검사		

자료: 전라남도 순천신흥중학교 Wee Class

넷째, 내담자에 대한 이해와 1차적인 심리평가가 이뤄지면 상담 사례를 개념화해야 한다. 상담자가 파악한 내담자의 문제의 성격과 문제가 발생하게 된 경로나 원인, 문제를 지속시키고 있는 내적·외적 역동이 무엇인지 파악하게 된다. 따라서 본 상담에서 내담자의 문제를 해결하기 위하여 내담자에게 필요한 것이 무엇인지를 파악해야 하며, 상담자인 나는 상담 장면에서 무엇을 할 것인지를 결정해야 한다. 이 모든 과정을 사례개념화라고 한다. 사례개념화가 이뤄졌다는 것은 대체적으로 상담의 전략이 설정되었다는 의미와도 같다. 학교폭력 상담을 할 때에는 특히 사례개념화 작업을 잘 해야 상담 방향을 잘 설정할 수 있다.

다섯째, 상담 초기의 마지막 과제로서 가장 중요한 상담목표 설정이 있다. 학교폭력 가해자 학생과 피해자 학생의 상담목표는 분명히 다르지만 목표를 설정해 나가는 과정은 거의 흡사하다. 상담활동의 목적은 결국 상담목표를 달성하기 위한 것이기 때문에 사례개념화에서 비롯된 상담목표를 설정하는 데에도 집중해야 한다.

상담목표는 상담자 개인적으로 설정하는 것이 아니라 내담자와 합의하여 목표를 설정할 수 있다. 그러기 위해서는 상담목표 설정의 목적과 필요성에 대해 설명하고, 내담자와 함께 목표를 설정하게 된다. 목표를 설정할 때에는 목표달성이 가져다 줄 이점과 손실을 함께 검토해야 하며, 목표 달성의 장애 요인을 파악하는 것이 중요하다. 그리고 때에 따라서는 필요한 경우 상담과정 중 상담목표를 수정하거나 새로운 목표를 설정할 수 있다. 이것은 상담자의 능력이며 재량이라고 볼 수 있다.

여기까지가 학교폭력 상담의 시작인 초기 단계에서 해야 할 과제이다. 하지만 여기서 주의해야 할 사항들이 몇 가지 있다. 우선 의뢰된 학생의 의견을 존중해 주어야 하며 사례개념화를 할 때 내담자의 환경적 요인인 가족, 친구관계 등에 대한 정보도 잘 수집하여 활용해야 한다. 그리고 내담자에게서 나타나는 기능적 요인(자원)과 역기능적 요인(장애)도 잘 파악해야 한다.

| 표 12-13 | 내담자의 평가 요소

학교폭력의 유형 평가		평가
사회적	• 비행의 하위문화로서 비행을 저지른다. • 단독으로 비행을 잘 저지르지 않는다. • 집단의 영향을 많이 받고 있다. • 비교적 정상적인 대인관계를 맺는다. • 소속감에 대한 욕구가 크다.	
성격적	• 어린 시절부터 문제행동을 보여 왔다. • 공감능력이 부족하다. • 죄의식 및 양심과 도덕성이 부족하다. • 타인에 대한 인간적인 신뢰의 결핍이 심하다. • 특별한 배려, 친절에 대해 감사할 줄 모른다.	
신경증적	• 타인의 관심을 받고자 노력한다. • 혼자서 주로 비행을 저지른다. • 비행행동 이외 평소 행동이 잘 통제되는 편이었다. • 타인의 인정, 칭찬, 수용을 받고자 한다. • 비행을 저지르게 된 특정 상황의 촉발요인이 있다.	

위험요소 평가		평가
개인 관련	• 충동성/공격성/무력감 • 부적절한 감정처리/부정적 자기평가 • 조망능력 부족/흡연, 음주경험	
가족 관련	• 가족 간 대화부족/가정불화/구조적 결손 • 부모의 무관심, 편애/엄격, 학대적 양육 • 건강하지 않은 가족, 경제적 어려움	
또래/학교 관련	• 신뢰 부족/방과후 시간 낭비 • 일탈적 또래와 어울림/학교와 학업에 흥미 상실 • 낮은 성적/교칙위반, 교사의 무관심, 부적절한 대우	
지역사회관련	• 유해환경/술과 담배 구입 용이/관심주는 어른 부재	
보호요소 평가		평가
개인 관련	• 긍정적 자아개념/분명한 장래희망 • 적극적/긍정적 태도/공격성 조절 능력	
가족 관련	• 긍정적 형제 관계/부모의 지지/부모의 대화 • 자상하고 엄격한 교육/긍정적 부모관계	
또래/학교 관련	• 친한 친구 있음/건전한 과외활동/친구들과 건전활동 • 교사의 관심과 지지/학교생활의 흥미 • 높은 성적/학업욕구/교사에 대한 긍정적 태도	
지역사회관련	• 지역 주민의 관심/지역사회 프로그램	

자료: 한국청소년상담원(2005), 학교폭력 어떻게 도와 줄 것인가.

4) 학교폭력 상담의 절정 : 상담 중기 접근방법

상담 중기에서는 무엇보다도 내담자의 문제를 외현화하여 내담자의 변화를 촉진하고 지지하는 활동이 중요하다.

첫째, 내담자의 자신의 문제를 외현화시켜서 내부의 변화에 초점을 맞추어야 한다. 학교폭력과 관련한 구체적인 문제사항들을 외재적으로 표출하는 활동이 여기에 속한다.

이때 상담자는 내담자의 말을 경청하면서 내담자의 불평을 수용한다. 내담자의 입장을 충분히 공감하면서 내담자의 초점을 외부나 타인에서 내담자 자신에게로 전환시켜야 한다. 즉 학교폭력의 문제를 환경이나 타인 등의 외부적 환경에 의해서 발생한 것이 아니라 내담자 자신의 내부에 초점을 두어야 한다는 말이다. 환경보다는 자신의 내부에 초점을 두어야 효과적인 변화를 기대할 수 있다. 여기서 중요한 것은 가해자는 학교폭력의 문제점과 자신의 행동에 대한 비판적 통찰을 해야 하고, 피해자는 학교폭력 발생에 대한 원인과 현재 자신의 심경에 대한 이해가 전제되어야 한다는 것이다.

〈예〉
- 나는 화가 나면 참지 못하고 아무 이유 없이 친구를 때린다.
- 습관적으로 욕을 하고 친구의 물건을 마음대로 사용한다.
- 친구가 때리면 겁이 나서 아무 말도 못하고 참고만 있다.

둘째, 인지적 변화를 촉진하기 위한 다양한 방법을 적용한다. 보통 학교폭력 발생 사안을 보면 가해학생들 대부분이 잘못된 사고, 즉 비합리적 사고로 인해 많은 문제를 야기시키고 있음을 알 수 있다. 따라서 잘못된 인지 상태를 변화시키고 그것을 촉진하기 위해서는 또 다른 삶의 해석을 위한 기회를 제공해야 한다. ABCDE기법이나 브레인스토밍 등을 통하여 내담자의 인지 상태를 점검하고 변화시킬 수 있다.

사실 인지변화 촉진단계는 매우 중요하다. 왜냐하면 학교폭력에 대한 잘못된 사고가 합리적 사고 수준으로 변화하지 않으면 학교폭력에 대한 심각성이나 발생 원인을 제대로 수용할 수 없기 때문이다.

셋째, 상담교사는 행동적 변화 촉진을 위해 전략을 세워야 한다. 학교폭력 상담에서는 인지적 전환도 중요하지만 그것을 바탕으로 행동으로 이행하는 것이 매우 중요하다. 행동적 변화 촉진을 위해서는 우선적으로 문제행동에 대한 구체적 정의가 중요하다. 문제행동을 구체적으로 정의하는 것이 중요한 이유는 구체적일수록 행동수정이 효과적이고 빠르기 때문이다. 바람직한 행동에 대해서 강화를 하여야 하는데 상담자는 강화 기술을 필히 익히는 것이 중요하다. 학교폭력 상담의 내담자는 청소년이 대부분이기 때문에 강화기법을 잘 활용하면 쉽게 상담목표에 도달할 수 있다. 가해자와 피해자 모두 행동수정과 행동 강화를 통해 학교폭력 예방과 재발 방지, 그리고 대처행동을 할 수 있게 된다.

보통 행동적 변화 촉진은 학교폭력 가해학생에게 특히 중요한 활동이 된다. 가해학생을 대상으로 상담을 할 때에는 특히 이 점을 집중적으로 연습하고 강화해야 할 것이다.

넷째, 정서적인 부문에도 변화를 촉진해야 한다. 정서적인 부문은 우선적으로 안정성을 찾을 수 있도록 해야 한다. 가해자나 피해자나 모두 심리적으로 불안정한 상태에 있기 때문에 정서적인 지지를 효과적으로 제공해야 한다. 정서적인 지지를 위한 상담기법으로 빈 의자 기법이나 미래투사기법 등을 활용한다. 정서적 변화 촉진 활동은 특히 피해학생에게 많은 도움을 줄 수 있다. 학교폭력 상담 중 정서적 변화 촉진 활동에서 내담자들의 감정이 주체할 수 없을 정도로 솟아오르는 장면을 많이 맞이하게 될 것이다.

다섯째, 마지막으로 내담자 스스로는 변화를 위해 노력하지만 변화를 저해하는 방해 요인이 있다. 이것을 잘 탐색해야 한다. 즉 상담목표 달성을 어렵게 하는 요인, 문제행동을 유지시키고 있는 요인, 변화를 유지하기 어렵게 하는 요인 등을 잘 파악해야 한다. 상담자는 내담자와 작업을 할 때 이런 요인들을 스스로 탐색하고 통찰할 수 있도록 조력하는 것이 바람직하다. 일방적으로 알려주는 것은 크게 효과적이지 못하다.

〈예〉 • 상담 목표 달성을 어렵하게 하는 요인 : 소극적인 상담참여, 낮은 기대심
• 문제 행동을 유지시키고 있는 요인 : 부모님의 구타, 분노조절, 비행청소년과 어울림
• 변화를 유지하기 어렵게 하는 요인 : 무계획성, 친구들의 무관심, 의지가 약함

상담효과를 극대화시키거나 성공적인 상담을 위해서는 특히 위에서 언급한 요인들을 잘 탐색하고 그것을 제거하거나 개선해 가는 것이 중요하다. 특히 문제행동을 유지시키고 있는 요인을 탐색하고 제거하는 활동은 가장 중요하다. 왜냐

하면 이 요인이 바로 문제행동 유발 요인이 되기도 하고 아무리 개선의 의지가 있다 하더라도 이 요인이 개선되지 않으면 원점으로 돌아오기 때문이다. 이 요인은 학교폭력의 발생 요인과도 아주 흡사하기 때문에 반드시 이 요인들을 집중적으로 개선하기 위한 활동이 이뤄져야 한다.

여섯째, 마지막으로 저해 요인들을 어떻게 제거하고 극복할 것인가를 탐색하고, 나아가 변화가 내담자와 주변 사람들에게 미치는 영향을 예견하여 대응 전략을 수립하는 것이다.

이 단계에서는 내담자와 많은 생각과 대화를 하게 된다. 개선을 위한 전략을 세우는 단계이기 때문에 아주 중요한 시간이다. 변화에 대한 청사진을 그려 보고 긍정적인 면과 부정적인 면을 함께 고려한다. 결과가 좋으면 그 방향으로 집중적으로 전략을 세우게 된다. 이때 전략은 아주 구체적이고 실천 가능한 것으로 설정하는 것이 좋다. 이때에는 과제도 제시하고 구체적인 계획안을 작성하기도 한다. 실천의지를 북돋우기 위해 때론 상담자와 내담자 간의 계약이나 강력한 지지도 필요하다. 이때 적절한 강화활동이 적용된다.

5) 학교폭력 상담 마무리 : 상담 종결기 접근방법

학교폭력 상담이 어느 정도 진행하다 보면 상담을 종결하기 위한 단서들이 나타나게 된다. 이를테면, 합의된 목표를 달성했을 때, 내담자의 증상이 보이지 않거나 감소했을 때, 상담 원인이 되었던 스트레스 유발 감정이 제거되었을 때, 갈등 상황에 적절하게 반응할 수 있을 때, 내담자가 지속적으로 감정이 좋아졌다고 할 때, 내담자의 주변 사람들이 내담자가 변화하였다고 할 때 등이다. 그러면 서서히 상담을 마무리하고 종결할 준비를 하게 된다. 물론 학교폭력 상담에서는 가해자와 피해자 모두 학교생활에 기능적으로 잘 적응할 수 있게 하는 데 큰 의의가 있기 때문에 상담을 종결할 때는 담임교사, 친구들, 학부모의 의견도 참고해야 한다.

이제 상담 종결기가 되면 상담자는 내담자와 함께 파악해야 할 내용들이 있다.

지금까지 현재의 행동으로 구체적으로 실현했는가를 점검하고 지금까지의 상담과정에 대해서 되돌아보는 시간을 가져야 한다. 그리고 상담관계를 종료하는 느낌과 종료 후에도 도움을 줄 수 있다는 것을 안내해야 한다. 또는 다른 프로그램을 추천하거나 외부 기관에 연계할 수도 있음을 알려야 한다.

6) 지속적인 관리 상담: 추수상담

일단 학교폭력 상담이 종결되면 모든 상담이 다 종결되는 것은 아니다. 내담자들이 학교에서 건강한 학교생활을 위해서 언제나 관리하고 관심을 가져야 한다. 따라서 추수상담 및 추수지도는 불가피한 것이다. 사실 학교폭력 상담에서 매우 중요한 것이 바로 추수상담활동이다. 왜냐하면 학교폭력이라는 것이 언제 재발할지 아무도 모르는 일이며, 가해자와 피해자는 같은 학교 같은 공간에 공존할 확률이 높기 때문이다. 따라서 일시적인 학교폭력상담을 넘어서 지속적인 추수관리 상담이 병행되어야 함을 강조한다.

상담효과가 지속적으로 유지되고 있는지를 파악해야 하고, 상담 종결 후 내담자의 생활을 탐색하는 것이 중요하다. 그러기 위해서는 추수상담 형태로는 상담, 간단한 만남, 전화, 문자, 쪽지상담 등이 있고, 일정은 상담 종료 후 자율적으로 적절하게 운영하면 된다. 내담자뿐만 아니라 내담자의 생활에 대해 담임교사, 교과교사, 학부모 등으로부터 내담자에 대한 정보를 꾸준히 수집해야 한다.

필요한 경우 상담목표를 재구성할 수도 있지만 어느 정도 문제가 호전되고 변화가 유지되면 그때 상담을 완전히 종결하는 것이 좋다.

종결 후에는 상담경과에 대한 상담종결보고서를 작성하여 담임교사 및 학부모 등에게 공지하여야 한다.

개인상담 종결보고서

사례번호		보고자		보고일자	
종결구분					
종결설명					

□ 학생

이름		성별		생년월일	
소속				학년/반	
집전화				휴대전화	

□ 의뢰 접수 정보

의뢰일자		접수자		면접일자	
의뢰자		관계		연락처	
보호자성명		관계		연락처	
사례유형	□내방상담 □이동상담 □특별교육 □집단상담 □심리검사				

□ 종결보고

개입시기	
상담분야	1. 2. 3.
종합의견	
개입내용 및 서비스종류	□특별교육 : ( )회 □개인상담 : ( )회 □학부모상담 : ( )회 □학습 : ( )회 □진로 : ( )회 □지원 : ( )회 □심리검사 : ( ) □연계기관 : ( ) □집단상담 : ( )
만족도	

자료: 교육인적자원부(2011), Wee 프로젝트 매뉴얼 1(학교상담 Wee 클래스).

7) 학교폭력 예방 및 대책을 위한 연간 운영계획

전문상담교사는 학교폭력 예방 및 대책의 일환으로 학년 초 Wee Class 운영 연간계획을 작성한다. 이를 바탕으로 학교폭력 예방을 위한 교육과 상담이 이루어진다. 물론 전문상담교사는 학교폭력 상담 외에도 다양한 영역의 상담을 하기 때문에 언제나 학교상담을 위한 계획을 하고 있어야 한다.

| 표 12-14 | 학교폭력 예방 및 대책을 위한 연간 운영계획 예시

영역	추진내용	목표	실시시기(월)												비고
			3	4	5	6	7	8	9	10	11	12	1	2	
상담실 환경 정비	상담실 환경조성	2	○						○						
	학교폭력 관련 자료 비치 및 안내	4	○			○			○			○			
학생이해 자료 및 분석활용	학교폭력 실태조사	6	○		○		○		○		○			○	
	주 관심 학생조사	12	○	○	○	○	○	○	○	○	○	○	○	○	
	표준화검사 실시 및 활용	2	○						○						
학교폭력 상담활동 전개	학교폭력 예방상담	연중	○	○	○	○	○	○	○	○	○	○	○	○	
	학교폭력 가해자 및 피해자 상담	연중	○	○	○	○	○	○	○	○	○	○	○	○	
	학교폭력상담 통신문 발송	4	○		○				○		○				
	또래상담부 운영	연중	○	○	○	○	○	○	○	○	○	○	○	○	
	학교폭력 집단상담	4		○		○			○		○				
	심리검사	연중	○	○	○	○	○	○	○	○	○	○	○	○	
	타기관 연계	연중	○	○	○	○	○	○	○	○	○	○	○	○	
평가	학교폭력상담 평가 및 계획	3	○				○					○			

자료: 전라남도 순천신흥중학교 Wee 클래스 운영계획서(2012).

Chapter 13

학교폭력에 대한 담임교사의 역할과 상담

1. 학교폭력에 대한 담임교사의 역할

학교폭력 예방활동은 1차적으로 담임교사의 역할이 중요하다. 담임교사가 적절하게 학교폭력을 예방하기 위해서는 학교폭력에 대한 징후 인식, 학생상담, 학급 내 토론문화, 학교폭력 사안 처리, 사후 생활지도와 정보보안 책임 등에 대한 이해가 필요하다.

1) 학교폭력의 징후에 대한 인식

학교폭력을 예방하려면 담임교사는 학교폭력과 관련하여 일어날 수 있는 학생들의 징후를 이해할 필요가 있다. 먼저 가해학생들이 갖는 일반적 징후를 살펴보면, ① 교실에서 큰 소리를 많이 치고, 반 분위기를 주도한다. ② 교사가 불러도 못 들은 척 피하거나 수업분위기를 독점하려 한다. ③ 교사 권위에 도전하는 행동을 종종 한다. ④ 불평불만이 많고 거친 행동과 화를 잘 낸다. ⑤ 남에게 위협을 줄 만한 흉기를 소지한다. ⑥ 친구에게 물건, 돈을 자주 빌린다. ⑦ 등・하교 시 책가방을 들어다주는 친구나 후배가 있다. ⑧ 가정형편에 비해 고급 의상을 착용하거나 돈의 씀씀이가 헤프다. ⑨ 하교 후 귀가하지 않고 학교 주변에서 친구들과 자주 서성인다.

반면에 피해학생들의 징후를 살펴보면, ① 평소보다 표정이 어둡고 두려워하는 기색이 있다. ② 수업에 집중하지 못하고 멍하니 있거나 창밖을 자주 쳐다본다. ③ 쉬는 시간이나 점심시간에 친구들과 어울리지 못하고 혼자 있다. ④ 친구의 심부름을 자주 한다. ⑤ 수업 중 질문에 답하거나 의견을 말할 때 친구들이 흉내 내거나 비웃는다. ⑥ 일기나 노트에 죽고 싶다거나 폭력적인 그림, 낙서 등이 발견된다. ⑦ 조퇴가 늘어나거나 결석이 잦다. ⑧ 성적이 큰 폭으로 급격히 떨어진다. ⑨ 특별한 볼일 없이 교무실, 교사 주위를 배회한다. ⑩ 친구들로부터 이름보다는 비하성 별명이나 욕으로 불린다. ⑪ 전학을 요구하거나 전학방법에 대해 이야기한다. ⑫ 갑자기 생긴 신체적 외상에 대한 설명을 피한다.

| 표 13-1 | 가해학생과 피해학생의 징후

가해학생	피해학생
• 교실에서 큰 소리를 많이 치고, 반 분위기를 주도함 • 교사가 불러도 못 들은 척 피하거나 수업분위기를 독점하려 함 • 교사 권위에 도전하는 행동을 종종 함 • 불평불만이 많고 거친 행동과 화를 잘 냄 • 남에게 위협을 줄 만한 흉기를 소지함 • 친구에게 물건, 돈을 자주 빌림 • 등·하교 시 책가방을 들어다주는 친구나 후배가 있음 • 형편에 비해 고급 의상을 착용하거나 돈의 씀씀이가 헤픔 • 하교 후 귀가하지 않고 학교 주변에서 친구들과 자주 서성임	• 평소보다 표정이 어둡고 두려워하는 기색이 있음 • 수업에 집중하지 못하고 멍하니 있거나 창 밖을 자주 쳐다봄 • 쉬는 시간이나 점심시간에 친구들과 어울리지 못하고 혼자 있음 • 친구의 심부름을 자주 함 • 수업 중 질문에 답하거나 의견을 말할 때 친구들이 흉내 내거나 비웃음 • 일기나 노트에 죽고 싶다거나 폭력적인 그림 낙서 등이 발견됨 • 조퇴가 늘어나거나 결석이 잦음 • 성적이 큰 폭으로 급격히 떨어짐 • 특별한 볼 일 없이 교무실, 교사 주위를 배회함 • 친구들로부터 이름보다는 비하성 별명이나 욕으로 불림 • 전학을 요구하거나 전학방법에 대해 이야기함 • 갑자기 생긴 신체적 외상에 대한 설명을 피함

2) 학급상담의 활성화

담임교사는 폭력 관련 학생에 대한 상담에 능통해야 한다. 학생과의 상담을 위해서 중요한 것은 개별 학생과 상담의 창을 여는 것이다. 이를 위하여 반 전체 학생을 대상으로 이메일, 쪽지, 문자상담 등을 활성화하고, 상담을 통해 요선도 학생과 학습 분위기를 파악하며, 적극적인 면담(상담)으로 학생 생활 현황 및 문제점을 파악하고, 관련 기록을 비치할 필요가 있다. 담임교사로서 효과적인 상담을 하기 위하여 갖추어야 할 기술은 표 13-2 와 같다.

표 13-2 상담활동에 효과적인 교사의 상담 기술

상담 기술	내용
공감하기	학생을 아끼고 존중하며, 적극적으로 경청하여 상대방의 입장에서 느끼고 생각해 보는 것
경청하기	대화에 몰입하면서 목소리나 몸동작 등의 미세한 변화까지도 주의 깊게 관찰
반영하기	거울처럼 상대방이 이해받고 있다는 느낌을 갖게 해 줄 수 있어야 함
명료화하기	핵심적인 문제 밑바닥에 깔려 있는 혼동되고 갈등을 겪는 느낌을 가려내는 것
요약하기	이야기의 목적과 방향을 잡도록 요약하고, 바람직한 대안 제시함
피드백 주고받기	학생의 행동에 대해 자신의 반응을 솔직하게 이야기해 주는 것으로 피드백을 줌으로써 특정 행동을 조장시킬 수 있음

담임교사는 개별 학생 상담과 함께 학급 급우 등을 활용한 또래상담을 통해 학생상담 활동을 활성화할 수 있어야 한다. 또래상담은 일정한 훈련을 받은 학생이 자신의 경험을 바탕으로 다른 또래들의 문제해결을 돕는 것이다. 또래상담을 통해 개개인의 성장을 도모할 수 있고, 이들의 활동을 통해 학급과 학교의 문화를 공동체 문화로 변화시키고, 학생들의 다양한 문제를 서로 도우면서 해결할 수 있다.

3) 학급 내 토론문화 활성화

담임교사는 학급 내 소통과 존중 문화를 형성함으로써 학교폭력을 예방하는 능력을 지녀야 한다. 학교폭력 예방을 위한 학생 토론문화가 중요한 이유는 학교장이나 담임선생님의 일반적 지도나 훈계만으로는 학교폭력 예방에 한계가 있으며, 학생들의 자치회 토론문화를 통해 의사소통 기술을 형성하며 상호 존중의 문화를 조성하여 자발적 참여를 유도할 수 있기 때문이다. 담임교사는 학급 내 소통과 존중 문화 함양을 위하여 학생회 및 학급회를 활용할 수 있을 것이다. 예를 들면 학급 내 학교폭력 예방을 위한 학생자치회(예: 학교폭력지킴이단)를 조직·운영할 수 있다. 구성은 학교 및 학급에서 학교폭력 예방을 위해 자발적으로 활동할 학생 2명 정도로 구성하고 이들이 학급 내 학교폭력 예방활동, 기본생활 질서 지키기 선도 활동, 부적응 학생 도우미 활동 등을 하도록 할 수 있다.

담임교사는 ① 학급 학생들이 학교폭력 추방의 날 행사(연 2회: 3월, 9월 셋째 주 월요일), ② 글쓰기, 표어·포스터 그리기, 예방교육 강의, 캠페인 등 다양한 행사, ③ 학교폭력 SOS지원단 홍보, ④ 학교폭력 자진 신고 기간 홍보(연 1회: 경찰청과 연계), ⑤ 학교폭력 예방교육 실시(학부모 및 교직원 연수 강화), ⑥ 집단따돌림 예방을 위한 수시 상담 및 설문 조사, ⑦ 돌봄 학생과의 1:1교사 결연 등 학교 생활지도 활동을 활용하여 학교폭력을 예방할 수 있다.

학교폭력 예방교육 의무적 실시 【법 제15조, 영 제11조】

- 학기별로 반드시 1회 이상(학기당 2시간, 연간 4시간 이상 실시 권장) 실시
- 학생들에 대한 교육과 교직원에 대한 교육을 별도로 실시함이 원칙이나 내용에 따라 함께 교육 가능
- 학급단위로 실시함이 원칙이나 여건에 따라 전체 학생 대상도 가능
- 학교 성교육 및 성희롱·성폭력 예방교육 강화
  - 연간 10시간 확보, 전담교사 배정 등 성교육 활성화를 위한 지침 수립
  - 교육과학기술부의 성교육, 성희롱·성폭력 예방교육 관련 중요사항에 대한 현장 점검(매년 하반기)

* 창의적 재량활동 등의 시간을 활용하여 예방교육을 실시할 수 있음

4) 학교폭력 발생 사안 처리

담임교사는 학교폭력 사안의 양상에 따라 대응 수준을 결정하여 신속하게 조치해야 하며, 인지한 모든 학교폭력은 '학교폭력 전담기구'에 반드시 신고하여야 한다.

(1) 가해학생에 대한 "즉시 출석정지"를 해야 하는 사안

「학교폭력예방 및 대책에 관한 법률」 제17조 제4항에 따라 다음의 학교폭력 사안에 대해서는 가해학생에 대한 '출석정지' 조치를 반드시 실시해야 한다.

학교장이 출석정지를 반드시 해야 하는 경우

- 2명 이상의 학생이 고의적 · 지속적인 폭력을 행사한 경우
- 폭력을 행사하여 전치 2주 이상의 상해를 입힌 경우
- 학교폭력에 대한 신고, 진술, 자료 제공 등에 대한 보복을 목적으로 폭력을 행사한 경우

※ 가해학생 '10일 이내 출석정지'는 '출석정지'로 기간 제한 삭제

가해학생에 대한 "즉시 출석정지"를 해야 하는 사안에 대한 대응요령은 가해학생과 피해학생을 즉시 격리하고, 신고한 학생이 있는 경우 신변 보호 조치를 신속하게 실시하고 가해학생, 피해학생, 신고한 학생의 보호자에게 학교폭력 발생 사실을 즉시 통보한다. 또한 학교폭력 전담기구에 우선 신고하고, 학교폭력 전담기구 소속 교사와 함께 초기 사안조사를 실시한 후 학교장에게 신속하게 보고하여 "출석정지"를 하도록 해야 한다. 이후, 학교폭력 전담기구에서 신고받은 후 7일 이내에 학교폭력대책자치위원회를 개최하여 조치 결정을 하고 학교장에게 통보하게 된다.

(2) 담임교사가 자체 해결할 수 있는 사안

담임교사가 자체 해결할 수 있는 사안은 가해행위로 인해 피해학생에게 신체·정신 또는 재산상의 피해가 있었다고 볼 객관적인 증거가 없고, 둘째, 가해학생이 즉시 잘못을 인정하여 피해학생에게 화해를 요청하고, 이에 대해 피해학생이 화해에 응하는 경우에 해당하는 경우에 해당된다.

담임교사가 자체 해결할 수 있는 사안에 대한 대응요령은 첫째, 또래상담, 또래중재, 학생자치법정, 학급총회 등 학생들이 스스로 문제를 해결할 수 있는 또래 프로그램을 활용한다. 둘째, 담임교사가 자체 해결한 사안인 경우에도 사안 발생 사실과 담임교사의 조치사항에 대해 학교폭력전담기구에 알리고 사건을 종료한다. 셋째, 담임교사가 사안 인지 후 3일 이내에 해결하지 못하는 경우에는, 일반적인 절차를 거쳐야 하는 사안으로 처리한다.

(3) 일반적인 절차를 거쳐야 하는 사안

담임교사는 가해학생에 대한 즉시 출석조치 대상이 아닌 폭력 사안과 담임교사로서 자체 해결할 수 없는 폭력 사안에 대해 일반적인 절차를 거쳐 학교폭력 사안을 처리해야 한다. 일반적인 절차를 거쳐야 하는 사안에 대한 대응은 먼저, 가해학생과 피해학생을 즉시 격리하고, 신고한 학생이 있는 경우 신변 보호 조치를 신속하게 실시하고 가해학생, 피해학생, 신고한 학생의 보호자에게 학교폭력 발생 사실을 즉시 통보한다. 그런 다음 학교폭력 전담기구에 우선 신고하고, 해당 학생들을 대상으로 초기 사안 조사를 실시하여 전담기구에 통보한다. 이후, 학교장은 가해학생에 대한 선도가 긴급하다고 인정되는 경우 선도 조치하고, 학교폭력 전담기구에서 신고받은 후 7일 이내에 학교폭력대책자치위원회를 개최하여 조치 결정하고 학교장에게 통보하게 된다.

(4) 학교폭력 사안 처리 세부 지침

① 가해학생과 피해학생의 격리 및 피해학생·신고학생 보호

담임교사는 가·피해학생 간 2차적인 폭력사태의 예방과 사안조사를 위해 가·피해학생의 심리적·신체적 상태 회복을 위하여 가해학생과 피해학생을 격리해야 한다. 격리방법은 사안조사 기간 중 가·피해학생이 서로 접촉하지 않을 수 있도록 학교 실정에 맞게 사전에 격리 방안을 마련하고, 피해학생이 상담기관, 병원, 외부 쉼터, 자택에 머물게 되는 경우, 출석일수에 산입, 평가 등에서 불이익을 당하지 않도록 조치한다.

담임교사는 피해학생 보호를 위해서 신속히 보건교사에 도움을 청하여 학생의 피해 상태를 파악한 후 조치한다. 가벼운 상처의 경우 학교 보건실에서 1차 치료받도록 조치하고, 탈골, 기도 막힘, 기타 위급한 상황으로 판단될 경우 119에 연락한다. 보건교사 1차 진단이 없더라도, 객관적 위급한 경우 즉시 119에 연락한다. 성폭력 피해학생은 신속하게 병원 이송하고 증거 보존을 위해 경찰에 신고한다. 성폭력의 경우 담임교사 혼자 증거를 파악, 보존하는 데 어려움이 있으므로 반드시 보건교사, 책임교사 등과 협조하여 처리한다. 성폭력 대응에 있어서 유의해야 할 사항은 아동·청소년 대상 성범죄는 「아동·청소년의 성보호에 관한 법률」에 따라 강제추행 이상의 중대 사안은 경찰 등 수사기관에 반드시 신고해야 한다. 신고 의무를 위반하거나 거짓으로 신고 시 법률에 따라 300만 원 이하의 과태료가 부과됨에 유의해야 한다.

담임교사는 신고학생 보호를 위하여 신고학생 비밀보장 철저, 가해학생으로부터 보복폭행 당하지 않도록, 신고학생의 신상이 조사과정 등에서 누설되지 않도록 각별히 유의해야 한다. 신고학생에 대해서는 사안 종료 시까지 신변 안전 보호할 수 있는 조치를 하되, 가해학생이 정황을 파악할 수 없도록 세밀하게 조치해야 한다.

② 학교폭력전담기구에의 신고 및 해당 학부모 면담

담임교사는 학교폭력 사안이 발생하면 학교폭력전담기구에 즉시 신고해야 한다. 단, 담임교사가 자체적으로 해결할 수 있는 사안의 경우 해결을 완료한 후 전담기구에 신고한다. 학교폭력전담기구 신고는 원칙적으로는 정해진 서식에 따라 서면으로 하되, 긴급한 경우 전화, 구두보고 등으로 할 수 있다.

담임교사는 학교폭력전담기구와 협의하에 학교폭력 사안 조사를 진행해야 한다. 우선, 피해자 면담은 가해학생이나 다른 학생이 모르게 진행하고, 피해학생이 솔직하게 이야기할 수 있는 분위기를 만드는 것이 중요하다. 피해유형, 학교폭력 구체적인 사실, 가해학생 명단 등 구체적인 증거를 확보한다. 피해학생이 담임교사와 면담을 어려워하는 경우 전문상담교사의 지원을 받도록 한다.

가해학생 면담은 피해학생과의 면담과 구체적인 증거를 확보한 이후에 진행한다. 집단폭행을 조사할 경우에는 관련 학생 모두를 한꺼번에 불러 다른 장소에서 일제히 조사하여 상황을 조작하지 못하도록 한다. 피해학생을 보복할 경우 더 무거운 징계를 받을 수 있음을 주지시킨다.

표 13-3 학부모 면담 시 유의사항

구분	유의사항
피해학생 학부모	• 피해학생 학부모의 아픈 심정을 충분히 공감하고, 사안 해결의 의지를 보여 주어 담임교사를 신뢰할 수 있도록 하여, 피해학생 학부모의 격한 감정을 완화시키는 데 최선을 다함 • 피해 사실과 학교폭력대책자치위원회 개최 등 향후 조치계획을 설명하고, 피해학생이 신체적·정신적 피해를 신속하게 치료할 수 있도록 병원, 상담기관 등 안내 • 필요시, 피해학생이 전문단체나 전문가로부터 심리상담 및 조언, 일시보호, 치료를 위한 요양 등에 소요되는 비용은 「학교안전사고 예방 및 보상에 관한 법률」 제16조에 따라 학교안전공제회에서 우선 부담할 수 있음을 안내 ※ '12.4.1 기준 학교폭력으로부터 피해를 받아 치료를 받고 있는 사람부터 적용
가해학생 학부모	• 가해 사실과 학교폭력대책자치위원회 개최 등 향후 조치계획을 설명 • 피해학생에게 보복행위를 하지 않도록 알려주어야 함 • 피해학생의 부모가 원하지 않는 경우, 가해학생 학부모에게 피해학생 부모의 연락처를 알려 주어서는 안 됨

해당 학부모 면담은 1차 사안조사를 마친 후 실시한다. 학부모 면담은 면대면 1 : 1 면담을 하는 것이 원칙이나, 경미한 사안의 경우 전화를 통한 상담도 가능하다. 면담 일시, 내용은 기록으로 남기고, 그 결과를 학교폭력전담기구에 통보한다. 학부모의 어려운 상황을 충분히 이해하고, 감정이나 판단이 섞인 말을 사용하는 것을 자제해야 하며, "사실" 위주로 이야기해야 한다.

5) 사후 생활지도

학교폭력 사안 처리 이후 피해학생에 대한 생활지도는 학교폭력전담기구와 협의하여 피해학생의 신체적 · 정신적 피해가 조속히 치유될 수 있도록 최우선적으로 지원한다. 학생이 안정적인 학교생활을 할 때까지 학교 내 전문상담교사 또는 외부의 상담전문가를 통해 정기적으로 상담할 수 있도록 지원한다.

가해학생에 대한 생활지도는 학교폭력대책자치위원회의 조치를 이행하고 학교에 복귀한 가해학생에 대해서는 더욱 세심한 생활지도가 필요하다. 가해학생이 진심으로 반성하고 새롭게 시작할 수 있도록 정기적으로 상담을 실시한다. 가해학생에 대한 학교폭력대책자치위원회의 조치사항이 학교생활기록부에 기재되므로, 학생에 대한 세심한 관심을 가지고 긍정적인 변화행동을 관찰하여 '봉사활동', '창의적 체험활동 상황', '행동발달 및 종합의견'란 등에 충분히 기록한다. 이때 유의할 사항은 학교폭력 가 · 피해학생의 학교폭력 관련 사실, 상담, 치료 등에 관한 사항을 개인별로 누적 기록 · 관리하고, 생활지도에 활용하는 것이다.

※ 학생생활지도 기록관리카드는 다음 학년 담임교사에게 인계하여 누적적으로 기록 · 관리하며 생활지도에 활용하고, 졸업 시 관련 내용은 삭제한다.

●●● **[예시] (인성요소) + 구체적인 활동사항 기재**

* (규칙 준수) '12.3월 학교폭력예방 및 대책에 관한 법률 제17조 1항 5호에 의한 징계조치를 받아 성실히 참여하였고, 특히 Wee 센터의 치유·상담 프로그램에 참여한 후 타인을 이해하고 규칙을 준수하는 생활태도를 갖게 되었음. 또한 급우 간의 학교폭력 문제를 앞장서 해결하기 위해 또래 상담활동에 적극 참여하고 중재역할을 모범적으로 수행하여 급우간의 신망이 높음(봉사시간 10시간)

담임교사는 학교폭력 사안 처리 이후 학급 전체 학생 대상 예방교육을 실시할 수 있다. 학교폭력 사안이 종결된 후, 학급 구성원 모두 학교폭력 사안에 대해 생각해 볼 수 있는 시간을 마련하여 운영한다. 학교폭력이 가해학생과 피해학생만의 문제가 아니라 학급 구성원 모두의 문제임을 인식할 수 있도록 한다. 학교 내 전문상담교사 또는 외부 전문가의 도움을 받아 교육프로그램을 구성한 후 담임교사가 직접 실시할 수 있다.

담임교사는 학교폭력 관련 정보보안에 관한 책임을 준수해야 한다. 가해학생·피해학생 및 제20조에 따른 신고자·고발자와 관련된 자료를 누설할 경우 300만 원 이하의 벌금이 부과됨에 유의(「학교폭력 예방 및 대책에 관한 법률」 제21조, 제22조)하여야 한다.

참고 **학교폭력발생 사안 처리 절차**

단계	처리 내용	비고
폭력 사건 발생 인지	사건현장 목격, 117신고센터 통보, 신고 등을 통해 사건 발생을 인지한 교사, 학생, 학부모 등은 학교폭력 전담기구(책임교사 등)에 신고	
⬇		
신고 접수 및 학교장 보고	• 학교폭력 전담기구는 신고된 사안을 신고대장에 반드시 기록하고, 학교장, 담임교사에게 보고한 후 가·피해학생 학부모에게 통지 • 사안이 중대한 경우, 학교장 및 자치위원장에게 즉시 보고	학교폭력 전담기구
⬇		
즉시 조치	• 피해학생과 가해학생 즉시 격리 • 신고·고발 학생도 피해학생의 수준에서 가해학생으로부터 보복행위를 당하지 않도록 조치 **피해학생** • 「아동·청소년의 성보호에 관한 법률」에 따라 성폭행은 반드시 수사기관에 신고, 성폭력 전문상담기관 및 병원 지정하여 정신적·신체적 피해 치유 • 피해학생의 신체적·정신적 피해를 치유하기 위한 조치 실시 **가해학생** • 출석정지 사안 경우 학교장은 가해학생 출석정지 • 가해학생 선도가 긴급한 경우, 「학교폭력 예방 및 대책에 관한 법률」 제17조 제4항에 따라 학교장은 가해학생에 대한 조치를 취한 후, 자치위원회에 즉시 보고하여 추인	학교장 학교폭력 전담기구 담임교사
⬇		
사안조사	• 학교폭력전담기구에서 구체적인 사안조사 실시 – 가·피해학생 면담, 주변 학생 조사, 설문조사, 객관적인 입증자료 수집 등 • 가·피해학생 심층상담 • 조사한 결과를 바탕으로 가해자와 피해자 확정 • 성폭력의 경우 비밀유지에 유의	학교폭력 전담기구 담임교사
⬇		
가·피해학생 부모면담	• 조사결과 부모 통보, 향후 처리 절차 등 통보	학폭전담기구 담임교사
⬇		

처리방향 심의	• 자치위원회 개최 시기 결정	학폭전담기구
⬇		
처리방향 결정	• 전담기구 심의결과 바탕으로 자치위원회 개최 요구	학교장
⬇		
자치위원회 개최 및 조치	• 가해학생 및 보호자에게 의견진술의 기회를 부여하는 등 적절한 절차를 거쳐야 함 • 자치위원회를 개최하여 가 · 피해학생에 대한 조치 결정	자치위원회
⬇		
결정통보 및 재심안내	• 자치위원회의 결정을 가해자와 피해자 및 그 보호자에게 통보 • 통보 시 재심을 받을 수 있는 방법 안내	학교장
⬇		
조치 실행 및 사후 관리	• 학교장은 자치위원회의 조치 요청이 있는 경우, 14일 이내에 해당 조치를 해야 함 • 가해학생과 그 보호자가 조치를 거부하거나 회피하는 경우 관련 법령에 따라 징계 또는 재조치 • 교육감에게 조치 및 그 결과 보고 ※ 학교폭력 예방 및 대책에 관한 법률 제19조 • 가 · 피해학생이 안정적인 학교생활을 할 수 있을 때까지 심리치료, 재활치료, 생활지도 등 실시 • 가 · 피해학생 소속 학급, 필요시 학생 전체를 대상으로 학교폭력예방 교육 실시	학교장 담임교사 전 교원

2. 학교폭력에 대한 담임교사의 상담[1)]

학교폭력이 발생하였을 때 담임교사는 피해학생 및 학부모, 가해학생 및 학부모 등 학교폭력 당사자들과 상담을 실시할 필요가 있다. 이때 담임교사가 알아야 할 상담과정과 주의사항을 살펴본다.

1) 교육과학기술부(2005), 학교폭력상담매뉴얼, p. 193－205.

1) 학교폭력 당사자와의 상담

(1) 피해학생과의 상담

① 상담과정

가. 상담을 요청한 사실에 대해 적극적으로 칭찬을 한다.

나. 래포형성을 위해 정서적인 공감대를 형성한다. 신체적, 정서적, 안전에 대한 지지가 무엇보다도 중요하다.

다. 피해상황을 정확하게 파악하되 피해학생의 신체적, 정신적 피해가 어느 정도인지, 어떤 도움이 필요한지를 구체적으로 파악한다. 피해자가 심리적으로 크게 위축된 경우 당당하게 자신의 마음과 의견을 주장할 수 있도록 지지한다.

라. 보복에 대한 두려움이 큰 경우 사건에 대한 적극적인 대처가 보복 및 사건 재발을 방지하는 데 도움이 된다는 것을 알리고 상담자와 함께 문제를 해결하도록 지지한다.

마. 피해 상황을 구체적으로 파악한 후 피해를 얼마나 어떻게 당했는지 피해의 원인을 탐색한다.

바. 향후 피해학생이 학교폭력을 당하지 않도록 피해학생이 취할 수 있는 방법을 탐색한다.

사. 부모에게 사실을 알리고 주변의 도움을 요청하는 것이 사건 해결의 열쇠임을 안내한다.

아. 합리적인 사건 해결을 위해서 피해 사실에 대한 증거 자료를 충분히 준비하도록 안내한다.

② 주의사항

가. 사실을 은폐하거나 축소하지 않고 있는 그대로 솔직하게 알리는 것이 중요함을 설득한다.

나. 또래로부터의 소외나 배신으로 인한 정서적 충격이 상당히 큰 상태이다.

이에 대한 심리상담이 위주가 되어야 하며 피해 후유증이 치유될 수 있도록 해야 한다.

다. 피해학생의 부족한 사회기술 부분에 대해서는 훈련이 필요하다.

라. 피해학생이 잘못하고 못난 탓으로 문제가 발생했다는 자기 패배의식에서 벗어날 수 있도록 상담자는 도와야 한다.

마. 심리적인 피해가 심각한 상황일 경우 필요한 심리검사 등을 실시하여 결과에 따라 전문상담을 권유하는 등 전문적인 조치를 취해야 한다.

③ 피해학생을 위한 지침(상담을 통해 피해학생이 해야 할 사항)

가. 피해학생의 자기패배의식을 버리고 도움을 요청한다.

나. 신고를 통하여 자신을 보호하고 권리를 찾는 것이라는 강한 의지를 가진다.

다. 보복을 두려워하지 않는다.

라. 일단 부모 및 담임교사에게 사실을 알린다.

마. 학교폭력대책자치위원회에서 문제를 해결할 수 있도록 공식 요청한다.

바. 사건을 주변에 알릴 경우 구체적으로 사건을 말한다.

사. 증거 자료를 확보한다.

아. 등하굣길은 혼자 다니지 말고 친구, 부모, 선생님 등의 도움을 받는다.

자. 자신에게도 문제가 있다고 생각될 경우 근본원인을 탐색하고 전문가의 도움을 받는다.

(2) 피해학부모와의 상담

① 상담과정

가. 피해상황에 대한 학부모의 정서적인 놀람과 분노의 감정을 충분히 지지함으로써 공감대를 형성한다.

나. 사건 상황을 구체적으로 파악한다.

다. 사건 이후의 상황을 파악한다. 피해자의 상황과 가해자의 상황, 학교 측의 태도 및 조치에 대해 확인한다.

라. 피해자가 원하는 도움이 무엇인지 파악한다.
마. 사건 해결을 위한 방법을 탐색하고 관련 정보를 제공한다.
바. 위원회에 공식 요청할 것인가를 결정한다.

② 주의사항

가. 가해 측과 학교 측에 감정적으로 대응하지 않도록 하고 감정적으로 대응할 경우의 불이익을 설명한다.
나. 피해의 원인이 피해자의 성격적인 것에 있는 것으로 추정될 경우 부모의 양육태도나 가정의 분위기가 아이의 성격과 정서적인 측면에 어떠한 영향을 미치는지 안내하고 근본적인 문제해결을 위해 가족들이 함께 도움을 주도록 설득한다. 이때 부모의 입장에서 오해할 수도 있기 때문에 충분히 설득하고 조심스럽게 접근해야 한다.
다. 사건해결을 위해 피해사실에 대한 증거자료를 충분히 준비하도록 안내한다.
라. 피해자측의 요구사항이 가해학생의 처벌보다는 피해학생의 학교적응을 위한 것이 되도록 한다.
마. 피해자의 요구가 가해자 처벌 및 치료비와 합의금의 문제일 경우 현실적으로 가능한 수준에서 제시하고 한계를 수용할 수 있도록 설득한다.
바. 이성적으로 진행하기 어렵다고 판단되는 경우는 심리적인 부분에 안정을 취할 수 있도록 전문적인 상담이나 치료 전문가에게 연계하는 것이 좋다.

(3) 가해학생과의 상담

① 상담과정

가. 가해당사자로서 상담을 요청한 것에 대해 용기를 칭찬하고 지지한다.
나. 사건상황을 구체적으로 파악한다.
다. 가해학생이 상담을 통하여 어떤 도움을 원하는지 객관적으로 파악한다.
라. 사건의 해결을 위해 주변의 도움이 있음을 알리고 함께 해결하도록 한다.

② 주의사항

가. 학교폭력법에서는 가해학생을 불러서 그런 사실이 있는지에 대해 답변할 기회를 주도록 하고 있으므로 반드시 피해사실과 가해사실을 객관적으로 확인하는 절차를 필요로 한다.

나. 왜 폭력을 하게 되었는가에 대한 이유, 심리내적 요인과 외적 요인을 면밀히 탐색하며 듣고 공감한다.

다. 훈계나 행위에 대한 평가는 가해학생에게 오히려 역효과를 줄 수 있으므로 비난하거나 심문조의 상담은 금한다. 가급적이면 부드러운 어조로 하는 것이 좋다.

라. 사실을 은폐하거나 축소하는 것보다는 있는 그대로 인정하고 자신의 잘못에 대해 책임을 지는 것이 미치는 긍정적인 측면을 강조한다.

마. 가해학생에게 어떤 과정을 거쳐 어떤 조치를 받게 되는지 현실적인 처벌 부분도 직시하도록 해야 한다.

바. 가해학생을 둘러싼 환경적인 요인이 제거될 수 있도록 돕는 부분도 가해학생을 상담하는 상담자의 중요한 역할이다.

사. 폭력성의 근본적 원인을 탐색하고 특성상 내재된 분노가 많은 가해학생의 경우 분노표출과 분노조절에 초점을 맞추는 등 가해행동의 원인 해결에 초점을 두고 상담을 진행한다.

아. 장래목표를 설정하여 내재된 에너지를 긍정적인 방향으로 사용할 수 있도록 한다.

자. 가해행동의 패턴의 원인이 가족체계의 문제로 파악될 경우 부모상담과 가족치료적 접근을 통해 가해행동의 원인을 근본적으로 치료하는 것이 효과적이다.

③ 가해학생을 위한 지침(상담을 통해 가해학생이 해야 할 사항)

가. 먼저 감정을 가라앉히고 침착하고 진지하게 원인과 자신의 행동에 대해 생각해 본다.

나. 어떠한 이유든 폭력은 인간의 존엄성을 파괴하고, 생명의 소중함을 무시하는

행위임을 기억한다.

다. 피해학생의 입장을 이해하도록 하고, 진심어린 사과를 통한 합리적인 해결 방법을 이해한다.

라. 가해행동은 범죄행위로서 법적 처벌이 가능함을 안다.

마. 보호자에게 자신의 가해 상황을 있는 그대로 구체적으로 알리되 사실을 축소하거나 은폐하는 것은 사건 해결에 방해가 됨을 기억한다.

바. 평소 감정조절하기가 어려운 경우, 근본적인 문제해결이 무엇인지 생각한다. 이때 전문적인 심리 상담을 통해 스트레스 해소방법을 찾고 화난 마음을 건강하게 표출하는 방법을 찾는 것이 도움이 된다.

(4) 가해학부모와의 상담

① 상담과정

가. 가해 학부모로서의 정서적 불안과 갈등에 대하여 정서적인 공감대를 형성하고 충분히 지지하도록 한다.

나. 사건 상황을 정확하고 구체적으로 파악한다.

다. 사건해결을 위해 내담자가 필요로 하는 도움이 무엇인지를 파악한다.

라. 중립적이고 객관적인 태도로 필요로 하는 정보를 제공한다.

마. 사건처리절차와 예상되는 결과를 알려준다.

② 주의사항

가. 대부분의 가해학생 부모의 심리가 당황스러움, 의심, 혼란, 합리화, 사건의 축소, 염려, 미래에 대한 불안감을 호소하므로 가해학부모의 심정을 잘 듣고, 공감하고, 치료동맹 관계를 잘 맺어 나가는 것이 중요하다.

나. 상담자는 가해학생의 부모가 피해학생의 부모와 입장을 바꿔 생각해 보고 상대방의 입장을 공감할 수 있도록 도와야 한다.

다. 가해부모로서의 심적 부담감과 불안감이 안정되면 자녀의 가해행동에 대한 책임을 분명히 밝히고 가해행위에 대한 적절한 보상과 반성의 자세의 중요성을 알린다.

라. 문제해결을 위해서도 가능하면 피해학생 부모와의 충돌 없이 협의를 통해 원만한 해결책을 찾을 수 있도록 이끌어 주는 것이 중요하다.

마. 향후 치료비 및 정신적 피해 보상금 등의 합의금 문제가 있을 경우 합의금 수준은 어느 정도가 적당한지 등을 함께 논의하고 현실적으로 가능한 수준을 제시한다.

바. 가해학생의 폭력 발생 요인 중 강력한 요인으로 가족관계 맥락을 들 수 있다. 그러므로 문제해결을 위한 위기상담과 자녀양육을 위한 부모교육 상담이 함께 이루어져야 한다.

2) 담임교사의 학교폭력 대처 상담 과정

담임교사의 학교폭력 상담은 예방 상담과 사안 발생 후 대처 상담이 있다. 예방 상담은 말 그대로 사전에 예방 차원에서 분기별, 또는 월별로 학교폭력 설문조사와 함께 각각의 학생들을 대상으로 상담을 실시하는 것을 의미한다. 상담시간이 특별히 정해진 것은 아니지만, 학교 현장에서는 보통 아침 자율학습시간, 자율활동시간, 체험활동시간, 점심시간 등을 활용해서 학교폭력 상담을 실시하고 있다. 그리고 학교 차원에서 학교폭력예방교육(학기별 1~2회)이나 프로그램을 운영할 경우, 담임은 함께 참여하여 학생들의 반응을 탐색하는 것이 매우 중요하다. 마지막으로 학급에 모니터 요원을 지정하여 학교폭력에 대한 현황을 파악하고 보고할 수 있는 시스템을 구축해도 효과를 얻을 수 있다.

여기서는 학교폭력 사안이 발생했을 때 담임교사가 해야 할 대처 상담에 대하여 언급을 하고자 한다.[2] 담임교사가 해야 할 대처 상담은 사안 처리 과정, 특히 사안 조사 절차[3]와 밀접한 관련이 있고, 책임교사 및 전문상담교사와도 협조 관

2) 담임교사 및 일반 교사들의 경우, 본 원고 내용에서 제시한 서류 양식이나 상담 전반에 필요한 서류 양식은 교육과학기술부(2012)에서 연구 개발한 『학교폭력 사안 처리 가이드북』의 부록을 참고하면 된다.

3) 사안조사절차는 면담－정보수집－사실확인－욕구파악－면담일지 및 보고서 작성－사건보고

계를 맺고 상담을 진행하는 것이 매우 효과적이다.

(1) 담임교사의 대처 상담 1단계 : 학교폭력 사안 접수 및 면담

학생 간에 학교폭력이 발생한 것을 인지할 경우, 담임교사는 교내의 학교폭력 전담기구에 사안을 접수해야 한다. 물론 학생이 먼저 학교 측에 신고하는 경우도 있다. 담임교사는 즉각 조치(긴급조치 포함)를 취해야 한다. 피해학생과 가해학생을 즉시 격리하고, 피해학생 및 신고 학생이 가해학생으로부터 보복행위를 당하지 않도록 조치해야 한다. 이때 학교폭력전담기구 책임교사는 보고서를 작성하여 학교장에게 보고한다. 이 보고서 내용에는 크게 가해학생과 피해학생의 인적사항, 사안 유형, 사안 내용(육하원칙), 해당 학생의 현재 상태(심리, 정서, 신체), 책임교사 및 담임교사의 소견 등을 기록한다. 그리고 담임교사는 해당 학생 학부모에게 사안에 대해서 통보를 해야 한다. 학교폭력 사안을 접수하게 되면 해당 학생을 대상으로 면담을 실시한다. 이때 학교폭력전담기구 책임교사가 면담을 할 수도 있으나, 담임교사가 하는 것이 효과적이고 안정적이다. 면담을 할 때에는 반드시 상담실과 같이 비밀이 보장되고 안정감을 느낄 수 있는 곳에서 실시해야 한다. 교실이나 교무실 등에서 하는 것은 절대 지양하며, 각각 개별적으로 면담을 실시해야 한다.

면담을 할 때에는 해당 학생과의 안정감과 신뢰감을 형성하는 것이 제일 중요하다. 그리고 나서 해당 학생의 심리·정서 상태를 파악해야 한다. 이때 심리·정서 상태 파악을 위해서 Wee 클래스 전문상담교사(전문상담사)에게 심리검사를 통한 심리평가를 의뢰할 수 있다. 만약 심리평가에서 심각한 수준의 이상 심리상태를 보이면 외부의 전문기관과 반드시 연계하여 상담(치료)해야 한다. 한편 신체적 이상 및 증상을 평가하기 위해서는 보건교사에게 의뢰해야 한다.

등으로 구성된다. 학교폭력사건이 접수되면 일차적으로 학교폭력 전담기구(교감, 책임교사, 전문상담교사, 보건교사 등)에서 사안 조사를 실시하는데 이때 해당 학생의 담임은 대처 상담을 통해 실질적인 협조적 역할을 수행한다.

학교폭력 사안 접수 및 면담 단계의 핵심 요소
☐ 학교폭력 감지 및 학교폭력전담기구에 접수/ 해당 학생 학부모에게 사안 통보
☐ 면담 시 신뢰감과 안정감 주기
☐ 신체적 증상을 평가하기 위해 보건교사에게 의뢰
☐ 전문상담교사에게 해당 학생의 심리·정서 상태 파악(심리평가)을 위한 심리검사 의뢰

(2) 담임교사의 대처 상담 2단계 : 정보수집

정보수집 단계에서는 학교폭력 사안에 대한 정보 수집을 통해 가해학생 및 피해학생 파악과 사안을 파악해야 한다. 이때 피해학생에 대한 파악 내용은 학년, 성별, 인적 사항, 피해학생 수, 교우관계, 장애 유무, 평소 학교생활, 특이 사항 등이 포함되고, 가해학생에 대해서는 학년, 성별, 인적 사항, 가해학생 수, 가해 동기, 다른 피해자 및 유사 사안의 관련 유무 등을 파악해야 한다. 마지막으로 사안을 파악하기 위해서는 폭력유형(신체폭행, 금품갈취, 따돌림 등), 폭력형태(집단 폭력, 일대일 폭력 등), 발생 및 지속기간(1회적, 지속적 사안), 발생 장소, 발생원인, 치료비, 피해 정도 등을 파악해야 한다.

(3) 담임교사의 대처 상담 3단계 : 사실 확인

담임교사는 정보 수집을 바탕으로 사실 확인을 위한 자료를 수집해야 한다. 그러기 위해서는 아래와 같은 방법으로 증거 자료를 수집하여 사실을 확인하면 된다.

사실 확인을 위한 방법
☐ 학교폭력 확인서 : 피해·가해학생 확인서, 목격 학생 확인서(육하원칙에 따라 기재)
☐ 설문조사 : 해당 학급 및 학생 대상 설문조사
☐ 진단서, 소견서 및 사진 : 폭력 피해를 증명하는 신체·정신적 진단서, 의사소견서, 사진
☐ On-Off Line 자료 : 이메일, 채팅, 게시판, SNS, 피해사실 화면 온라인 상 캡처, 문자 메시지, 사진, 동영상자료, 음성증거자료, CCTV 등

사실에 관한 자료를 수집한 뒤에는 결과적으로 진위를 파악해야 하는데, 여기서 반드시 점검해야 할 사항은 피해학생과 가해학생이 면담을 통해 확인한 것과 정보 수집을 통해 밝혀낸 결과들이 일치하는지 파악해야 한다. 그리고 조사 결과를 피해학생과 가해학생이 상호 인정하는지의 여부와 목격 학생의 진술과도 일치하는지를 확인한다.

학교폭력 확인서 구성 내용	
□ 학생용	사안확인(육하원칙), 목격한 학생, 현재 기분, 원하는 조치, 필요한 도움
□ 부모용	사안 인지 경위, 학생의 학교폭력 경험, 현재 자녀의 상태, 교우관계, 자년관련 정보, 현재까지의 부모조치, 사안해결을 위한 관련 정보제공, 현재 부모의 심정, 본 사안 해결을 위한 부모의 의견 및 바라는 점 등

(4) 담임교사의 대처 상담 4단계 : 욕구 파악

학교폭력 사안에 대한 원활한 대처와 처리를 위해 담임교사는 특히 욕구 파악을 잘해야 한다. 왜냐하면 욕구 파악을 잘 해야 학교폭력대책자치위원회 개최 시 원활한 진행과 보다 더 합리적인 결과를 얻을 수 있기 때문이다. 따라서 담임교사는 상담을 통해 가해·피해학생과 각 학부모의 사안 해결에 대한 욕구를 파악한다. 이때 피해·가해 상황에 대한 수용 정도 및 사과, 처벌, 치료비 등에 대한 합의, 재발 방지 욕구 등을 파악하여 정리해 둔다.

(5) 담임교사의 대처 상담 5단계 : 정황 파악

담임교사는 피해학생의 현재 상태에 대한 이해, 즉 대처 능력이나 적응 능력 등을 파악해야 하고, 피해학생측(보호자 포함)의 현재까지(위원회 개최 전)의 대처상황도 확인해야 한다. 그리고 마지막으로 가해학생측의 대응 방법도 파악해야 한다. 요약하면 피해학생의 현재 상태와 양측의 대응 방법을 잘 파악하여 적절한 해결 방법을 모색해야 한다.

(6) 담임교사의 대처 상담 6단계 : 상담일지 및 보고서 작성

지금까지 사안 조사과정 중 실시한 상담 내용에 대해서 상담일지[4] 및 보고서를 작성해야 한다. 물론 각급 학교에서는 보통 책임교사가 종합적으로 작성하고 여기에 담임교사가 협조하는 것이 원칙이나 현실적으로 담임교사가 작성하는 것도 크게 무리가 없다고 본다. 오히려 상담 경과에 심층적인 측면에서는 더 효과적이다.

학교폭력 사안 조사 보고서 구성 내용
□ 사건발생 일시, 학교폭력의 유형, 가해학생 신상, 피해학생 신상
□ 가해학생 주장, 피해학생 주장, 가해학생 부모의 주장, 피해학생 부모의 주장
□ 목격자의 의견, 책임교사의 의견, 담임교사의 의견, 전문상담교사의 의견, 문제점 진단 등

(7) 담임교사의 대처 상담 7단계 : 학교장 및 학교폭력대책자치위원회에 보고

학교폭력전담기구는 담임교사와 협조하여 작성한 보고서를 학교장 및 자치위원회에 보고한다. 그리고 해당 학생과 학부모에게도 조사 결과 및 향후 일정에 대해 통보한다. 전담기구는 학교폭력대책자치위원회를 개최하기 전 사전심의를 하는데 이때 학교폭력 사안이 아주 미비하거나 가해행위로 인해 피해학생에게 신체적 정신적 또는 재산상의 피해가 있었다고 볼 객관적인 증거가 없는 경우, 가해학생이 즉시 잘못을 인정하여 피해학생에게 화해를 요청하고, 이에 대해 피해학생이 화해에 응하는 경우 등은 위원회를 개최하지 않고 담임교사가 사안을 종결할 수 있다.[5] 이때 담임교사는 반드시 담임종결 사안 확인서와 가해자의 사과 각서 등을 작성하여 보관한다. 하지만 실상 사안을 조사하는 정도면 위원회

4) 상담일지에는 상담일자, 피해 유형, 피해 기간, 피해 장소, 피해 상황, 폭력경험의 유무, 처벌 경험, 처벌 형태, 폭력 내용, 주호소 내용, 현재 상황, 평가 및 결과 등을 기록해야 한다.

5) 사안이 종결되어도 가해학생과 피해학생에 대한 관찰과 심층 상담은 지속적으로 이뤄진다. 이때 담임교사는 Wee 클래스 전문상담교사와 협조하여 심층적인 상담과 심리 치료를 제공해야 한다. 그리고 모니터링을 통해 학생들의 학교생활 적응 상태를 파악해야 한다.

를 개최하는 것이 대부분이다.

담임종결 사안 확인서 내용
☐ 가해자가 피해자에게 피해를 입힌 사실이 있음을 인정하고 화해를 요청하여 피해자는 이에 응함
☐ 담임교사에게 자체 해결해 주도록 부탁을 드리며 추가적인 학교폭력 사안 발생 등 특별한 사유가 없는 한 학교폭력대책자치위원회 제소를 하지 않을 것을 확약하는 내용
☐ 가해자 학생 및 학부모와 피해자 학생 및 학부모 상호 합의서에 서명 날인함

(8) 담임교사의 대처 상담 8단계 : 학교폭력대책자치위원회 개최 준비

학교폭력대책자치위원회를 개최하면 담임교사는 학교폭력 관련 학생 생활 보고서를 작성해서 위원회 개최 시 보고해야 한다.

학교폭력 관련 학생 생활 보고서 구성 내용
☐ 가해 및 피해 구분, 소속, 출결현황, 교우관계, 평소 생활 상황, 폭력 경험 유무 및 내용
☐ 본 사안에 대한 담임교사의 소견, 현재까지 담임교사가 한 조치
☐ 사안 해결을 위한 관련 정보 제공(특이점, 평소 학급 분위기 등) 등

(9) 담임교사의 대처 상담 9단계 : 위원회 조치 결과에 따른 담임교사의 지원

조치결과에 따라 피해학생은 심리상담 및 조언, 일시보호, 치료 및 치료를 위한 요양, 학급교체, 그 밖에 피해학생의 보호를 위하여 필요한 조치를 받게 된다. 반면 가해학생은 피해학생에 대한 서면사과, 피해학생 및 신고·고발 학생에 대한 접촉, 협박 및 보복행위의 금지, 학교에서의 봉사, 사회봉사, 학내외 전문가에 의한 특별교육이수 또는 심리치료, 출석정지, 학급교체, 전학, 퇴학처분 등을 받게 된다. 이때 담임교사는 해당 학생이 조치 결과에 대해 적극적으로 임할 수 있도록 적극 지원한다. 특히 가해학생과 피해학생 모두에게 학교 내 Wee 클래스 전문상담교사의 심리치료 및 상담 지원을 통해 심리적 안정과 학교생활 적응력을 키울 수 있도록 한다. 아울러 전문적인 심리적 치료나 전문적 개입이 필요할 때는 교외 전문기관(Wee 센터, 의료기관, 봉사단체, 위탁교육기관 등)을 연계해 준다.

(10) 담임교사의 대처 상담 10단계 : 추수지도 및 상담

징계 사항을 준수하는 동안에도 꾸준한 지도와 상담을 해야 하지만, 특히 징계 사항을 완료한 후에도 지속적인 추수지도와 상담을 실시해야 한다. 이때 담임교사는 추수상담과 지도를 꾸준히 실시하고, 추수지도 모니터링 카드를 활용하여 피해학생과 가해학생의 다면적 평가 내용 등을 기록한다. 일정 기간 문제가 발생하지 않거나 학교생활 적응도가 높아지면 잠정적으로 상담을 종결한다.

〈사안요약〉

평소 다른 친구의 험담을 함부로 하고 친구들 사이에서 이간질을 한다는 이유로 중학교 3학년 여학생이 같은 반 여학생으로부터 교내 화장실 안에서 신체 폭행과 욕설을 당함. 피해학생은 담임교사에게 피해 사실을 신고함. 담임교사는 학교폭력 사실을 인지하였고 학교폭력전담기구 책임교사에게 접수함(2012년 7월).

〈학교폭력 대처 상담 적용〉

1. 대처 상담 1단계 : 학교폭력 사안 접수 및 면담

담임교사는 피해학생과 가해학생을 각각 불러 상담실에서 상담을 실시하여 폭행한 사실을 확인함. 피해학생과 가해학생의 신체적, 심리적, 정서적 상태를 파악해 보니 피해학생의 다리와 얼굴 부분에 상처가 보여 보건실에서 치료를 받게 함. 가해학생과 피해학생 부모에게 학교폭력 사안에 대해서 통보함. 피해학생이 심리적으로 불안정한 듯하여 Wee 클래스 전문상담교사에게 심리평가를 의뢰함. 심리평가 결과 공포와 불안심리가 매우 높게 나타남. 가해학생과 격리하여 안전한 상담실에 머물게 함.

2. 대처 상담 2단계 : 정보 수집

담임은 가해학생을 통해 평소 피해학생이 자기에 대해서 험담을 하고 다른 친구들 사이에서 이간질한다는 이유로 폭행을 하게 되었다는 가해 동기를 파악함. 피해학생과 가해학생 상담을 통해 점심시간 화장실에서 신체폭행과 언어폭력을 1회 당한 것으로 파악함. 다리와 얼굴 부위를 4~5대 정도 맞아 피해자의 다리에는 멍이 들고 얼굴에는 붉게 부어올랐음을 확인함. 병원에 갈 정도는 아니어서 보건실에서 치료함.

3. 대처 상담 3단계 : 사실 확인

각각에게 학교폭력확인서를 작성하게 하였고, 반 학생들에게 목격자가 있는지 설문조사를 실시하였음. 목격자가 3명 나타났고 모두 학교폭력확인서를 작성함. 보건교사로부터 피해학생이 다리 부분에 멍이 들고 얼굴이 부어올랐다는 소견과 전문상담교사로부터 피해자의 불안감과 공포심이 높게 나왔다는 심리평가 결과를 문서로 각각 받았음. 피해학생의 신체적 상태를 사진 촬영하여 함께 보관했음. 피해학생, 가해학생, 목격학생들의 확인서를 비교하며 상담한 결과 대부분이 일치하였고 수용하였음.

4. 대처 상담 4단계 : 욕구 파악

양측의 어머니가 각각 상담실로 내교함. 담임교사는 현재까지의 사안에 대하여 친절히 안내하였음. 피해자 측은 치료비와 사과보다는 가해학생의 전학 조치를 원했고, 가해자 측은 진심어린 사과와 봉사활동 및 상담 등을 원했음.

5. 대처 상담 5단계 : 정황 파악

담임교사가 정황을 파악하니 가해학생의 학교폭력 경험이 처음이고 진심으로 반성하고 후회하고 있는 것으로 판단되었고, 반 학생들을 통해 들은 이야기로는 피해학생이 가해학생에게 평상시에 잘못한 점(험담, 이간질 등)도 많았다는 사실을 인지하고 있었음. 담임교사는 격앙된 상태에 있는 피해학생과 부모를 진정시키고 극단적인 방법보다는 합리적인 방법으로 처리할 것을 설득함. 결국 양측의 합의로 사과 각서문과 사회봉사 1주일(부모님 동참), 특별교육 10시간 이수할 것으로 합의함.

6. 대처 상담 6단계 : 상담일지 및 보고서 작성

담임교사는 사안 발생 후 쓴 상담일지와 각종 증빙 서류 및 상담 내용을 토대로 책임교사와 보고서를 작성하였음. 그리고 상호간에 합의는 했으나 경미한 사항이 아니었고 피해자측에서 처벌을 원했기 때문에 학교폭력전담기구에서 심의과정을 거쳐 위원회를 개최하게 되었음.

7. 대처 상담 7단계 : 학교장 및 학교폭력대책자치위원회에 보고

담임교사는 책임교사와 함께 학교장과 위원회에 사안에 대해 보고하고 위원회 개최

일정(사안발생 3일 후)을 정하였음. 그리고 담임교사는 양측의 부모에게 향우 일정을 안내하였음.

8. 대처 상담 8단계 : 학교폭력대책자치위원회 개최 준비

담임교사는, 가해학생과 피해학생의 평상시 학교생활태도 및 교우관계, 행동 특성, 사안 조사 과정 동안의 상담 결과, 대처와 조치 내용, 합의 결과, 그리고 담임교사의 소견을 적은 학생생활 보고서를 안내했음. 위원회에서 내린 조치 결과는 사과문 작성과 진심어린 사과, 사회봉사 1주일(부모님 동참), 특별교육(상담포함) 10시간으로 내려졌고, 위원회 자리에서 가해학생은 사과문을 작성하고 피해학생에게 공개적으로 사과를 했음. 이에 피해 학생도 자신의 잘못에 대해 사과하였음.

9. 대처 상담 9단계 : 위원회 조치 결과에 따른 담임교사의 지원

피해학생은 1주일 동안 상담실에서 전문상담교사와 심리적 안정을 취하며 심리평가와 상담을 꾸준히 받았음. 1주일 후 전문상담교사가 종합 소견서를 바탕으로 피해학생과 전체적인 상담을 하면서 학생 상태를 점검하였음.

가해학생은 근처 요양원 시설에서 어머니와 함께 봉사활동을 했는데 담임교사는 매일 아침 전화를 통해서 확인을 하였고. 봉사활동이 끝나면 학생은 담임교사에게 전화로 통보하였음. 그리고 Wee센터에서 실시하는 특별교육프로그램을 이수하였음. 이때 담임교사는 센터의 담당교사와 연락을 취하며 현재 학생의 상태를 점검하였음. 학교로 돌아와서는 Wee 클래스 전문상담교사에게 심리치료와 상담을 병행해서 5회기 동안 받았음.

10. 대처 상담 10단계 : 추수지도 및 상담

담임교사는 전문상담교사와의 상담결과에서 피해학생의 심리적 안정도가 높아졌다는 소견을 들었음. 피해학생과 가해학생을 모니터링하면서 주 1~2회 정도 상담을 실시하였고 별 문제가 발생하지 않았음. 그리고 여름 방학을 하였고, 개학 후 졸업하기까지 학교 적응을 잘하고 졸업을 하였음.

Chapter 14

학교폭력 대처 사례

본 교재에서 제시되는 학교폭력 예방 및 대처 사례들은 대구광역시교육청에서 2011년 12월에 발간한 『학생사안 119』 사례집의 내용 중에서 발췌한 것이다.[1] 이 사례집은 학교에서 발생할 수 있는 학생 사안에 대한 내용을 분석 · 진단하고 대처할 수 있는 방안을 유형별로 다루고 있으며, 일부 내용은 이해를 돕기 위하여 다소 표현을 다르게 재구성하였고, 학생 사안 발생 시 동일(유사) 사례의 재발 방지를 위해 엮은 것으로 사안의 특성, 정황, 학교 실태, 당사자, 이해집단 등에 따라서 대처방안이 달라질 수 있기 때문에 각급학교에서는 교원을 대상으로 직무연수 및 업무 추진에 적극 활용하도록 제작하였다. 제4부에서 제시하고 있는 사례는 아래와 같이 초 · 중 · 고등학교 폭력유형별로 재구성되었다.

초등학교 사례

사례 1 : 피해학생 부모가 가해학생 폭행

사례 2 : 가해학생의 학습권을 보장했으면 막을 수 있었던 폭행

사례 3 : 학생 폭행에 따른 학부모 간의 쌍방 고소

사례 4 : 과잉행동장애 학생 부모가 학교배움터지킴이 고발

사례 5 : 담임교사의 대응조치 지연과 학교의 미온적 대처

1) 이 사례집은 교사들이 변화된 청소년들의 문화와 행동양식, 학부모들의 의식 수준, 그리고 현 사회에 대한 충분한 이해를 가지고 학생들을 지도할 수 있도록 사례 중심으로 각종 사안이 발생했을 때 상황 분석과 더불어 어떻게 대처해야 하는지에 대한 위기 대처방안과 판례 등을 제시하고 있다. 이 사례를 활용하도록 허락해 주신 대구광역시교육청 우동기 교육감을 비롯한 관계자들께 감사드린다.

중학교 사례

고등학교 사례

1. 초등학교 사례

사례 1

피해학생 부모가 가해학생 폭행

○○초등학교 가해학생은 편식하는 피해학생의 반찬문제로 말다툼을 하다 얼굴을 때렸고, 담임교사는 두 학생을 불러 지도함.

담임교사는 방과 후 피해학생 부모로부터 전화로 항의를 받자 자세한 사안 설명을 위해 학교 방문을 요청함.

다음날 아침방송시간에 피해학생 부모가 교실에 무단난입하여 가해학생의 머리를 때림.

담임교사가 피해학생 부모를 제지했음에도 가해학생을 계속 때려 학급회장을 교무실로 보내 신고함. 신고를 받고 달려 온 교사들과 함께 피해학생 부모를 면담실로 안내함.

피해학생 부모는 가해학생의 학교폭력에 항의하면서 가해학생 부모와의 면담을 요청하였고, 가해학생 부모는 자녀를 폭행한 피해학생 부모에게 오히려 사과를 요구함.

짚어보기

01_ 피해학생은 위로하고 가해학생은 훈육

| 상황분석 |

- 교사는 피・가해학생이 구분되는 사안에 대해 두 학생을 동일하게 지도하는 공정치 못한 처리를 함

| 대처방안 |

- 담임교사는 상황을 정확하게 파악하여 피해학생은 위로하고 가해학생은 훈계해야 함
- 즉각 학생들에게 폭력행위가 정당화될 수 없음을 교육하여 재발 방지에 노력해야 함

짚어보기 02_ 사소한 사안이라도 학부모와 공감대 형성 필요

| 상황분석 |
- 피해학생 부모는 담임교사가 사안을 불공정하게 처리한 사실에 화가 났고, 또한 담임교사가 사안을 설명하는 성의조차 보이지 않자 학교에 불만을 가지고 항의 전화를 함

| 대처방안 |
- 담임교사는 즉시 피·가해학생 부모에게 상황을 정확하게 설명하여 교육적 이해와 협조를 구해야 함
- 사실을 정확하게 전달하고 학부모와 공감대를 형성하는 것은 학부모의 오해를 사지 않아 생활지도의 효과를 증대시킬 수 있음

짚어보기 03_ 학교 방문절차 안내 및 표지판 설치

| 상황분석 |
- 담임교사의 요청으로 학교를 방문한 피해학생 부모(외부인)가 방문절차를 거치지 않고 학교에 들어옴

| 대처방안 |
- 학교는 배움터지킴이의 활동을 강화하여 외부인의 학교 방문을 통제하고, 담임교사의 요청에 의한 학부모의 학교 방문일 경우에도 방문절차를 거치도록 학부모에게 안내해야 함

짚어보기 04_ 피해학생 부모의 폭행에 교사 적극 대응

| 상황분석 |
- 피해학생 부모가 교실에 갑자기 들어와 가해학생을 폭행하자, 교사가 이를 적극 제지하고 학교에 신고하여 피해학생 부모를 면담실로 안내함

| 대처방안 |
- 교실에 무단 난입한 피해학생 부모의 학생 폭행에 대해 교사가 적극 제지하면서 신속한 신고로 교사들이 협조하여 학생을 보호하

고, 피해학생 부모를 면담실로 안내한 것은 바람직한 대처였음

짚어보기

05_ 경미한 학교폭력이라도 반드시 자치위원회 개최해야

| 상황분석 |

- 학교는 그 피해가 사소하다고 판단하고 피・가해학생 부모 간의 화해를 이끌어내어 원만히 처리되자, 학교폭력대책자치위원회(이하 자치위원회라 함)를 열지 않음

| 대처방안 |

- 경미한 학교폭력 사안이라도 그 기준은 모호할 뿐만 아니라 피・가해학생의 입장에 따라 다를 수 있기 때문에 자치위원회를 반드시 개최해야 함

> **TIP** 자치위원회는 분쟁당사자가 분쟁조정을 서면 등으로 요청할 경우, 요청 5일 이내 분쟁조정을 개시하며, 분쟁조정 개시 일부터 1개월간 조정을 개시・속행할 수 있다.

사례 2

가해학생의 학습권을 보장했으면 막을 수 있었던 폭행

○○초등학교 4학년 피해학생의 할머니로부터 금품피해 사실을 신고받은 담임교사는 가해학생과 면담 후 양측 부모에게 전화로 사실을 통보하고 원만히 해결되도록 기다림.

사건 발생 4일 후 피해학생 부모가 학급 교실로 찾아와 강압적으로 가해학생과의 면담을 요구하자, 이에 담임교사는 가해학생과 교실에 대면하게 한 후 아무 조치 없이 과학실로 이동 수업을 감.

수업 후 교실로 돌아와 보니 피해학생 부모가 가해학생에게 진술서를 강제로 쓰게 하고 그 과정에서 사건 경위에 대해 거짓말한다고 꾸짖고 있었음.

짚어보기

01_ 학교폭력 사안은 자치위원회를 개최하여 대처

| 상황분석 | • 담임교사가 피해학생 할머니로부터 금품피해 사건을 접수받았으나 학교에 보고하지 않고 임의 처리함

| 대처방안 | • 교사는 학교폭력 사안을 접수받은 즉시 정황을 파악하여 학교장에게 보고하고 자치위원회를 개최하여 대처해야 함

짚어보기

02_ 피해학생 부모와 가해학생과의 대면 금지 및 보호 조치

| 상황분석 | • 피해학생 부모가 담임에게 강압적인 태도로 가해학생 면담을 요구하자 담임교사는 당황하여 가해학생을 피해학생 부모와 대면시킴

| 대처방안 | • 교사는 피해학생 부모에게 가해학생과의 직접대면이 불가함을 단호하게 알리고, 가해학생을 즉시 격리하여 보호 조치해야 함

• 교사는 피해학생 부모에게 학교장의 허락 없이 교내에 무단으로 출입한 것에 대해 형사고발 행위가 될 수 있음을 단호하게 밝히고, 즉각 학교에 보고해야 함

짚어보기

03_ 가해학생의 학습권 보장

| 상황분석 | • 교사가 수업을 위해 학생들을 과학실로 이동시키면서 가해학생의 학습권을 보장하지 않고 피해학생 부모와 함께 교실에 남겨 두어 위기 상황을 맞이함

| 대처방안 | • 교사는 가해학생도 다른 학생과 함께 과학실로 보내어 가해학생의 학습권을 보장해야 함

• 피해학생 부모와 가해학생의 대면은 반드시 면담실에서 담당자 입회하에 대면하도록 조치해야 함

사례 3

학생 폭행에 따른 학부모 간의 쌍방 고소

○○초등학교 피해학생 부모가 학교에 전화하여 가해학생이 피해학생을 때린 것에 대해 가해학생 부모의 사과를 요구하므로 다음날 양측 부모를 학교에 오게 함

교장실에서 피해학생 부모가 가해학생 부모를 기다리던 중 피해학생 아버지가 갑자기 교실에 들어가 가해학생의 멱살을 잡는 과정에서 가해학생의 얼굴에 손이 스치게 됨. 이 상황을 담임교사가 제지하고 설득한 후 교장실로 내려가게 함

이후 교장실에서 가해학생 부모가 피해학생 부모에게 사과를 하였으나 받아들여지지 않은 채 귀가하였음. 그 후 가해학생 부모는 가해학생이 피해학생의 아버지로부터 폭행을 당했다는 것을 뒤늦게 알게 되면서 부모 간의 다툼으로 확대됨

학교는 합의를 유도했으나 무산되자 자치위원회를 개최하여 가해학생에 대한 징계를 결정함. 양측 부모는 법적으로 처리하겠다고 하며 쌍방 고소함

짚어보기

01_ 피 · 가해학생 부모는 분리 상담

| 상황분석 |

- 피해학생 부모가 학교에 전화하여 가해학생이 피해학생을 때린 것에 대해 가해학생 부모의 사과를 요구하므로 다음날 양측 부모를 학교에 오게 함

| 대처방안 |

- 피 · 가해학생 부모들을 같은 자리에서 만나게 하면 감정이 격앙되어 오히려 문제를 악화시킬 수 있으므로 분리해서 상담해야 함
- 사안처리의 궁극적 목적은 피 · 가해학생 모두 안전하게 학교생활을 할 수 있도록 하는 것임을 이야기해야 함

짚어 보기 02_ 피해학생 부모의 면담 시 신뢰감 형성

| 상황분석 |
- 교장실에서 피해학생 부모가 가해학생 부모를 기다리던 중 피해학생 아버지가 갑자기 교실에 들어감

| 대처방안 |
- 면담을 위해 학교를 방문한 피해학생 부모의 감정이 안정될 수 있도록 학교에서는 사건 해결에 성의 있는 태도를 보여야 함

짚어 보기 03_ 외부인의 갑작스런 행동에 침착하게 대처

| 상황분석 |
- 피해학생 부모가 가해학생의 멱살을 잡는 상황에서 담임교사가 제지하고 설득한 후 교장실로 내려가게 함

| 대처방안 |
- 교실에 무단 난입한 외부인의 갑작스런 행동에 대해 침착하게 설득하여 제지한 것은 추후에 발생할 문제를 예방하는 것임

> **TIP** '정당방위'는 상대방이 흉기를 들고 협박을 하여 절박한 상황에 어쩔 수 없이 대항하는 경우에만 제한적으로 인정됨

- 교사는 피해학생 부모에게 가해학생과의 직접 대면이 불가함을 단호하게 알려야 함
- 교실에 무단 난입 등의 갑작스런 행동이 발생할 경우 적극적으로 제지하고 필요시에는 도움을 요청해야 함

짚어 보기 04_ 피 · 가해학생 부모에게 정확한 사실 전달

| 상황분석 |
- 가해학생이 피해학생의 아버지로부터 폭행을 당했다는 것을 알게 되면서 부모 간의 다툼으로 확대됨

| 대처방안 |
- 학부모 간의 불필요한 오해를 예방하기 위하여 담임교사는 당시 교실에서 일어난 상황을 즉시 피 · 가해학생 부모에게 정확하게 전달하고 교육적 이해와 협조를 구해야 함

집어 보기

05_ 자치위원회 개최 우선

| 상황분석 |
- 학교는 합의를 유도했으나 무산되자 자치위원회를 개최하여 가해학생에 대한 징계를 결정하였고 양측 부모는 법적으로 처리하겠다고 하며 쌍방 고소함

| 대처방안 |
- 학교에서는 임의로 합의를 유도하지 말고 피·가해학생에게 필요한 조치를 위해 자치위원회를 먼저 개최해야 함
- 분쟁 당사자가 서면으로 분쟁조정을 요청할 경우 자치위원회는 분쟁조정에 임할 수 있으나 분쟁 당사자가 민·형사소송을 제기한 경우에는 분쟁조정을 중단할 수도 있음

사례 4

과잉행동장애 학생 부모가 학교배움터지킴이 고발

ADHD로 진단받은 ○○초등학교 A군은 하루에도 여러 차례 기분에 따라 행패를 부리고 여학생들을 놀리며, 폭력이나 성희롱·성추행, 스토커 등의 문제행동을 함

A군이 방과 후 상담실에서 멘토링 대학생이 오지 않는다고 소란을 피우자 상담교사가 A군을 교무실로 데려왔고, 교감선생님이 A군을 훈계 후 상담실로 돌려보냄. 교감선생님은 배움터지킴이에게 상담실 순회를 부탁함.

배움터지킴이는 소란을 피우며 돌아다니는 A군을 자리에 앉으라고 수차례 지도하였으나 오히려 A군은 심한 욕설과 폭언을 하고 휴대폰과 안경을 바닥에 던지며 행패를 부림. 이를 제지하던 중 치아 고정 장치를 한 A군의 잇몸에 상처가 나자 부모가 배움터지킴이를 경찰에 고소함

짚어보기

01_ ADHD로 진단받은 학생의 지속적인 치료 안내

| 상황분석 |

- ADHD로 진단받은 A군은 하루에도 여러 차례 기분에 따라 행패를 부림

| 대처방안 |

- 담임교사는 ADHD로 진단받은 학생의 상태와 학교에서의 생활 등을 부모에게 정확하고 자세하게 전달하고, Wee 센터의 상담치료나 전문상담기관을 통한 지속적인 치료를 받도록 안내해야 함

짚어보기

02_ 신고방법 안내와 자치위원회 개최

| 상황분석 |

- ADHD로 진단받은 A군은 하루에도 여러 차례 기분에 따라 행패를 부리고 여학생들을 놀리며 폭력이나 성희롱·성추행, 스토커 등의 문제행동을 하였으나 신고하지 않음

| 대처방안 |

- 학교폭력예방교육을 통해 학교폭력 발생 시 다양한 신고방법(구두, 신고함, 홈페이지, 이메일, 휴대전화)을 교육하고, 부모나 교사에게 바로 신고하도록 지도해야 함
- 폭력 사안이 발생하면 자치위원회를 개최하고, 가해학생을 선도조치하여 추가적인 폭력을 예방해야 함

짚어보기

03_ 배움터지킴이의 주요 활동과 역할

| 상황분석 |

- 상담실 순회를 부탁받은 배움터지킴이가 소란을 피우며 돌아다니는 A군을 자리에 앉으라고 수차례 지도하였으나 오히려 심한 욕설과 폭언을 하고 휴대폰과 안경을 바닥에 던지며 행패를 부림. 이를 제지하던 중 치아 고정 장치를 한 A군의 잇몸에 상처가 나서 부모가 배움터지킴이를 경찰에 고소함

| 대처방안 |

- 취약지역에서의 폭력 발생을 사전에 예방하기 위해서 배움터지킴이는 교사의 관찰이 소홀한 지역을 파악하여 중점적으로 순찰해야 함
- 배움터지킴이의 학생지도에 있어서는 불필요한 오해를 예방하기 위해 담임교사의 임장 하에 지도를 해야 함
- 배움터지킴이에게 학생지도 시 대처요령을 사전에 숙지하도록 연수를 실시하고 유사 사례가 발생하지 않도록 조치해야 함

사례 5 담임교사의 대응조치 지연과 학교의 미온적 대처

○○초등학교 수학여행 전, 교사가 판서를 하는 동안 갑자기 가해학생이 피해학생을 때려 눈썹 아래 상처가 생겼음. 보건실에서 응급조치 후 병원으로 이송하면서 양측 부모에게 연락함

담임교사는 학급회의를 개최하여 당시 상황을 정리하면서 친구끼리 싸움이 생길 때 어떻게 해야 하는지를 지도하고 가해학생 부모에게 먼저 연락함. 피해학생 부모에게는 저녁에 전화로 조사내용을 설명했으나 피해학생 부모는 다른 학생들에게서 들은 내용과 다르다고 재조사를 요구함.

수학여행 후 피해학생 부모가 과한 치료비를 요구하므로 가해학생 부모가 담임교사에게 안전공제회로 처리할 수 있는지 문의하자 그때서야 담임교사가 학년부장교사와 교감에게 보고함. 담임교사의 미온적 대처에 피해학생 부모가 항의하였고, 피해학생 부모가 경찰에 신고했다는 사실을 알게 된 2주 후에야 학교장에게 보고함.

폭력책임교사가 이 사안을 재조사한 후, 자치위원회가 개최되고 자치위원회에서는 담임교사는 학부모 간 합의를 위해 노력하고 가해학생에게는 사과의 편지를 쓰도록 결정함

담임교사가 피해학생 가정을 방문했으나 부모를 만나지 못하고 전화로 합의 및 고소 취하를 요청했으나 거절당함. 가해학생 부모와 상담 후 학교장과 담임교사가 법원을 방문하여 선처를 요청하였고, 증거 부족으로 불처분 판결이 되어 사안은 종료됨

짚어보기

01_ 행사 전후 생활지도 철저

| 상황분석 |
- 수학여행 전날 들뜬 수업 분위기 속에서 가해학생이 갑자기 피해학생을 때려 부상이 발생하였고, 피해학생을 병원으로 이송함

| 대처방안 |
- 학교 행사 전후, 들뜬 수업 분위기에서 학생들에게 여러 가지 사고가 발생할 우려가 있으므로 사전·사후 생활지도나 안전지도를 철저히 해야 함

짚어보기

02_ 응급조치 후 병원 이송

| 상황분석 |
- 보건실에서 응급조치 후, 병원으로 이송하면서 양측 부모에게 연락함

| 대처방안 |
- 부상을 당한 학생을 보건실에서 응급조치 후 병원에 이송하면서 양측 부모에게 연락한 것은 바람직함
- 추후 발생할 수 있는 담임교사와 부모 간의 의견 충돌을 예방하기 위해서는 사고의 내용과 학교의 대처사항에 대해 부모에게 정확히 알려주고, 교육적 협조를 구해야 함

짚어보기

03_ 부모에게 정확하고 객관적인 상황 전달

| 상황분석 |
- 담임교사는 학급회의를 개최하여 당시 상황을 정리한 뒤 가해학생 부모에게 먼저 연락함. 피해학생 부모에게는 저녁에 전화로 조사내용을 설명했으나 피해학생 부모는 다른 학생들에게서 들은 내용과 다르다고 재조사를 요구함

| 대처방안 |
- 사안이 발생하면 즉시 해당 학생의 진술서를 작성하고 증거자료(피·가해학생 진술서, 주변 목격자 진술서 등)를 확보하여 피·가해학생 부모에게 객관적이고 정확한 사실을 전달하고 부모에게 교육적 이해와 협조를 구해야 함

짚어 보기

04_ 사안 발생 즉시 자치위원회 개최

| 상황분석 |

- 폭력사안이 발생했음에도 담임교사는 아무런 조치 없이 수학여행을 실시함.
- 담임교사의 미온적 대처에 피해학생 부모가 항의함
- 경찰에 신고되었다는 사실을 알게 된 2주 후에 학교장에게 보고했으며 그 후 폭력책임교사가 재조사를 하고 자치위원회를 개최함

| 대처방안 |

- 담임교사는 폭력사안이 발생하는 즉시 피해·가해학생을 분리하여 보호하고, 학교장에게 보고해야 함
- 폭력책임교사는 정확한 사실을 조사하고 자치위원회를 개최하여 피·가해학생에 대한 조치를 결정해야 함

사례 6

근친에 의한 성폭행 사건

○○초등학교 피해학생은 성폭력예방교육 후에 아버지에 의한 성추행 사실을 처음 발설했으며 학교 측은 긴급회의로 대책을 논의하고 One-stop지원센터에 자문을 구한 뒤 아동보호전문기관에 전화로 신고함.

전문기관 상담원이 내교하여 학생과 상담하고, 아버지와 격리하기 위해 전문기관 시설에 피해학생을 보호 조치함. 경찰의 수사로 피해학생의 아버지가 구속되고 피해학생은 아동보호전문기관에 위탁교육을 받도록 함.

피해학생의 보호를 위해 위탁교육이 끝나는 대로 전학하기로 함.

짚어보기 01_ One-stop지원센터에 신고

| 상황분석 |

- 학교측은 성폭력피해 사실을 안 즉시 긴급 관계자 회의로 대책을 논의하고 One-stop지원센터에 자문을 구한 뒤 대구아동보호전문기관에 전화로 신고함

| 대처방안 |

- 성폭력피해 사실을 알게 된 즉시 One-stop지원센터에 자문을 하고, 아동보호전문기관에 전화로 신고한 것은 바람직한 대처였음
- 가해자가 피해학생의 친척, 교사, 부모인 경우 교사가 신고를 망설이는 경우가 있으므로 교장 등 관리자는 어떤 경우에도 반드시 신고의 의무를 다해야 함을 상기시켜야 함

짚어보기 02_ 피해학생의 보호와 신속하고 적절한 대응의 중요성

| 상황분석 |

- 전문기관 상담원이 내교하여 학생과 상담했고, 아버지와 격리하기 위해 전문기관시설에 학생을 보호 조치했음. 피해학생의 보호를 위해 위탁교육을 받도록 하고 교육이 끝나는 대로 전학하기로 함

| 대처방안 |

- 피해학생을 위한 보호 조치는 매우 바람직하며, 학교와 교사는 피해학생의 입장에서 피해학생의 보호자·지원자의 역할을 해야 함
- 피해학생의 보호를 위해 자치위원회를 개최하여야 하며, 상담이나 위탁교육, 치료 등을 위한 기간은 출석으로 인정함

사례 7

원어민 교사에 의한 성추행 사건

○○초등학교 원어민 교사가 피해여학생들의 신체부위를 만진 사실이 담임교사에게 알려져 학교폭력위원회를 개최하고 대처방안을 협의함. 원어민교사의 수업을 중지시키고 정확한 사실 여부를 확인함. 사표 제출을 요구하고 학부모에게 조치 사항을 알림.

다음날 One-stop지원센터에 신고하고 해바라기센터에 상담을 예약하고 교육청에 유선 보고함. 피해학생과 학부모 상담을 통해 심리적 안정과 비밀 유지에 힘쓰며 성추행 및 성폭력예방교육을 전교생에게 실시함.

짚어보기

01_ 무엇보다도 신고 의무가 우선임

상황분석

- 자치위원회를 개최하여 대처방안을 협의함. 원어민 교사의 수업을 중지시키고 정확한 사실 여부를 확인함. 사표 제출을 요구하고 학부모에게 조치사항을 알림

대처방안

- 성폭력이 의심되면 자치위원회를 개최하기 이전에 피해학생의 부모를 불러서 사실을 알리고 One-stop지원센터에 신고해야 함
- 학교 자체에서 임의로 사건을 해결하지 말고, 피해 사실을 알거나 의심하게 된 즉시 전문기관에 문의, 상담 혹은 신고해야 함

짚어보기

02_ 피해학생의 보호와 지속적인 성폭력예방교육 실시

상황분석

- 피해학생과 학부모 상담을 통해 심리적 안정과 비밀 유지에 힘쓰며 성추행 및 성폭력예방교육을 전교생에게 실시함

| 대처방안 | • 피해학생의 보호를 위해 상담과 비밀 유지 등의 조치는 바람직함
• 중요한 것은 '예방'이며, 이를 위해 성폭력예방교육을 지속적으로 철저히 해야 함

사례 8

수련원에서 일어난 남학생들끼리의 성추행

○○초등학교 피해학생과 가해학생은 수련원에서 같은 방에서 자던 중 잠에서 먼저 깨어난 가해학생이 자고 있던 피해학생의 옷을 벗기고 엉덩이와 생식기 부분을 휴대폰으로 찍고 이 사진을 다른 학생들과 피해학생에게 보여 주고 피해학생에게 사과하지 않았음.

그 후에도 가해학생과 피해학생이 이 사례와 무관하게 장난도 치고 대화하는 것을 본 담임은 대수롭지 않게 넘겼음.

가해학생 부모의 사과에도 불구하고 피해학생 부모는 사과를 받아들이지 않았으며 학교 측의 중재도 소용없이 피해학생 부모는 교육청에 민원을 제기하고 가해학생의 처벌을 요구함.

자치위원회를 개최하여 피 · 가해학생을 위한 적절한 조치를 함.

짚어보기

01_ 수련원에서의 학생 생활지도 수시 순찰 강화

| 상황분석 | • ○○수련원에서 같은 방을 숙소로 사용하던 중 잠에서 먼저 깨어난 가해학생이 자고 있던 피해학생의 옷을 벗기고 엉덩이와 생식기 부분을 휴대폰으로 찍고 이 사진을 다른 학생들과 피해학생에게 보여 주고 피해학생에게 사과하지 않았음

| 대처방안 | • 수련원과 같이 외부 활동 시, 가정을 떠나 친구들과 숙식을 하게 되기 때문에 학생들은 들뜬 마음에 음주, 흡연, 도박 등 이상행동을 집단심리로 하는 경우가 발생하므로 순찰을 강화하여 학생 생활지도에 임해야 함

짚어 보기

02_ 학교의 미온적인 대처가 큰 문제로 확산시킴

| 상황분석 | • 가해학생과 피해학생이 이 사건과 무관하게 장난도 치고 대화하는 것을 본 담임교사는 대수롭지 않게 넘겼음

| 대처방안 | • 사건이 발생하면 항상 대수롭지 않게 여김으로써 더 큰 문제로 확산되기 때문에 사건이 발생하면 정확한 조사와 피·가해학생에 대한 보호와 선도 조치가 필요함

짚어 보기

03_ 자치위원회 신속한 개최

| 상황분석 | • 학교 측의 중재도 소용없이 피해학생의 어머니는 교육청에 민원을 제기하고 가해학생의 처벌을 요구함. 자치위원회를 개최하여 피·가해학생을 위한 적절한 조치를 함

| 대처방안 | • 민원을 제기하거나 가해학생에 대한 처벌을 피해학생 측에서 요구하기 전에 자치위원회를 신속하게 열어 피·가해학생을 위해 적절히 조치를 취해야 함

• 분쟁 조정의 소지가 있는 사건은 분쟁 조정에 대한 안내도 해 주어야 함

• 학교 자체에서 임의로 사건을 해결하려고 숨기고 무마하다 보면 더 큰 파장과 문제를 야기한다는 사실을 잊지 말아야 함

사례 9

일반인에 의한 초등학생 성폭력

성폭력예방교육 수업을 받은 후, ○○초등학교 피해여학생은 저학년 때부터 할머니가 운영하는 식당의 단골손님에게 성추행을 당한 사실을 담임교사에게 밝힘

담임교사는 바로 학교관리자에게 보고했으며 청소년 성문화센터 소장과 상담 후, 손녀를 보호하기 위해 신고하지 않으려는 할머니를 설득하여 One-stop지원센터를 방문하고 사건 접수 및 상담을 의뢰함

자치위원회를 개최, 피해학생을 우선 보호하기로 결정하고 할머니에게 손녀의 병원진료와 가해자 신고를 권유함. 전교생에게 성폭력예방교육을 실시하고 피해여학생의 인권 존중과 학습권 보장을 최대한 배려하도록 조치함

짚어 보기

01_ 성교육, 성폭력예방교육, 성폭력 대처교육 실시

| 상황분석 |

- 성폭력예방교육 수업을 받은 후 담임교사와 상담을 하면서 성추행 피해 사실을 밝힘

| 대처방안 |

- 성폭력예방교육으로 이러한 피해 사실을 알게 되었다는 것은 지속적인 교육의 효과가 나타난 바람직한 사례임
- 저학년 때 일어난 피해가 고학년에 와서 인지된 점에서 볼 때, 성교육이나 성폭력예방교육은 이해하기 쉽도록 학생들의 눈높이에 맞추어 이루어져야 함

짚어 보기

02_ 사건 인지 즉시 경찰(112)이나 One-stop지원센터에 신고

| 상황분석 |

- 손녀의 보호를 위해 신고하지 않으려는 할머니를 설득하여 One-stop지원센터를 방문하고 사건 접수 및 상담을 의뢰함

| 대처방안 |
- 할머니를 설득하여 One-stop지원센터에 신고하고 상담을 의뢰한 것은 아주 바람직한 대처임
- 보호자가 신고에 소극적인 경우, 보호자의 법적 책임을 알리고 신고하도록 설득해야 함
- 피해학생의 보호자가 신고를 저지하거나 방해한다면 수사기관에 신고와 전문기관의 지원을 통해 사건 해결과 피해학생의 치유가 신속 · 원만하게 이루어질 수 있음을 알리고 잘 설득해야 함

짚어 보기

03_ 피해학생의 보호를 위한 자치위원회 개최

| 상황분석 |
- 자치위원회를 개최, 피해학생을 우선 보호하기로 결정하고 할머니에게 손녀의 병원진료와 가해자 신고를 권유함

| 대처방안 |
- 피해학생의 보호를 위해 자치위원회를 개최한 것은 바람직한 대처였음
- 자치위원회에서는 피해학생을 위해 전문상담기관의 심리상담 및 조언, 임시보호, 요양치료, 학급교체, 전학권고 등의 필요한 조치를 할 수 있음

2. 중학교 사례

사례 1

피해학생 부모가 수업 중인 가해학생 폭행

○○중학교 학생회장 선거 전날 선거운동원인 가해학생이 피해학생(학생회장 후보)의 피켓을 파손함으로써 선거운동원들 간에 다툼이 일어남.

학생부장교사는 방과 후, 관련 학생들을 불러 건전한 선거운동을 하도록 지도하였으나, 하교 후, 가해학생은 세이클럽에 접속하여 피해학생에게 욕설을 하고, 이 사실을 피해학생 부모가 알게 됨.

선거 당일 오전, 피해학생 부모는 학교출입증 없이 학교에 들어옴.

피해학생 부모는 학생부장교사를 만나러 왔다고 하며 수업 중인 가해학생을 불러내었고, 가해학생은 교사의 제지에도 불구하고 순순히 따라 나감.

학생부장교사가 면담실에서 피해학생 부모에게 경위를 묻던 중 피해학생 부모는 가해학생을 폭행함. 교감, 교사가 임장했음에도 피해학생 부모는 면담실에 온 가해학생 선거운동원들을 다시 폭행하고, 처벌은 원치 않는다며 돌아감.

피해학생 부모로부터 폭행당한 가해학생이 점심시간에 치아의 통증을 호소하여 피·가해학생 부모에게 알리고 병원으로 이송함.

학생부장교사는 선거 업무를 추진하고, 교장과 교감은 회의 참석을 위해 출장을 감

언론 취재 요청에 교장·교감이 공무로 공석 중이어서 학생부장교사가 응하게 됨.
다음날 피해학생 부모로부터 폭행을 당한 가해학생들은 병원에 입원하였고, 가해학생 부모들은 학교를 방문하여 그 사실에 대해 항의함

짚어보기

01_ 학생들의 집회나 행사에는 지도교사 임장지도

상황분석

- 학생회장 선거운동 과열로 후보 진영 간의 갈등이 피켓 파손과 다툼으로 이어짐

| 대처방안 | • 학생들이 많이 모이는 집회나 행사는 지도교사가 임장하여 지도해야 함

짚어보기 02_ 생활지도 사안은 가정과 연계하여 지도

| 상황분석 | • 피켓 파손 사건을 파악하고 관련 학생들을 불러 교사가 지도한 것은 바람직했으나, 학부모에게 이 사실을 정확하게 전달하고 교육적 협조를 구하는 소통절차가 없었음

| 대처방안 | • 교사는 생활지도사안에 대해서 가정과 연계하여 지도해야 함
• 학교에 대한 불필요한 오해를 예방하고 학교에 대한 신뢰감을 높임과 동시에 생활지도의 효과를 배가하기 위해서는 사실을 정확하게 전달하고 교육적 이해와 협조를 구해야 함

짚어보기 03_ 외부인의 학교 무단출입에 대한 대응

| 상황분석 | • 피해학생 부모(외부인)가 학교장의 허락도 없이 학교를 무단으로 출입함

| 대처방안 | • 학교는 배움터지킴이의 활동을 강화하여 외부인의 학교방문을 통제해야 함
• 방문증 없는 외부인이 교내를 출입할 경우 학교에 적극 신고하도록 학생들을 지도해야 함

짚어보기 04_ 위기 상황에서 동요하지 말고 신속하고 단호하게 대처

| 상황분석 | • 수업 도중 피해학생 부모의 무단 난입에 교사가 당황하여 학생을 데려가는 데도 제지하지 못함

| 대처방안 |

- 교사는 학부모의 무단난입에 동요하지 말고, 학부모를 면담실로 안내하고 학생들의 학습권을 보호하여야 함
- 위기 상황일 경우 학생을 신속하게 보내 학교관리자(폭력책임교사, 교감, 교장)에게 신고해야 함

> **TIP**
> - 교사의 학생보호 · 감독의무 소홀은 책임을 면하기 어려움
> - 외부인(학부모)은 학교장의 허락을 받아야 학교에 출입할 수 있음

- 학교는 즉각 교사와 학생을 보호 조치하되, 폭력행위는 고발 대상

집어 보기

05_ 피해학생 부모와 가해학생 직접 대면 금지(부모 격리 상담)

| 상황분석 |

- 교사가 사건 경위를 파악하고자 피해학생 부모와 가해학생을 대면시킨 자리에 교감, 교사가 임장했음에도 불구하고 피해학생 부모가 가해학생을 폭행함

| 대처방안 |

- 교사는 피해학생 부모를 면담실로 안내하여 피해학생 부모와 가해학생의 직접 대면은 금지해야 함
- 피해학생 부모의 학교 방문 경위를 경청하고, 피 · 가해학생들에 대한 보호 및 지도 조치를 하겠다는 성의 있는 태도를 보여 주어 학부모를 안정시켜야 함
- 피해학생 부모로부터 맞은 가해학생을 안전한 곳으로 격리시키고, 그 피해학생 부모의 학교방문 경위를 신속하게 파악하는 등 업무별로 나누어 대처해야 함

집어 보기

06_ 폭행을 당한 경우 응급치료 후 이송

| 상황분석 |

- 피해학생 부모에게 폭행을 당한 가해학생이 점심시간에 치아의 통증을 호소함

| 대처방안 |

- 폭력을 당해 증상이 의심되는 경우 즉시 보건실로 보내 응급치료를 해야 함
- 병원 이송이 필요한 경우 피·가해학생 부모에게 알리고 담임교사나 보건교사가 병원에 동행·이송해야 함.

짚어보기 07_ 사안에 대한 정확한 상황 파악과 대응책 마련

| 상황분석 |

- 사안이 심각했음에도 적절한 조치를 취하지 않은 채 학생부장교사는 선거업무를 계속 추진하였고 교장과 교감은 출장으로 부재 중이었음

| 대처방안 |

- 긴급대책회의를 소집하여 상황을 정확하게 파악하고, 역할분담을 통해 적절한 대응책을 마련해야 함

짚어보기 08_ 매스컴 취재에는 창구를 일원화하여 일관성 있게 대처

| 상황분석 |

- 학교 관리자가 공무로 부재 중이어서 매스컴 취재 요청에 학생부장교사가 응함

| 대처방안 |

- 학교는 매스컴 취재에 창구를 일원화하여 억측이나 소문을 예방하고 일관성 있게 대처해야 함
- 전화 취재나 방문 취재 시 추측으로 답하지 말고 내용을 정확하게 파악한 후에 대답해야 함

사례 2

생활지도 불만 학생이 교사를 폭행

○○중학교 3학년 A군은 급식실에 식사하러 온 교사를 보고 웃었고, 교사가 "왜 그러느냐"고 묻자 A군은 가라고 손짓함.

잠시 후 A군이 핸드폰을 B군에게 주자, 교사가 "누구 것이냐 ?"고 물으니, A군이 폭언을 하자 이에 교사는 "입 다물어라"고 하였고, B군에게 핸드폰 소지를 묻는 순간 A군이 욕설과 함께 교사를 폭행하였고, 이를 제지하던 다른 교사의 어깨도 발로 참.

그리고 A군이 급식실 밖 밀대용 쇠자루로 교사를 위협하고, 급식실과 교장실 복도에서 물통을 던지는 등 난동을 피우자 학교는 경찰에 신고함.

짚어보기

01_ 생활지도는 학생에 따라 다양한 지도방법으로 대처

| 상황분석 |
- 교사는 통상적인 생활지도에서 학생의 폭언과 지도 거부행위 등을 접할 수 있는데, 그 일부는 학생의 특성 파악 미흡과 학생과의 관계형성 부재에 있음

| 대처방안 |
- 교사는 모든 학생의 생활에 대해 일관성 있게 지도하되, 학생에 따라 차별화된 다양한 지도방법으로 대응함
- 생활지도에 앞서 지도하고자 하는 학생의 특성 파악은 물론 학생과의 관계형성이 전제되어야 함

짚어보기

02_ 감정적 대처는 No! 독립된 공간 지도 Yes!

| 상황분석 |
- 학생이 교사에게 수차례 폭언을 하여 교사가 감정적으로 대처하자 교사를 폭행하는 문제로 확대됨

| 대처방안 |
- 학생들의 폭언과 거친 행동은 교사에 대한 도전이 아니라 그들의

갈등처리 미숙과 감정조절 능력의 부족 및 영웅심리가 깔려 있으므로 교사는 감정적인 대처를 하지 않도록 주의해야 함

- 학생들의 심리적 상태가 평온을 되찾을 때까지 기다려 주고 독립된 공간에서 지도를 해야 함

집어보기

03_ 교권침해 행위가 모방대상이 되지 않도록 신중

| 상황분석 |

- 교사에 대한 언어적, 신체적 폭행을 가한 학생에 대한 자치위원회의 적절한 심의와 처리가 수반되지 않을 경우 모방대상이 될 우려가 있음

| 대처방안 |

- 선도위원회에서 심의·처리하되 학생의 행위에 내포된 욕구불만의 요인들을 확인하고 해결하는 데 초점을 두어야 함
- 스스로 잘못을 시인하고 용서를 구하지 않는다면 외부 전문기관에 상담을 의뢰해야 함
- 학생들이 공감할 수 있는 수준의 처벌을 제공함으로써 다른 학생들의 모방대상이 되지 않도록 조치해야 함

사례 3

잘못된 인터넷 예절(전체 쪽지)이 불러온 집단 폭행

○○중학교 3학년 피해학생은 인터넷 '네이트온 메신저'의 대화창을 통해 친구들에게 사진을 퍼가라는 전체 쪽지를 보냈고, 가해학생이 쪽지를 보내지 말라고 얘기하자, 가해학생은 피해학생의 장난스런 답장에 욕설로 쪽지 대화를 끝냄.

이튿날 가해학생은 피해학생의 집 앞에서 피해학생을 불러냈으나 나오지 않자 큰

소리를 치며 협박함. 3일째, 가해학생은 피해학생 친구를 앞세워 피해학생을 아파트로 불러내어 평소 어울려 다니던 5명의 친구들과 함께 집단 폭행함.

이 사실을 안 피해학생 부모가 경찰서와 학교에 신고하였고, 학교에서는 자치위원회를 개최함.

짚어보기 01_ 인터넷 예절교육 강조

| 상황분석 |
- 피해학생이 원하지 않는 학생에게까지 쪽지를 보내자, 가해학생은 욕설을 하는 등 인터넷 예절 부족이 폭행의 원인이 됨

| 대처방안 |
- 사이버 폭력이 발생하지 않도록 사이버 윤리교육을 수시로 실시하여, 다른 사람의 약점이나 확인되지 않은 사실 등을 함부로 유포하지 않도록 지도해야 함
- 인터넷 상에 자신의 정보가 유출되지 않도록 사전에 조치해야 함

짚어보기 02_ 부적응 학생들의 집단형성 조짐 수시 파악 지도

| 상황분석 |
- 부적응 학생들이 불량서클과 유사한 형태의 집단폭력을 행사함

| 대처방안 |
- 학생들의 외형적 특징과 행동 패턴에서 집단형성 조짐을 발견할 수 있으므로 불량서클 탐문 확인, 폭력서클 파악, 제적생 등 사전에 파악 지도해야 함
- 집단심성 프로그램, 운동경기, 집단상담 등을 활용하여 집단행동을 선도해야 함

짚어보기

03_ 경찰에 신고된 폭력사안이라도 자치위원회 개최

| 상황분석 | • 피해학생 부모가 가해학생을 처벌해 달라고 경찰에 고소한 상태임

| 대처방안 | • 학교폭력이 발생하여 경찰에 신고된 폭력사안이라도 자치위원회를 개최하여 가능한 학교 차원에서 교육적 노력으로 해결하려고 한 것은 바람직한 대처였음

TIP

- 자치위원회에서의 합의가 실패할 경우 학교는 고소 · 고발에 대해 안내함
- 절차 : 자치위원회 재심-조치 불복-분쟁 조정-합의 실패(법적절차 안내)-고소 · 고발 안내

사례 4

얼굴 없는 언어폭력(음란성 편지)

○○중학교 1학년 피해여학생은 신발장에서 여름부터 워드로 작성된 욕설과 음란성 내용의 편지를 월 1회 정도 받음.

세 번째 편지까지는 그 내용이 이상하고 당황스러워 찢어버렸으나 네 번째 편지는 내용이 심각하다고 판단하여 부모에게 알림.

피해여학생이 싸이월드를 통해 음란성 편지 내용과 현재 괴로운 자기의 심정을 전체 공개로 유포하자 얼마 후 다섯 번째 편지를 받음.

피해여학생 부모는 학교에 신고하고, 학생부장교사는 비공개로 탐문 조사하였으나 가해학생은 찾을 수 없었음.

학교에서는 자치위원회를 개최하여 피해여학생을 보호 조치함.

짚어보기 01_ 스토커 초기 대응 즉각 신고

| 상황분석 |
- 가해학생은 숨어서 피해학생의 반응을 지켜보면서 즐기는 전형적인 스토커로 초기에 대응하지 않으면 피해여학생의 정신적 피해는 커짐

| 대처방안 |
- 숨어 있는 스토커의 폭력에는 초기에 즉각 신고하여 정신적 피해를 줄이고 주변의 도움을 받아 공동 대응해 나가야 함

짚어보기 02_ 사안과 관련된 것은 사소한 것일지라도 소중하게 보관

| 상황분석 |
- 피해여학생이 증거자료가 되는 편지를 찢어버리는 등 스스로 단서를 훼손하여 사안의 해결은 미궁에 빠짐

| 대처방안 |
- 편지가 워드프로세서로 작성되어도 그 내용에서 가해학생을 찾을 수 있는 단서가 될 수 있으므로 사안 관련 자료는 소중하게 보관하도록 지도해야 함

짚어보기 03_ 스토커 자극 자제와 대응자세 필요

| 상황분석 |
- 피해여학생은 현재의 괴로운 심경을 담은 개인정보를 전체 공개로 유출함으로써 주변을 맴돌며 피해여학생의 반응을 즐기는 스토커를 자극하여 다시 편지를 받게 됨

| 대처방안 |
- 피해여학생은 민감하게 반응하기보다는 대담하게 대처할 필요가 있으며 ON · OFF 라인 상의 활동을 자제하여 2차적인 피해를 예방하도록 지도해야 함
- 피해학생의 부모에게는 주변 인물 탐색과 관찰, 외출 시 부모와 항시 연락 체계, 부모 동반 등 · 하교를 요청하여 신변 안전을 당부해

야 함

- 사춘기의 어린 여학생이 심리적 상처를 받지 않기 위해서 편지는 직접 개봉하지 않도록 지도해야 함
- 스토커를 찾아내려는 학교의 적극적인 노력과 자세를 보여야 함
- CCTV 설치(취약지구)

짚어 보기 04_ 민감한 사안은 비공개로 개인비밀 유지

| 상황분석 | • 피해여학생 부모가 담임교사에게 신고하고 담임교사는 학교에 신고하여 폭력담당 책임교사가 즉시 사안을 비공개로 탐문 조사함

| 대처방안 | • 학교폭력신고에 폭력책임교사가 즉시 사안을 조사하고 개인정보를 보호하기 위해 비공개로 탐문한 것은 바람직한 대처였음

짚어 보기 05_ 가해학생을 찾지 못할 경우 피해자 보호 조치

| 상황분석 | • 가해학생이 나타나지 않은 상태에서 피해여학생의 보호 조치를 위하여 자치위원회를 개최함

| 대처방안 | • 피해여학생은 수차례 욕설과 음란성 내용이 담긴 편지를 숨어 있는 가해학생으로부터 받아 심리적으로 불안한 상태이므로 자치위원회를 열어 피해여학생에 대한 보호 조치를 취한 것은 바람직한 대처였음

사례 5

전학 권고받은 가해학생의 보복폭행

○○중학교 3학년 가해학생은 흉기위협 건으로 전학 권고 통보를 받음. 가해학생 부모가 교장실을 방문하여 전학권고를 재고해 달라고 사정하였고, 학교는 자치위원회의 결정이므로 존중해 달라고 하자, 상담실에서 자녀와 동반 학습 후 귀가함.

가해학생은 무단결석을 하던 중, 사건 이틀 전 늦은 밤에 같은 반 친구에게 피해학생을 폭행하라는 협박 문자를 보냈고, 담임교사가 사건 전일 가해학생 부모와 연락하여 이 사실을 알리고, 사건이 일어난 날 부모와 전화상담 약속이 되어 있었음.

당일 가해학생은 점심시간에 복도 배식 줄에 서 있던 피해학생에게 달려들어 주먹으로 일격을 가해 쓰러뜨린 후, 준비해 온 잭나이프로 목과 등을 수차례 찌르고 망치를 꺼내 휘둘렀음.

교실에서 급식지도를 하던 담임교사는 복도로 뛰어나와 몸을 아끼지 않고 가해학생을 등 뒤에서 감싸안고, 옆반 교사에게 도움을 요청하였으며, 근처를 지나가던 학생부장교사가 그 장면을 목격하고 흥분한 가해학생을 설득하여 흉기를 빼앗고 즉시 119와 경찰에 신고함.

짚어보기

01_ 자치위원회는 사안의 조사와 심의과정에서 피·가해학생과 부모의 의견진술 기회를 충분히 부여

| 상황분석 | • 사안의 조사과정과 자치위원회 심의 중 가해학생과 부모의 요구 파악과 의견진술 기회가 부족하여 징계 결정에 승복하지 못하고 학교장 면담을 요청함

| 대처방안 | • 사안의 초기 조사과정에서 담임교사는 피·가해학생 및 부모의 진술서, 증거자료 제출 등을 통해 의견 진술 기회를 충분히 주어야 함

- 상담전문가와 피·가해학생의 상담을 통해 심리적 안정을 확보하고 객관적으로 사안을 이해시켜야 함
- 폭력책임교사와 피·가해학생 및 부모의 면담 조사를 통해 학생과 보호자의 요구를 파악하고, 의견 진술 기회를 부여하는 동시에 사안에 대한 객관적인 판단을 할 수 있도록 교감하는 과정이 필요함
- 자치위원회 심의 절차에서 피·가해학생과 부모에게 의견진술 기회를 충분히 부여하고 결정한 내용을 그 자리에서 통보한 후, 다시 의견 진술 기회를 부여해야 함

짚어 보기

02_ 가해학생의 보복 조짐에 현실적인 대안 제시

| 상황분석 |

- 가해학생은 전학권고를 받은 삼일 후부터 계속 무단결석으로 일관하여 불만을 표시하였고, 불신이 팽배해지면서 피해학생에 대한 보복을 현실로 옮김. 학교는 가해학생 선도를 위한 교육적 노력은 전무한 상태에서 가해학생 부모가 징계 결정을 수용하도록 요구함

| 대처방안 |

- 학교는 가해학생에 대한 현실적 선도 조치를 적극적으로 고민하고 노력하여 가해학생 부모에게 신뢰감을 주어야 함
- 가해학생의 심리적 불안은 적극적인 상담을 통해 안정시키고 현실적인 대안 제시를 위한 노력을 기울여야 함
- 대화의 창을 열어 두고 가해학생과 부모의 입장에서 이해할 수 있는 노력들을 병행하면서 교육적인 도움을 제공할 수 있는 방안을 강구해야 함

짚어보기 03_ 폭행 현장을 목격한 학생들에 대한 심리검사가 필요함

| 상황분석 |

- 점심시간에 칼부림 폭행 현장을 목격한 학생들은 정신적 손상을 입었을 것으로 판단되며 이에 따른 적절한 조치가 필요함

| 대처방안 |

- 현장을 목격한 학생들을 대상으로 심리적 안정을 위해 심리전문가의 상태불안척도 심리검사가 필요함
- 심리적 불안 증상을 보이는 학생은 추수상담을 실시하고 전문기관의 심리치료를 일정 기간 실시해야 함

짚어보기 04_ 교사는 위기상황에서 침착하게 가해학생을 제지하고 상황을 장악함

| 상황분석 |

- 교사가 급식지도 중 가해학생이 흉기를 들고 학생을 가해하자 담임교사가 몸을 희생하여 제지하면서 옆반 교사와 협조하고, 학생부장교사는 침착하게 상황을 장악하여 119와 경찰에 신고함

| 대처방안 |

- 위기 현장에서 학생을 보호하기 위해 즉각 가해학생을 제지한 것은 바람직한 대처였음
- 도움을 요청하여 옆반 교사와 협조하고 학생부장교사가 침착하게 설득하여 상황을 장악함으로써 2차 피해를 예방한 것은 바람직한 대처였음
- 119에 신고하여 부상학생을 이송하고 가해학생을 경찰에 신고 조치한 것은 바람직한 대처였음

사례 6

타교 중학생에 의한 집단 성폭행 사건

남자 친구로부터 전화를 받고 나간 ○○중학교 피해여학생은 그 곳에 있던 10여 명의 가해남학생들로부터 성폭행을 당함.

○○중학교는 가해남학생들의 학교로부터 성폭행 피해 제보를 받고 보건교사가 피해여학생과 상담을 한 뒤 피해 사실을 정확하게 알게 됨. 피해여학생 부모를 불러서 One-stop지원센터에 신고하도록 안내하고 교육청에 유선 보고함.

피해여학생의 학교에서 알게 된 사건 경위를 가해남학생들의 학교에도 다시 알리고, 경찰서에 신고하여 수사를 의뢰함. 자치위원회를 개최하여 피해학생을 보호할 수 있도록 조치하고, 교직원 및 전교생 대상 성폭력예방교육을 실시함.

짚어보기

01_ 성폭력예방교육의 실시

| 상황분석 | • 남자 친구로부터 전화를 받고 나간 ○○중학교 피해여학생은 그 곳에 있던 10여 명의 가해남학생들로부터 성폭행을 당함

| 대처방안 | • 사전에 성폭력예방교육을 자주 실시하여 으슥한 골목길에 남학생을 따라 가는 행동 등 성폭력이 일어날 수 있는 여건을 미연에 방지하는 것이 필요함

짚어보기

02_ One-stop지원센터에 신고하도록 안내

| 상황분석 | • 피해여학생의 부모를 불러서 One-stop지원센터에 신고하도록 안내하고, 교육청에 유선 보고함

| 대처방안 | • 성폭력 피해 사실을 알게 된 즉시 경찰(112)이나 One-stop지원센

터에 신고한 것은 바람직함

- 성폭력이 의심되는 증거들 즉, 몸의 상처나 멍이 있는 경우 등을 보존해야 함

TIP 성폭력방지 및 피해자 보호에 관한 법률 제9조(신고 의무)

- 19세 미만의 미성년자를 보호하거나 교육 또는 치료하는 시설의 장 및 관련 종사자는 자기의 보호・지원을 받는 자가 성폭력 피해자인 사실을 알게 된 때에는 즉시 수사 기관 (경찰112, One-stop지원센터)에 신고하여야 한다.
- 현행법상 학교와 교사는 아동성폭력 신고의무자로 규정되어 있으며, 이를 어길 경우 300만 원 이하의 과태료가 부과된다.

짚어 보기

03_ 자치위원회를 개최하여 피해여학생 보호 조치

| 상황분석 |

- 피해여학생의 학교에서 알게 된 사건 경위를 가해남학생들의 학교에도 다시 알리고, 경찰서에 신고하여 수사를 의뢰함. 자치위원회를 개최하여 피해학생을 보호할 수 있도록 조치함

| 대처방안 |

- 피・가해학생이 있는 학교들끼리 긴밀하게 연계하여 일을 처리한 것은 바람직함
- 피해학생의 빠른 회복, 피해 확산 방지, 가해자에 대한 조치 등을 위해 학교와 교사는 신속하고 정확하게 대응해야 함
- 자치위원회에서는 피해학생의 보호를 위한 조치, 즉 상담치료나 비밀 엄수 등을 결정할 수 있음

사례 7 여교사 치마 속을 휴대전화로 촬영하여 유포

○○중학교 가해학생들은 쉬는 시간 복도에서 여교사가 다른 학생과 상담할 때, 그 기회를 틈타 여교사의 치마 속을 휴대전화로 촬영하였음. 이와 같은 방법으로 다른 여교사들의 치마 속도 촬영하여 많은 학생들에게 돈을 받고 판매한 사실이 다른 교사에게 목격됨.

학생들의 단순한 호기심을 넘어선 성추행은 교사를 대상으로 한 교권침해 사건이므로 학생들을 조사하고 학부모를 소환함. 선도위원회를 개최하여 관련 학생들에게는 성희롱 및 성범죄에 대한 교육을 실시하고, 촬영 및 영상을 판매하고 구매한 학생들에게 각각 처벌을 결정함.

짚어보기 01_ 성희롱 및 성범죄에 대한 예방교육 실시

| 상황분석 |

- 여교사의 치마 속을 휴대전화로 촬영하고, 이와 같은 방법으로 다른 여교사들의 치마 속도 촬영해서 많은 학생들에게 돈을 받고 판매한 사실이 다른 교사에게 목격됨

| 대처방안 |

- 성희롱 및 성범죄예방교육을 할 때 카메라 등의 기계 장치를 이용하여 그 사람의 의사에 반하여 성적 욕망이나 수치심을 유발하는 신체 부위를 촬영하거나 촬영물을 반포, 판매, 임대하는 행위도 심각한 범죄임을 교육해야 함

TIP 성폭력범죄의 처벌 등에 관한 특례법 제13조

카메라를 이용한 촬영 : 카메라나 그 밖에 이와 유사한 기능을 갖춘 기계 장치를 이용하여 성적 욕망, 또는 수치심을 유발할 수 있는 다른 사람의 신체를 그 의사에 반하여 촬영하거나 그 촬영물을 반포・판매・임대 또는 공공연하게 전시・상영한 자는 5년 이하의 징역 또는 1천만 원 이하의 벌금에 처할 수 있다.

짚어보기

02_ 가정과 연계한 생활지도와 선도위원회 개최

| 상황분석 | • 교사를 대상으로 한 교권침해의 사건으로 학생들을 조사하고 학부모를 소환함. 선도위원회를 개최하여 관련 학생들에게는 성희롱 및 성범죄에 대한 교육을 실시함

| 대처방안 | • 정확한 사건 정황과 사실 파악은 모든 사건 대처 시 필요한 행동이며, 특히 교사를 대상으로 한 학생들의 잘못된 행동에 대한 지도는 학부모와 협력하여 공동으로 지도해야 함

• 학생의 장래를 위한 선도가 목적이므로 선도위원회를 개최하여 성희롱 및 성범죄에 대한 예방교육을 철저히 하고, 학생들이 반성할 수 있는 기회를 줄 수 있는 조치를 해야 함

사례 8

일반인에 의한 중학생 성추행

○○중학교 A양과 피해여학생 B양은 가출하여 다른 도시에서 신원 미상의 대학생으로 추정되는 가해자로부터 민박집을 알려주겠다고 하는 말에 따라갔다가 B양이 성폭행을 당함.

며칠 후 학교로 돌아온 A양이 친구들에게 사건을 이야기하면서 교사들에게 알려지고, 담임교사가 부모와 학교 관리자에게 알림. 교육청에 보고하여 One-stop지원센터에 신고하라는 말을 듣고, 피해여학생과 부모에게 신고를 권유함. 자치위원회를 개최하여 피해여학생에게 적절한 조치를 취함.

짚어 보기 **01_ 지속적인 생활지도와 성폭력 대처교육 등의 중요성**

| 상황분석 | • 가출하여 다른 도시에서 신원 미상의 대학생으로 추정되는 가해자로부터 민박집을 알려주겠다고 하는 말에 따라갔다가 성폭행을 당함

| 대처방안 | • 평소 담임교사는 꾸준한 상담과 생활지도를 통해 학생들이 가출 등의 비행을 저지르지 않도록 지도하고 늘 동태 파악을 해야 함
• 피해가 의심되면 단호하게 거절하거나 소리를 지른다는 등의 성폭력 대처교육을 함으로써 성폭력을 미리 예방해야 함

짚어 보기 **02_ 사건 인지 즉시 경찰(112)이나 One-stop 지원센터에 신고**

| 상황분석 | • 교육청에 보고하여 One-stop지원센터에 신고하라는 말을 듣고 피해학생과 부모에게 신고를 권유함

| 대처방안 | • 모든 교사는 학생의 성폭력 피해 사실을 알게 되면 주저하지 말고 수사기관에 신고하고 동시에 교육청에도 유선 보고해야 함

사례 9 교내에서 일어난 중학생 성추행

○○중학교 가해남학생은 피해여학생 A양의 가슴을 만지는 성추행을 했으며, A양은 담임교사에게 그 사실을 신고함. 조사를 하던 중 전년도에 피해여학생 B에게 일어난 더 심한 성추행 사건이 밝혀짐.

피해여학생들의 부모에게 연락하고 자치위원회를 개최하여 가해남학생에게 적절한 처벌을 결정함. 피해여학생의 부모는 단순 성추행 사건으로 생각하며 경찰에 신고하지 않음.

짚어보기

01_ 설문조사를 통해 학생 동태 파악과 성폭력예방교육 실시

| 상황분석 |

- 성추행 사건을 조사하던 중 이전에 피해여학생 B양에게 일어난 더 심한 성추행 사건이 밝혀짐

| 대처방안 |

- 담임교사는 설문조사 등으로 학생들의 동태를 파악해서 피해학생의 보호와 가해학생에 대한 조치를 해야 사건이 재발되지 않음
- 학생들에게 성교육, 성폭력예방교육, 성폭력 대처교육을 지속적으로 실시함으로써 성추행, 성폭력을 미리 예방하고 피해가 있었을 때 바로 신고할 수 있도록 교육해야 함

짚어보기

02_ 자치위원회 개최

| 상황분석 |

- 피해여학생들의 부모에게 연락하고 자치위원회를 개최하여 가해남학생에게 적절한 처벌을 결정함

| 대처방안 |

- 피해여학생들의 부모와 연락하고 자치위원회를 신속하게 개최한 것은 바람직한 대처였음
- 자치위원회에서는 가해남학생에게 재발방지교육과 피해여학생의 심신안정, 피 · 가해학생의 분리 조치 등을 결정할 수 있음

짚어 보기

03_ 사건 인지 즉시 경찰(112)이나 One-stop지원센터에 신고

| 상황분석 |

- 피해학생의 부모는 단순 성추행 사건으로 생각하며 경찰에 신고하지 않음

| 대처방안 |

- 피해 사실이 의심되면 One-stop지원센터의 상담을 의뢰하거나 신고해야 함
- 부모가 신고에 소극적인 경우, 부모의 법적 책임을 알리고 신고하도록 설득해야 함

3. 고등학교 사례

사례 1

집단따돌림 학생에 대한 장기간 폭행

○○고등학교 1학년 피해학생은 교실 출입문에서 다른 반의 가해학생과 부딪혔고, 싸울 것을 강요당하자 사과하면서 싸움을 거부하자 폭행을 당함.

이 사건 이후 다른 학생들도 피해학생을 만만히 보고 수시로 교내에서 욕설을 하며 협박함. 가해학생은 발차기를 보여 준다며 수차례 발로 피해학생을 폭행함. 또 수학책을 빌려주지 않는다는 이유로 피해학생을 폭행하였으며, 휴식시간에도 교실에서 주먹과 발로 폭행하였고, 가해학생이 체육시간 후엔 센 척한다며 부추기자 가해학생 친구가 피해학생을 폭행함.

자치위원회는 가해학생들을 징계하고 피해학생의 적극적인 보호를 위해 가정에서 요양토록 조치함.

짚어보기

01_ 따돌림학생에 대한 교사의 지속적인 관심

| 상황분석 |

- 교사의 무관심과 학생의 미신고로 상습적인 폭행 징후를 파악하지 못하여 장기간 폭행이 반복됨

| 대처방안 |

- 학교폭력 진단자료 활용과 수시상담을 통해 요선도 학생 및 학급 분위기를 수시로 파악해야 함
- 요선도 학생에 대한 적극적인 면담으로 학생생활 실태를 정확하게 파악하여 학교폭력 예방지도를 해야 함
- 신고교육, 미신고자에 대한 방조책임 교육 등 학생에 대한 교사의 지속적인 관심과 노력이 필요함

짚어 보기

02_ 피해학생에 대한 적극적인 보호 조치 가해학생은 선도 조치

| 상황분석 |

- 자치위원회는 피해학생의 요구를 수용하여 가정에서 요양을 하도록 조치함

| 대처방안 |

- 피해학생은 통상 지속적인 학교폭력의 피해로 인해 학교에 나오기를 두려워하는 경우가 많아 강제로 학교에 나오도록 하면 피해가 커질 수 있으므로 학교가 피해학생의 상태를 이해하고 심리적 부담을 최소화하기 위해 가정에서 요양토록 조치한 것은 바람직한 대처였음
- 가정에서 요양할 경우 출석 인정, 성적처리 시 불이익 금지, 학습권 보장 등의 후속조치가 필요함
- 가해학생은 접근·보복금지의 선 조치가 필요함

TIP 피해학생의 보호 조치 시 유의점

- 출석 인정 : 피해학생이 학교폭력으로 인해 학교에 나오지 못했을 때, 상당한 이유가 있을 경우 학교장이 인정하면 출석으로 인정할 수 있다(학교폭력법 제16조 3항).
- 성적평가 불이익 금지 : 학교장은 피해학생에 대한 조치로 인해 성적 등을 평가함에 있어서 피해학생이 불이익을 받지 않도록 노력해야 한다(학교폭력법 제16조 4항).
- 학습권 보장 : 피해학생이 장·단기간 결석하게 되는 경우 교장은 가정학습에 대한 지원 등 교육상 필요한 조치를 마련해 주는 것이 바람직하다.

사례 2

야간자율학습시간에 발생한 급우 간의 우발적 폭행

○○고등학교 야간자율학습시간에 2학년 피 · 가해학생은 서로 칠판에 험담을 쓰고 필통을 던지는 등의 소란을 피우다 가해학생이 피해학생의 얼굴을 때림.

순회 중이던 교사가 현장을 발견하여 싸움을 중단시켰으나 복도로 나오던 중 다시 피해학생이 눈 부위를 때림.

담임교사는 피해학생에게 병원진료를 권유하였고, 그 다음날 피해학생의 부모로부터 피해학생의 광대뼈가 손상되어 수술 예정이라는 내용을 전달받음.

이후 담임교사, 학생부장교사, 학교가 피 · 가해학생 부모를 2주간 수차례 학교로 불러 화해를 시도하였으나, 피해학생 삼촌이 개입하면서 합의금 문제로 화해가 결렬되자 4일 후 자치위원회를 개최함.

짚어 보기

01_ 학생 신고교육과 교사 순회방법 강구

| 상황분석 |
- 야간자율학습시간에 학생들이 칠판에 험담을 쓰고 놀리면서 폭력 발생이 예상되었는데도 신고하는 학생이나 지도교사가 없었음

| 대처방안 |
- 평소 학생 스스로 야간자율학습시간에 정숙할 수 있도록 지도하고, 학생의 신고교육을 철저히 해야 함
- 학교 사정을 고려하여 학교폭력이 우려되는 장소나 시간대를 파악하고, 교사의 순회 횟수나 방법을 강구해야 함

짚어 보기

02_ 피 · 가해자를 제지 · 격리하여 재폭행이 발생하지 않도록 조치

| 상황분석 |
- 교사가 싸움 현장을 발견하고, 두 학생을 완전히 제지하지 못하여 다시 폭행이 발생함

| 대처방안 |
- 교사는 학생의 싸움 현장을 발견하는 즉시 제지 및 격리하여 안정

을 시켜야 함

- 피해학생의 부상 정도를 파악하여 우선보호 조치를 해야 함
- 피·가해학생과 목격자를 대상으로 사안을 조사하고 상황을 신속히 조치해야 함

짚어보기

03_ 피해학생에 대한 우선 보호 조치와 병원 이송 동행 및 결과 보고

| 상황분석 |

- 교사가 피해학생의 부상을 확인하고 진료를 권유하는 말 외에는 어떤 조치도 취하지 않음

| 대처방안 |

- 학교는 피·가해학생의 부모에게 상황을 알려주어야 하며, 병원 이송 시 담임교사나 보건교사가 반드시 동행해야 함
- 의사 진료 시 보호자와 함께 의사의 소견을 경청하고 그 결과를 학교에 보고해야 함

짚어보기

04_ 우선 자치위원회 심의·보고 후 분쟁조정 및 추인

| 상황분석 |

- 학교가 합의를 수차례 중재하던 중, 제 삼자의 개입으로 중재가 결렬되자 자치위원회를 소집한 상황임

| 대처방안 |

- 학교폭력이 발생하면 사안 조사 후 분쟁조정에 앞서, 즉시 자치위원회를 개최하여 피해학생을 보호하고 가해학생을 선도 조치해야 함
- 자치위원회는 분쟁 당사자의 분쟁조정에 대한 서면요구에 따라 분쟁조정 절차에 따르도록 해야 함
- 학교장은 가해학생에 대한 조치가 긴급하다고 판단된 경우 자치위원회에 보고하고, 자치위원회 개최 전 조치를 취할 수 있으며, 이때 가해학생과 부모에게도 이 사실을 알리고 즉시 자치위원회의 추인을 받아야 함

TIP 자치위원회의 개최 전 조치

- 자치위원회의 개최 전 조치 시에는 신속하게 자치위원회에 보고하고 추인을 받아야 하며(법17조 3항), 가해자의 조치 시 가해학생과 보호자에게 이를 알려야 한다(법17조 6항).
- 피해학생 보호조치 : 심리상담 및 조언, 일시보호, 그 밖에 피해학생의 보호를 위하여 필요한 조치
- 가해학생 선도조치 : 서면사과, 접촉 · 협박 및 보복행위금지, 학교에서의 봉사

사례 3

일대일 쌍방 폭행

○○고등학교 A군과 B군은 친구 사이인데, A군은 최근 B군이 자기를 비난하고 다닌다는 소문이 돌자 그 진상을 알아보려고 B군을 교외로 불러냄.

A군은 8명, B군은 3명의 친구를 데리고 만나 A, B군이 말다툼하다 일 대 일로 싸우게 됨.

A군은 입술과 입안이 찢어져 3일간 입원하고 B군은 코뼈가 부러짐.

B군 부모가 경찰에 신고하였으며, A군의 부모는 B군의 부모에게 사과하고 피해보상 의사를 밝혔으나 B군의 부모는 대화를 거부함.

짚어보기

01_ 학교폭력 예비 · 음모는 반드시 신고

| 상황분석 | • 험담의 진실을 밝히려고 친구를 교외로 호출하여 폭력이 예견되었지만 피해학생은 신고하지 않음

| 대처방안 | • 학교폭력이 예견되거나 예비·음모를 알게 되는 즉시 신고하도록 학생 교육을 강화해야 함

짚어보기

02_ 쌍방 폭행에 대한 차등 처벌

| 상황분석 | • 시비 끝에 일 대 일 쌍방 폭행으로 이어졌으나 두 학생이 입은 피해 정도는 서로 다름

| 대처방안 | • 쌍방 폭행은 양자 처벌을 원칙으로 해야 하나, 폭행의 원인이나 싸움과정에서 가해 정도나 피해 정도를 명확히 밝혀 차등을 두고 처벌해야 함

짚어보기

03_ 학교폭력의 현장에 동행하는 것도 징계 대상

| 상황분석 | • 두 학생의 일 대 일 폭행이지만, 친구들이 폭력 현장에 동행하여 끝까지 지켜보는 것도 폭력을 조장하는 행위임

| 대처방안 | • 폭력 현장에서 비록 폭력에 가담하지 않았더라도 참관하는 경우는 폭력을 조장하고 방조한 비겁한 행위로 징계 대상이 되므로 폭력 현장을 발견할 경우 신속하게 신고하도록 교육해야 함

짚어보기

04_ 형사 고소·고발된 사안의 자치위원회 안내

| 상황분석 | • 피해 정도가 심한 학생의 부모가 경찰에 고소하고 상대방 부모와의 대화를 거부한 상태임

| 대처방안 | • 당해 폭력사안에 대한 고소·고발로 인하여 분쟁조정이 중지되고 가해학생에 대한 사법적 절차가 진행되고 있는 경우라도 향후 민·형사상 문제가 종결될 때까지 유보함을 안내해야 함

TIP 분쟁당사자가 민 · 형사상 고소를 한 경우

문제를 제기한 측에, 학교는 동일한 사안에 대해 수사나 법원 심리 등이 진행되면 일반적으로 재판이나 수사에 영향을 미칠 수 있는 행위는 할 수 없기 때문에 사건 조사 또는 분쟁조정을 중지하고, 향후 민 · 형사상 문제가 해소(종결)되면 피 · 가해학생에 대한 처분을 위해 자치위원회를 개최하게 됨을 알린다.

사례 4

사소한 말다툼으로 발단된 단순 쌍방 폭행

○○고등학교 A군과 B군은 다른 학반인데 사소한 말다툼이 생겨 B군이 먼저 A군을 밀치자 A군은 B군 턱을 주먹으로 때리면서 몸싸움으로 발전함.

B군이 넘어진 A군을 무릎으로 입을 가격하는 중 주위에 있는 친구들이 말려서 싸움은 종료됨 .

두 학생은 싸움으로 피가 나서 보건교사의 응급조치를 받은 후, 담임교사가 동행하여 병원으로 이송하던 중에 부모에게 알림.

B군은 폐쇄성 비골 골절로 교정술이 필요하고, A군은 앞니의 임플란트 시술이 필요하다고 함. 피 · 가해학생 부모가 학교를 방문하여 학생 간의 다툼이므로 상대방의 치료비를 책임지기로 합의함.

자치위원회를 개최하여 두 학생을 징계함.

짚어 보기

01_ 폭력 현장을 벗어나는 것은 진정한 용기임을 교육

| 상황분석 |

- 말다툼이 생겨 B군이 A군의 어깨를 밀치자 A군이 B군의 턱을 주먹으로 가격하면서 폭력으로 발전됨

| 대처방안 | • 폭력이 예상되는 상황에서 폭력 현장을 벗어나는 것은 비겁한 행위가 아니라 자신을 보호하는 진정한 용기임을 교육해야 함

짚어 보기

02_ 학생신고 교육과 취약지구 순찰 강화

| 상황분석 | • 넘어진 A군을 B군이 무릎으로 입을 가격하는 과정에서 주변에 있는 친구들이 말려 싸움은 종료됨

| 대처방안 | • 학생신고교육을 실시하고 학교안의 취약지구에 대한 교사와 배움터 지킴이의 순찰을 강화해야 함.

짚어 보기

03_ 신속한 응급조치와 담임교사 동행

| 상황분석 | • 피해학생 상태를 파악하여 보건교사의 응급조치 후, 담임교사가 동행하여 병원으로 이송하면서 학부모에게 연락을 취함

| 대처방안 | • 교사는 사안의 내용, 학교의 대처사항, 병원진료 동행에 대해 학부모에게 정확히 알려주고, 병원진료 동행과 학생이 귀가한 후에는 학부모와 연락을 취하여 피해학생이 심리적 안정을 취할 수 있도록 조치한 것은 바람직한 대처였음

• 피 · 가해학생 부모와의 상담을 통해 학생의 일상생활이나 행동을 정확히 이해하고 학생지도의 협조를 요청한 것은 바람직한 대처였음

짚어 보기

04_ 목격 학생 신고 및 유언비어 금지 지도

| 상황분석 | • 주변에서 구경하던 친구들이 폭력 현장을 말려서 싸움은 끝이 났지만, 단 한 사람도 폭력 현장을 신고하지 않음

| 대처방안 | • 학교폭력 현장을 목격한 학생들에게 사안을 정확하게 인식시키고

사안에 관련된 학생들에 대해 낙인을 찍거나 다른 소문을 퍼뜨리지 않도록 주의를 주어야 함

짚어보기 **05_ 학부모 간의 합의 반드시 합의서 작성**

| 상황분석 |
- 두 학생의 학부모가 학교를 방문하여 학생 간의 다툼이므로 상호 상대방의 치료비를 책임지기로 합의함

| 대처방안 |
- 학교의 중재로 학부모 간의 합의점을 이끌어낸 것은 바람직한 대처였음
- 기억의 왜곡, 합의내용 부인 등의 문제가 발생할 수 있으므로 합의서를 작성하여 문서상의 근거를 남겨야 함

사례 5

담배 심부름에 이은 일방적 폭행

○○고등학교 가해학생은 피해학생을 시켜 담배를 사다 줄 것을 요구함.

가해학생이 평소 학교에서의 행동이 마음에 들지 않았다는 이유로 약속 장소에 도착한 피해학생을 때리자 주변 친구들이 말림.

다음 날 피해학생이 고통을 호소하므로 보건교사가 응급조치를 하고, 담임교사가 동행하여 병원진료를 받은 결과, 피해학생은 고막 파열과 코뼈에 금이 간 것으로 진단됨.

가해학생 부모가 피해학생의 치료비를 책임지겠다고 하여 피해학생 부모와 구두 합의가 됨. 자치위원회를 개최하여 가해학생을 징계함. 피해학생 부모가 추후 경과에 따른 보상까지 요구하면서 분쟁조정을 신청함.

짚어 보기

01_ 빵셔틀 예방교육 실시

| 상황분석 | • 가해학생은 피해학생을 시켜 약속 장소로 담배를 사다 줄 것을 요구함

| 대처방안 | • 설문조사를 통하여 괴롭힘 유형을 파악하고, 특히 빵셔틀 예방교육을 중점적으로 실시해야 함

> **TIP** 빵셔틀은 중 · 고등학교에서 힘센 학생들의 강요에 의해 빵이나 담배 등을 대신 사다 주는 행위나, 그 행위를 하는 사람을 뜻하는 신조어로, 학교 폭력을 배경으로 탄생한 용어이다.

짚어 보기

02_ 학교폭력예방교육을 통한 다양한 신고방법 지도

| 상황분석 | • 가해학생이 피해학생을 때리고 주변 친구들이 말리기는 했지만 어느 누구도 신고를 하지 않았음

| 대처방안 | • 학교폭력은 인권을 유린하는 비겁한 행위로 반드시 교사, 학부모, 학교에 신고하도록 교육함

• 학교폭력 현장을 보거나 그 사실을 알게 된 사람이 이를 즉시 신고하면 폭력이 확대되는 것을 예방할 수 있음을 지도해야 함

짚어 보기

03_ 폭력으로 다친 피해학생 보호 조치

| 상황분석 | • 다음 날 피해학생이 고통을 호소하므로 보건교사가 응급조치를 하고, 담임교사가 동행하여 병원진료를 받은 결과, 피해학생은 고막 파열과 코뼈에 금이 간 것으로 진단됨

| 대처방안 | • 보건실 응급조치 후 담임교사와 동행하여 병원진료를 받은 것은 바람직한 대처였음

• 학생의 상태와 학교 측의 대처사항에 대해 학부모에게 정확하게 알려 주어야 함

짚어보기

04_ 자치위원회 개최 후 분쟁조정 신청

| 상황분석 |

- 가해학생 부모가 피해학생의 치료비를 책임지겠다고 하여 피해학생 부모와 구두합의가 됨. 자치위원회를 개최하여 가해학생을 징계함. 피해학생 부모가 추후 경과에 따른 보상까지 요구하면서 분쟁조정을 신청함

| 대처방안 |

- 구두합의가 되었으나 학교에서는 사안을 정확하게 조사한 후 신속하게 자치위원회를 개최하여 피·가해학생에게 적절한 조치를 취한 것은 바람직한 대처였음

판례는 이렇게……

청소시간에 발생한 폭력사건 담임교사 책임 있어

판결 요지

가해학생의 부모들은 친권자로서 미성년자인 가해학생을 평소 바른생활을 하고 다른 사람을 괴롭히지 않도록 보호・감독하여야 할 주의의무가 있음에도 이를 게을리한 과실과 미성년자인 학생들을 그 친권자를 대신하여 보호・감독하고 교육하여야 할 담임교사로서 평소 가해학생의 품행이 방정하지 못하여 급우들을 괴롭히는 일이 잦았으므로 특별히 관심을 갖고 주의 선도하는 등 교육을 하여야 함에도 이를 게을리한 과실이 경합되어 이 사건 사고가 발생되었으므로 담임교사는 그에 대한 손해배상책임을 부담한다.

상습적 폭행 교육청 책임 있어

○○학교 2학년인 ○○○는 급우로부터 4개월간 상습적으로 폭행을 당했다. ○○○는 폭행을 당한 자국 때문에 여름에 목욕도 하지 않는 등 정신적으로 시달려 왔지만 두려운 마음에 담임선생님이나 부모님께 알리지 못하다가 뒤늦게 이 사실을 안 부모가 가해학생 부모와 관할교육청을 대상으로 7,500만 원 배상을 요구하는 손해배상 청구소송을 했다.

판결 요지

이에 재판부는 원고가 커다란 정신적 고통을 당한 만큼, 학교폭력을 행사한 가해학생 부모와 관할 교육청은 연대해서 피해부모에게 1,250만 원을 지급하라는 판결을 내린 바 있다.

가해학생 학부모의 학교에 대한 손해배상 구상금청구 교사 일부 책임

A씨는 고등학교 2학년 아들을 둔 학부모이다. 아들이 해외로 봉사활동을 갔

을 때, 자기보다 어린 하급생을 때려 피해학생으로 하여금 얼굴을 꿰매는 중상을 입혔다. 피해학생이 경찰에 고소를 하자, A씨는 피해학생에게 손해배상을 한 후, 감독을 소홀히 한 교사에게도 책임이 있다며 학교를 상대로 소송을 제기하였다.

●●● 판결 요지

교사들은 폭행 당사자들이 청소년이기 때문에 학교에서 보다 더 세심한 배려를 할 의무가 있으므로 폭행을 막지 못한 보호・감독 의무 위반에 대해 책임을 져야 한다고 판시하고, 폭행 경위와 이후 경과를 종합하면 가해자 담당교사와 피해자 담당교사에게도 각각 20%와 15% 책임이 있다고 하였다. 덧붙여 재판부는 교사들이 보호・감독 의무를 위반했을 때 책임이 있는 것이지 담당교사로서 할 수 있는 지도를 다했음에도 일어난 학교폭력에 대해서도 책임이 있는 것은 아니라고 판단하였다. 즉, 만약 담당교사가 학생지도에 세심한 배려를 하면서 '보호・감독 의무'를 충실하게 이행했고, 그렇게 했다는 것을 입증할 수 있다면 책임을 지지 않는다는 것이다. 가령 인솔한 학생들에게 학교폭력을 포함한 각종 안전사고에 대한 주의사항과 위험성을 충분히 전달하고, 위 내용을 매일, 최소한 조회와 종례 시 2회 이상 확인하고, 학생들의 보호・감독을 위해 적절한 순찰과 확인을 하였다면 책임을 지지 않을 것이다.

수업(시험기간) 중 돌발 살인사건 교사에 대한 민사책임 없어

A군은 ○○중학교 3학년에 재학 중이던 지난해 4월 국어작문 시험 중 동급생 B(15)군이 휘두른 흉기에 목과 등을 수차례 찔려 병원으로 옮겼으나 숨졌다.

○○ 지법은 수업 중에 동급생이 휘두른 흉기에 찔려 숨진 A(당시 14세)군 부모가 가해학생과 부모, 교사, 서울시 교육감 등을 상대로 낸 1억 원의 손해배상 청구 소송에서 '가해자는 6,500만 원의 위자료를 지급하라'며 원고 일부 승소 판결했다.

●●● 판결 요지

재판부는 "학교생활에서 통상 발생할 수 있다고 예측되거나 예측 가능성이 있는 경우에 한해 교장이나 교사가 보호 감독 의무 위반에 책임을 진다고 할 수 있다"며 교사들에 대해서는 민사적 책임이 없다고 판결했다. 재판부는 이어 "평소 행실에 문제가 없었던 피고가 단지 자신의 친구를 폭행했다는 이유로 살인을 저지를 것이라는 점에 대해서는 아무도 예측할 수 없었을 것"이라고 덧붙였다.

견학 중 돌발적 부상에 대한 사건 교사에 보호 · 감독 의무 없어

○○중학교 2학년 김○○는 학생 ○○○명과 담임교사의 인솔하에 ○○구에 있는 어린이회관을 견학가게 되었는데, 2학년 전학생은 담임교사로부터 당일 09 : 30경 정문 앞에 모여, 일정 및 주의사항을 듣고 교육장에 입실한 뒤, 인솔책임자로부터 교육을 받는 시간 중 무단이석 금지, 정숙한 자세로 교육에 임할 것 등의 주의사항을 다시 한 번 들었는데, 같은 날 11 : 30경 원고 김○○는 학생회관 2층 화장실 부근에서 견학하던 중에 같은 학교 학생 강○○과 박○○이 싸우는 것을 말리다가 김○○로부터 주먹으로 눈과 머리 부위를 수차례 맞아 두개골 함몰과 골절상 등의 상해를 입었다. 이에 가해자 및 보호자, 담임교사, 인솔교사와 서울시 상대로 소송을 제기하였다.

●●● 판결 요지

이 사건 사고가 일어난 시간은 견학 도중으로, 교육활동과 밀접한 관계에 있어 그 시간 중의 위 견학장소 화장실 부근에서의 학생의 행위에 대하여는 교사의 일반적 보호 · 감독의무가 미친다고 할 것이나, 중학교 2학년인 가해자와 피해자의 연령은 14세가량으로 상당한 분별능력을 갖춘 나이어서 지도교사 등이 이를 예견 가능하였다고 보여지지 아니하므로, 이 사건 사고는 돌발적이거나 예견 가능성이 없는 사고로서 교사 등에게 보호 · 감독 의무 위반의 책임을 지울 수 없다고 봄이 상당하다(청구 기각).

운동부 훈련 중의 우발적인 상해사고 지도교사에 책임 없어

고등학교 1학년 씨름부의 A군은 씨름연습장에서 씨름연습을 끝내고 회식을 기다리고 있던 중, 장난삼아 동료 학생 B군을 집어 던져 척추손상 등의 상해를 입혔다. 이 경우 씨름부 지도교사는 이에 대한 손해배상 책임을 지는가?

●●● **판결 요지**

가해자들의 분별능력과 성행, 피해자와의 관계 등을 고려할 때, 씨름연습이 평소보다 빨리 끝나고 자축 회식이 예정되어 있어 학생들의 정신상태가 해이해지기 쉬운 상황이고, 그로 인하여 학생들이 장난 중 돌발적인 행동을 할 가능성이 많다고 하여, 씨름연습장에서 두 사람이 함께 한 사람을 집어 던지는 등으로 신체에 커다란 충격을 줄 수 있는 위험한 장난을 하리라는 구체적인 위험성이 있다거나, 지도교사 등이 이를 예견 가능하였다고 보이지는 아니한다. 결국 이 사고는 돌발적이거나 우연한 사고에 불과하여 교사 등에게 보호·감독의무 위반의 책임을 지울 수 없다. 따라서 씨름부 지도교사는 이 사고에 대한 손해배상 책임을 부담하지 아니 한다.

수업 시작 전의 우발적인 폭행사고 교사 책임 없어

A군은 고등학교 3학년 학생으로 학교생활 부적응 및 집안 사정 등으로 학교를 자퇴하였다가 1년 만에 복학하였다. A군은 복학 첫날 수업시간 전에 복도를 지나가다 동급생인 B군과 부딪쳤다. B군은 A군에게 기분 나쁘게 째려본다는 이유로 A군을 화장실로 끌고가 대걸레 등으로 A군을 구타하였다. 이때 지나가던 C군이 이것을 보고 처음에는 싸움을 말리다가 나중에는 B군과 함께 A군을 폭행하였다. 이에 A군의 부모는 가해학생에 대한 감독 소홀을 이유로 교장, 담임교사, ○○시를 상대로 손해배상을 청구하는 소송을 냈다. 이 경우 교사 및 학교는 손해배상 책임을 부담하는가?

●●● **판결 요지**

교육 지도뿐만 아니라 학교폭력을 예방하거나, 발생했을 때 1차적으로 대처해야 할 주체가 학교 현장의 교사이다. 그러나 담당교사가 이와 같이 자신의 보호·감독의무를 충실히 수행했음에도 불구하고 학교폭력 사안이 발생했다면 그 사건은 돌발적이거나 예견가능성이 없는 사고로 볼 수 있기 때문에 학교교사에게 책임을 물을 수 없다.

이 사례는 정규 수업 시간이 시작되기 전에 화장실에서 발생하였고, 그 시간에 전 교직원이 참석하는 교직원회의가 열리고 있어서, 주번교사 1명만이 순시 및 청소지도를 하고 있었다. 또 피해학생은 사건 당일에 처음 등교하였으며, 가해학생들은 모범적인 생활을 하던 학생으로서 원고와는 모르는 사이였다. 이처럼 가해학생들의 분별능력과 피해학생과의 관계, 사건 발생 시간 등을 종합해 볼 때, 이 사건 사고는 돌발적이거나 우연한 사고로서, 교사로서는 이를 예측하거나 예측할 수 있었다고 보기 어려우므로 교사 및 학교에게 보호 감독의무 위반의 책임을 묻기 어렵다. 따라서 교사 및 학교는 손해배상 책임을 부담하지 않는다고 보아야 한다.

학교폭력 예방을 위한 활동 사례2)

학교 안전 시스템 구축 → 환경 기반 다지기

- 자아 성찰실 설치
- 학교방문증 패용
- 학급활동비 예산 지원
- 배움터지킴이 순시 활동 강화
- 학교 내 Safe-Zone 지정 운영
- 학기 초 전 교직원 관내 순시활동
- 학부모 순찰단 운영(패찰, 위촉장)
- 홈페이지 학교폭력예방 게시판 개설
- 학부모 교육기부단, 또래지킴이단 운영
- QR 코드를 활용한 학교폭력신고 활성화
- 24시간 학교안전 시스템 구축, 순시·순찰 강화
- 그린 마일리지(생활평점제) 디지털 시스템 운영
- 교육과정 내 학교폭력 예방 및 생명존중교육 내용 편성 운영

학교폭력 예방교육 및 연수 → 대응체제 강화

- 교사 연수
- 학교폭력 이해 교육
- 학원 차량 이용 학생 교육
- CAP(Child Assault Prevention, 아동폭력예방교육) 학생, 교사, 학부모 대상
- 교장선생님 훈화 대신하는 사자소학 강의, 책받침 활용으로 효와 예절 익히기

2) 폭력과 따돌림 없는 안전하고 행복한 학교를 만들기 위하여 대구광역시교육청 관내 초·중학교에서 실시하고 있는 활동 우수 사례를 모아서 분석·정리한 내용을 제시한다.

상담활동, Wee 클래스 친친교실 ➜ 부적응 ZERO

- 사랑의 손잡기
- 전교생 집단 상담
- 스토리텔링 감성교육
- 진로코칭, 학습코칭 프로그램
- 학부모 상담자 교육 및 상담활동
- 1학급 3명 또래 상담자 교육, 또래 상담
- 1004 talk 상담 코너 개설(홈페이지, 화장실)

사제동행 ➜ 한마음 되기

- 사제동행 벽화그리기
- 아침 신문 읽고 소감문 쓰기
- 학급별 테마 체험활동 계획, 실천
- 1교시 교과와 연계한 대화시간 운영
- 산행, 코스모스길 산책, 단풍길 산책
- 학생-학교장과 대화 시간 운영(점심 식사)
- 봉숭아 물들이기, 페이스 페인팅, 감자 구워 먹기, 옥수수 삶기
- 체육대회, 야구장 체험, 장생보법(발바닥의 용천과 발가락에 집중하면서 걷는 걸음) 운동장 걷기

부모동행 ➜ 가정과 연계한 교육

- 가족캠프
- 밥상머리 교육
- 부모가 주는 믿음장 수여
- 자녀와 함께하는 들꽃 여행
- 아빠와 함께 등산하며 대화하기

- 학부모와 함께하는 메니페스토 실천
- 다양한 Celebration(축하, 칭찬) Day & Week 운영

지역과 연계 ➔ 범사회적 안전망 구축

- 학생 명예경찰제 운영
- 숲 해설가와 함께하는 생태 체험 교실
- 전문가 초빙 학생 교육, 교사교육, 학부모교육
- 지역사회 단체와 아버지가 만드는 학교안전지킴이단
- 경찰서, 지구대에서 지원하는 학교폭력 예방교육 및 연수

신체활동 ➔ 스트레스 해소

- 민속놀이 운동의 일상화
- 아침 시간 음악과 함께 걷기
- 보는 스포츠에서 하는 스포츠로
- 타악기 연주(난타, 드럼, 소고, 장구, 북 등)
- 학생, 교사, 학부모가 함께하는 스포츠 데이, 아포츠(예술+스포츠)데이 운영

문화 예술 체험활동 ➔ 정서 순화

- 연주하기 : 1인 1악기 다루기
- 탐구하기 : 인물 탐구, 고전 탐구
- 감상하기 : 동요, 클래식 음악 방송 듣기
- 공연하기 : 퍼포먼스, 리코더 연주, 아침수업 5분 전 동요 부르기
- 관람하기 : 모의법정 역할극, 영화, 학교폭력 예방 인형극, 뮤지컬 등

노작활동, 봉사활동 ➜ 생명존중, 배려의식 함양

- 요양원 봉사활동
- 친구 사랑 봉사대 활동
- 텃밭 가꾸기, 1인 1화분 가꾸기
- 스쿨팜 체험활동(월별, 계절별 계획에 의한 1인 1재배)

자치회, 동아리활동 ➜ 주인의식, 교우관계 증진

- 명예경찰 소년단 운영
- 무학년 의형제 맺기(5~6명)
- 학생자치법정 시범학교 운영
- 스포츠동아리, 토론동아리, 음악동아리,
- 학교폭력 119 조직(전교 회장단, 학급 회장단)
- 학교 규칙, 학급 규칙 만들기, 생활평점제, 학교폭력 예방 토론회

약속 ➜ 마음 가꾸기

- 서약서 쓰기
- 학급별 매니페스토 운동
- 존경합니다. 사랑합니다. 인사하기
- 미래의 나와 하는 약속 나의 명함 만들기

캠페인, 행사 ➜ 학교폭력 근절 및 행복한 학교 분위기 조성

- 쿨(프리스타일)보이 운동
- 바른생활 이야기의 날 운영
- hug 데이 운영(친구, 선생님)
- 삼삼오오, 어깨동무 등・하교제

- 아침시간 컴퓨터 켜지 않기 운동
- 하열정 캠페인(하루에 열명과 정 나누기)
- 학기별 친절Day, 칭찬Day, 우정Day 운영
- 월 1회 학교 주변 캠페인, 폭력멈춰(STOP) 운동
- 3多(미소, 칭찬, 배려) 3無(폭력, 왕따, 욕설) 운동
- 3step(교장 hi-five, 교감 scanning, 담임 skin-ship) 운동
- 학교폭력 예방 UCC 대회, 포스터, 표어, 글짓기 대회
- 친구에게 편지쓰기의 날 사과데이 운영(친한 친구, 미안한 친구)

참고문헌

강윤정, 김갑성 (2010). **교육의 생태학적 분석: U. Bronfenbrenner의 이론을 중심으로.** 강현출판사.

강은희, 이은희, 임은정 (2002). 집단따돌림 행동유형과 심리적 특성. **한국심리학회지: 상담 및 상담치료**, 14(2), 445-460.

경기도교육청 (2012.4). 2012 **학교생활기록부 작성 매뉴얼(중등).**

경찰청 홈페이지 (http://www.safe182.go.kr)

공보처 (1996). 한국인의 의식 · 가치관 조사(요약해설편), 26-27.

곽금주 (2000). 또래간 사회적 관계: 부정적 측면에 관한 개관. **한국심리학회지: 발달**, 13(3), 77-89.

곽금주 (2006). 학교폭력과 왕따의 구조적 특징. 문용린 외, **학교폭력 예방과 상담** (pp. 67-90). 학지사.

곽금주 (2008). 한국의 왕따와 예방 프로그램. **한국심리학회지: 사회문제**, 14(1), 255-272.

곽금주, 윤진, 문은영 (1993). 한국청소년 비행 연구의 동향과 심리적 과제. **한국심리학회지: 사회**, 7(1), 12-27.

곽한영 외 5인 (2012. 6A). **함께 만드는 행복한 교실.** 고등학교 사회 인성교육 교재. 교육과학기술부/인천광역시교육청.

곽한영 외 5인 (2012. 6B). **어울려 함께하는 우리.** 중학교 사회 인성교육 교재. 교육과학기술부/인천광역시교육청.

관계부처합동 (2012). **학교폭력근절종합대책.** (2012. 2. 6)

교육과학기술부 & 한국교육개발원 (2012). **학교폭력 NO !! We 프로젝트 YES !! -학교폭력 이렇게 대처하세요-.**

교육과학기술부 (2012). **밥상머리교육.** 홍보 팜플랫.

교육과학기술부 (2012). **학교폭력근절종합대책.**

교육과학기술부 · 법무부 (2009). **굿바이! 학교폭력 - 학교폭력 · 성폭력 예방 및 대처 가이드북.**

교육과학기술부/한국교육개발원/대전광역시교육청 (2011). **학교 상담(Wee 클래스).** Wee 프로젝트 매뉴얼 1.

교육인적자원부 (2005). **학교폭력 예방 및 대책 5개년 기본계획(2005~2009).**

교육인적자원부 (2010). **학교폭력 예방 및 대책 5개년 기본계획(2010~2014).**

구본용 (1997). 청소년의 집단따돌림의 원인과 지도방안. 청소년 대화의 광장 (편), **따돌리는 아이들, 따돌림 당하는 아이들** (pp.7-35). 청소년 대화의 광장.

구본용, 박제일, 이은경, 김홍준, 이기숙, 권현용 (2008). **학교폭력 피해학생 치유프로그램 지도자용 지침서.** 교육과학기술부.

권기준, 이홍표 (2009). 사회적 배척이 친족에 대한 자기 유용성 지각에 미치는 효과. **한국심리학회지: 사회 및 성격, 23**(4), 27-45.

권석만 (2012). **현대 심리치료와 상담이론.** 학지사.

기획재정부 (2012). **학교폭력 근절을 위한 청소년 비행예방센터 신규 개청.** 기획재정부 보도자료(2012. 5. 24.)

김경식, 박형진, 윤주국, 이병환, 이현철 (2011). **교육사회학(제3판).** 교육과학사.

김계현, 황매향, 선혜연, 김영빈 (2012). **상담과 심리검사(제2판).** 학지사.

김광웅, 문수경 (2005). 부모-청소년자녀관계에 영향을 미치는 생태체계 변인 연구: Bronfenbrenner의 관점을 중심으로. **청소년상담연구, 13**(1), 71-84.

김교헌, 왕소정 (2000). 학부모와 교사가 지각하는 집단따돌림 현상의 원인과 대책 및 배척받은 아동의 심리적 특성. **학교생활연구, 27**, 85-107.

김교흥 (2007). **학교폭력에 대한 실태조사 및 정책제언: 중 · 고등학교 학생을 대상으로.** 대통합민주신당, 2007, 2007년 국정감사 정책자료집 ; 김교흥-20071023(제4호) KDC: 345.045 4.

김대유, 김현수 (2006). **학교폭력, 우리아이 지키기.**

김범수 (2009). 소년의 정신건강에 영향을 미치는 생태체계변인에 관한 연구: 중간체계 변인의 매개효과를 중심으로. **21세기사회복지연구, 6**, 15-44.

김범수 (2009). 학교폭력의 실태와 예방대책에 관한 연구. 한남대학교대학원 박사학위논문.

김석진 (2000). 초등학교 집단따돌림 가해실태와 관련 변인 연구. **한국청소년연구, 11**(1), 111-142.

김선남 (1994). 청소년비행관련 변인간의 인과적 분석. 전남대학교 대학원 박사학위논문.

김선진 (2005). 또래지지 집단상담 프로그램이 집단 따돌림에 대한 방관적 태도 감소 및 사회적 지지 향상에 미치는 효과. 서울교육대학교 석사학위논문.

김소영 (1999). 커뮤니케이션으로서 '집단 따돌림'현상에 관한 연구. 성균관대학교 석사학위논문.

김용태, 박한샘 (1997). 청소년 친구 따돌림의 실태조사. 청소년 대화의 광장 (편), **따돌리는 아이들, 따돌림 당하는 아이들** (pp.57-84). 청소년 대화의 광장.

김장대 (2008). **호주 NSW 주와 한국 경기도의 학교폭력예방정책의 비교연구** (Comparative Analysis of Anti-bullying Policies in the state of New South Wales, Australia and Kyunggi Province, South Korea) 아태연구(Journal of Asia-Pacific studies), Vol.15 No.2. pp. 269-293. 경희대학교 아태지역연구원 .

김정효, 조연순, 이성은, 김경자, 김민경, 정혜영, 정광순, 송현순, 이경희 (2005). **초등교육이란 무엇인가-현상학적 이해**. 교육과학사.

김준호 (1994). 청소년 비행의 실태와 원인. **형사정책연구**, 5(1), 63-94.

김준호 (1997). 학교폭력의 실태와 대책. **범죄방지포럼, 제4호**. 한국범죄방지재단.

김춘경 (2006). **아들러 아동상담-이론과 실제**. 학지사.

김태연 (2009). **대안학교와 대안교육정책**. 한국학술정보(주).

김현주 (2003). 집단 따돌림에서의 동조집단 유형화 연구. 숙명여자대학교 박사학위논문.

남영옥, 김정남 (2010). 청소년 문제행동에 영향을 미치는 심리사회적 요인 연구. **청소년복지연구**, 12(2), 123-141.

대검찰청(1998). 범죄분석.

대한소아청소년정신의학회 학교건강위원회 (2010). **학교 위기개입**. 학지사.

도기봉 (2007). 고등학생의 학교폭력 유형별 가해실태에 관한 연구. **사회복지개발연구**, 13(3), 171-192.

문용린 외 (2007). **학교폭력 예방과 상담**. 학지사.

문용린, 이승수 (2010). **학교폭력 현황과 과제**. 한국교육개발원.

문진명 (2000). 시설청소년과 일반청소년의 또래 피해 지각에 따른 또래 따돌림 귀인 및 소외감. 서울대학교 석사학위논문.

문화체육부 (1996). **청소년백서**.

문화체육부 (1997). **청소년백서**.

박경숙, 손희권, 송혜정 (1998). **학생의 왕따(집단 따돌림 및 괴롭힘)현상에 대한 연구**. 한국교육개발원.

박기민 (2000). 우리나라 학교폭력 예방에 관한 연구. 경희대학교 행정대학원 석사학위논문.

박상진 (2008). 학교 내 집단따돌림 예방에 관한 연구. **한국범죄심리연구**, 4(1), 93-117.

박성기 (2008). 학교폭력예방과 근절을 위한 대처방안에 관한 연구 : 학교폭력예방 및 대책에 관한 법률과 교육인적자원부의 학교폭력예방 및 5개년 기본계획을 중심으로.

성결대학교 대학원 석사학위논문.
박영민 외 4인 (2012. 6A). **마음을 전하는 아름다운 언어**. 고등학교 국어 인성교육 교재. 교육과학기술부/인천광역시교육청.
박영민 외 4인 (2012. 6B). **서로를 배려하는 슬기로운 언어**. 중학교 국어 인성교육 교재. 교육과학기술부/인천광역시교육청.
박영신, 김의철 (2001). 학교폭력과 인간관계 및 청소년의 심리 행동특성: 폭력가해, 폭력피해, 폭력무경험 집단의 비교를 중심으로. **한국심리학회지: 사회문제**, 7(1), 63-89.
박윤기 (2008). 학교폭력에 대한 경찰의 대응방안에 관한 연구. 동아대학교 대학원 박사학위논문.
박정희 (2006). 학교폭력 예방 및 대책에 관한 정책의제 설정 과정 탐색 : 「학교폭력 예방 및대책에 관한 법률」 입법과정을 중심으로. 교원대학교 교육정책대학원 석사학위논문.
박형우 외 4인 (2012. 6A). **'고운 말을 나누어요'**. 초등학교 1-2학년용 바른 언어습관 형성 교육자료. 교육과학기술부/인천광역시교육청.
박형우 외 4인 (2012. 6B). **'공감하며 대화해요**. 초등학교 3-4학년용 바른 언어습관 형성 교육자료. 교육과학기술부/인천광역시교육청.
박형우 외 4인 (2012. 6C). **마음을 헤아리며 대화해요**. 초등학교 5-6학년용 바른 언어습관 형성 교육 자료. 교육과학기술부/인천광역시교육청.
박효정, 정미경, 박종효 (2006). **학교폭력 대처를 위한 지원체제 구축 연구**. 한국교육개발원 연구보고서.
배철효 (2012). 학교폭력의 현황과 원인 및 대책. **한국행정학회 소식지**, **137권**, 52-57.
법무부 (2011). **청소년비행예방센터의 현황 및 최근 5년간 성과 또는 이용 실적**. 국회요구자료.
삼성사회정신건강연구소 (2010). **학교폭력예방을 위한 시범학교 운영매뉴얼**. 교육과학사.
서강식 외 4인 (2012. 6A). **비폭력 평화학교**. 고등학교 도덕 인성교육 교재. 교육과학기술부/인천광역시 교육청.
서강식 외 4인 (2012. 6B). **'우리들 마음에 평화의 싹을 틔워요'**. 도덕수업을 통한 학교폭력 예방 교육자료(초등학교 3-4학년용).
서강식 외 4인 (2012. 6B). **자아존중, 타인배려, 공동체 의식 함양을 위한 인성 교육 프로젝트**. 중학교 도덕 인성교육 교재. 교육과학기술부/인천광역시교육청.
서강식 외 4인 (2012. 6C). **'우리들 마음에 평화의 열매를 맺어요'**. 도덕수업을 통한 학교폭력 예방교육자료(초등학교 5-6학년용).
서규선 외 4인 (2012. 6A). **'우리들 마음에 평화의 씨를 뿌려요'**. 도덕수업을 통한 학교폭력 예방 교육 자료(초등학교 1-2학년용).

서규선 외 4인 (2012. 6B). **'우리들 마음에 평화의 싹을 틔워요'**. 도덕수업을 통한 학교폭력 예방 교육 자료(초등학교 3-4학년용).

서규선 외 4인 (2012. 6C). **'우리들 마음에 평화의 열매를 맺어요'**. 도덕수업을 통한 학교폭력 예방 교육자료(초등학교 5-6학년용).

선광식 (2003). 정서 및 인지적 차원으로 구분한 초등학교 왕따 방관자의 유형 및 도움행동에 관한 연구. 경희대학교 석사학위논문.

손갑주 (2005). 또래 괴롭힘에 대한 아동의 방관자적 태도에 관한 분석. 숙명여자대학교 석사학위논문.

손경원 (2008). 학교폭력예방을 위한 사회규범적 접근. **도덕윤리과교육**, 26, 101-124.

손승영, 전효관, 정경희, 주은희, 최원기 (2003). **학업중퇴자 현실과 대안**. 학지사.

신성자, 정숙희 (2010). 교사가 지각하는 학교업무환경과 학생의 개인특성이 신체적, 비신체적 또래폭력 피해경험에 미치는 영향. **학교사회복지**, 19, 141-172.

신현숙, 이경성, 이해경 (2003). 청소년 행동문제의 청소년 평가와 교사 평가간 관계. **상담학연구**, 4(1), 111-126.

신화식 (1989). 몬테소리 이론에 기초한 유아교육과정 모형의 개발 및 적용. 중앙대학교 박사학위논문.

안산대안교육센터 (2012). **안산대안교육센터 교육프로그램 안내**.

양미진, 김은영, 이상희 (2009). 초등학생의 학교폭력예방을 위한 배려증진 프로그램 효과 검증 연구. **초등교육연구**, 22(2), 205-232.

여성가족부 (2012). **2012년도 청소년사업 안내**. 중앙기획.

여성가족부 (2012). **청소년이 함께 행복한 세상**. 권리교재: 청소년용 핸드북.

오인수 (2012). 한국교육개발원 교육정책네트워크 교육정책포럼 231호: 학교 괴롭힘 문제 해결의 열쇠를 쥐고 있는 주변학생의 재조명.

우채영, 임재국 (2006). 청소년이 지각하는 교사·또래와의 적대적 인간관계, 학교폭력경험, 일탈 및 대처행동 간의 관계. **청소년학연구**, 16(4), 145-166.

원호택 (1990). 스트레스: 그 원인과 대책. 중앙적성출판사.

유국화 (2011). 초등학생의 집단따돌림 방관 태도 개선을 위한 집단상담 프로그램 개발. 한국교원대학교 석사학위논문.

유성열 (2012), 학교폭력에 대한 단상(斷想). 편집위원 칼럼. **청소년문화포럼, 30권**, 165-169.

윤우석 (2010). 청소년 지위비행과 부모의 양육행위에 지역사회의 생태학적 특성이 미치는 영향. **형사정책연구**, 21(1), 175-202.

윤종희 (2007). 한국인의 이상적 아동관에 나타난 양육신념체계와 양육행동 탐색을 위한 생태학적 연구. **인간발달연구**, 14(1), 65-83.

응용발달심리연구센터(2006). 사회적 기술 향상 프로그램. 시그마프레스.

이귀숙, 정현희 (2005). 여자 중학생의 집단따돌림과 심리사회적 적응: 2년 추적연구. **한국심리학회: 학교**, 2, 1-17.

이규미, 이대식, 김영혜 (2003). 심각한 폭력(살인) 가해 학생에 대한 사례 분석: 폭력 유발 요인과 예방안. **한국심리학회지: 상담 및 심리치료**, 15(2), 367-382.

이미형, 임지영, 이순득, 오승은 (2009). 학교폭력에 관한 교사의 인식. **한국보건간호학회지**, 23(2), 174-185.

이민택 (2009). 학교폭력예방 및 근절에 대한 경찰의 대책 연구. 선문대학교 행정대학원 석사학위논문.

이민희 외 (2006). **학교폭력 대책을 위한 지역사회 네트워크의 실천적 운영에 관한 연구**. 한국교육개발원 연구보고서.

이병진 (2001). **초등교육학개론**. 문음사.

이병환 (2010). 학교폭력 대처를 위한 지역유관기관의 지원체제 정립과 활성화 방안. **교육문화연구** 16(2), 45-73.

이병환, 김영순 (2008). **대안교육의 실천과 모색**. 학지사.

이상미, 유형근, 손현동 (2008). 초등학생의 공감 및 자기존중감에 따른 집단따돌림 동조 유형 판별분석. **상담학연구**, 9(3), 1231-1244.

이수익 (2001). 학교폭력의 실태분석과 그 방지를 위한 형사정책적 방안. 충북대학교 법무대학원 석사학위논문.

이은주 (2004). 집단괴롭힘과 자아존중감의 관계에 대한 단기종단적 연구. **청소년학연구**, 11, 141-165.

이은희, 강은희 (2003). 청소년들의 지배성, 우울감, 자기찬미, 신뢰결핍과 집단 따돌림 행동 간의 관계. **한국심리학회지: 건강**, 8(2), 323-354.

이은희, 공수자, 이정숙 (2004). 청소년들의 가정, 학교, 지역의 심리사회적 환경과 학교폭력과의 관계: 분노조절과 비행친구 접촉의 매개효과. **한국심리학회지: 상담과 심리치료**, 16(1), 123-145.

이은희, 손정민 (2011). 학교폭력 피해 청소년의 정신건강 영향 요인 연구: 탄력성 모델을 이용하여. **청소년복지연구**, 13(2), 149-171.

이재순 (1999). 학교폭력의 학술적 사회적 대안 / 학교폭력 예방 및 대처를 위한 정부, 학교, 가정, 및 사회의 역할: 학교폭력에 대한 정책 당국의 역할 : 검찰의 역할 및 대처 방안. 대외심포지엄, Vol.1999 No. [1999], 한국심리학회.

이주리 (2008). 중고등학생의 부모, 교사 및 친구 애착과 비행. **한국생활과학지**, 17(4), 563-574.

이진국 (2007). 학교 폭력 예방 및 대책에 관한 법률의 체계적 문제점과 개선방안(Problematik und Reform des Gesetzes zur Pravention und Reaktion im Bereich der Schulgewalt).

이창훈, 송주영 (2009). 집단괴롭힘(Bullying)에 대한 생태학적 접근: 한국과 미국의 비교연구. **한국범죄학**, 3(2), 103-143.

이춘재, 곽금주 (2000). 집단 따돌림 경험 유형에 따른 자기개념과 사회적 지지. **한국심리학회지: 발달**, 13(1), 65-80.

이해경, 김혜원 (2001). 초등학생들의 집단괴롭힘 가해행동과 피해행동에 대한 사회적, 심리적 예측변인들: 학년과 성별을 중심으로. **한국심리학회지: 사회 및 성격**, 15(1), 117-138.

이훈구 (2000). **사회문제와 심리학**. 법문사.

임영식 외 (2000). **청소년 심리의 이해**. 학문사.

임재연 (2006). 학교폭력 상담 매뉴얼. 문용린 외 공저, **학교폭력 예방과 상담** (pp. 180-206). 학지사.

(재)자녀안심하고 학교보내기운동 국민재단(2012). **아픔없는 우리학교, 행복한 학교생활 만들기!**. 학교폭력예방(초등학교 고학년용) 법무부 & 교육과학기술부.

(재)자녀안심하고 학교보내기운동 국민재단(2012). **우리 아이들에게 무슨 일이?**. 학교폭력 예방 (학부모용), 법무부 & 교육과학기술부.

(재)자녀안심하고 학교보내기운동 국민재단(2012). **학교폭력에 대한 교사의 역할**. 학교폭력 예방(교사용)법무부 & 교육과학기술부.

전남 학교・여성학교폭력피해자 ONE-STOP 지원센터 2010년 홍보자료.

전희일 (2011). **현대사회와 청소년**. 양서원.

정방자 (1998). **정신역동적 상담**. 학지사.

정수경 (2000). 중학생 비행에 미치는 생태학적 환경과 가족 기능의 영향에 관한 연구. **한국가족치료학회지**, 8(2), 45-64.

정순례, 양미진, 손재황 (2012). **청소년 상담 이론과 실제**. 학지사.

정진성 (2009). 학교폭력의 원인에 대한 연구: 지역사회의 영향을 중심으로. **한국공안행정학회보**, 35, 365-394.

정하은, 전종설 (2012) 청소년 학교폭력 피해의 위험요인. **청소년복지연구**, 14(1), 195-212.

조남근, 양돈규 (2000). 청소년이 지각한 사회적 지지와 집단 괴롭힘 가해 및 피해 수준 간의 관계에 관한 연구. **한국교육학연구**, 6(2), 111-140.

조옥희, 권영자 (1998). **몬테소리 유아교육**. 중앙적성출판사.

청소년 폭력예방재단 (2005). **학교폭력예방 교사직무연수**. 자료집.

청소년보호법.[시행 2012.9.16] [법률 제11048호, 2011.9.15, 전부개정]

청소년보호위원회 보호지원과 편 (2002). 청소년폭력 예방 및 지도대책: 2002 비행 및 폭력분과위원 회 정책보고서. 청소년보호위원회, 청소년보호; 2002-34.

청소년폭력예방재단 (2010). **2009년도 전국 학교폭력 실태 조사 보고서**. 청소년폭력예방재단.

초·중등교육법 시행령[시행 2012.7.27] [대통령령 제23975호, 2012.7.24, 일부개정]

최병찬(2003). 학교폭력의 실태와 대책에 관한 연구. 대전대학교 경영행정·사회복지대학원 석사학위논문.

최윤자, 김아영 (2003). 집단 따돌림 행동과 자아개념 및 귀인성향과의 관기. **교육심리연구**, 17(1), 149-167.

학교생활기록 작성 및 관리지침. [시행 2012.6.29][교육과학기술부훈령 제257호, 2012.6.29, 일부개정]

학교폭력예방 및 대책에 관한 법률. [시행 2012.5.1] [법률 제11388호, 2012.3.21, 일부개정]

학교폭력예방 및 대책에 관한 법률 시행령. [시행 2012.5.1] [대통령령 제23689호, 2012.3.30, 전부개정]

학교폭력예방 및 대책에 관한 법률(안). (현승일의원 대표발의) 2003.6.23., 의안번호 2403.

학교폭력예방 및 대책에 관한 법률. [시행 2012.5.1] [법률 제11388호, 2012.3.21, 일부개정]

한규석 (2009). **사회심리학의 이해** (3판). 학지사.

한영주 (1999). 중·고등학교 집단 따돌림("왕따")가해자 및 피해자의 특성에 관한 연구. 이화여자대학교 석사학위논문.

한정란 (1988). 중학생의 학급내 교우관계에 관한 귀인분석. 연세대학교 석사학위논문.

한준상 (1999). **청소년학 연구**. 연세대학교 출판부.

행정안전부(2010). '인터넷안전 1등 국가건설'을 위한 인터넷 중독 예방 및 해소 종합계획.

황성숙 (1998) 학교 내 집단 괴롭힘에 대한 일 연구: 실태 및 피해-가해의 중첩성을 중심으로. 고려대학교 대학원 석사학위논문

황지태 (2005). **학교폭력의 심각성에 대한 학생 및 교사들의 인지도 연구**. 한국형사정책연구원.

황혜원, 신정이, 박현순 (2006). 초기 청소년의 학교폭력에 대한 생태체계적 요인들 간의 경로분석. **아동권리연구**, 10(4), 497-526.

Akiba, M. (2002). Student victiomization: National and school system effects on school violence in 37 nations. *American Educational Research Journal, 39*(4), 829-853.

Allison, B. N. (2000). Parent-adolescent conflict in early adolescence: Precursor to adolescent adjustment and behavior problem. *Journal of Family and Consumer Sciences, 92*(5), 53-56.

Anderson, E. (1998). The social ecology of youth violence. *Crime and Justice, 24,* 65-104.

Baker, J. A. (1998). Are we missing the forest for the trees? Considering the social context of school violence. *Journal of School Psychology, 36*(1), 29-44.

Batsche, G. M., & Knoff, H. M. (1994). Bullies and their victims: Understanding a pervasive problem in the schools. *School, Psychology Review, 23*, 165-175.

Becker, J. V., & Kaplan, M. S. (1988). The assessment of adolescent sexual offenders. *Advances in Behavioral Assessment of Children and Families, 4,* 97-118.

Bishop, J. A., & Inderbitzen, H. M. (1995). Peer acceptance and friendship: An investigation of their relation to self-esteem. *Journal of Early Adolescence, 15,* 476-489.

Booth, A., & Osgood, D. W. (1993). The influences of testosterone on deviance in adulthood: Assessing and explaning the relationship. *Criminology, 31*, 93-117.

Bosworth, K., Espelage, D. L., & Simon, T. R. (1999). Factorsassociated with bullying behavior middle school students. *The Journal of Early Adolescence, 19*(3), 341-362.

Bronfenbrenner, U. (1975). The ecology of human development in retrospect and prospect. Paper presented at the conference on ecological factors in human development held by International Society for The Study of Behavioral Development(Guildford, England, July 13-17, 1975). ERIC ED 128387.

Bronfenbrenner, U. (1976). The experimental ecology of education. Paper presented at the American Educational Research Assoiation annual meeting (San Francisco, CA, April, 19-23, 1976). ERIC ED 131025.

Bronfenbrenner, U. (1977). Toward an experimental ecology of human development. *American Psychologist, 32*(7), 513-531.

Bronfenbrenner, U. (1979). *The ecology of human development: Experiments by nature and design.* Cambridge, MA: Harvard University Press.

Bronfenbrenner, U. (1994). Ecological models of human development. In *International Encyclopedia of Education* (pp. 1643-1647). Vol. 3, 2nd Ed. Oxford: Elsevier.

Brown, B. B. (1996). Visibility, vulnerability, development, and context: Ingredients for fuller understanding of peer rejection in adolescence. *Journal of Early Adolescence, 16,* 27-36.

Bryant, B. K. (1974). Locus of control related to teacher-child interperceptual experiences. *Child Development, 45*(1), 157-164.

Bukowski, W. M., & Kramer, T. (1986). Judgments of the features of friendship among schoolage and early adolescent boys and girls. *Journal of Early Adolescence, 6,* 331-338.

Camarena, P. M., Sarigiani, P. A., & Petersen, A. C. (1990). Gender-specific pathways to intimacy in early adolescence. *Journal of Youth and Adolescence, 19*, 19-32.

Chitiyo, M., & Wheeler, J. J. (2009). Challenges faced by school teachers in implementing Positive Behavior Support in their school systems. *Remedial and Special Education, 30*(1), 58-63.

Claes, M. E. (1992). Friendship and personal adjustment during adolescence. *Journal of Adolescence, 15,* 429-436.

Coakley, R. M., Holmbeck, G. N., Friedman, D., Greenley, R. N., & Thill, A. (2002). A Longitudinal Study of Pubertal Timing, Parent-Child Conflict, and Cohesion in Families of Young Adolescents With Spina Bifida. *Journal of Pediatric Psychology, 27*(5), 461-473.

Cohen, D., & Strayer, J. (1996). Empathy in conduct-disordered and comparison youth. *Developmental Psychology, 32*(6), 988-988.

Coleman, J. G., & Hendry, L. (1990). *The nature of adolescence* (2nd ed.). London: Routledge.

Coloroso, B. (2003). *The bully, the bullied, and the bystander: From preschool to high school, how parents and teachers can help break the cycle of violence.* Boys Town, NE: Boys Town Press.

Compas, B. E., Hinden, B. R., & Gerhardt, C. A. (1995). Adolescent Development: Pathways and Processes of Risk and Resilience. *Annual Review of Psychology, 46,* 265-93.

Comstock, J. (1994). Parent-adolescent conflict: A developmental approach. *Western Journal of Communication, 58*, 263-282.

Conger, R. D., Conger, K. J., Elder, G. H., Lorenz, F. O., Simons, R. L., & Whitbeck, L. B. (1992). A family process model of economic hardship adjustment of early adolescent boys. *Child Development, 63,* 526-541.

Conger, R. D., Conger, K. J., Elder, G. H., Lorenz, F. O., Simons, R. L., & Whitbeck, L. B. (1993). Family economic stress and adjustment of adolescent girls. *Developmental psychology, 29*(2), 206-219.

Corvo, K. N. (1997). Community-based youth violence prevention. *Youth & Society, 28*(3), 291-316.

Craig, G. J. (1992). *Human Development* (6th ed.). New Jersey: Prentice Hall.

Craig, W. M., & Pepler, D. J. (1998). Observations of bullying and victimization in the school yard. *Canadian Journal of School Psychology, 13*(2), 41-59.

Crick, N. R., & Bigbee, M. A. (1998). Relational and overt forms of peer victimization: A multi informant approach. *Journal of Consulting and Clinical Psychology, 66,* 337-347.

Crick, N. R., & Dodge, K. A. (1996). Social information-processing mechanisms on reactive and proactive aggression. *Child Development, 67*, 993-1002.

Culley, M. R., Conkling, M., Emshoff, J., Blakely, C., & Gorman, D. (2006). Environmental and contexual influences on school violence and its prevention. *The Journal of Primary Prevention, 27*(3), 217-227.

D'Angelo, L. L., Weinberger, D. A., & Feldman, S. S. (1995). Like father, like son? Predicting male adolescents' adjustment from parents' distress and self-restraint. *Developmental Psychology, 31*(6), 883-896.

Danish, S. J., & Donohue, T. R. (1996). Understanding the media's influence on the development of antisocial and prosocial behavior. In R. L. Hampton, P. Jenkins, & T. P. Gullotta (Eds.), *Preventing violence in America* (pp.133-155). Thousand Oaks, CA: Sage Publications.

DeBaryshe, B. D., Patterson, G. R., & Capaldi, D. M. (1993). A performance model for academic achievement in early adolescent boys. *Developmental Psychology, 29*(5), 795-804.

Deković, M. (1999). Parent-adolescent conflict: Possible determinants and consequences. *International Journal of Behavioral Development, 23*(4), 977-1000.

Dodge, K. A., Coie, J. D., Pettit, G. S., & Price, J. M. (1990). Peer status and aggression in boys' groups: Developmental and contextual analyses. *Child Development, 61,* 1289-1309.

Dollinger, S. J., & Taub, S. I. (1977). The interaction of locus of control expectancies and providing purpose on children's motivation. *Journal of Research in Personality, 11*(1), 118-127.

Dryfoos, J. G. (1990). *Adolescents at risk: Prevalence and prevention.* New York: Oxford University Press.

Dryfoos, J. G. (1993). Schools as Places for Health, Mental Health, and Social Services. In R. Takanishi (Eds.), *Adolescence in the 1990s: Risk and Opportunity.* New

York: Teachers College Press.

Dusek, J. B. (1987). *Adolescent development and behavior.* Prentice Hall.

Eckstein, N. J. (2004). Emergent issues in families experiencing adolescent-to-parent abuse. *Western Journal of Communications, 68*(4), 365-388.

Elkind, D. E. (1967). Ego-centrism in adolescence. *Child Development, 38,* 1025-1034.

Elkind, D. E. (1978). Understanding the young adolescent. *Adolescence, Spring*, 127-134.

Eron, L. D. (1997). The development of antisocial behavior form learning perspective. In D. Stoff, & J. D. Maser (Eds.), *Handbook of antisocial behavior.* NY: Wiley.

Espelage, D., & Swearer, S. M. (2003). Research on school bullying and victimization: What have we learned and where do we go from here?. *School Psychology Review, 32*(3), 365-383.

Fabrega, H., Jr. (1989) Cultural relativism and psychiatric illness. *Journal of Nervous and Mental Disease, 177,* 415-425.

Farrington, D. P., Loeber, R., & Van Kammen, W. B. (1990). Long-term criminal outcomes of hyperactivity-impulsivity-attention deficit and conduct problems in childhood. In L. N. Robin, & M. Rutter (Eds.), *Straight and devious pathways from childhood to adulthood* (pp. 62-81). New York: Cambridge University Press.

Felson, R. B. (1982). Impression management and the escalation of aggression and violence. *Social Psychology Quarterly, 45,* 245-254.

Fergusson, D. M., & Horwood, L. J. (1996). The role of adolescent peer affiliations in the continuity between childhood behavioral adjustment and juvenile offending. *Journal of Abnormal Child Psychology, 24*(2), 205-221.

Figueira-McDonoug, J. (1992). Community structure and female delinquency rates. *Youth and Society, 24,* 3-30.

Freud, A. (1958). Adolescence. *Psychoanalytic Study of the Child, 13*, 255-278.

Furlong, M., & Morrison, G. (2000). The school in school violence. *Journal of Emotional and Behavioral Disorders, 8*(2), 71-82.

Furman, W., & Buhrmester, D. (1992). Age and sex differences in perceptions of networks of personal relationships. *Child Development, 63*(1), 103-115.

Galand, B., Lecocq, C., & Philippot, P. (2007). School violence and teacher professional disengagement. *British Journal of Educational Psychology, 77,* 465-477.

Galloway, D. (1994). Bullying: The importance of a whole school approach. *Therapeutic Care and Education, 3*(1), 19-26.

Gardner, F. E. M. (1987). Positive interaction between mothers and conduct-problem children: Is there training for harmony as well as fighting?. *Journal of Abnormal Child Psychology, 15*(2), 283-294.

Garnefski, N., & Diekstra, R. F. W. (1997). Adolescents from one parent stepparent, and intact families: Emotional problems and suicide attempts. *Journal of Adolescence, 20*, 201-208.

Garnefski, N., & Okma, S. (1996). Addiction-risk and aggressive/criminal behaviour in adolescence: Influences of family, school and peers. *Journal of Adolescence, 19,* 503-512.

Garnefski, N., & Okma, S. (1996). Addiction-risk and aggressive/criminal behaviour in adolescence: Influences of family, school and peers. *Journal of Adolescence, 19,* 503-512.

Garro, A., Thurman, S. K., Kerwin, M. E., & Ducette J. P. (2005). Parent/caregiver stress during pediatric hospitalization for chronic feeding problems. *Journal of Pediatric Nursing, 20*(4), 268-275.

Gibbs, J. C. (1987). Social processes in delinquency: The need to facilitate empathy as well as sociomoral reasoning. In W. M. Kurtines, & J. L. Gewirtz (Eds.), *Moral development through social interaction*. New York: Wiley.

Giedd, J. N., Blumenthal, J., Jeffries, N. O., Castellanos, F. X., Liu, H., Zijdenbos, A., Paus, T., Evans, A.C., & Rapoport, J. L. (1999). Brain development during childhood and adolescence: a longitudinal MRI study. *Nature Neuroscience, 2*(10), 861-863.

Gilbert, D. T., & Krull, D. S. (1988). Seeing less and knowing more: The benefits of perceptual ignorance. *Journal of Personality and Social Psychology, 54*(2), 193-202.

Gilligan, C. (1982a). *In a Different Voice: Psychological Theory and Women's Development.* Cambridge. MA: Harvard University Press.

Gilligan, C. (1982b). New Maps of Development: New Visions of Maturity. *American Journal of Orthopsychiatry, 50*(4), 777-783.

Gilmartin, B. G. (1987). Peer group antecedents of severe love-shyness in males. *Journal of personality, 55,* 467-489.

Gilmor, T. M. (1978). Locus of control as a mediator of adaptive behaviour in children and adolescents. *Canadian Psychological Review, 19*(1), 1-26.

Glueck, S., & Glueck, E. (1950). *Unraveling juvenile delinquency*. Cambridge, MA:

Harvard University Press.

Goldsmith, H. R. (1987). Self-esteem of iuvenile delinquents: Finding and implications. *Journal of Offender Counseling, Services and Rehabilitation, 11*, 79-85.

Gottfredson, G. D., Gottfredson, D. C., Payne, A. A., & Gottfredson, N. C. (2005). School climate predictors of school disorder: Results from national study of delinquency prevention in schools. *Journal of Research in Crime and Delinquency, 42*(4), 412-444.

Graham, S., Hudley, C., & Williams, E. (1992). Attributional and emotional determ inants of aggression among African-American and Latino young adolescents. *Developmental Psychology, 28*(4), 731-740.

Granic, I., Hollenstein, T., Dishion, T. J., & Patterson, G. R. (2003). Longitudinal analysis of flexibility and reorganization in early adolescence: A dynamic systems study of family interactions. *Developmental Psychology, 39*, 606-617.

Grotevant, H. D., & Cooper, C. R. (1986). Individuation in family relationships: A perspective on individual differences in the development of identity and role-taking skill in adolescence. *Human Development, 29,* 82-100.

Grunebaum, H., & Solomon, L. (1980). Toward a peer theory of group psychotherapy, I: On the developmental significance of peers and play. *International Journal of Group Psychotherapy, 30*(l), 23-49.

Grunebaum, H., & Solomon, L. (1982). Toward a theory of peer relationships, II: On the stages of social development and their relationship to group psychotherapy. *International Journal of Group Psychotherapy, 32*(3), 283-307.

Gunter, P. L., Denny, R. K., Shores, R. E., Reed, T. M., Jack, S. L., & Nelson, M. (1994). Teacher escape, avoidance, and countercontrol behaviors: Potential resoponses to disruptive and aggressive behaviors of students with severe behavior disorders. *Journal of Child and Family Studies, 3*(2), 211-223.

Hampton, R. L., & Yung, B. R. (1996). Violence in communities of color: Where we were, and where we need to be. In R. L. Hampton, P. Jenkins, & T. P. Gullotta (Eds.), *Preventing violence in America* (pp.53-86). Thousand Oaks, CA: Sage Publications..

Harp, K., Webb, L., & Amason, P. (2007). Family Communication Patterns and Young Adults' Conflict Styles with Romantic Partners: Two Alternative Paths of Influence. NCA 93rd Annual Convention.

Hartup, W. W., & Overhauser, S. (1991). Friendships. In R. M. Lerner, J. Brooks-Gunn, & A. C. Petersen (Eds.), *Encyclopedia of adolescence*, Vol. I (pp. 378-384). New York: Garland.

Hawker, D. S. J., & Boulton, M. J. (2000). Twenty years' research on peer victimization and psychosocial maladjustment: A meta-analytic review of cross-sectional studies. *Journal of Child Psychology and Psychiatry, 41*(4), 441-455.

Heider, F. (1958). *The psychology of interpersonal relations.* New Jersey: Lawrence Erlbaum Associates.

Henggeler, S. W. (1989). *Delinquency in adolescence.* CA: Sage Publications.

Hoge, R. D., Andrews, D. A., & Leschied, A. W. (1996). An investigation of risk and protective factors in a sample of youthful offenders. *Journal of Child Psychology & Psychiatry & Allied Disciplines, 37*(4), 419-424.

Holland, J., Thomson, R., Henderson, S., McGrellis, S., & Sharpe, S. (2000). Catching on, wising up and learning from your mistakes: Young people's accounts of moral development. *The International Journal of Children's Rights, 8,* 271-294.

Holmbeck, G. N., & Hill, J. P. (1991). Conflictive engagement, positive affect, and menarche in families with seventh-grade girls. *Child Development, 62,* 1030-1048.

Hyman, I. A., & Perone, D. C. (1998). The other side of school violence: Educator policies and practices that may contribute to student misbehavior. *Journal of School Psychology, 36*(1), 7-27.

Hyman, I. A., & Perone, D. C. (1998b). Introduction to the special theme section on school violence: The ecology of school violence. *Journal of School Psychology, 36*(1), 3-5.

Hyman, I. A., & Perone, D. C. (1998). The other side of school violence: Educator policies and practices that may contribute to student misbehavior. *Journal of School Psychology, 36*(1), 7-27.

Hymel, S. (1986). Interpretations of peer behavior: Affective bias in childhood and adolescence. *Child Development, 57*(2), 431-445.

Hymel, S., Wagner, E., & Butler, L. J. (1990). Reputational bias: View from the peer group. In S. R. Asher & J. D. Coie (Eds.), *Peer rejection in childhood* (pp. 156-186). New York: Cambridge University Press.

Jacobvitz, D. B., & Bush, N. F. (1996). Reconstructions of family relationships: Parent-child alliances, personal distress, and self-esteem. *Developmental Psychology,*

21(4), 732-743.

Jenkins, P. H. (1997). School delinquency and the school social bond. *Journal of Research in Crime and Delinquency, 34*(3), 337-367.

Johnson, E. H. (1987). *Handbook on crime and delinquency prevention.* Greenwood Press.

Johnson, H. C. (1996). Violence and biology: A review of the literature. *Families in Society, 77*(1), 3-18.

Johnson, J. T., & Boyd, K. R. (1995). Dispositional traits versus the content of experience: Actor/observer differences in judgments of the "Authentic Self". *Personality and Social Psychology Bulletin, 21*(4), 375-383.

Johnston, L. D., O'Malley, P. M., & Bachman, J. G. (1992). *The 1991 survey of drug use by American high school and college students.* Ann Arbor, MI: Instit ute of Social Research.

Jones, E. E., & Nisbett, R. E. (1972). The actor and the observer: Divergent perceptions of the causes of behavior. In E. E. Jones, D. E. Kanouse, H. H. Kelley, R. E. Nisbett, S. Valins, & B. Weiner (Eds.), *Attribution: Perceiving the causes of behavior* (pp.79-94). New Jersey: General Learning Press.

Kandel, D., Ravies, V., & Davies, M. (1991). Suicidal ideation in adolescence: Depression, substance abuse, and other risk factor. *Journal of Youth and Adolescence, 20,* 289-310.

Kandel, E., Mednick, S. A., Kirkegaard-Sorensen, L., Hutchings, B., Knop, J., Rosenberg, R., & Schulsinger, F. (1988). IQ as a protective factor for subjects at high risk for antisocial behavior. *Journal of Consulting and Clinical Psychology, 56,* 224-226.

Kazdin, A. E. (1987). *Child psychotherapy: Developing and identifying effective treatments.* Elmsford, NY: Psergamon Press.

Kazdin, A. E. (1993). Adolescent mintal health: Prevention and treatment programs. *American Psychologist, 48*(2), 127-141.

Kearl, M., & Gordon, C. (1992). *Social psychology.* Boston: Allyn and Bacon.

Kelley, H. H. (1967). Attribution theory in social psychology. *Nebraska Symposium on Motivation, 15,* 192-238.

Kennedy, R. E. (1984). Cognitive behavioral interventions with delinquents. In A. W. Meyers & W. E. Craighead (Eds.), *Cognitive behavior therapy with children.* New York: Plenum.

Khoury-Kassabri, M., Benbenishty, R., Asor, R. A., & Zeira, A. (2004). The contributions of community, family, and school variables to student victimization. *American Journal of Community Psychology, 34*(3/4), 187-204.

Kingery, P. M. (2001). Cross-survey analysis of school violence and disorder. *Psychology in the Schools, 38*(2).

Klein, K., Forehand, R., Armistead, L., & Long, P. (1997). Delinquency during the transition to early adulthood: Family and parenting predictors from early adolescence. *Adolescence, 32*(125), 61-80.

Kohlberg, L. (1973). Continuities in childhood and adult moral development revisited. In P. Baltes & W. Schaie (Eds.), *Life-span developmental psychology, research and theory*. New York: Academic Press.

Kohlberg, L. (1976). Moral stages and moralization. In T. Lickona (Ed.), *Moral development and behavior*. New York: Holt.

Kohlberg, L. (1979) *The meaning and measurement of moral development*. Heinz Werner Memorial Lecture. Worcester: Clark University Press.

Kupersmidt, J. B., Coie, J. D., & Dodge, K. A. (1990). The role of poor peer relationships in the development of disorder. In S. R. Asher & J. D. Coie (Eds.), *Peer rejection in childhood* (pp.274-304). New York: Cambridge University Press.

Kwak, K., Bornstein,, M. H., Lee, S., Choi, S., Lee, S., & Lee, M. (2006). Psychological Characteristics of Students With Different Participant Roles in Korean Bullying (Wang-ta). Accepted paper for presenting in 11th Biennial Meeting Society for Research on Adolescence San Francisco, California.

Lagerspetz, K. M. J., Björkqvist, K., Berts, M., & King, E. (1982). Group aggression among school children in three schools. *Scandinavian Journal of Psychology, 23*(1), 45-52.

Langer, E. J. (1978). Rethinking the role of thought in social interaction. In J. H. Harvey, W. J. Ickes, & R. F. Kidd (Eds.), *New directions in attribution research* (Vol.2, pp.35-58). New Jersey: Lawrence Erlbaum Associates.

Larson, R., Kubey, R., & Colletti, J. (1989). Changing channels: Early adolescent media choices and shifting in vestments in family and friends. *Journal of Youth and Adolescence, 18*(6), 583-599.

Lee, W. (1993). *Social Resources, Social Networks, and Juvenile Delinquency: An Examination of the Strength of Ties.* Unpublished Doctoral Dissertation, State University of New York at Buffalo.

Lerner, R., Brennan, A. L., Noh, E. R., & Wilson, C. (1998). The parenting of adolescents and adolescents as parents: a developmental contextual perspective. Parenthood in America. Online:http://www.

Levenson, H. (1981). Differentiating among internality, powerful others, and chance. In H. M. Lefcourt (Ed.), *Research with the locus of control construct: Assessment methods* (Vol.1, pp.15-66). New York: Academic Press.

Lloyd, M. A. (1985). *Adolescence.* NY: Harrper & Low.

Maccoby, E. E. (1959). The generality of moral behavior. *American Psychologist, 14,* 358.

Maccoby, E. E., & Martin, J. A. (1983). Socialization in the context of the family: Parent-child interaction. In P. H. Mussen & E. M. Hetherington (Eds.), *Handbook of child psychology: Vol. 4. Socialization, personality, and social development* (4th ed.). New York: Wiley.

McCord, J. (1994). Aggression in two generations. In L. R. Huesmann (Ed.), *Aggressive behavior: Current perspectives* (pp.241-251). New York: Plenum.

McGrellis, S., Henderson, S., Holland, J., Sharpe, S., & Thomson, R. (2000). *Through the Moral Maze: A Quantitative Study of Young People's Values.* London: Tufnell Press.

Meyer, H. A., Astor, R. A., & Behre, W. J. (2002). Teachers' reasoning about school violence: The role of gender and location. *Contemporary Educational Psychology, 27,* 499-528.

Meyer, H. A., Astor, R. A., & Behre, W. J. (2004). Teachers' reasoning about school fights, contexts, and gender: An expanded cognitive developmental domain approach. *Aggression and Violence Behavior, 9,* 47-74.

Meyer-Adams, N., & Conner, B. T. (2008). School violence: Bullying behaviors and the psychosocial school enviornment in middle schools. *Children & Schools, 30*(4), 211-221.

Miller, K. E. (1990). Adolescents' same-sex and opposite-sex peer relations: Sex differences in popularity, perceived social competence, and social cognitive skills. *Journal of Adolescent Research, 5,* 222-241.

Montemayor, R. (1983). Parents and adolescents in conflict: All families some of the time and some families most of the time. *Journal of Early Adolescence, 3,* 83-103.

Mullen, B., & Riordan, C. A. (1988). Self-serving attributions for performance in naturalistic settings: A meta-analytic review. *Journal of Applied Social Psychology,*

18(1), 3-22.

O'Connor, T. G., & Rutter, M. (1996). Risk mechanisms in development: Some conceptual and methodological considerations. *Developmental Psychology, 21*(4), 787-795.

Offer, D., & Schonert-Reichl, K. A. (1992). Debunking the myths of adolescence: Findings from recent research. *Journal of the American Academy of Child and Adolescent: Psychiatry, 31,* 1003-1014.

Oliver, W. (1994). *Violent social world of black men.* New York: Lexingt on Books.

Olweus, D. (1978). *Aggression in the schools: Bullies and whipping boys.* Oxford: Hemisphere.

Olweus, D. (1991). Bully/victim problems among school children: Basic facts and effects of a school-based intervention program. In D. J. Pepler& K. H. Rubin (Eds.), *The developmentand treatment of childhood aggression* (pp.411-456). New Jersey: Lawrence Erlbaum Associates.

Olweus, D. (1993). Victimization by peers: Antecedents and long-term outcomes. In K. H. Rubin & J. B. Asendorpf (Eds.), *Social withdrawal ,inhibition and shyness in childhood* (pp.315-341). New Jersey: Lawrence Erlbaum Associates.

Olweus, D. (1994) Annotation: bullying at school. *Journal of Child Psychology and Psychiatry, 35,* 1171-1190.

Olweus, D. (1997). Bully/victim problemsinschool: Knowledgebase and an effective intervention program. *The Irish Journal of Psychology, 18*(2), 170-190.

Olweus, D. 이동직 역 (1999). **바로보는 왕따 대안은 있다.** 삼신각

Parker, J. G., & Asher, S. R. (1987). Peer relations and later personal adjustment: Are low-accepted children at risk?. *Psychological Bulletin, 102,* 357-389.

Paschall, M. J., Ennett, S. T., & Flewelling, R. L. (1996). Relationships among family characteristics and violent behavior by Black and white male adolescents. *Journal of Youth and Adolescence, 25*(2), 177-198.

Patterson, G. R., DeBaryshe, B, D., & Ramsey, E. (1989). A developmental perspective on antisocial behavior. *American Psychologist, 44,* 329-335.

Patterson, G. R., Reid, J. B., & Dishion, T. J. (1992). *Antisocial boys.* Eugene, OR: Castalia Press.

Peiser, N. C., & Heaven, P. C. L. (1996). Family influences on self-reported delinquency among high school students. *Journal of Adolescence, 19,* 557-568.

Perry, D. G., Perry, L. C., & Rasmussen, P. (1986). Cognitive social learning mediators of aggression. *Child Development, 57,* 700-711.

Petersen, A. C. (1988). Adolescent development. In L. W. Porter & M. Rosenzweig (Eds.), *Annual Review of Psychology, 39,* 583-607.

Petersen, A. C., Compas, B. E., Brooks-Gunn, J., Stemmler, S. E., & Grant K. E. (1993). Depression in adolescence. *American Psychologist, 48*(2). 155-168.

Peterson, R. L., & Skiba, R. (2001). Creating school climates that prevent school violence. *The Clearing House, 74*(3), 155-163.

Phares, V., & Compas, B. E. (1992). The role of fathers in child and adolescent psychopathology: Make room for daddy. *Psychological Bulletin*, 111(3), 387-412.

Prinsloo, J., & Neser, J. (2007). Operational Assessment Areas of Verbal, Physical and Relational Peer Victimisation in Relation to the Prevention of School Violence in Public Schools in Tshwane South. *Acta Criminologica, 20*(3), 46-60.

Prinstein, M. J., Boergers, J., & Vernberg, E. M. (2001). Overtand relational aggression in adolescents: Social-psychological adjustment in aggressors and victims. *Journal of Clinical Child and Adolescent Psychology, 30*(4), 479-491.

Quay, H. C. (1987). *Handbook of juvenile delinquency.* New York: Wiley.

Rebecca Dumlao, R., & Botta, R. A. (2000). Family communication patterns and the conflict styles young adults use with their fathers. *Communication Quarterly, 48*(2), 174-189.

Renk, K., Liljequist, L., Simpson, J. E., & Phares, V. (2005). Gender and age differences in the topics of parentadolescent conflict. *The Family Journal, 13*(2), 139-149.

Richard, B. A., & Dodge, K. A. (1982). Social maladjustment and problem solving in school aged children. *Journal of Consulting and Clinical Psychology, 46,* 727-746.

Rigby, K., & Slee, P. T. (1991). Bullying among Australian school children: Reported behavior and attitudes toward victims. *The Journal of Social Psychology, 131*(5), 615-627.

Rigby, K., Cox, I., & Black, G. (1997). Cooperativeness and bully/victim problems among Australian school children. *The Journal of Social Psychology, 137*(3), 357-368.

Riner, M. E. & Saywell, R. M. (2002). Development of the social ecology model of adolescent interpersonal violence prevention(SEMAIVP). *Journal of School Health, 72*(2), 65-

Rodkin, P. C., & Hodges, E. V. E. (2003). Bullies and victims in the peer ecology: Four questions for psychologists and school professionals. *School Psychology Review,*

32(3), 384-400.

Ross, L. (1977). The intuitive psychologist and his shortcomings: Distortions in the attribution process. *Advances in Experimental Social Psychology, 10,* 173-220.

Rutter, M. (1985). Family and school influences in behavioral development. *Journal of Child Psychology and Psychiatry, 26,* 349-368.

Rutter, M. (1990). Changing patterns of psychiatric disorders during adolescence. In J. Bancroft & J. M. Reinisch (Eds.), *Adolescence and puberty.* New York: Oxford University Press.

Salmivalli, C. (1999). Participant role approach to school bullying: Implications for Interventions. *Journal of Adolescence, 22,* 453-459.

Salmivalli, C. (2001). Group view on victimization: Empirical findings and their implications. In J. Juvonen & S.Graham (Eds.), *Peer harassmentinschool: The plight of the vulnerable and victimized* (pp.398-419). New York: Guilford Press.

Salmivalli, C., Lagerspetz, K., Björkqvist, K., Österman, K., & Kaukiainen, A. (1996). Bullying as a group process: Participant roles and their relations to social status within the group. *Aggressive Behavior, 22*(1), 1-15.

Sansbury, L. L., & Wahler, R. G. (1992). Pathways to maladaptive parenting with morthers and their conduct disordered children. *Behavior Modificatiom, 16*(4), 574-592.

Santrock, J. W. (1996). *Adolescence: An introduction.* (6th ed.). Chicago: Brown & Benchmark.

Sarason, I. G., & Sarason, B. R. (1993). *Abnormal psychology: The problem of mal adaptive behavior* (7th ed.). Englewood Cliffs, NJ: Prentice-Hall.

Savin-Williams, R., & Berndt, T. (1990). Friendship and peer relations. In S. Feldman & G. Elliot (Eds.), *At the threshold: The developing adolescent* (pp.277-307). Cambridge: Harvard University Press.

Schank, R. C., & Abelson, R. P. (1977). *Scripts, plans, goals, and understanding: An inquiry into human knowledge structures.* New Jersey: Lawrence Erlbaum Associates.

Schwartz, D., Dodge, K. A., & Coie, J. D. (1993). The emergence of chronic peer victimization in boys' play groups. *Child Development, 64*(6), 1755-1772.

Schweitzer, R. D., Seth-Smith, M., & Callan, V. (1992). The relationship between self-esteem and psychological adjustment in young adolescents. *Journal of Adolescence, 15,* 83-97.

Selman, R. (1980). *The growth of interpersonal understanding: Developmental and clinical analyses.* New York: Academic Press.

Seydlitz, R. (1991). The effects of age and gender on parental control and delinquency. *Youth & Society, 23*(2), 175-201.

Seydlitz, R. (1993). Complexity in the relationships among direct and indirect parental contrals and delinquency. *Youth & Society, 24,* 243-275.

Shucksmith, J., Glendinning, A., & Hendry, L. (1997). Adolescent drinking behaviour and the role of family life: a Scottish perspective. *Journal of Adolescence, 20,* 85-101.

Siegel, L. J., & Senna, J. J. (1994). *Juvenile delinquency* (5th ed.). New York: West Publishing Company.

Smith, P. K. (1991). The silent nightmare: Bullying and victimization in school peer groups. *The Psychologist: The Bulletin of the British Psychological Society, 4,* 243-248.

Smith, P. K., & Sharp, K. (1994). *School bullying: Insights and perspectives.* London: Routledge.

Sokol-Katz, J., Dunham, R., & Zimmerman, R. (1997). Family structure versus parental attachment in controlling adolescent eviant behavior: A social control model. *Adolescence, 32*(125), 199-215.

Sontag, J. C. (1996). Toward a Comprehensive Theoretical Framework for Disability Research: Bronfenbrenner Revisited. *Journal of Special Education, 30*(3), 319-344.

Sprinthall, N. A., & Collins, W. A. (1995). *Adolescent Psychology; A developmental view* (3rd ed.). New York: McGraw-Hill, Inc.

Staub, D., Peck C. A., Gallucci, C., & Schwartz, I. S. (2000). Peer relationships. In M. Snell & F. Brown (Eds.), *Instruction of students with severe disabilities* (pp. 381-408). Upper Saddle River, New Jersey: Merrill.

Steinberg, L. (1990). Interdependence in the family: Autonomy, conflict, and harmony in the parent-adolescent relationship. In S. S. Feldman & G. L. Elliott (Eds.), *At the threshold: The developing adolescent* (pp. 255-276). Cambridge, MA: Harvard University Press.

Steinberg, L. (1993). *Adolescence* (3rd ed.). New York: McGraw-Hill, Inc.

Stephenson, P,. & Smith, D. (1989). Bullying in two English comprehensive schools. In E. Roland and E. Munthe (Eds.), *Bullying: An international perspective*. London: Fulton.

Stephenson, P., & Smith D. (1989). Bullying in the junior school. In Tattum D. P. & Lane, D. A. (Eds.), *Bullying in schools* (pp. 45-57). Stroke on Trent, England: Trendham Books Limited.

Stilwell, B., Galvin, M., Kopta, S., & Padgett, R. (1998). Moral volition: the fifth and final domain leading to an integrated theory of conscience understanding. *Journal of American Academic Children and Adolescent Psychiatry, 36*, 202-210.

Stilwell, B., Galvin, M., Kopta, S., Padgett, R., & Holt, J. (1997). Moralization of attachment, a fourth domain of conscience functioning. *Journal of American Academic Children and Adolescent Psychiatry, 36,* 1140-1147.

Straus, M. B. (1994). *Violence in the lives of adolescents.* New York: W. W. Norton & Company, Inc.

Sugai, G., & Horner, R. H. (2002). The evolution of discipline practices: School-wide positive behavior supports. *Child & Family Behavior Therapy, 24*(1/2), 23-50.

Sulivan, H. S. (1953). *The interpersonal theory of psychiatry*. NY: Norton.

Tanner, J. M. (1970). Physical growth. In Mussen, P. H. I. (Ed.), *Carmichael's Manual of Child Psychology* (3rd ed., pp.77-155). New York: Wiley.

Tanner, J. M. (1978). *Foetus into Man: Physical Growth from Conception to Maturity*. Cambridge, Mass: Harvard University Press.

The American Teacher (1993). *Violence in American's public schools. The Metropolitan Life Survey*. New York: Louis Harris and Associates, Inc.

Thompson, P. M., Giedd, J. N., Woods, R. P., MacDonald, D., Evans, A. C., & Toga, A. W. (2000). Growth patterns in the developing brain detected by using continuum mechanical tensor maps. *Nature, 404,* 190-193.

Tolan, P. H., & Loeber, R. (1993). Antisocial behavior. In P. Tolan & B. J. Cohler (Eds.), *Handbook of clinical research and practice with adolescents.* New York: Wiley.

Tremblay, R. E., Masse, L. C., Vitaro, F., & Dobkin, P. L. (1995), the impact of friends' deviant behavior on the early onset of delinquency: Longitudinal data from 6 to 13 years. *Development and Psychopathology, 7,* 649-667.

Twenge, J. M., Baumeister, R. F., Tice, D. M., & Stucke, T. S. (2001). If you can't join them, beat them: Effects of social exclusion on aggressive behavior. *Journal of Personality and Social Psychology, 81*(6), 1058-1069.

Vernberg, E. M. (1990). Psychological adjustment and experiences with peers during early adolescence: Reciprocal, incidental, or unidirectional relationship. *Journal of Abnormal Child Psychology, 18,* 187-198.

Ward, T., Hudson, S. M., & Marshall, W. L. (1996). Attachment style in sex offenders: A preliminary study. *The Journal of Sex Research, 33,* 17-26.

Weiner, B. (1979). A theory of motivation for some classroom experiences. *Journal of Educational Psychology, 71*(1), 3-25.

Welsh, W. N. (2000). The effects of school climate on school disorder. *Annals of the American Academy of Political and Social Science, 567,* 88-

Welsh, W. N. (2001). Effects of students and school factors on five measures of school disorders. *Justice Quarterly, 18*(4), 911-947.

Welsh, W. N., Greene, J. R., & Jenkins, P. H. (1999). School disorder: The influence of individual, institutional, and community factors. *Criminology, 37*(1), 73-115.

Welsh, W. N., Stokes, R., & Greene, J. R. (2000). A macro-level model of school disorder. *Journal of Research in Crime and Delinquency, 37*(3), 243-383.

Wheeler, J. J. & Richey, D. D. (2005). *Behavior management: Principles and practices of positive behavior supports.* Upper Saddle River, NJ: Prentice Hall.

Wilson, J. Q., & Herrnstein, R. J. (1985). *Crime and human nature.* New York: Simon & Schuster.

Zahn-Waxler, C. (1996). Environment, biology, and culture. Implications for adolescent development. *Developmental Psychology, 32*(4), 571-573.

Zakriski, A. L., & Coie, J. D. (1996). A comparison of aggressive-rejected and nonaggressive-rejected children's interpretations of self-directed and other-directed rejection. *Child Development, 67*(3), 1048-1070.

Zimmerman, P. (2004). Attachment representations and characteristics of friendship relations during adolescence. *Journal of Experimental Child Psychology, 88,* 83-101.

찾아보기

ㄱ

ㄴ

ㄷ

저자 소개

김규태

한국교육개발원 부연구위원
현) 계명대학교 사범대학 교육학과 조교수

〈주요 저서〉
- 교육의 책무성(2012), 교육행정 및 교육경영(2012), 명품 예비교사와 교육전문직을 위한 교육학 논리와 논술(2013)

〈주요 논문〉
- Using process indicators to facilitate data-driven decision making in the era of accountability(2012)
- Bernstein의 집합형과 통합형 관점에서 본 교육정책에 의한 교직변화의 방향과 양상(2012)
- 푸코 관점에서 본 교육책무성 정책에 의한 교직변화에 대한 교사들의 인식(2011) 등 다수

방경곤

대구광역시교육청 교육국장
현) 대구교육대학교 평생교육원 책임교수

〈주요 저서〉
- 인류문명 발전사(2011), 엔트로피와 기(2010), 시약, 물 그리고 사람(1995), 과학의 꿈(1989), 명품 예비교사와 교육전문직을 위한 교육학 논리와 논술(2013)

〈주요 논문〉
- 수용액 중에서 Macrocyclic ligand와 Cu(Ⅱ) 금속착물의 분광학적 연구
- 볼츠만(Boltzmann)과 최한기(崔漢綺)의 물질관 비교 연구 등 다수

이병환

교육인적자원부 교육연구사
미국 피츠버그대학교 교환교수
현) 국립순천대학교 사범대학 교직과 교수

〈주요 저서〉
- 최신 교육행정 및 교육경영(2012), 예비교사를 위한 지침서 제2판 교직실무(2012)
  대안교육의 실천과 모색(2008), 명품 예비교사와 교육전문직을 위한 교육학 논리와 논술(2013)

〈주요 논문〉
- 컨설팅장학에 대한 교육전문직의 요구분석(2012)
- 학업중단 예방을 위한 인성교육 실태분석 및 활성화 방안 탐색(2012)
- 기초학력 책임지도 책무성 논리 탐색(2011) 등 다수

저자 소개

윤혜영

현) 계명대학교 심리학과 조교수

〈주요 논문〉
- 사회불안장애의 인지행동치료 이후 자서전적 기억의 변화(2012)
- How does context affect assessments of facial emotion? The role of culture and age(2011) 등 다수

우원재

현) 교육과학기술부 장학관(과장), 충남대학교 사범대학 건설공학교육학과 겸임교수

〈주요 저서〉
- 공동주택관리실무(1998)

〈주요 논문〉
- 수변 식재에 따른 갑천의 수위분석(1998)
- 벤토나이트 혼합률에 따른 제강슬래그 및 슬러지의 투수특성(1997)
- ABUTMENT의 경사가 CORE의 응력-변형률에 미치는 영향(1996) 등 다수

김태연

충북대학교 경인교대 강사
현) 안산 고잔고등학교 근무(교육학 박사)

〈주요 저서〉
- 대안학교와 대안교육정책(2008), 교원노조법(공저, 2007), 동서양 주요국가들의 새로운 학교(공저, 2005), 학교교육기관 평가(공저, 2004)

〈주요 논문〉
- 우리 시대를 살아가는 학생을 말한다.(2012)
- 대안학교 학생의 진학 연착륙 방향(2008)
- 특성화 대안학교 정책 평가 연구(2007) 등 다수

이용진

현) 대구 중앙중학교 교사, 계명대학교 교육학과 박사과정

엄재춘

부산대학교 문학석사, 순천대학교 교육학과 박사과정(상담심리전공)
현) 순천신흥중학교 교사

〈주요 저서〉
- 대안학교 교육의 문제점 및 개선방안
- 학교폭력 학생 추수관리프로그램개발연구

제3판

학교폭력 예방 및 학생의 이해

3판 1쇄 발행 — 2019년 1월 31일
3판 2쇄 발행 — 2020년 8월 25일

저　　자 - 김규태 방경곤 이병환 윤혜영
우원재 김태연 이용진 엄재춘

발 행 인 - 강철원
발 행 처 - 양성원
주　　소 - 경기도 파주시 검산로 173번길 29-20
전　　화 - 031-946-3861(代)
팩　　스 - 031-946-3864
이 메 일 - tnwpub@naver.com
홈페이지 - tnwpub.co.kr
출판등록 - 2015년 8월 31일 제 2015-000211 호

ISBN 979-11-6126-163-8

정가 20,000원